제2판

가치투자자 관점에서

재무제표 보는 법

이상봉

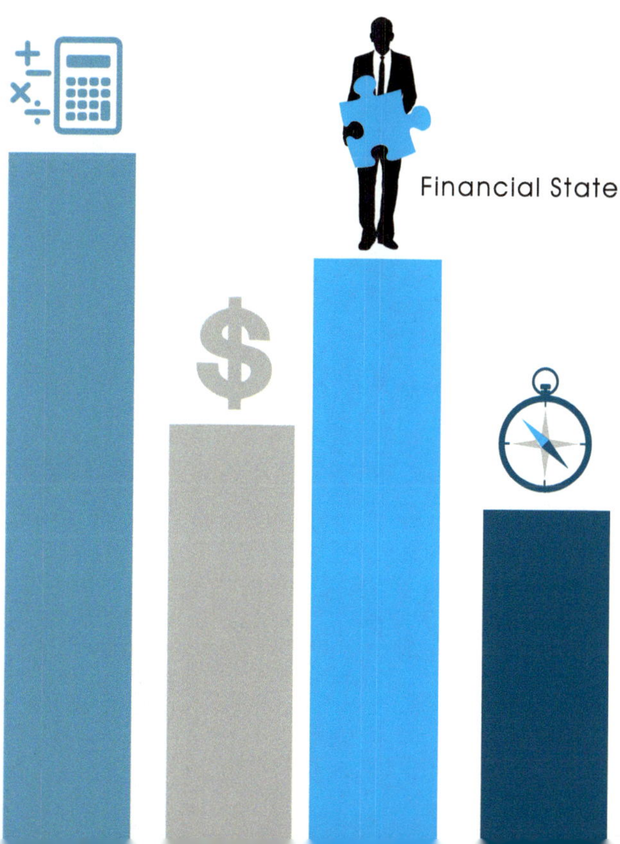

Financial Statements

도서출판 청람

■ 들어가며

한국거래소에 따르면 2014년 말 현재 우리나라의 주식투자인구는 500만 명이 넘어 전체인구의 10.12%에 해당한다고 한다. 열 명 중 한 사람이 주식투자를 한다는 이야기이다. 주식투자는 기업을 사는 것이다. 즉, 자신이 투자하기로 선택한 회사에 자본을 대고 동업하는 것이다. 어떤 사람이 여러분에게 동업하자고 제안을 한다면, 여러분의 고민은 그것이 어떤 사업인가, 그 사업으로 돈을 잘 벌 수 있는가, 사업은 안전한가, 그리고 미래에도 발전가능성이 있는가 하는 점일 것이다.

주식투자는 적어도 투자하고자 하는 기업에 대해서 앞에 제시한 질문에 긍정적인 답을 할 수 있어야 하고, 미래 투자수익에 대한 확신이 있을 때 하는 것이다. 위의 질문에 답하기 위해서는 기업의 언어라고 하는 재무제표에 대한 이해가 기본이다. 주변에서 보면 종종 재무제표 한 줄, 사업계획서 한 장 제대로 읽지 못하거나 읽지 않으면서도 주식에 투자한다고 하는 사람들이 있다. 이는 그야말로 앞 못 보는 장님이 지팡이 하나 없이 낯선 길을 홀로 걷는 것과 다를 바 없는 무모한 짓이다.

이 시대 위대한 가치투자자인 워렌 버핏은 "재무제표를 모르고 주식투자를 하는 것은 상대방의 카드를 보지 않고 포커게임을 하는 것과 같다"고 하였다. 적어도 주식투자자는 재무제표를 읽을 줄 알아야 '잃지 않는 투자'를 할 수 있다는 것이다.

현재 우리나라 주식시장에는 1,900여 개의 회사가 상장되어 있다. 투자자들의 기본적인 바람은 적어도 장기채권의 수익률보다 더 나은 투자수익을 얻는 것이고 또 그에 따른 위험을 평가하는 것이다. 즉, 잘나가는 우량기업을 선정하여 투자수익을 획득하는 것이 투자자들의 바람이다. 어떤 회사가 잘나가는 우량기업이고 투자할 만한 기업인지를 판단하기 위해서는 과거에 그 기업의 경영성과는 어떤지, 현재의 건강상태는 어떤지, 그리고 미래에도 문제 없이 잘나갈 회사인지를 가늠할 수 있어야 한다. 그러한 것들을 숫자로 표현한 것이 재무제표이다. 따라서 주식투자를 하고 있거나 기업을 분석하는 데 관심이 있는 사람은 반드시 재무제표에 대한 이해를 하여야 한다.

재무제표는 기업의 활동결과를 숫자로 요약한 보고서이다. 재무제표에 제시된 숫자만을 봐서는 아무런 의미를 찾을 수 없다. 재무제표의 숫자가 나타내는 의미를 이해하고 읽을 수 있어야 한다. 그러기 위해서는 재무제표 각 계정 간의 관계에 대한 이해가 기본이다. 대부분의 재무제표 분석에 대한 책은 기업경영자나 채권자 입장에서 서술한 것이다. 주식투자자, 특히 개인투자자들이 기업을 이해하고 분석하는 데 도움이 되는 책은 찾아보기 어렵다. 이 책은 기본적으로 주식투자자들의 입장에서 재무제표를 이해하고 분석하는 방법을 서술하는 것을 목적으로 하였다.

이 책의 구성은 다음과 같다.

제1장에서는 회계의 기본기능과 회계원칙 및 감사의 필요성에 대해 간략하게 서술하였다. 제2장에서는 기업의 경영활동과 회계정보에 대하여 서술하였으며, 제3장에서는 사례를 중심으로 재무제표의 종류와 각 재무제표가 나타내고 있는 정보의 내용에 대하여 서술하였다. 제4장에서 제7장까지는 재무상태표, 자본변동표, 포괄손익계산서, 현금흐름표의 주요 계정과목의 의미를 투자자 입장에서 분석하였다. 제8장에서는 재무제표 분석으로 수익성, 성장성, 활동성, 현금흐름 분석기법들을 살펴보았고, 제9장에서는 주가와 재무제표 항목에 관련된 비율들을 서술하였다. 제10장에서는 회계속임수로 이용되는 분식회계와 그 적발방법에 대하여 서술하였으며, 제11장에서는 대표적인 가치투자 대가들이 재무제표를 어떻게 활용하는가에 대해 살펴보았다.

개인투자자들이 재무제표를 잘 활용하여 잃지 않는 투자자가 되기를 바라는 마음으로 존 템플턴 경의 멋진 충고를 다시 한 번 되새긴다.

"행운이란 우리가 열심히 일하고 성공을 준비하고 있을 때만 찾아온다. 아무런 준비도 없이, 땀 한 방울 흘리지 않은 채 행운이 오기만을 기다린다면 그것은 공염불에 불과할 뿐이다."

2017년 여름 아라동산에서 저자 씀

■ 차례

| Chapter 01 | 재무보고와 회계

1.1 왜 경영자는 재무보고를 하는가 3
1.2 기업의 이해관계자와 회계정보 4
(1) 투자자와 회계정보 5
(2) 채권자와 회계정보 6
(3) 경영자와 회계정보 7
(4) 기타의 회계정보이용자 7
1.3 회계정보의 유용성 8
(1) 경제적 의사결정에 유용한 정보제공 9
(2) 수탁책임과 계약이행평가에 유용한 정보제공 10
1.4 회계기준과 외부감시제도의 필요성 11

| Chapter 02 | 기업의 경영활동과 회계정보

2.1 기업의 경영활동 16
(1) 재무활동 17
(2) 투자활동 18
(3) 영업활동 18
2.2 기업의 회계정보 19
(1) 의사결정과 정보 19
(2) 투자결정과 회계정보 22

| Chapter 03 | 재무제표 개관

3.1 재무상태표 29

3.2 손익계산서 33
3.3 자본변동표 35
3.4 현금흐름표 35
3.5 주석 37
3.6 재무제표의 상호관계 39
3.7 발생주의와 현금주의 41
3.8 연결재무제표, 별도재무제표, 개별재무제표 42
3.9 기업공시 : 전자공시시스템 42
(1) 사업보고서 44
(2) 감사보고서 44

| Chapter 04 | 재무상태표 분석

4.1 재무상태표의 양식 49
4.2 재무상태표 항목의 분류 51
(1) 자산의 분류 51
(2) 부채의 분류 53
(3) 자본의 분류 53
4.3 재무상태표 항목의 체크포인트 54
(1) 자산 항목 54
(2) 부채 항목 87
(3) 자본 항목 98
4.4 운전자본과 안전마진 103
(1) 운전자본 103
(2) 안전마진 104

| Chapter 05 | 자본변동표 분석

5.1 이익잉여금 112
5.2 배당 114
5.3 유상증자와 무상증자 120

5.4 무상감자와 유상감자 121

5.5 주식분할과 주식병합 122

5.6 자기주식(자사주) 123

5.7 자금조달방법과 투자의 적격성 128

(1) 이익잉여금 129
(2) 사채 129
(3) 전환사채(CB)와 신주인수권(BW) 131
(4) 유상증자 132
(5) 자산유동화증권(ABS), 부채담보부증권(MBS) 134
(6) 단기차입금 135
(7) 신종자본증권 136

| Chapter 06 | 포괄손익계산서 분석

6.1 포괄손익계산서의 구조 140

6.2 손익계산서 항목별 체크포인트 142

(1) 매출액 142
(2) 매출원가 144
(3) 매출총이익과 매출총이익률 145
(4) 판매비와 관리비 146
(5) 영업이익 148
(6) 법인세비용차감전순이익 149
(7) 당기순이익 150
(8) 주당순이익 152
(9) 이익의 지속성 154
(10) 이익의 질 157

| Chapter 07 | 현금흐름표 분석

7.1 현금흐름표의 유용성 162

7.2 현금흐름표의 구조 164

(1) 영업활동 현금흐름 165
(2) 투자활동 현금흐름 166

(3) 재무활동 현금흐름 167

7.3 기업수명주기와 현금흐름 169

(1) 도입기 169

(2) 성장기 169

(3) 성숙기 169

(4) 쇠퇴기 170

7.4 현금흐름의 분석 171

(1) 잉여현금흐름 173

(2) 자본적 지출 175

| Chapter 08 | 재무제표 분석

8.1 재무제표 분석기법 183

(1) 추세 분석 184

(2) 공통형 재무제표(구성비 분석) 187

8.2 재무비율 분석 191

(1) 이상적 표준비율 191

(2) 당해 기업의 과거수치 192

(3) 산업평균(동종산업에 속하는 다른 기업들의 평균수치) 193

8.3 수익성 분석 193

(1) 매출총이익률 194

(2) 영업이익률 195

(3) 순이익률 196

(4) 자기자본이익률(ROE) 197

(5) 총자산이익률(ROA) 199

(6) 투하자본이익률(ROIC) 199

8.4 성장성 분석 202

(1) 매출액성장률 202

(2) 순이익성장률 203

8.5 안전성 분석 204

(1) 부채비율 205

(2) 차입금의존도 206

(3) 이자보상배수 207

(4) 유동비율 208

(5) 당좌비율 209
(6) 영업현금흐름 대 유동부채비율 211

8.6 효율성 분석 211
(1) 총자산회전율 212
(2) 매출채권회전율 212
(3) 재고자산회전율 213
(4) 매입채무회전율 214
(5) 현금순환주기(현금흐름주기) 215

8.7 현금흐름 분석 217
(1) 주당현금흐름 217
(2) 매출액 대비 영업현금흐름비율 217
(3) 영업현금이자보상비율 218
(4) 영업현금총부채보상비율 219

8.8 통합비율 분석과 성과 분석 219
(1) ROE와 재무비율 220
(2) 영업초과이익 : EVA 225

| Chapter 09 | 시장가치비율

9.1 주가이익비율과 주가순자산비율 230
(1) 주가이익비율(PER) 230
(2) 주가순자산비율(PBR) 234
(3) PBR, ROE, PER의 관계 236

9.2 기타 시장가치비율 237
(1) 주가매출액비율(PSR) 237
(2) 주가현금흐름비율(PCR) 239
(3) EV/EBITDA비율 240
(4) 주가수익성장비율(PEG) 241
(5) PEGY 243

| Chapter 10 | 분식회계

10.1 분식회계(회계속임수)란 251

10.2 분식회계를 하는 이유 253

(1) 분식회계를 하면 이익이다 253

(2) 분식회계는 쓰기 쉽다 254

(3) 분식회계는 적발될 가능성이 적다 254

(4) 분식회계를 할 가능성이 큰 회사 255

10.3 분식회계의 기법과 효과 256

10.4 분식회계 찾아내기 258

(1) 재무제표의 주석에 대한 검토 258

10.5 재무제표 분석으로 분식회계 징후 찾기 261

(1) 재무제표 분석 262

(2) 공통형 재무상태표와 손익계산서 작성 266

(3) 현금흐름표에서 찾는 분식회계 징후 273

| Chapter 11 | 가치투자 대가들의 재무제표 활용

11.1 '가치투자의 아버지' 벤저민 그레이엄 286

(1) 종목선정기준 287

(2) 안전마진 290

11.2 '오마하의 현인' 워렌 버핏 292

(1) 워렌 버핏의 종목선정기준과 내재가치 계산법 294

11.3 '월가의 영웅' 피터 린치 302

(1) 유형별 종목분류와 투자하기 좋은 기업 303

(2) 종목선정기준 305

11.4 '절대적인 가치투자자' 존 네프 307

11.5 '위대한 역발상 투자자' 데이비드 드레먼 310

11.6 'PSR의 개척자' 케네스 피셔 314

11.7 '마법공식의 사나이' 조엘 그린블라트 318

(1) 종목선정기준 318

(2) 투자방식 321

11.8 '재야의 숨은 고수' 조셉 피오트로스키 322
(1) 재무건전성지표 323
(2) F-SCORE 종합점수 326

• 나가면서 329
• 찾아보기 331

Chapter 01

재무보고와 회계

1.1 왜 경영자는 재무보고를 하는가

1.2 기업의 이해관계자와 회계정보

1.3 회계정보의 유용성

1.4 회계기준과 외부감사제도의 필요성

| CHAPTER **01** |

재무보고와 회계

'오마하의 현인', '전설적인 주식투자의 대가' 워렌 버핏은 재무제표를 모르면 주식에 투자하지 말라고 하였다. 여기에서는 워렌 버핏이 왜 그토록 재무제표를 강조하고 있는지를 이해하기 위하여 회계정보의 본질이 무엇이고 재무제표가 어떤 역할을 하는지에 대해 알아본다. 또한 회계기준과 회계감사가 왜 필요한지, 그리고 법률에 의해 규제되어야 하는지에 대해서도 알아본다.

재무보고는 경영자가 기업실체 외부의 다양한 이해관계자들에게 기업실체의 경제적 자원과 의무, 경영성과, 현금흐름, 자본변동 등 재무에 관한 정보를 제공하는 것이다. 상장기업은 정기적으로 재무보고를 하여야 한다. 즉 3개월마다 분기보고서, 6개월마다 반기보고서, 그리고 1년에 한 번은 연차보고서를 작성하여 공시하여야 한다.

재무보고서의 주된 내용은 기업의 재무에 관한 여러 가지 정보를 나타내 주는 재무제표로 구성되어 있다. 재무제표는 일정기간 동안 기업의 경영성과를 나타내는 손익계산서, 현재 기업의 자원과 그 자원에 대한 청구권(지분)을 나타내는 재무상태표, 그리고 현금을 어떻게 창출하고 어디에 사용했는가를 나타내는 현금흐름표 등 기업이 가지고 있는 자원과 그 자원에 대한 청구권 및 그 변동에 관한 정보를 나타내는 보고서이다. 이 때문에 재무보고 하면 곧 재무제표를 일컫는다. 재무제표는 재무보고의 핵심수단으로서 회계시스템의 최종산물이다.

회계는 한 경제주체가 경영활동을 영위한 결과 그 성과가 좋았는지, 지금 현재 재무상태는 어떤지를 일목요연하게 보여 주는 일련의 과정이다. 이익이 나면 성과가 좋은 것으로 간주하며, 돈을 지나치게 많이 빌려서 자원을 갖고 있는 게 아니라면 재무상태가 나쁘지 않다고 한다. 일목요연하다는 것은 한눈에 볼 수 있게끔 한다는 의미이고, 일련의 과정이란 무수히 많은 경제적 사건을 식별하고 측정한 다음 보고하는 과정이란 뜻이다. 이런 회계과정에 의해서 한 경제주체인 기업의 과거의 활동결과와 현재의 건강상태를 일목요연하게 알아볼 수 있게 작성된 보고서가 재무제표이다. 이러한 재무제표는 기업을 둘러싸고 있는 다양한 이해관계자가 의사결정을 잘할 수 있도록 정보를 제공한다는 점에서 회계는 정보제공기능을 갖는다.

기업이 회계정보로서 재무제표를 작성하는 데 많은 비용이 들어간다. 즉, 기업의 재무적 사건을 체계적으로 기록하고 보고서를 만드는 과정에서 발생하는 시스템운영비, 인쇄비, 감사수수료 등의 비용들이다. 이처럼 기업은 적지 않은 비용을 들여 재무제표를 작성하지만 정작 재무제표를 이용하는 사람들은 투자자나 채권자 등 기업 외부의 정보이용자들이다. 기업의 경영자들은 재무제표를 작성하고 공시하는 데 많은 비용이 들어가는데도 왜 이를 만들려고 하고 또 만들어야 하는가? 이에 대한 이해를 위해서는 회계의 수탁기능과 보고책임에 대한 이해가 필요하다.

1.1 왜 경영자는 재무보고를 하는가

중세시대 영국의 영주들은 막대한 재산을 관리하기 위하여 집사(steward)를 고용하여 재산을 관리하도록 하였다. 각 부분마다 책임자를 정하여 집사들의 성실성과 신뢰성을 조사하고 손실 및 절도를 예방하고자 하였다. 집사는 주인을 대신하여 재산을 관리하는 수탁자이며 청지기이다. 한편 수탁자인 청지기 입장에서는 자기가 정직하고 훌륭하게 의무를 이행했다는 것을 입증하기 위한 증거로서 회계기록이 필요했다. 이때의 회계기록은 오늘날과 같이 기업실체를 둘러싸고 있는 이해관계자들을 위해서가 아니라 영주로부터 재산관리를 위탁받은 수탁자로서의 임무를 충실히 이행했음을 나타내는 수단으로서 자기 자신을 보호하기 위해서 절대로 필요한 것이었다.

『성경』에 따르면 수탁자로서 청지기는 올바르고 성실해야 하며, 주인의 재산을 늘려야 하고, 그 결과를 보고해야 한다고 한다. 즉, 수탁자는 성실한 마음을 가지고, 첫째 주인의 재산을 잘 관리 · 보존하고 늘려야 하고, 둘째 그 결과를 정기적으로 보고해야 한다. 이러한 수탁자의 책임을 수탁책임(stewardship)이라고 한다.

수탁자는 자신이 맡은 책임(charge)을 잘 이행했다는 이행보고서를 작성하여 보고함으로써 자신의 수탁책임을 해소(discharge)하게 된다. 이때 회계기록은 수탁자의 책임을 잘 이행했다는 증거로 작성되는 이행보고서가 제대로 작성되도록 하는 기능을 수행한다. 이러한 회계의 역할을 회계의 수탁기능(stewardship function)이라고 한다.

수탁책임을 오늘날의 일반적인 기업들에 적용해 보면 기업의 경영자는 기업의 주인인 주주들을 대신하여 기업을 경영하고 그 성과를 성실히 보고해야 하는 수탁책임을 갖는다. 따라서 수탁자로서 경영자는 기업경영의 결과를 성실하게 보고해야 하는 책임이 있는 것이다. 현대의 수탁책임은 맡겨진 임무만을 성실히 잘 이행했다는 이행보고뿐만 아니라 기업의 가지고 있는 자원을 보다 효과적이고 효율적으로 잘 활용한 결과를 성실히 설명하고 보고해야 하는 책임을 포함한다. 이러한 책임을 회계보고책임(accountability) 또는 경영보고책임이라고 한다. 남의 재산을 맡아 관리하고 재산변동에 대한 기록과 보고를 하는 회계보고책임 때문에 회계라는 제도가 이 사회에 존재하고 발전해 온 것이다.

회계보고책임은 정부와 같이 국민으로부터 세금을 받고 이를 국방이나 교육 등의 공공복리를 지출한 뒤에 그 결과를 국회에 보고하고 승인을 받는 제도에서 잘 드러나고 있다. 이 외에 회사의 경영자가 주주에게 하는 재무보고나 친목동아리 회장이 회원들에게 보고하는 재무보고 등을 회계보고책임의 예로 들 수 있다.

1.2 기업의 이해관계자와 회계정보

기업은 외부로부터 조달된 자금을 이용하여 사회에서 필요로 하는 재화나 서비스를 생산하고 판매하여 이익을 창출하는 경제실체이다. 기업의 이해관계자는 기업에 자원을 제공하고 기업이 가치를 창출할 수 있도록 도와주고 그에 적절한 대가를 원하는 사람들이다. 이해관계자는 다양한 형태를 취하지만 대표적으로 자본제공자와 기타 자원제공자로 구분할 수 있다. 자본제공자는 소유주와 자금대여자와 기타 채권자로 구분할 수 있으며, 기타 자원제공자는 노동력을 제공하는 종업원, 상품이나 용역을 제공하는 납품업자, 기업이 안전하게 영업을 할 수 있도록 환경을 조성하고 보호해 주는 정부 등을 꼽을 수 있다. 여기서는 이들 이해관계자들의 정보요구와 더불어 정보요구를 해결하는 회계정보의 역할에 대해서 논의한다.

(1) 투자자와 회계정보

기업의 외부 이해관계자 중에서 대표적인 정보수요자는 투자자와 채권자이다. 투자자들은 자신의 여유자금을 증식시킬 투자대상의 하나로 기업의 주식에 투자하는 것(즉, 주식의 매수)을 고려한다. 주식투자에서 기대할 수 있는 미래의 투자수익으로는 기업의 이익배당은 물론 주식가격 상승에 따른 가격차익도 있다. 그런데 미래의 투자수익이 얼마나 될 것인가는 투자대상기업의 미래 수익성에 달려 있다. 기업의 미래 수익성이 높으면 이익배당이 많아지고 주가도 상승하여 투자수익이 높아지나, 반대로 기업이 수익성이 나빠지면 투자수익이 낮아지게 된다. 그래서 투자자들은 투자대상기업의 미래 수익성을 전망하기 위하여 당해 기업이 현재 어느 정도의 수익성을 실현하고 있는지를 알고자 한다. 현재의 수익성을 파악하면 그에 기초하여 미래의 수익성을 전망해 볼 수 있기 때문이다.

이러한 이유로 투자자들은 투자대상기업의 재무제표에서 다음의 정보를 추출하게 된다.[01]

- 투자대상기업은 현재 얼마만큼의 이익실적을 달성하고 있는가?
- 투자대상기업의 이익실적을 이익률로 계산하면 몇 % 수준인가?
- 투자대상기업의 연도별 이익률은 어떤 변화추세를 보이고 있는가?
- 투자대상기업의 연도별 매출액은 어떤 변화추세를 보이고 있는가?

이러한 정보는 투자자가 기업의 현재 수익성이 어느 정도인지, 그 수익성이 어떻게 변화해 왔는지, 그리고 미래에도 그런 수익성이 지속될 수 있는지를 판단할 수 있도록 도움을 주게 된다. 요컨대, 투자자들이 특정 기업의 주식에 대한 투자 여부를 결정하기 위해서는 그 기업이 제공하는 회계정보에 대한 이해는 필수적인 것이다. 그래야 관심기업의 과거의 경영성과와 현재의 건강상태, 그리고 미래에 대한 전망을 할 수 있기 때문이다. 이런 의미에서 워렌 버핏이 투자자들에게 재무제표에 대한 이해를 강조한 것이라고 할 수 있다.

(2) 채권자와 회계정보

채권자는 이자수익을 기대하면서 기업에 자금을 대여한다. 기업에 자금을 공급하는 채권자의 대표적인 예로는 금융기관과 채무증권투자자(회사채투자자)가 있다. 기업은 금융기관에서 자금을 대출받거나 또는 시장에서 채무증권(회사채)을 발행하여 일반대중으로부터 공개적으로 차입할 수 있다. 어느 경우이든 채권자의 의사결정을 위한 회계정보의 역할은 같다.

채권자의 자금공급은 채권자와 기업 사이에 체결되는 계약에 의해 이루어진다. 즉, 채권자는 기업과 체결한 계약에 따라 일정기간 동안 자금을 대여해 주고 이자를 받는다. 계약기간이 만료되면 채권자는 대여한 원금을 상환받는다.

따라서 채권자의 입장에서 자금대여결정(신용제공의사결정)을 하려면 채무기업이 이자와 원금을 제때에 지급할 능력이 어느 정도인가를 평가해야 한다. 그러한 채무지급능력을 평가하는 데에는 채무기업이 사업을 영위해 이익을 잘 낼 수 있는가 하는 수익성에 관한 정보와 채무기업의 기존 채무규모에 대한 정보를 활용하게 된다. 왜냐하면 채무기업의 수익성이 높을수록 채무불이행에 따른 위험이 낮을 것이고, 다른 한편으로는 채무기업의 기존 채무규모가 작을수록 채무불이행위험이 낮을 것이기 때문이다. 만일 채무이행능력이 약화될 가능성이 있다고 판단되면 금융기관은 원금의 조기회수를 추진하고, 채무증권투자자는 채무증권을 매각하여 투자액을 회수하게 된다.

기업에 원자재, 물품 등을 신용으로 공급하는 공급자(suppliers)들도 채권자의 범주에 포함된다. 공급자는 거래대상기업이 거래대금을 약정기일에 지불할 능력이 있는지를 판단하기 위하여 기업에 대한 회계정보를 필요로 한다.

(3) 경영자와 회계정보

경영자는 기업 외부에 대해서는 회계정보공급자이지만 다른 한편으로는 기업 내부의 회계정보이용자이다. 경영자는 기업의 인적 · 물적 자원을 효율적으로 운영함으로써 기업의 가치를 높이고자 한다. 이를 위해 경영자는 기업의 여러 활동에 대한 계획을 수립하고 실행해 나가며, 그 결과를 평가하여 미래의 경영계획을 수립하고자 한다. 이 경우 회계정보는 경영자의 경영의사결정에 있어서 필수적인 투입요소이다. 만일 회계정보가 없다면 경영자는 의사결정을 제대로 할 수 없을 것이다. 경영자는 기업의 경영성과를 높이기 위해 회계정보를 최대한 활용해야 한다.

이런 면에서 유능한 경영자가 되기 위해서는 회계지식을 구비하고 있어야 한다. 회계지식을 갖추고 있지 않다면 경영자는 자신이 운영하는 기업이 어떤 상태인지를 알 수 없을 것이다.

현대의 기업은 전문경영자에 의해 경영이 된다. 전문경영자의 보수는 일반적으로 경영성과에 의해 결정되며, 경영성과에 대한 보상으로 성과급을 받는다. 기업의 이익은 경영자의 또 다른 관심사이다. 따라서 회계정보는 경영자에게 있어 경영과정에서 계획과 통제의 수단이 되기도 하고 자신의 보수를 결정하는 중요한 정보원이 된다.

(4) 기타의 회계정보이용자

투자자와 채권자 이외에도 다양한 외부 이해관계자들이 회계정보를 활용한다. 예를 들면, 소비자, 정보중개인, 종업원과 노동조합, 세무당국, 정부기관, 금융감독기관 등이 회계정보를 활용한다.

- **소비자** : 기업의 제품을 구입하는 소비자도 회계정보의 도움을 받는다. 예를 들면, 소비자는 기업의 제품보증서비스의 능력을 판단하기 위해 기업의 회계정보를 활용한다. 제품판매기업이 우량기업인지 여부에 따라 추후 제품보증서

비스를 받을 가능성에 차이가 있을 수 있기 때문이다.

- **정보중개인** : 채권자와 투자자들이 투자 · 신용의사결정을 하는 데에는 많은 시간이 소요되고 회계정보를 이해하는 데 한계가 있을 수 있으므로 이들을 돕는 정보중개인이 있다. 대표적인 정보중개인으로는 재무분석가(financial analysts)와 신용평가기관이 있다. 재무분석가는 기업의 주식가치평가에 관한 정보를 주식투자자들에게 제공하고, 신용평가기관은 채무증권(회사채, 기업어음)에 관한 신용등급정보를 채무증권투자자에게 제공한다. 재무분석가와 신용평가기관은 그러한 투자정보를 제공하기 위해서 기업의 회계정보를 이용한다.
- **종업원과 노동조합** : 임금협상을 위해서 기업의 회계정보를 이용한다.
- **정부기관** : 경제정책을 수립하거나 공공요금을 결정하기 위해 회계정보를 이용한다. 세무당국은 기업의 소득세(법인세)를 정확히 계산하기 위하여 당해 기업의 회계정보를 필요로 한다.
- **금융감독기관** : 금융감독원과 같은 규제기관은 기업들이 「자본시장과 금융투자업에 관한 법률」 등의 제반 법규를 준수하고 있는지를 감독하는 기관이다. 이러한 감독은 자본시장의 투자자 · 채권자들이 부당한 피해를 입지 않도록 하는 데 목적이 있다. 그래서 금융감독원은 기업들이 자본시장에 관한 제반 법규를 준수하고 있는지를 감독하기 위하여 회계정보를 활용한다.

1.3 회계정보의 유용성

전통적인 회계에서는 앞에서 살펴본 것처럼 회계의 수탁기능을 강조하여 수탁자와 주인인 소유주의 관계만을 중시한 회계시스템이었다. 그 결과 회계는 회계를 이용하는 많은 사람들(회계가 제공하는 정보를 이용하는 회계정보이용자)을 도외시하고 수탁책임을 해소하는 목적의 재무제표 작성이 주된 관심사였다. 이런 관점에서 회계의 목적은 기업의 재무적 사건(거래)을 기록하고 분류하고 요약하여 재무제표를 작성하는 것이다. 즉, 전통회계는 재무제표 작성이 중심이 되는 회계였다.

그러나 전통회계에서는 회계정보로서 재무제표를 왜 만들고 어떻게 만들어져야 하는가에 대한 의문에 속 시원한 대답을 주지 못한다는 비판이 제기되었다. 즉, 회계는 자연법칙이 아니라 인간의 필요에 의해서 만들어진 하나의 제도이고 규범이기 때문에 회계는 이를 필요로 하는 모든 사람들이 이용목적에 맞게 이용할 수 있어야 한다는 것이다. 다시 말하면 회계가 제공하는 재무정보로서 재무제표는 소유주만을 위한 것이 아니라 특정 조직이나 기업을 둘러싸고 있는 다양한 이해관계자들이 조직이나 기업에 대한 경제적 의사결정을 하는 데 도움이 되는 정보를 제공하는 것이 목적이 되어야 한다는 것이다. 이런 이유로 오늘날의 회계는 회계정보이용자들의 의사결정에 유용한 정보제공을 주된 목적으로 한다.

국제회계기준에서는 재무제표의 목적으로 다음 두 가지를 들고 있다.

(1) 경제적 의사결정에 유용한 정보제공

회계는 정보이용자들이 희소한 경제적 자원의 배분과 관련된 의사결정을 하는 데 도움이 되는 유용한 정보를 제공한다. 예를 들면, 어떤 사람이 주식에 투자하고자 할 때 주식시장에 있는 많은 기업 중에서 어떤 기업에 투자할 것인지를 결정하는 것은 결코 쉬운 일이 아니다. 만약 그가 기업의 회계보고서를 읽고 대상회사가 우량한 기업인지 또는 부실한 기업인지를 구분해 낼 수 있다면 보다 합리적으로 투자의사결정을 할 수 있을 것이다. 또한 기업이 은행에 돈을 차입하고자 대출신청을 했을 때 은행은 해당 기업이 미래에 원금과 이자를 잘 갚을 수 있는지를 판단해야 하는데 이때 기업의 재무적 건전성을 나타내는 회계정보가 있으면 대출의사결정을 보다 합리적으로 할 수 있게 된다.

또한 기업의 경영자는 변화하는 환경에 적절히 대처하고 효율적으로 기업을 경영하기 위해서 자원을 소비하고 투자하는 의사결정을 해야 한다. 이러한 의사결정을 내리기 위해서는 기업의 경영상태를 정확히 파악해야 한다. 회계는 기업에 대해 관심을 갖고 있는 많은 사람들이 기업의 경제활동을 보다 쉽게 파악할 수 있도록 정보를 제공해 줌으로써, 정보이용자들이 합리적인 의사결정을 할 수 있도록 도와준다.

기업에 자본을 제공하는 투자자들의 경제적 의사결정은 한정된 희소자원의 효율적 배분에 관한 결정이다. 회계정보는 투자자들의 의사결정을 도와줌으로써 사회의 한정된 자원이 효율적으로 배분되도록 도와주는 기능을 한다. 즉, 회계정보는 자본공급자들이 우량기업과 비우량기업을 구별할 수 있도록 도와준다. 효율적 자원배분의 결과 투자자들의 부(wealth)가 증가되고, 결국에는 사회 전체의 부의 증대에도 회계정보는 중요한 역할을 한다.

(2) 수탁책임과 계약이행평가에 유용한 정보제공

많은 조직에서는 소유자와 경영자가 분리되어 있다. 예를 들어, 주식회사의 소유자는 주주이지만 실제 경영은 전문경영인이 하는 경우가 많다. 이런 경우 경영자는 업무수행에 관한 권한과 함께 그 업무를 조직의 목표에 맞게 수행할 책임도 함께 부여받는다. 타인의 재산을 관리하도록 부여받은 자는 반드시 그 결과를 보고할 책임도 뒤따르게 된다. 회계는 수탁자의 수탁책임의 이행 정도를 평가하는 데 유용한 정보를 제공하는 역할을 수행하게 된다. 회계는 책임을 부여받은 자가 적절히 책임을 이행하였는지, 그리고 계약당사자가 그 계약을 이행하였는지를 평가할 수 있는 정보를 제공함으로써 기업을 둘러싼 이해관계자들의 대립을 조정해 주는 역할을 수행한다.

투자자들은 투자대상기업의 경영자가 그들이 투자한 자금을 효율적으로 활용하여 이익을 내고 있는지를 알고자 할 것이다. 따라서 경영자는 자신의 경영활동에 대한 평가를 받고자 투자자에게 회계정보를 제공하게 된다. 투자자들은 경영자의 수탁책임을 평가하여 기업에 투자한 지분을 계속 보유하거나 매도할 것인지 또는 경영자를 교체할 것인지 재선임할 것인지와 같은 의사결정을 하게 된다.

오늘날 경제사회에서 기업을 둘러싼 이해관계자는 과거의 주주와 채권자에서 정부, 노동조합, 잠재적 투자자, 일반대중으로 확대되었으며 이에 따라 경영자의 수탁책임도 과거의 주주에 대한 수탁책임에서 공적 책임 또는 사회적 책임으로 확대되고 있다. 기업의 회계보고서는 이제 기업의 주주만을 위한 보고가 아니라 다양한 이해관계자집단과 일반대중에 대한 보고로 이해되어야 한다.

이처럼 다양한 회계정보이용자에게 유용한 정보를 제공하기 위해서는 일정한 형식과 기준에 따라 이해하기 쉽게 기업의 경제적 사건과 경영성과를 파악할 수 있도록 하는 회계보고서가 제공되어야 하는데, 이러한 회계보고서를 재무제표라고 한다.

1.4 회계기준과 외부감사제도의 필요성

앞에서는 투자자 · 채권자를 포함한 외부 회계정보이용자들의 의사결정과 회계정보의 유용성에 대하여 살펴보았다. 그런데 회계정보가 그러한 역할과 기능을 제대로 하려면 그 전제로서 정보이용자들이 회계정보를 신뢰할 수 있어야 한다. 주식투자자를 비롯한 회계정보이용자들은 기업의 외부자이기 때문에 회계정보의 생산과정에 참여할 수가 없을 뿐만 아니라 회계정보가 어떻게 생산되었는지를 알지 못한다. 그래서 정보이용자들의 경제적 의사결정을 위하여 회계정보가 활용되려면 회계정보의 신뢰성이 먼저 확보되어야 한다.

수탁자인 경영자는 기업경영의 결과에 대하여 소유주인 투자자나 채권자들로부터 회사경영을 잘했는지 못했는지에 대하여 평가를 받게 된다. 평가를 받는다는 사실을 알고 있는 경영자에게는 되도록 평가를 잘 받고 싶은 동기가 생기게 된다. 평가를 잘 받으려는 동기가 강하면 경영자는 재무보고를 함에 있어 자기에게 유리한 것을 보고하고 불리한 것은 보고하지 않으려는 동기를 가질 수 있다. 심지어 잘 보이기 위해서 회계자료를 조작하는 창조적 회계인 분식회계를 저지를 위험도 존재하게 된다. 그런 경우 투자자나 채권자들은 경영자가 제공한 재무제표를 신뢰하지 못하게 되고 재무제표로 제공된 회계정보는 그 기능을 전혀 발휘하지 못하게 된다.

그러므로 위와 같은 문제들을 예방하여 회계정보가 본래의 역할과 기능을 할 수 있게 하기 위해서는 다음과 같은 제도적 장치가 필요하게 된다.

- 기업의 경제활동을 효과적으로 측정할 수 있는 정보생산방법을 체계화하여, 모든 기업이 준수해야 하는 기준을 제정하는 것이다. 즉, 국가적 차원에서 회

계기준을 제정하여 모든 기업이 준수하도록 하여야 한다.

- 기업 외부의 독립된 제3자로 하여금 경영자가 회계기준을 준수하여 재무제표를 작성하였는지 여부를 감사(audit)하게 하는 것이다.

회계기준은 경영자가 기업활동을 측정하고 재무제표를 작성할 때 반드시 준수해야 할 규범으로서의 성격을 갖는다. 이와 같이 국가적 차원에서 회계기준을 제정하여 모든 기업들이 준수하게 하고 또 외부감사를 받도록 제도화하면 회계정보의 신뢰도가 높아져서 기업 외부의 이해관계자들이 회계정보를 의사결정에 활용할 수 있게 될 것이다. 이러한 이유로 많은 나라에서는 위와 같은 제도적 장치를 법으로 마련하고 있다.

우리나라의 회계기준은 「주식회사의 외부감사에 관한 법률」에 그 법적인 근거를 두고 있으며, 현재 회계기준의 제정업무를 맡고 있는 기관은 한국회계기준원(회계기준위원회)이다. 최근 자본시장이 글로벌화됨에 따라 국제적으로 통일된 회계기준에 대한 요구가 세계적으로 증가하였고 이에 따라 많은 나라에서 국제회계기준위원회에서 제정한 국제회계기준(international financial reporting standards : IFRS)을 자국의 회계기준으로 채택하기에 이르렀다. 우리나라도 2011년부터 국제회계기준을 우리나라의 회계기준으로 전면도입하여 모든 상장회사들이 국제회계기준을 준수하도록 하고 있다.[02] 2011년부터 우리나라에서 적용되는 국제회계기준을 한국채택국제회계기준(K-IFRS)이라고 부르며, 상장기업에 대해서는 K-IFRS가 우리나라 회계기준이다.

회계감사는 법률에 의해 강제되고 있지만 본래의 의미는 수탁자인 경영자가 제공하는 재무보고서가 거짓 없이 성실히 작성된 것을 입증하기 위하여 독립된 제3자에게 인증을 받는 것이다. 따라서 회계감사인은 제3자 입장에서 기업이 제출한 재무보고서가 회계기준에 따라 작성되었는지에 대해 검토를 하고 그에 대한 의견을 제시하는 것이다. 감사의견은 적정의견, 한정의견, 부적정의견, 의견거절의 네 가지가 있다. 감사의견에 대해서는 다음 장에서 살펴본다.

보통 우리가 재무제표라고 할 때는 회계기준을 준수하여 작성되고 감사인에 의하여 감사를 받은 재무제표를 일컫는 것이다.

01 김권중, 회계원리, 창민사, 2015, p.9.

02 비상장기업에 대해서는 국제회계기준보다 덜 엄격한 회계기준이 제정되어 사용되며, 이 회계기준을 '일반기업회계기준'이라고 부른다.

Chapter 02

기업의 경영활동과 회계정보

2.1 기업의 경영활동

2.2 기업의 회계정보

| CHAPTER **02** |

기업의 경영활동과 회계정보

기업이란 ① 기업 외부로부터 조달된 인적 · 물적 자원을 효율적으로 결합하여, ② 사회에서 필요로 하는 재화나 서비스를 창출하고, ③ 이를 고객에게 판매하여 이익을 창출하는 것을 목적으로 하는 조직이다. 기업은 재화나 서비스의 생산 · 판매활동을 통하여 이익을 창출하고, 이를 최대화하려고 부단히 노력하는 조직이다. 이익은 기업의 생존이유이고 기본적인 목표이다.

2.1 기업의 경영활동

사업을 시작하기 위해서는 자금이 필요하다. 기업활동은 외부로부터 조달된 자금으로 사업에 필요한 자산(설비, 재료 등)을 구입하고 이들 자산을 이용하여 재화나 서비스를 생산하고 판매하여 자금을 회수하는 일련의 자금순환과정이라고 할 수 있다. 이 과정에서 상기업은 다른 기업이 생산한 제품(상품)을 판매하고, 서비스 기업은 서비스(용역)를 판매하기 때문에 제품생산활동은 없게 된다. 제조기업을 중심으로 일어나는 자금순환과정을 다음과 같이 나타낼 수 있다.

- **자금의 조달** : 개인기업(자기자금, 차입금), 주식회사(주식발행, 회사채, 차입금)
- **생산요소 구입과 종업원 고용** : 생산설비, 원재료 구입, 기술자와 관리자 고용

- **생산활동** : 제품, 상기업(도소매업)의 상품
- **판매활동** : 광고선전, 상품보관 및 운반, 유통망 정비 등의 활동
- **일반관리 및 개발활동** : 경영계획, 자금운영, 경리, 인사, 연구개발 등
- **자금의 회수** : 판매대금 회수
- **이익의 분배 및 재투자** : 법인세 납부, 배당, 성장을 위한 유보이익의 재투자

이러한 자금순환과정을 활동영역별로 나누면 크게 재무활동(financing activity), 투자활동(investing activity), 영업활동(operating activity)으로 나눌 수 있다.

(1) 재무활동

사업을 시작하기 위해서는 자금이 필요하게 된다. 이 자금으로 기업은 사업에 필요한 자원을 취득하는 것이다. 소유주가 기업에 불입한 자금은 소유주 지분 또는 자본이라고 한다. 이 불입액은 기업에 자원을 제공한 소유주의 청구권을 의미한다. 소유주는 기업이 벌어들인 이익과 기업이 소유한 자원에 대한 청구권을 가지게 된다.

사업을 시작할 때 추가적으로 자금이 필요하게 되면 자금을 차입하게 된다. 차입금은 기업의 또 다른 자금원이며 이것은 돈을 빌려준 채권자의 청구권을 나타낸다.

소유주가 자본을 납입하는 것과 자금을 차입하는 것을 재무활동이라고 한다. 재무활동은 소유주와 채권자가 기업에 자금을 제공하거나 기업이 이들에게 자원을 이전할 때(배당금을 지급하거나 채무를 상환할 때) 발생한다. 재무활동은 기업을 위해 재무자원을 제공한다.

예를 들어, 사업을 시작하기 위해 필요한 자금은 1억 5천만원이다. 이 중 소유주가 1억원을 출자하고 부족한 자금 5천만원을 은행에서 차입한 경우를 가정하자. 사업을 위해 사용할 수 있는 총자금은 1억 5천만원이며, 이 중 1억원은 소유주가 출자한 돈으로 자본(소유주 지분)이라고 하며, 5천만원은 나중에 상환하여야 하는 빚으로 부채(채권자의 청구권)라고 한다. 사업자금은 소유주가 사업을 위하여 사용할 수 있는 총자원이다. 회계에서는 기업이 소유하고 사업을 위하여 사용할 수 있는 경제적 자원을 자산이라고 한다. 이들의 관계를 등식으로 다음과 같이 나타낼 수

있다.

1억 5천만원 = 5천만원 + 1억원
자산 = 부채 + 자본

이 등식을 회계등식이라고 한다. 회계의 모든 기록은 이 등식을 기초로 하여 이루어지며 사업을 종료하는 결산일에 기업의 재무상태를 나타낼 때도 이 등식을 이용하기 때문에 재무상태표 등식이라고도 한다. 이에 대한 자세한 내용은 다음 장에서 설명한다.

(2) 투자활동

고객에게 재화나 서비스를 판매하기 전에 기업은 사업을 운영할 자원이 필요하게 된다. 기업에 필요한 자원은 사업의 유형에 따라 다르게 된다. 상기업의 경우 이들 자원은 제품을 취득하고 판매하는 데 필요한 설비 등이고, 제조기업인 경우는 제품의 생산 · 판매에 관련된 자원들이다. 건물, 기계, 운송장비, 설비자산 등 장기적으로 사용되는 자원(비유동자산)의 취득과 처분에 관련된 활동을 투자활동이라고 한다.

(3) 영업활동

재무활동과 투자활동은 기업이 사업운영에 필요한 자원을 얻기 위한 활동이지만 이들 활동 자체가 사업운영활동은 아니다. 기업의 운영은 제품과 서비스를 취득하거나 생산하고 이들 제품과 서비스를 고객에게 판매하는 것으로 이루어진다. 영업활동은 투자나 재무활동 이외의 활동으로 재화나 서비스를 취득하고 판매하는 데 필요한 모든 활동을 말한다.

재화와 서비스가 고객에게 판매될 때 수익이 창출된다. 수익은 기업이 재화와 서비스를 판매했을 때 수취할 것으로 기대하는 금액이다. 수익은 고객에게 봉사함으로써 얻게 되는 보상이라고 말할 수 있다. 재화와 서비스의 매출을 위하여 기업은 종업원의 노동, 재료, 기타경비를 포함하는 다양한 자원을 사용한다. 이들 자원의 소비를 비용이라고 한다. 비용은 재화와 서비스를 취득하거나 생산하고 판매하는 과정에서 사용 · 소비된 자원의 금액이다.

모든 영업활동이 수익과 비용을 발생시키지는 않지만 대부분은 수익과 비용의 발생과 관련된다. 이익잉여금은 기업이익이 누적된 것이고 재투자된 금액이다. 수익은 이익잉여금을 증가시키고 비용은 이를 감소시킨다.

기업은 소유주를 위하여 이익을 창출할 목적으로 존재하는 조직이다. 기업은 영업활동을 통하여 이익을 창출하며 이를 바탕으로 성장 · 발전한다. 즉, 영업활동의 결과는 바로 기업의 경영성과가 되며 그 결과에 따라 성장 · 발전하거나 도태하게 된다.

기업은 고객이 필요로 하는 재화나 서비스를 제공하는 데 소요된 비용(총원가)보다 더 높은 가격으로 재화나 서비스를 고객에게 판매함으로써 이익을 창출한다. 기업이 성공하기 위해서는 고객이 기꺼이 지불하려는 가격으로 그들이 필요로 하는 재화나 서비스를 제공할 수 있어야 한다. 즉, 고객의 요구를 맞추는 데 효과적이어야 한다. 또한 기업은 제품의 원가가 판매가격을 초과하지 않도록 원가통제에 효율적이어야 한다. 성공적인 기업은 소유주뿐만 아니라 기타 이해관계자들을 위하여 가치를 창출하게 된다. 이익은 기업이 창출한 가치의 측정치이다.

2.2 기업의 회계정보

(1) 의사결정과 정보

우리 모두는 어떤 경우든 의사결정을 위해서 정보를 이용한다. 이들 정보는 현상을 이해할 수 있는 사실, 아이디어, 개념들이다. 정보를 이용하기 위해서는 그 정보를 해석할 수 있어야 하고 또한 그 한계점을 이해하고 있어야 한다. 어설픈 정보를 이용하거나 좋은 정보라도 그것을 잘 이용하지 못하면 그에 따른 의사결정도 잘못될 수 있다.

예를 들면, 우리는 잘 모르는 목적지에 자동차를 운전하고 가는 경우 내비게이션을 이용한다. 내비게이션에 목적지를 잘못 입력하거나, 업그레이드가 안 된 오래된 내비게이션을 이용하면 의도하지 않은 엉뚱한 곳에 도착한다든지 새로 생긴 단거리 경로를 모르고 멀리 돌아서 목적지에 이르게 될 수도 있다. 운전할 때 내비게이션을 이용하는 이유는 목적지를 효과적이고 효율적으로 찾아가기 위함이다. 내비게이션을 이용함으로써 자동차를 어디서 멈추고 회전해야 하는지를 결정할 수 있다. 그것은 우리가 목표지점을 향해 얼마나 왔고 앞으로 얼마의 거리가 남았는지를 알려 주고, 우리가 올바른 길로 가고 있는지, 어디서 잘못된 길로 접어들었는지를 아는 데 도움을 준다.

회계는 그것을 이용하는 사람들이 조직에 대한 의사결정을 하는 데 도움이 되는 정보를 제공하는 정보시스템이다. 회계가 제공하는 정보는 내비게이션이나 지도와 같은 역할을 한다. 회계정보는 의사결정자로 하여금 그들이 어디에 있고, 어디에 있었으며, 어디로 가고 있는지를 결정할 수 있도록 도와준다. 내비게이션이 킬로미터나 마일로 거리를 나타내는 대신에 회계는 조직의 활동을 화폐단위로 측정한다.

회계는 소유주나 투자자들에게 과거와 현재의 상황과 함께 미래에 일어날 것으로 기대하는 결과에 대한 정보를 제공함으로써 의사결정에 도움을 준다. 즉, 사업이 어디서 시작하고 어디서 끝나고 미래에 대한 기대가 충족될 수 있는지를 알려준다.

기업은 어떤 방식으로든 자금을 조달(재무활동)하여 사업을 시작한다. 사업이 시작되면 그 자금으로 생산시설(투자활동)을 구축하고, 종업원을 채용하고, 원재료를 구입하여 재화나 용역을 만들고 이를 소비시장에 판매하기 위한 활동(영업활동)이 이루어지게 된다. 이런 활동과정에서 기업이 가지고 있던 자원은 많은 변환과정을 거치게 된다. 즉, 현금이 설비로 또는 제품으로 변하고, 채권과 채무의 발생과 소멸, 관리비의 지출, 재투자과정을 거치면서 재무상태가 변하게 된다.

일정기간이 경과한 후 기업의 경영자를 비롯한 이해관계자들(특히, 소유주)은 기업의 재산이 어떻게 변했는지, 즉 자산, 부채 및 자기자본이 현재 어떤 상태인지, 그리고 그동안 영업활동의 결과로 이익이 났는지 손해가 났는지를 알고자 한다. 따라서 기업은 최소한 일정수준의 정보(기업의 재무상태와 경영성과를 나타내는 정보)를 강제적이든 자발적이든 이해관계자에게 제공해야 한다.

회계는 기업의 활동과정에서 일어나는 자금의 변천과정을 추적하여 기록하고 요약하여 기업의 활동결과를 나타내 준다. 즉, 자금이라는 수단을 이용하여 그 흐름(자금의 흐름)을 파악하고 기업의 과거 경영성과와 현재의 재무상태를 알려 주고 미래를 예측하는 데 도움을 주는 역할을 한다. 회계의 세계는 '돈의 움직임'의 세계이므로 돈의 흐름을 파악하는 것이 중요하다. 따라서 회계는 기업의 재무상태 및 그것들의 변동과 성과를 나타내 줌으로써 기업과 이해관계를 가지고 있거나 특정 기업에 대해 알고자 하는 사람들이 사정을 잘 알고 경제적 의사결정을 할 수 있도록 도와주는 역할을 수행한다. 즉, 회계는 회계정보이용자들이 특정 경제실체에 대한, 또는 특정 경제실체를 위한 경제적 의사결정을 하는 데 도움이 되는 유용한 정보를 제공하는 것을 그 기능으로 한다. 이를 그림으로 표현하면 다음과 같다.

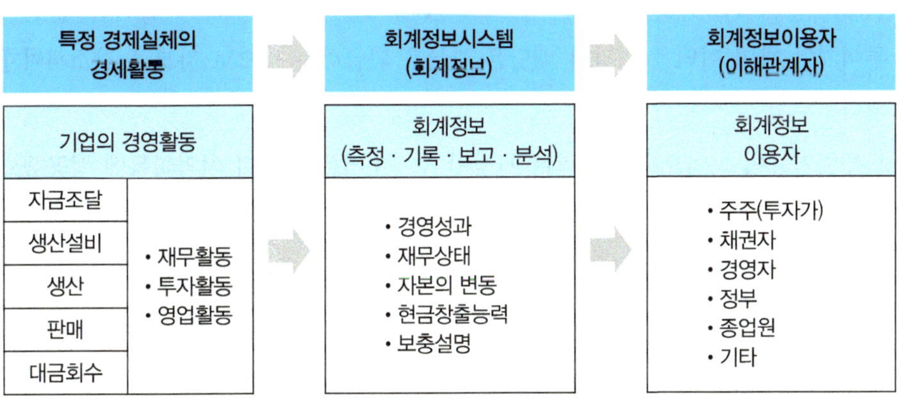

회계는 재무제표를 통하여 기업의 운영성과와 재무상태 및 현금창출능력을 나타내어 기업을 둘러싼 이해관계자들과의 의사소통수단이 되기 때문에 기업의 언어(language of business)라고도 하며, 재무제표를 통하여 기업 내부를 들여다볼 수 있기 때문에 기업의 창(window of business)이라고도 한다.

(2) 투자결정과 회계정보

기업은 사회에서 필요로 하는 재화와 서비스를 제공함으로써 이익을 획득한다. 소유주들은 기업이 벌어들인 이익으로부터 보상(투자수익)을 얻기 위하여 기업에 투자한다. 소유주들은 기업에 투자함으로써 다른 용도에 사용할 수 있는 자금을 포기하는 것이다. 때문에 그들은 기업이익이 분배될 것으로 기대한다. 투자수익(return on investment)은 소유주에게 지급할 수 있는 기업의 이익이다. 투자수익은 보통 기업이 벌어들인 이익과 소유주의 투자액을 비교하여 비율로 표현된다. 즉, 투자수익률 = 이익 / 투자액이다.

이익은 매출을 통해 획득한 순자원이다. 기업은 그 이익(자원)을 소유주에게 나눠 줄 수도 있고 미래에 더 많은 자원을 획득하기 위하여 이익을 재투자할 수도 있다. 기업규모를 확장하거나 영업지역이나 제품라인을 확장하여 더 많은 이익을 얻기 위하여 추가자원을 이용할 수도 있다. 어떤 방법이든 소유주의 부는 더 커진다. 기업이 투자자들에게 지급하는 배당은 자본유지를 위하여 이익의 범위 안에서 이루어져야 하며 이익을 초과한 배당은 자본을 환급하는 것으로 자본을 감소시키게 된다.

투자자들이 기업으로부터 받는 보상인 투자수익은 기업이 이익획득에 성공했느냐에 달려 있다. 만일 당신이 기업의 소유주라면 적극적으로 기업경영에 관여해야 하고, 그 성공은 당신의 능력과 노력에 달려 있는 것이다. 만일 당신이 기업에 투자한 많은 사람들 중의 한 사람이라면 기업경영에 적극적으로 관여하지 못하게 되고 사업의 성공은 기업을 경영하는 경영자들의 노력과 능력에 크게 좌우된다. 일반투자자들은 자신이 투자한 기업의 성공을 보장할 수 없게 된다. 즉, 투자에 대한 보상(투자수익)을 얻지 못할 수도 있고, 투자수익이 기대한 것보다 적을 수도 있으며, 심지어 투자금액을 잃을 수도 있는 위험을 갖게 된다. 위험은 결과에 대한 불확실성이다. 그것은 보상금액과 시기에 대한 불확실성 때문에 생겨난다.

소유주나 일반투자자들이 투자행위에 위험이 따르는데도 왜 기업에 투자를 할까? 그것은 만일 기업경영이 성공적일 경우 소유주(투자자)는 은행예금과 같이 상대적으로 안전한 투자처에서 얻을 수 있는 이익보다 기업에 투자하는 것이 훨씬 높은 투자수익을 얻을 것을 기대하기 때문이다. 예를 들어, 은행이자율이 5%이고 기업에 투자하여 얻을 수 있는 기대수익률이 15%라고 하면 안전한 은행예금보다 기업에 투자하는 것이 더 큰 수익을 얻을 것으로 기대할 수 있는 것이다. 일반적으로 보다 큰 수익을 획득하려면 보다 큰 위험을 감수해야 한다. 회계정보는 이와 관련하여 소유주(투자자)들이 보다 나은 의사결정을 할 수 있도록 투자와 관련된 위험(risk)과 투자수익(return)을 평가하는 데 도움을 주는 것이다.

기업이 이익을 얻고 소유주(투자자)에게 투자수익을 지급하기 위해서는 효과적이고 효율적으로 운영되어야 한다. 효과적인 기업(effective business)은 고객이 바라는 재화와 서비스를 제공하는 데 성공적인 기업이다. 효과적인 경영은 올바른 제품을, 올바른 시기에, 올바른 장소(적기적소)에 배치하는 것을 의미한다. 효율적인 기업(efficient business)은 재화나 서비스를 제공하는 데 소비된 자원의 원가가 재화나 서비스의 판매가격보다 낮게 유지되는 기업이다. 경영자들은 낭비를 줄이고 원가를 절감하기 위하여 자원을 질과 양적으로 잘 배합하여 원가를 절감하여야 한다. 기업이 비효과적이고 비효율적일 경우보다 효과적이고 효율적일 때 기업을 소유하는 데 따르는 위험이 낮아진다. 효과적이고 효율적인 기업은 금융시장, 공급자, 그리고 생산시장에서 경쟁력을 갖게 된다.

기업소유주나 투자자들은 자신의 투자에 대한 보상을 기대한다. 투자자들은 그들이 기대하는 투자수익의 금액, 시기, 그리고 불확실성을 평가함으로써 여러 대체적인 투자안 중에서 해당 기업을 선택한 것이다. 높은 이익을 획득하고 높은 보상을 지급할 수 있는 기업은 그렇지 못한 기업에 비하여 투자자 확보에 어려움을 덜 겪게 된다. 충분한 이익을 내지 못하는 기업은 보다 효과적이고 효율적인 운영을 강요받거나 업계에서 퇴출을 강요받게 된다.

회계정보시스템은 투자자들이 투자의사결정을 하는 데 있어 주된 정보원이다. 회계정보는 투자자들이 기업의 효과성과 효율성을 평가하는 데 도움을 준다. 그것은 그들이 투자로부터 기대할 수 있는 수익과 투자와 관련된 위험 정도를 추정할 수 있게 도와준다. 금융, 공급 및 생산시장은 기업으로 하여금 사회가 요구하는 제품을 생산할 수 있도록 유인을 제공한다. 이들 시장은 희소자원이 사회의 부(society's welfare)를 개선하는 데 이용될 수 있도록 하여 준다. 시장은 자원을 전환하여 가치를 가장 잘 창출할 수 있는 조직에 희소자원이 배분될 수 있도록 한다.

회계는 자원이 재화나 서비스로 변환되고 이들 재화나 서비스가 고객에게 판매 또는 이전되는 것을 측정하고 보고하기 위한 정보시스템이다. 즉, 기업의 자원 → 변환 → 판매과정을 측정하고 보고하는 정보시스템이다. 회계는 변환과정에서 창출된 가치를 측정하기 위하여, 그리고 변환과정을 통한 자원의 흐름을 추적하기 위하여 자원의 가격과 원가를 이용한다. 자원의 흐름을 추적함으로써 경영자와 기타 의사결정자들은 자원이 얼마나 효과적이고 효율적으로 이용되었는지를 평가할 수 있게 된다.

기업의 경영자나 투자자들은 자신이 직접 경영하거나 투자하려는 기업이 효과적이고 효율적인지를 판단하기 위해서는 반드시 기업이 제공하는 재무제표를 이해하고 해석할 수 있어야 한다.

가치투자의 원조로 불리는 벤저민 그레이엄(Benjamin Graham)은 그의 책『증권 분석』에서 '투자는 철저한 분석을 통하여 원금의 안전과 적절한 수익을 보장하는 것이고, 이러한 조건을 충족하지 못하는 행위는 투기이다'라고 하여 투자와 투기를 구분하고 있다. 즉, 투자는 다음과 같은 세 가지 요소로 구성된다는 것이다.[01]

- 주식을 사기 전에 그 기업과 경영의 건전성을 철저히 분석해야 한다.
- 심각한 손실에 대하여 스스로 신중하게 보호해야 한다(원금의 안전).
- 탁월하지 않은 적당한 성과를 희망해야 한다(적절한 수익).

투자자들은 사정을 잘 알고 투자할 기업을 선정함으로써 위험을 줄이고 적절한 투자수익을 기대할 수 있게 된다. 투자의 목적은 돈을 벌기 위함이다.

노벨경제학상을 수상한 프리드먼(Milton Friedman)은 '세상에 공짜 점심은 없다(There is no such thing as a free lunch)'라고 설파한 것처럼 투자세계에서 공짜로 얻어지는 이익은 없다. 때문에 투자자들은 기업의 과거 경영성과와 현재의 건강상태, 그리고 미래 지속가능성 등을 분석하고 평가하는 과정을 이해하고, 기업의 내재가치에 대한 이해를 넓히기 위해서 재무제표의 이해를 위한 노력이 요구되는 것이다. 어느 현자는 '세상은 아는 만큼 보인다'고 했다.

01 벤저민 그레이엄 지음, 박진건 옮김, 현명한 투자자, 국일증권경제연구소, 2007, p.63.

Chapter 03

재무제표 개관

3.1 재무상태표

3.2 손익계산서

3.3 자본변동표

3.4 현금흐름표

3.5 주석

3.6 재무제표의 상호관계

3.7 발생주의와 현금주의

3.8 연결재무제표, 별도재무제표, 개별재무제표

3.9 기업공시 : 전자공시시스템

| CHAPTER **03** |

재무제표 개관

"회사의 재무제표를 이해하지 않고 주식을 사는 것은
다른 사람의 카드를 보지도 않고 포커게임을 하는 것과 같다."

\- 워렌 버핏 -

재무보고는 기업을 둘러싼 다양한 이해관계자의 경제적 의사결정을 위해 경영자가 기업실체의 경제적 자원과 의무, 경영성과, 자본변동, 현금흐름 등에 대한 재무정보를 제공하는 것을 말한다. 재무제표는 재무보고의 핵심수단으로서 이를 통하여 기업에 관한 재무정보를 외부 이해관계자에게 전달하게 된다. 재무제표는 한 기간 동안에 기업활동의 결과를 요약한 보고서이며 회계시스템의 최종산물이다. 즉, 한 기간 동안 기업의 활동결과에 대한 성적표이다.

재무제표는 기업이 무엇을 소유하고 얼마만큼의 빚을 지고 있는가를 나타내는 재무상태표(대차대조표), 한 기간 동안 영업활동의 결과로 이익을 창출했는지를 나타내는 보고서로서 경영자의 경영성과를 나타내는 손익계산서, 한 기간 동안 소유주의 지분인 자본이 어떻게 변동되었는지를 나타내는 자본변동표, 그리고 한 기간 동안 기업의 현금은 어떻게 창출되었고 어떻게 사용되었는지를 알려 주는 현금흐름표가 있으며 각 보고서에 대한 추가적인 설명을 해주는 주석으로 구성된다.

재무제표를 이해하기 위해서는 회계기간에 대한 이해가 필요하다. 기업의 경영활동은 계속적으로 발생하지만, 정기적인 회계보고를 위해서 인위적으로 계속되는 기간을 나누어 특정 시점의 재무상태와 일정기간의 경영성과를 보고한다. 우리나라의 많은 기업들은 1월 1일부터 12월 31까지를 회계기간으로 한다. 회계의 모든 측정과 보고는 회계기간단위로 이루어진다. 재무제표 작성의 대상이 되는 기간을 당기라고 하고 그전의 회계기간을 전기라고 하며, 다음 회계기간을 차기라고 한다. 이를 그림으로 나타내면 다음과 같다.

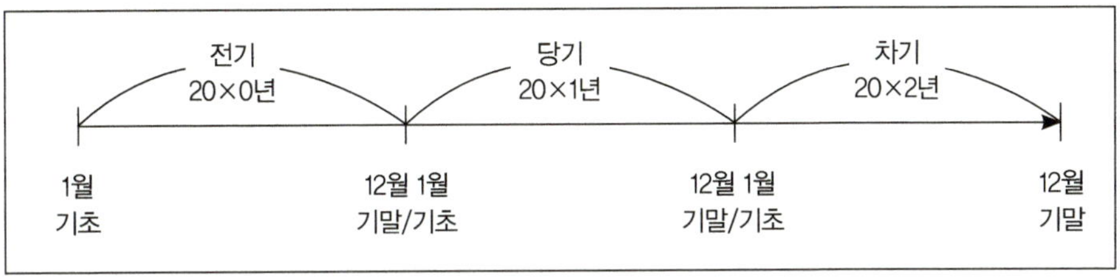

3.1 재무상태표

[시례]

갑돌이가 자기 돈 1,000만원을 가지고 사업을 구상하던 중 시청 앞에서 한식집을 하기로 결정하였다. 건물을 빌리고 내부시설 등 사업을 시작하려고 보니 500만원이 부족하여 은행으로부터 500만원을 차입하였다. 여러 가지 준비를 한 후 20×1년 3월 1일에 사업을 시작하였다.

사업과 관련하여 갑돌이가 사용할 수 있는 경제적 자원은 현금 1,500만원이다. 갑돌이가 소유하고 지배 · 통제하고 있는 경제적 자원을 회계에서는 자산이라고 한다. 나중에 은행에 갚아야 하는 빚(차입금)을 부채라고 하며 자기가 출자한 사업자금을 자본 또는 자기자본(소유주 지분)이라고 한다. 이를 다음과 같은 등식으로 나타낼 수 있다.

용어 :	**자산**	=	**부채**	+	**자본**
의미 :	**기업의 자원**	=	**갚아야 할 빚**	+	**소유주 몫**
금액 :	**1,500만원**	=	**500만원**	+	**1,000만원**

이 등식을 회계 등식이라고 하며, 재무상태표(대차대조표) 등식이라고도 한다. 기업의 규모가 크든 작든 회계의 모든 기록은 이 등식 안에서 이루어진다. 이 등식을 이용하여 하나의 표를 만들면 특정 시점에서 기업의 자산과 부채 및 자본을 나타내는 재무상태표가 된다.

재무상태표

자산 = 경제적 자원	부채 = 채권자의 지분 = 타인자본
	자본 = 주주의 지분 = 자기자본(소유주 지분)
자산총계(조달된 자금의 운용)	부채와 자본총계(자금조달의 원천)

이를 이용해서 갑돌(주)의 재무상태표를 작성하면 다음과 같이 최초의 재무상태표가 된다. 이를 기초재무상태표라고 한다.

재무상태표

갑돌(주) 20×1년 3월 1일 현재 (단위 : 천원)

자산		부채	
현금	15,000	차입금	5,000
		자본	
		자본금	10,000
자산총계	15,000	부채와 자본총계	15,000

재무상태표(statement of financial position)는 특정 시점의 기업의 재무상태(자산, 부채, 자본의 상태)를 나타내는 보고서이며 대차대조표(balance sheet)라고도 한다.

사례에서 갑돌이의 현금 1,500만원은 내부시설, 임차료, 비품, 재료구입 등으로 사용되기 때문에 현금은 여러 형태의 자원으로 변환된다. 재무상태표가 특정 시점의 재무상태를 나타낸다고 하는 의미는 그 시점(3월 1일)이 지나면 기업의 자산, 부채 및 자본의 구성상태가 변하기 때문이다. 사업이 시작되면, 제품을 만들어 파는 영업활동이 이루어진다.

장사를 하는 동안 갑돌이는 장사가 재미있기도 했지만 이것저것 정신없이 바쁘기도 했다. 약 6개월이 지나는 동안 장사는 잘되는 것 같았고 재료를 구입하면서 대금을 외상으로 하기도 하고, 일부를 외상으로 판매하기도 했다. 그리고 그 외상대금을 별문제 없이 제대로 지급하기도 하고 회수되기도 했다. 그럭저럭 장사가 잘되고 있다고 생각하고 있었다.

6개월 동안 장사한 결과, 재산상태는 어떻게 변했는지, 그리고 돈은 벌었는지 몹시 궁금했다. 장사가 끝났다고 생각해서 장부를 정리해 보기로 하였다. 장부정리는 회계 등식에 따라 다음과 같이 정리를 했다.

재무상태표

갑돌(주) 20×1년 9월 30일 현재 (단위 : 천원)

자산		부채	
현금	3,000	외상매입금	3,000
외상매출금	2,000	은행차입금	5,000
재고자산	5,000	부채총계	8,000
비품 등	10,000	자본	12,000
자산총계	20,000	부채와 자본총계	20,000

표에서 보면 자산은 6개월 동안 500만원이 증가한 2,000만원이 되었으며 부채도 300만원 증가했으며, 자본도 200만원 증가한 상태이다.

갑돌이는 한식집 사업으로 돈을 벌었는가? 부채는 300만원 증가했고, 소유주 몫인 자본은 200만원 증가했는데 이익인가? 회계 등식 '자산 = 부채 + 자본'을 자본 등식으로 바꾸면 '자본 = 자산 − 부채'로 나타낼 수 있다. 처음에 사업을 시작할 때(3월 1일) 자본(기초자본)은 1,000만원이었는데, 장부정리한 날인 9월 30일(결산일)의 자본(기말자본)은 1,200만원이다.

기말자본(1,200만원)과 기초자본(1,000만원)을 비교하면 기말자본이 200만원이 증가했다는 것을 알 수 있다. 따라서 소유주 지분(순자산)이 증가한 만큼 이익이기 때문에 순이익은 200만원이다. 이를 요약하면 다음과 같다.

기초자본(1,000만원) = 기초자산(1,500만원) − 기초부채(500만원)
기말자본(1,200만원) = 기말자산(2,000만원) − 기말부채(800만원)

순이익(200만원) = 기말자본(1,200만원) – 기초자본(1,000만원)

이렇게 순자산(자본)을 기준으로 이익을 계산하는 방법을 재산법이라고 한다. 사업의 결과인 이익을 명확하게 나타내고 알아보기 쉽도록 자본을 처음 출자한 돈인 자본금과 사업을 한 결과 벌어들인 이익인 이익잉여금으로 구분하여 표시한다.

즉, 자본 = 자본금 + 이익잉여금으로 나타내게 된다. 회계기간 말에 재무상태표를 재구성하면 다음과 같이 된다.

재무상태표

갑돌(주) 20×1년 9월 30일 현재 (단위 : 천원)

자산			부채		
현금	3,000		외상매입금	3,000	
외상매출금	4,000		차입금	5,000	8,000
재고자산	3,000		자본		
비품등	10,000		자본금	10,000	
			이익잉여금	2,000	12,000
자산총계		20,000	부채와 자본총계		20,000

회계기록을 시작한 20×1년 3월 1일부터, 장부를 정리하고 마감한 20×1년 9월 30일(결산일)까지를 회계기간이라고 한다. 회계기간은 보통 1년이며, 회사에 따라 1개월, 3개월, 6개월단위로 나누기도 한다. 재무상태표는 외부 이용자들이 이해하기 쉽게 다음과 같이 보고되기도 하는데 이를 보고식 재무상태표라고 한다.

재무상태표

갑돌(주) 20×1년 9월 30일 현재 (단위 : 천원)

자산	
현금	3,000
외상매출금	4,000
재고자산	3,000
비품	10,000
자산총계	20,000

부채	
외상매입금	3,000
차입금	5,000
부채총계	8,000
자본	
자본금	10,000
이익잉여금	2,000
자본총계	12,000
부채와 자본총계	20,000

3.2 손익계산서

재무상태표는 회계기말에 순자산의 변동을 계산하여 이익을 계산하기 때문에 이익잉여금이 얼마라는 결과만을 나타내 주는 보고서이다. 즉, 벌어들인 이익이 어떤 활동의 결과인지 그 활동내용을 설명해 주지 못한다.

손익계산서(income statement)는 기업이 한 기간 동안 돈을 벌기 위해 어떤 활동을 하였으며(수익활동), 돈을 벌기 위한 활동을 수행하는 과정에서 사용 · 소비한 자원(비용)은 얼마인지를 사용용도별로 알려 주는 보고서이다. 즉, 기업의 일정기간 동안의 경영성과를 나타내는 보고서이다. 손익계산서의 구조는 다음과 같다.

돈을 벌어들이는 활동(수익활동)
− 돈을 벌기 위해 소비한 자원(비용)
= 순이익

손익계산서는 한 기간의 모든 수익과 비용을 모두 포함해서 나타내기 때문에 포괄손익계산서라고 한다. 이러한 손익계산서의 방식에 의하여 순이익을 계산하는 방법을 거래접근법이라고 한다. 손익계산서의 양식을 표현하면 다음과 같다.

손익계산서

20×1년 3월 1일부터
20×1년 9월 30일까지

갑돌(주) (단위 : 천원)

수익		
매출		12,000
비용		
재료비	4,000	
임차료	2,000	
급여	3,000	
공공요금	500	
소모품비	300	
이자비용	200	10,000
당기순이익		2,000

위에서 보는 바와 같이 갑돌(주)가 6개월 동안 벌어들인 매출수익은 1,200만원이고, 매출수익을 벌어들이는 데 발생한 비용은 1,000만원이다. 수익에서 비용을 차감한 당기순이익은 200만원임을 알 수 있다. 당기순이익은 기말재무상태표상의 이익잉여금 200만원과 동일하다. 순이익을 주주들에게 배당하지 않으면 손익계산서의 당기순이익은 그대로 재무상태표의 이익잉여금에 가산되어 이익잉여금의 변동을 설명해 주는 역할을 한다. 이를 그림으로 표현하면 다음과 같이 나타낼 수 있다.

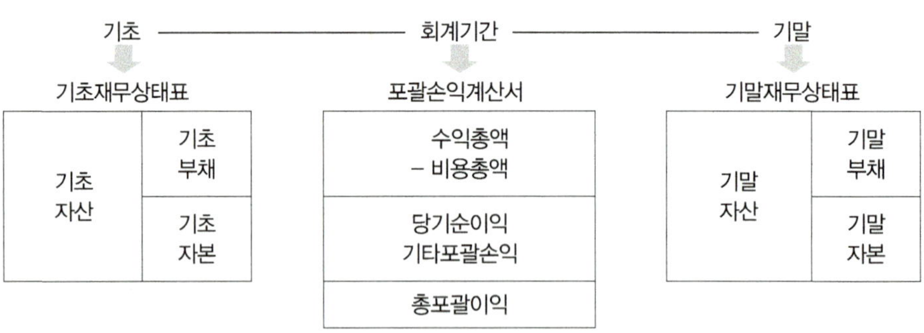

20×1년 3월 1일 → 20×1년 9월 30일

자본				자본	
자본금	10,000	+ 당기순이익	2,000	자본금	10,000
기초자본	10,000	± 기타포괄손익	0	이익잉여금	2,000
		– 배당금	0	기말자본	12,000

3.3 자본변동표

자본변동표(statement of change in equity)는 재무상태표에 표시되는 자기자본의 한 기간 동안의 변동내용을 상세히 알려 주는 재무보고서이다. 재무상태표의 자본은 일정기간 동안에 주주들과의 거래(추가출자, 자본인출, 배당)와 영업활동의 결과, 순이익이나 순손실로 인하여 변동이 생긴다.

회사가 영업활동을 하면 수익과 비용이 발생한다. 수익과 비용의 차이를 나타내는 순이익이나 순손실은 자본변동을 가져온다. 즉, 순이익은 재무상태표의 이익잉여금을 증가시키며, 순손실은 이익잉여금을 감소시킨다. 만일 주주들에게 투자의 대가로 배당금을 지급하면 그만큼 자본이 감소하게 된다.

다음 그림은 갑돌(주)의 6개월간의 자본의 변동내용을 나타내고 있다. 처음 사업을 시작하면서 출자한 돈(주식) 1,000만원은 자본금을 구성하고, 영업활동의 결과 순이익 200만원이 발생하였는데 주주들과의 거래가 없고 배당이 없기 때문에 자본의 변동은 순이익으로 인한 이익잉여금 증가분 200만원뿐이다.

자본변동표

20×1년 3월 1일부터
20×1년 9월 30일까지

갑돌(주) (단위 : 천원)

	자본금	이익잉여금	총계
20×1년 3월 1일	10,000	0	10,000
추가출자	0		0
당기순이익		2,000	2,000
배당금		(0)	(0)
20×1년 3월 31일	10,000	2,000	12,000

3.4 현금흐름표

현금흐름표(cash flow statement)는 한 기간 동안의 현금이 어떻게 들어오고(현금유입) 어떻게 사용되었는지(현금유출)를 나타내는 보고서이다. 즉, 현금은 앞의 예에서 보면, 20×1년 3월 1일 기초재무상태표의 현금 1,500만원에서 기말재무상태표의 현금 300만원으로 변동되었다. 현금흐름표는 현금이 어떤 원천에서 증가되었고, 어떤 용도로 사용되어 감소되었는지를 나타내 주는 보고서인 것이다.

기업의 활동은 크게 영업활동, 투자활동 및 재무활동으로 구분한다. 영업활동은 재화의 판매 및 용역제공 활동 등 수익을 창출하는 활동과 수익을 위하여 자원을 사용 · 소비하는 활동이다. 대부분의 손익계산서 항목과 관련된 활동이 영업활동이라고 할 수 있다. 투자활동은 기업의 영업활동에서 발생하는 자산(재고자산, 매출채권 등) 이외의 자산을 취득하거나 처분하는 활동과 관련된 활동이다. 재무활동은 투자자(소유주)나 채권자들로부터 자금을 조달하거나 상환하는 활동이다. 현금흐름표는 기업의 3가지 활동으로부터 현금유입과 유출을 상세히 나타내는 보고서이다.

다음은 갑돌(주)의 현금흐름표를 예시하였다.

현금흐름표

20×1년 3월 1일부터
20×1년 9월 30일까지

갑돌(주) (단위 : 천원)

영업활동 현금흐름		
매출로 인한 현금유입	8,000	
영업비용 현금유출	(10,000)	(2,000)
투자활동 현금흐름		
비품 등 구입	(10,000)	(10,000)
재무활동 현금흐름		
장기차입금조달	0	
배당금지급	(0)	(0)
현금감소		(12,000)
기초현금(3월 1일)		15,000
기말현금(9월 30일)		3,000

재무제표는 기업 외부 의사결정자들이 이용할 수 있는 기본적인 정보원이다. 외부 회계정보이용자들은 조직이 자원을 효과적이고 효율적으로 이용하는지에 대한

조직의 능력을 평가하기 위하여 재무제표를 분석한다. 여러 기간에 걸쳐 자산, 부채, 이익, 그리고 현금흐름의 변동을 비교함으로써 이용자들은 수익률과 위험에 대한 평가를 한다. 또한 기업 간 비교는 어느 기업이 효과적이고 효율적으로 경영했는지를 결정하고 최선의 투자기회를 확인하는 데 도움이 된다.

3.5 주석

재무상태표, 손이계산서, 현금흐름표는 기업의 가장 기본적인 재무제표이다. 하지만 재무제표에는 화폐단위로 표시된 숫자정보만 나타내기 때문에 화폐단위로 표현할 수 없는 내용은 제대로 반영되지 않는다. 또한 일정한 기준에 따라 재무제표가 작성되기 때문에 기준에 맞지 않는 내용도 포함되지 않는다. 이 때문에 기업경영과 관련하여 중요한 질적인 내용이 있어도 재무제표에 적절하게 나타내지 못하게 되는 한계가 있다. 이러한 재무제표의 한계를 보완하기 위하여 이용되는 또 하나의 재무제표가 주석(footnote)이다. 주석은 재무제표이용자가 재무제표를 이해하고 다른 기업의 재무제표와 비교하는 데 유용한 추가적인 정보를 제공한다.

주석은 재무제표상의 해당 과목 또는 금액에 기호를 붙이고 난외 또는 별지에 동일한 기호를 표시하여 그 내용을 간결하고 명료하게 설명하는 것을 말한다. 주석은 일반적으로 다음 사항을 포함한다.

- 한국채택회계기준을 적용하였다는 사실
- 재무제표에 적용한 중요한 회계정책의 요약
- 기본재무제표에 표시된 항목에 대한 보충정보
- 우발부채와 재무제표에서 인식되지 않는 계약상 약정사항

국제회계기준에서는 기업이 적합한 재무제표 표시방법을 선택할 수 있도록 최소한의 계정과목만 제시하고 있으며, 재무제표의 형식도 구체적으로 정하지 않아, 재무제표 표시방법과 계정과목 배열체계도 다양해지고 재무제표의 본문은 간략하게

기재된다. 이에 따라 간략해진 본문을 보충하는 내용들이 주석에 포함되어 주석에서 제공하는 정보가 더욱 중요해졌다.

재무제표는 3~4장에 불과하지만 주석은 수십 장이나 되기 때문에 주석은 투자 정보의 보고라고 할 수 있다. 특히 국제회계기준(IFRS)시대에는 재무제표 본문에 표시되지 않은 대부분의 정보가 주석에 포함되기 때문에 주석의 위상이 매우 높아질 전망이다. 국제회계기준을 적용한 재무제표는 최소한의 필수 항목을 제외한 나머지는 기업들이 자율로 결정하게 된다. 이 때문에 재무제표 본문내용에 대한 보충 설명으로서 주석정보는 대단히 중요하다. 회계정보이용자는 재무제표 이용 시 주석사항을 충분히 검토하고 분석하여 의사결정에 이용해야 한다. 주석정보는 재무제표에 숨겨진 또 하나의 중요한 정보원임을 명심해야 한다.

읽고가기

재무제표에 뒤따라 붙는 주석

경영진이 내린 판단, 추정근거 제공, 숨겨진 부채, 재무위험관리 등도 설명

국제회계기준에 따라 작성된 재무제표에는 무척 많은 분량의 주석이 뒤에 붙어 있는 것을 흔히 볼 수 있다. 재무제표 공시는 재무상태표와 포괄손익계산서로 시작되는데 보통 각각 한두 페이지로 요약해 보여 주기 때문에 이를 '숲'에 비유한다면, 그러한 재무제표에 뒤따라 붙는 주석은 숲을 구성하는 '나무'들에 대해 자세히 설명해 준다고 할 수 있다. 기업재무보고의 요약표라고 할 수 있는 재무제표(숲)는 기업의 대강은 알 수 있어도 기업을 제대로 이해하는 데에 부족하므로 숲 속의 나무들을 자세히 들여다보기 위해서는 주석을 잘 읽을 필요가 있다.

특히 국제회계기준은 원칙중심으로서 경제실질에 기초한 경영진의 판단에 많이 의존하므로 재무제표에 표시된 금액은 경영진의 판단과 추정(짐작)에 의해 영향을 받은 것이라고 할 수 있다. 그러한 경영진이 내린 판단과 추정의 근거에 대한 설명이 바로 주석에서 제공된다. 또한 주석에는 경영진이 선택한 회계정책(예 : 원가로 표시하는지, 공정가치로 표시하는지)과 같은 매우 중요한 정보가 요약되어 있는가 하면, 기업이 갖고 있는 자산과 부채의 종류 등 재무제표 항목에 대한 자세한 정보가 들어 있다. 또한 재무제표에서 나타내 보이지 못한 숨은 자산과 숨은 부채에 대한 설명도 주석에서 찾을 수 있다. 말하자면 장차 자산이나 부채로서 나타날 가능성이 있는 항목이지만 당장에는 재무제표에 표시되지 않은 항목에 대한 정보도 얻을 수 있다.

주석에서는 차입약정 위반사항이나 숫자로는 다 설명할 수 없는 비재무적 사항, 예를 들어 기업의 재무위험관리에 대해서도 설명한다. 주석정보의 구체적 예를 들면, 기업이 보유하고 있는 비상장주식에 대해 공정가치를 어림짐작해 평가한 금액을 재무상태표에 표시하고 그러한 평가금액이 어떤 근거와 가정과 방법을 사용하여 계산되었는지를 붙임주석에서 자세히 설명하게 된다. 그리고 사용된 가정이 달라진다면 평가금액이 어떻게 바뀌는지에 대해서도 설명해 준다. 기업이 보유하는 금융자산 등은 위험(변동가능성)에 노출되어 있는 것이 보통이다. 이 경우 재무제표에 표시된 금액만 봐서는 그러한 위험에 대해 알 수가 없다. 그러나 자산에 포함된 위험을 모르고서야 기업에 대한 정확한 판단을 내리기가 어렵다.

주석이 주는 또 하나의 팁은 기업이 제공하는 주석에서 기업의 재무보고능력과 정보제공태도도 간접적으로 엿볼 수 있다는 점이다. 왜냐하면 주석의 작성방식에 특별한 제한이 거의 없고 경영진에게 많은 재량이 주어지기 때문에 동일한 항목에 대한 설명이더라도 기업별로 다양하게 기술될 수 있다. 예를 들어, A기업은 전문성을 갖고 상세한 정보를 담아 설명하는데, B기업은 최소한의 데이터만을 형식적으로 나열하는 데 그칠 수도 있다. A기업의 경우, 아마도 전문성이 있는 회계전문가를 확보하고 있거나 투자자에게 투명하고 신뢰성 있는 정보를 보고하려는 경영진의 적극적인 의지가 반영되었을 수 있다.

자료 : 서울경제, 2010. 6. 20.

3.6 재무제표의 상호관계

재무제표는 기업의 자금흐름과 밀접하게 연관되어 있다. 자금의 흐름은 주주의 돈인 자본과 채권자의 돈인 부채를 합하여 자산을 구성한다. 자본은 주주가 출자한 자본금과 자본거래에 의한 자본잉여금, 그리고 영업활동을 통해 발생하여 축적된 이익잉여금으로 구성된다. 회사는 자산을 활용해 제품과 서비스를 생산하고 영업활동을 통해 매출을 발생시킨다. 발생한 매출에서 매출원가 및 기타비용 전부를 차감하면 당기순이익이 발생한다. 이렇게 발생한 당기순이익을 회사의 주주에게 배당으로 지급하거나 회사의 자본에 유보시켜 전체 자산을 늘려 나가는 것이 바로 기업의 자금흐름이다. 즉, 재무상태표의 자산을 활용하여 영업활동을 수행하고, 제품판매 및 서비스 제공을 통해 매출을 인식하며, 이에 따른 매출원가를 차감하고 생긴 이익에 대해 법인세를 납부한 후 남는 부분이 바로 당기순이익이다. 당기순이익 중 일부는 배당으로 주주에게 지급되고 나머지는 회사에 유보되는 과정을 거친다. 이런 자금의 흐름을 재무제표를 통해 읽고 분석하다 보면 기업 전체의 그림이 그려지면서 회사의 실상이 이해되고 파악될 것이다.

전체적으로 재무제표는 회계연도 초부터 말까지 기업의 재무상태에 변동을 일으키는 기업활동을 나타낸다. 손익계산서와 현금흐름표의 정보는 회계기간 동안에 재무상태표의 각 계정의 변동을 설명해 준다.

기초와 기말의 재무상태표는 회사의 자원(자산)과 자금조달(부채와 자본)의 변동 결과를 나타낸다. 손익계산서, 자본변동표, 그리고 현금흐름표는 이들 변동의 원인이 되는 주요 사건들을 나타낸다. 한 보고서의 숫자는 다른 보고서의 숫자를 설명하는 재무제표 간의 관계를 연계성이라고 한다. 기업의 재무제표는 각기 서로 독립적이 아니라는 것을 기억해야 한다. 그들은 함께 기업의 재무상태를 변동시키는 사건들을 설명한다.

재무제표의 연계성

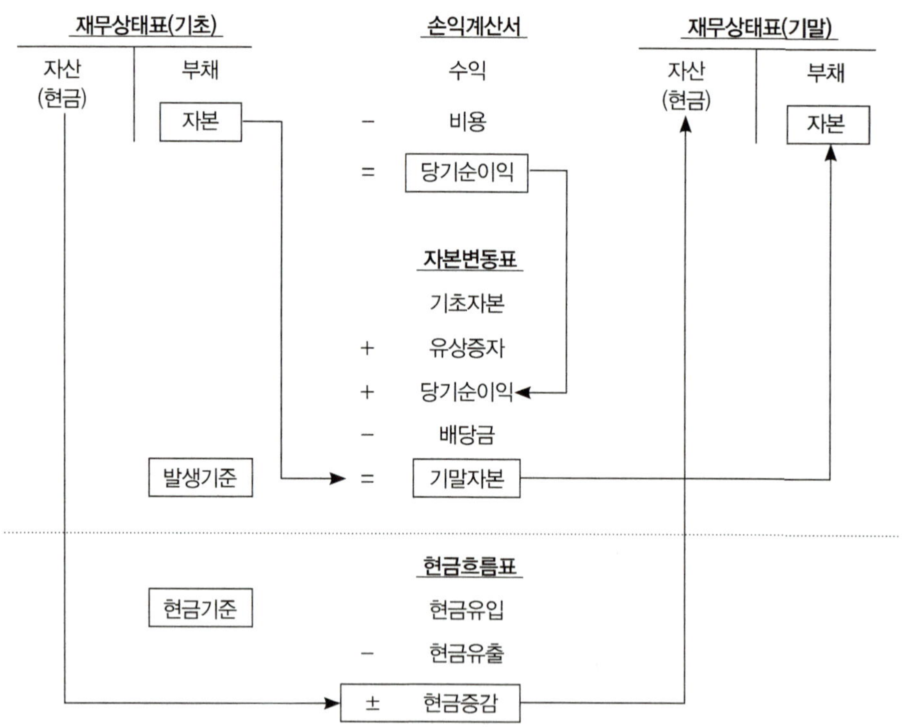

3.7 발생주의와 현금주의

재무제표를 이해하기 위해서는 발생주의(발생기준) 회계와 현금주의(현금기준) 회계, 두 개의 다른 시스템이 있다는 것을 알아야 한다. 회계는 발생주의를 기본원칙으로 한다. 따라서 이 책에서 제시되는 재무제표는 현금흐름표를 제외하고는 모두 발생주의에 의해서 작성된 것이다.

앞에서 회계의 모든 기록과 계산은 회계기간을 단위로 하여 이루어진다고 하였다. 경제적 사건이 발생하면 기업이 가지고 있는 자원(자산)과 그에 대한 청구권(부채와 자본)이 변동한다. 회계는 이 변동을 인식하고 기록함에 있어 어느 회계기간의 사건으로 인식하고 재무제표에 기록해야 하는가 하는 기간귀속의 문제가 발생한다. 이때 기록시점을 결정하는 기준이 발생주의(기준)과 현금주의(기준)이다.

현금주의는 사건이 발생해도 인식(기록)하지 않고 있다가 현금이 수취되거나 지급되었을 때 인식한다. 발생주의는 현금이 수취되든 안 되든 사건이 발생한 시점에 인식하는 방법이다. 발생기준에 따르면 매출수익은 현금이 수취되든 안 되든 사건이 발생한 판매시점에서 인식하고, 비용은 현금지급과 관계없이 자원이 사용되거나 소비되는 사건이 발생했을 때 비용으로 인식한다.

예를 들어, 오늘 하루 영업을 해서 고객에게 판매한 금액이 10만원이고 이 중 6만원은 현금으로 수취하고 나머지 4만원은 외상거래로 나중에 받기로 했다고 가정하자. 현금주의(기준)에서는 현금수취한 6만원만 매출수익으로 기록하고 외상매출금 4만원은 기록하지 않는다. 반면에 발생주의(기준)는 현금수취와 관계없이 판매한 금액 전부인 10만원을 매출수익으로 기록한다.

현금주의회계의 주요 문제는 경제적 사건에서 실제로 존재하는 매출채권(미수금) 또는 매입채무(미지급금)가 재무상태표에 자산이나 부채로 인식되지 않는다는 것이다. 그 결과 재무상태표가 심각하게 왜곡될 수 있게 된다. 또한 현금수입과 지출을 기준으로 회계현상을 기록하게 되면 현금수입이나 지급시기를 조정할 수 있다. 반면에 발생된 사건을 기준으로 하여 기록하게 되면 발생된 기간에 수익과 비용을 기록하기 때문에 현금주의에 비하여 특정 기간의 성과를 보다 정확하게 나타낼 수 있게 된다. 이 때문에 기간계산을 기본으로 하는 회계에서는 발생기준을 기본원칙으로 하여 재무제표를 작성하도록 하는 것이다.

3.8 연결재무제표, 별도재무제표, 개별재무제표

지금까지 설명한 재무제표는 모든 기업이 자신을 하나의 경제실체로 해서 개별적으로 작성하는 개별재무제표이다. 과거 회계기준에서는 개별재무제표를 주된 재무제표로 공시하였으나 국제회계기준에서는 다른 회사의 지분을 일정비율 이상 소유하였거나 실질적인 지배력을 행사하고 있을 경우 연결재무제표를 주된 재무제표로 공시해야 한다. 연결재무제표란 법률적으로 독립적인 회사들이라 하더라도 실질적으로 지배 · 종속관계에 있는 회사들을 하나의 경제적 실체(기업)로 간주하여 작성되는 재무제표를 말한다.

연결재무제표는 연결재무상태표, 연결포괄손익계산서, 연결자본변동표, 연결현금흐름표로 구성된다. 다른 회사를 지배 · 통제하는 투자회사를 지배회사(모회사)라고 하며, 지배받는 피투자회사는 종속회사(자회사)라고 한다. 지배회사는 지배회사와 종속회사 간의 내부거래를 제거한 후 개별재무제표를 결합하여 연결재무제표를 작성하게 된다. 연결실체에 포함된 지배회사와 종속회사의 개별적인 재무제표를 별도재무제표라고 한다.

3.9 기업공시 : 전자공시시스템

우리나라에는 증권거래소 유가증권 종목 900여 개, 코스닥 종목 1,080여 개를 합쳐 모두 2,000여 개의 주식이 거래되고 있다. 이들 기업들은 3개월에 한 번씩 분기보고서를 제출해야 하고, 6개월에 한 번씩 반기보고서를, 1년에 한 번씩 연간사업보고서를 제출해야 한다.

이런 보고서들을 찾아볼 수 있는 곳은 2001년 서비스를 시작한 금융감독원의 전자공시시스템(http://dart.fss.or.kr)이다. 전자공시시스템은 한국의 가치투자를 확산시키는 데 결정적인 기여를 했다. 이 사이트에는 기업 공개 종목 2,000곳 말고도 「주식회사 외부감사에 관한 법률(외감법)」에 의하여 외부감사를 받아야 하는 자산규모 70억원 이상인 비상장기업의 재무제표도 검색할 수 있다. 전자공시시스템을 보는 법은 금융감독원 전자공시시스템 사이트에 접속한 후 '회사명'을 찾고 '정기공시'를 선택한다. 그 후 '기간'을 선택하고 '검색'버튼을 누르면 회사의 사업보고서가 나온다. 사업보고서에는 회사의 개요, 사업의 내용, 재무에 대한 사항, 임원 및 직원의 현황, 재무제표 등의 정보가 나와 있다.

반기 · 분기보고서는 결산기간 종료 후 45일 이내에 공시해야 하며 연차보고서인 사업보고서는 90일 이내 보고해야 한다. 12월 결산법인의 반기보고서를 예로 든다면 6월 30일부터 45일 이내인 8월 14일까지 공시해야 한다. 그러나 연결재무제표를 작성한 지 2년밖에 안 된 상장기업은 15일의 기한을 더 주어 8월 29일까지 공시하면 된다. 이를 표로 나타내면 다음과 같다.

분기	결산기간	누적기간	공시기간
1분기 보고서	1. 1~3. 31	1. 1~3. 31	5. 15(5. 30)
반기보고서	4. 1~6. 30	1. 1~6. 30	8. 14(8. 29)
3분기 보고서	7. 1~9. 30	1. 1~9. 30	11. 14(11. 29)
사업(연차)보고서	10. 1~12. 31	1. 1~12. 31	다음 해 3. 31

증권사나 애널리스트들은 어닝 시즌에 앞서 기업의 실적을 예측하는데, 기업의 실적이 예측을 웃돌 경우 어닝 서프라이즈(earning surprise)라고 하고, 예측을 훨씬 밑돌 경우 어닝 쇼크(earning shock)라고 한다. 가치투자자는 어닝 서프라이즈 못지않게 어닝 쇼크를 눈여겨봐야 한다. 내재가치가 뛰어난 기업이 일시적인 이유로 시장의 기대를 밑도는 실적을 내면 주가가 떨어지는 경향이 있기 때문이다.

(1) 사업보고서

유가증권 상장법인과 코스닥법인은 물론이고 전환사채(convertible bond : CB), 무보증사채, 신주인수권부사채(bond with warrants : BW) 등의 유가증권 발행법인 등은 사업보고서를 제출해야 한다. 사업보고서에 실리는 재무제표는 재무상태표, 손익계산서, 자본변동표, 현금흐름표, 주석이다.

사업보고서에는 기업의 경영현황에 관련된 자세한 자료가 나와 있다. 예를 들어, 지배구조 및 관계회사현황, 기업의 이사회, 임원의 보수나 노조전임자수 등을 알 수 있다. 우리나라 기업들은 회계연도가 대부분 1월 1일~12월 31일이고, 사업보고서 제출마감시한은 3월 31일이다.

(2) 감사보고서

결산일에 재무제표가 작성이 되면 이를 독립된 제3자인 회계감사인으로부터 감사를 받게 된다. 회계감사인은 감사한 결과에 대해 의견을 제시하여야 한다. 이를 감사의견이라고 한다. 감사보고서는 기업의 사업보고서를 감사인이 감사한 내용과 감사의견을 담고 있다. 감사인은 감사보고서에 다음의 4가지 의견 가운데 한 가지 의견을 표명하게 된다.

구분	내용
적정의견	해당 기업 재무제표가 기업회계기준에 따라 적정하게 작성되어 신뢰할 수 있는 상태
한정의견	• 기업회계기준에 따르지 않은 몇 가지 사항이 있지만 해당 사항이 재무제표에 그다지 큰 영향을 미치지 않는 상태 • 기업신용등급에 악영향, 감사범위제한으로 인한 한정의견의 경우 관리 종목 지정
부적정의견	• 기업회계기준에 위배되는 사항이 재무제표에 중대한 영향을 미쳐 기업경영상태가 전체적으로 왜곡돼 있는 상태 • 거래정지 및 조회공시, 이후 상장(등록) 폐지
의견거절	• 기업의 존립에 의문을 제기할 만한 객관적인 사항이 중대하거나 감사인이 독립적인 감사업무를 수행할 수 없는 상태 • 거래정지 및 조회공시, 이후 상장(등록) 폐지

부적정의견과 의견거절을 받은 기업은 곧바로 거래정지 및 조회공시에 들어가고, 조회공시의 내용이 사실일 경우 상장(등록) 폐지 절차를 밟게 된다. 한정의견을 받은 기업은 거래정지나 조회공시를 받지는 않지만, 금융기관으로부터 대출금 회수압력을 받게 되고 신용등급이 떨어져 어려움을 겪게 된다. 감사범위제한으로 인한 한정의견의 경우 관리종목으로 지정될 수 있다.

예를 들어, 의견거절의 경우 실제의 감사보고서에는 "본 감사인은 위 문단에서 기술한 사항이 상기 재무제표에 미치는 영향의 중요성 때문에 동 재무제표에 대한 의견을 표명하지 아니합니다"라는 식으로 기재된다.

간혹 일반투자자들이 감사보고서를 보고 오해를 하는 경우가 종종 있다. 감사보고서에 '적정의견'인 경우 회사의 재무제표가 건실하고 안전하다는 뜻으로 해석하는 경우가 있다. 그러나 감사보고서에 '적정의견'은 재무제표가 건전하고 안전하다는 것을 의미하는 것이 아니고 경영자가 제출한 재무제표가 회계기준을 준수하여 작성되었으며, 기업의 재무상태나 경영성과를 공정하게 표시하고 있다는 것을 인증하는 것이다. 즉, 기업이 손실이 나면 손실로 기록하고 이익이 나면 이익이 난 것으로 공정하게 표시하고 있음을 인증하는 것임을 명심해야 한다.

또한 감사보고서가 적정의견일지라도 '강조사항'이 있는 경우에는 그 내용이 무엇인지 세심한 주의를 기울여야 한다. 예를 들면, 키위미디어그룹의 2017년 3월 31일 감사보고서를 보면 적정의견을 제시하고 있다. 그러나 강조사항을 보면 ① 재무제표 재작성, ② 계속기업에 대한 불확실성, ③ 기타사항을 제시하여 투자자로 하여금 주의를 요하고 있음을 볼 수 있다. 이러한 '계속기업의 불확실성' 의견은 상장폐지 신호탄으로 인식하는 경우 많다(문화일보, 2016. 7. 19)는 점을 투자자들이 유념해야 한다.

읽고가기

감사보고서 활용 노하우 6가지

① 전자공시시스템(DART)에서 확인가능
② '적정의견'과 기업의 재무건전성은 별개
③ '강조사항'으로 기재된 내용 확인은 필수
④ '계속사업 불확실성' 언급 회사는 특히 유의
⑤ 수주산업 영위 회사는 '핵심감사사항' 확인
⑥ 재무제표 '주석'은 정보의 보고

자료 : 금융감독원 보도자료, 2017. 3. 29.

읽고가기

재무제표 감사의견거절로 상장폐지 최다

"의외의 기업들이 퇴출되곤 한다. 코스닥시장은 흡사 지뢰밭 같다."

기업들과 투자자들이 가장 두려워하는 것 중 하나가 퇴출공포다. 9일 한국거래소에 따르면 올해 코스닥 상장사 가운데 상장폐지가 확정된 기업은 피흡수합병(1곳), 자진상장폐지 신청(1곳)을 제외하면 모두 13개사로 집계됐다. 이 가운데 재무제표 감사의견'거절'로 인해 상장폐지된 경우가 5개사로 가장 많았다. 그 뒤를 자본전액잠식(3곳), 기업의 계속성 및 경영의 투명성 등을 고려한 상장폐지기준 해당(3곳), 5년 연속 영업손실 발생(1곳), 최종부도(1곳) 등이었다.

코스닥시장에서는 상장사가 회계감사인의 감사의견 부적정, 의견거절, 범위제한으로 인한 한정 등을 받을 경우 즉시 상장폐지기준에 해당한다. 또 최종부도, 5년 연속 영업손실 발생, 최근 사업연도기준 자본전액잠식, 고의 · 중과실로 공시의무위반 등에 해당돼도 즉시 상장폐지된다.

거래소는 회계감사인의 '감사의견거절'을 이유로 디브이에스코리아, 유니드코리아, AJS에 대한 상장폐지를 결정하여 코스닥시장에서 퇴출하였다. 기업의 계속성 및 경영의 투명성 등을 고려한 결과 상장폐지된 곳은 나노트로닉스, 렉스엘이앤지, 테라리소스 등이다.

자료 : 파이낸셜뉴스, 2014. 12. 9. 기사 일부 수정

Chapter 04

재무상태표 분석

4.1 재무상태표의 양식

4.2 재무상태표 항목의 분류

4.3 재무상태표 항목의 체크포인트

4.4 운전자본과 안전마진

| CHAPTER **04** |

재무상태표 분석

가치투자의 기본은 '싸고 좋은 주식'을 사는 것이다. 싸다고 하는 것은 기업의 본래가치(내재가치)에 비해 시장에서 거래되는 가격이 싸다는 것이다. 기업이 벌어들이는 이익에 비해서 싸게 평가되고 있다거나, 기업의 순자산가치에 비해 싸게 거래되고 있을 때 싸다고 할 수 있다. 투자자들은 여러 가지 기준에 의해 싼 주식을 골라내어 각 주식의 주가가 왜 싼지 그 이유를 파악한 뒤 싼 이유가 이익을 내지 못한다거나 빚이 많아 불안하다거나 또는 경영자가 도덕적으로 문제가 있다는 등 치명적인 주식을 걸러 내야 한다. 그 다음은 투자후보로 선정된 주식이 좋은 주식인지를 확인해야 한다. 즉, 선정된 주식이 정말 투자할 만한 주식인지를 분석해야 한다.

기업을 분석할 때 가장 먼저 살펴봐야 하는 것은 재무상태표(대차대조표)이다. 재무상태표를 보면 기업의 기초체력이라고 할 수 있는 재무상태를 한눈에 파악할 수 있다. 재무상태표는 기업의 자산은 얼마이고 부채는 얼마인지, 부채가 있다면 부채를 갚을 능력은 어느 정도이고, 부채까지 감안했을 때 기업의 가치는 얼마인지, 기업이 성장해 나가기 위해 필요한 자원은 어느 정도인지를 보여 준다.

재무상태표에서 가장 눈여겨봐야 할 항목은 유동성이다. 유동성이란 기업이 단기간에 확보할 수 있는 현금의 크기를 말한다. 유동성은 경기가 내리막일 때 기업이 견뎌낼 수 있는 힘이 된다는 점에서 중요하다. 유동성은 주주에게 지급하는 배당금의 원천이고, 자기주식(자사주)을 매입할 수 있는 자원이며, 미래의 성장을 위한 투자밑천이다. 재무상태표에서 주의 깊게 살펴봐야 하는 또 다른 항목은 부채이다. 기업에 빚은 어느 정도 있는지, 빚이 있다 해도 불경기 때 버텨낼 수 있는 자산은 충분한지를 살펴봐야 한다. 또한 기업이 견실한지를 알아보기 위해서 자기자본, 즉 순자산이 어느 정도인지를 살펴봐야 한다. 순자산이 어떤 자산 항목으로 이루어져 있느냐 하는 것은 자산평가의 문제지만 순자산에 비해 주가가 낮다는 것은 투자수익을 높일 수 있는 중요한 투자기준이 된다는 점을 기억해야 한다.

재무상태표가 건강하다는 것은 기업이 가지고 있는 기본체력이 튼튼해서 주변여건이 다소 어려워지더라도 헤쳐 나갈 수 있다는 뜻이다. 투자대상으로 선정된 기업이 탄탄한 기반 위에 있다는 사실이 확인되면 그 다음은 그 기업이 돈을 잘 벌고 있는가를 확인해야 한다.

본 장에서는 재무상태표의 양식과 재무상태표의 각 항목의 분류기준를 살펴보고 각 항목의 특성과 체크포인트를 살펴본다.

4.1 재무상태표의 양식

재무상태표를 나타낼 때는 회계 등식(자산 = 부채+자본)에서 표시되는 것과 같이 왼쪽(차변)에는 자산계정을 표시하고, 오른쪽(대변)에 부채와 자본계정을 배열할 수 있는데 이를 계정식이라고 한다. 또한 자산계정, 부채계정, 자본계정을 상하로 차례로 배열할 수도 있는데 이를 보고식이라고 한다. 전자공시에 공시되는 재무상태표는 대부분 보고식이다.

다음은 보고식으로 표시한 재무상태표를 나타내고 있다.

연결재무상태표

현대자동차(주)와 그 종속기업 (단위 : 백만원)

과목	제46기말		제45기말	
자산				
I. 유동자산		58,856,105		54,847,586
1. 현금및현금성자산	6,872,430		6,759,338	
2. 단기금융상품	14,875,288		12,384,057	
3. 매출채권	3,485,345		3,686,824	
4. 재고자산	7,073,116		6,772,864	
5. 금융업채권	21,178,591		20,867,467	
6. 매각예정비유동자산	22,347		23,307	
II. 비유동자산		74,565,374		66,690,228
1. 장기금융상품	35,495		1,359	
2. 장기성매출채권	43,309		43,801	
3. 기타자산	154,900		44,424	
4. 유형자산	21,462,587		20,739,858	
5. 투자부동산	263,984		282,832	
6. 무형자산	3,129,090		2,883,218	
7. 관계기업투자	14,694,995		13,117,731	
8. 이연법인세자산	521,399		489,080	
9. 금융업채권	19,835,016		18,626,764	
10. 운용리스자산	10,564,876		7,830,088	
자산총계		133,421,479		121,537,814
부채				
I. 유동부채		31,919,682		32,835,699
1. 매입채무	6,722,740		6,841,326	
2. 미지급금	4,687,490		4,542,007	
3. 단기차입금	5,292,798		6,781,749	
4. 유동성장기부채	8,685,254		7,912,341	
5. 충당부채	1,782,937		1,768,014	
II. 비유동부채		44,919,008		40,784,540
1. 장기성미지급금	15,964		8,271	
2. 사채	29,322,780		26,370,689	

3. 장기차입금	4,666,030		4,142,473	
4. 순확정급여부채	389,306		821,749	
5. 충당부채	5,122,982		5,240,744	
6. 기타부채	1,609,481		1,482,358	
7. 이연법인세부채	3,352,352		2,362,063	
부채총계		76,838,690		73,620,239
자본				
I. 지배기업소유주지분		51,931,085		44,039,059
1. 자본금	1,488,993		1,488,993	
2. 자본잉여금	4,130,668		4,158,988	
3. 기타자본 항목	(1,128,779)		(1,128,779)	
4. 기타포괄손익누계액	(834,036)		(473,373)	
5. 이익잉여금	48,274,239		39,993,230	
II. 비지배지분		4,651,704		3,878,516
자본총계		56,582,789		47,917,575
부채와 자본총계		133,421,479		121,537,814

4.2 재무상태표 항목의 분류

(1) 자산의 분류

재무상태표에 자산을 표시하는 방법에는 유동성/비유동성 구분법과 유동성[01] 순서에 따른 표시방법의 두 가지가 있다. 유동성/비유동성 구분법이란 자산은 유동자산과 비유동자산으로 구분하고, 부채는 유동부채와 비유동부채로 구분하여 표시하는 방법을 말한다. 기업이 명확한 영업주기(영업활동을 위한 자산의 취득시점부터 그 자산이 현금이나 현금성자산으로 실현되는 시점까지 소요되는 기간) 내에서 재화나 용역을 제공하는 경우, 재무상태표에 유동자산과 비유동자산 및 유동부채와 비유동부채를 구분하여 표시한다. 이는 운전자본으로서 계속 순환되는 순자산과 장기영업활동에서 사용하는 순자산을 구분함으로써 유용한 정보를 제공하기 때문이다.

유동성 순서를 따르는 경우에는 각 개별 자산 항목을 유동성이 높은 것 또는 낮은 것부터 유동성 순서에 따라 차례대로 배열한다. 금융회사와 같이 유동성 순서에 따른 표시방법이 신뢰성 있고 더욱 목적에 적합한 정보를 제공하는 경우를 제외하고는 유동성/비유동성 구분법을 이용하여 자산을 표시한다.

다음의 경우 자산은 유동자산으로 분류하며 그 밖에 모든 자산은 비유동자산으로 분류한다.

- 기업의 정상적인 영업주기 내에 실현될 것으로 예상되거나 정상적인 영업주기 내에 판매하거나 소비할 의도가 있는 것
- 단기매매목적으로 보유하는 자산
- 보고기간 후 12개월 이내에 현금으로 실현될 것으로 예상되는 자산
- 교환이나 부채상환목적으로의 사용에 대한 제한기간이 보고기간 후 12개월 이내인 현금이나 현금성자산

위의 기준을 간단히 요약하면 자산 중에서 재무상태표 작성시점(결산일)을 기준으로 1년 이내에 현금화될 것으로 기대되는 자산을 유동자산으로 분류하고 그 이외는 비유동자산으로 분류한다는 것이다. 영업순환주기 이내를 하나의 판단기준으로 제시한 것은 포도주와 같이 원재료 구입, 제품생산, 판매, 대금회수라는 영업순환주기가 1년 이상인 기업에 대한 분류기준이며, 기업의 영업순환주기는 1년 미만인 경우가 대부분이다.

구분	내용
유동자산	현금및현금성자산 : 현금, 예금 등
	매출채권 : 외상매출금, 받을어음
	재고자산 : 상품, 제품, 반제품, 재공품, 원재료, 저장품 등
	기타유동자산 : 미수금, 미수수익 등
비유동자산	투자자산 : 투자부동산, 관계회사투자 등
	유형자산 : 토지, 건물, 기계장치, 차량운반구, 비품 등
	무형자산 : 영업권, 특허권, 개발비 등
	기타비유동자산 : 임차보증금 등

(2) 부채의 분류

다음의 경우 유동부채로 분류되며 유동부채로 분류되지 않는 부채는 비유동부채로 분류된다. 비유동부채는 상환기간이 결산일 이후 1년 이상 남아 있는 부채를 말한다.

- 기업의 정상적인 영업주기 내에 결제될 것으로 예상되는 부채
- 보고기간 후 12개월 이내에 결제될 것으로 예상되는 부채

구분	내용
유동부채	매입채무 : 외상매입금, 지급어음
	미지급금 : 유형자산매입대금 중 미지급액
	단기차입금 : 만기가 1년 이내 도래하는 은행차입금
	유동성장기차입금 : 장기차입금 중 만기가 1년 이내 도래하는 것
비유동부채	장기차입금 : 만기가 1년 이후 도래하는 은행차입금
	사채 : 회사가 발행한 채무증권
	장기충당부채 : 퇴직충당부채, 제품보증충당부채 등

(3) 자본의 분류

자본은 크게 납입자본, 이익잉여금 및 기타자본으로 구분한다.

- **납입자본** : 납입자본은 주주가 실제로 회사에 불입한 금액을 의미한다. 이것은 회사가 주식을 발행할 때 발행한 주식의 액면금액의 합을 나타내는 자본금과 액면금액을 초과하여 불입한 금액인 주식발행초과금을 포함한다. 예를 들어, A사가 1주 액면 5천원인 주식 1주를 9천원에 발행하면 주주들은 A사의 1주를 취득하기 위해서는 9천원을 회사에 납입해야 한다. 이때 액면 5천원을 자본금이라고 하고, 5천원을 초과하여 납입한 4천원은 주식발행초과금으로 자본잉여금이라고 한다. 자본금은 보통주자본금과 우선주자본금으로 구분하여 표시한다.
- **이익잉여금** : 기업이 일정기간 동안 벌어들인 순이익 중에서 주주들에게 배당하지 않고 기업 내에 유보된 부분을 말한다.

- **기타자본** : 자본조정과 기타포괄손익누계액을 포함한다. 기타포괄손익은 당기순이익에 포함되지 않는 미실현손익을 말하며, 자본에 포함되는 기타포괄손익누계액은 과거연도부터 발생한 기타포괄손익의 누계액을 의미한다. 예로는 유형자산재평가이익누계액, 매도가능금융자산평가손익의 누계액 등이다.

납입자본	자본금, 자본잉여금(주식발행초과금)
이익잉여금	법정적립금, 임의적립금, 미처분이익잉여금
기타자본	기타포괄손익누계액(자산재평가이익), 자본조정(자기주식)

4.3 재무상태표 항목의 체크포인트

(1) 자산 항목

기업의 가치는 기업이 미래에 벌어들일 현금의 현재가치와 기업이 지금 가지고 있는 자산가치의 합으로 이루어진다. 미래에 벌어들일 현금도 결국 기업이 현재 가지고 있는 유형, 무형의 자산에서 창출된다는 측면에서 보면, 기업이 현재 어떤 자산을 얼마나 가지고 있는지 그 특성은 어떤지를 살피는 것은 기업가치평가에 있어 매우 중요한 일이다.

1) 현금및현금성자산

워렌 버핏은 자산 항목을 분석할 때 해당 기업이 얼마나 많은 현금및현금성자산을 갖고 있는지를 가장 먼저 본다고 한다. 현금은 말 그대로 지폐와 동전, 요구불예금(보통예금, 당좌예금) 등을 말하며, 현금성자산이란 취득일로부터 3개월 이내 만기가 도래하는 단기양도성예금증서나 환매채 등의 단기투자자산이다.

기업이 현금을 조성하는 방법에는 다음과 같은 세 가지가 있다.

- 신규채권이나 주식을 발행하여 대중에게 판매하는 것
- 회사가 보유한 기존의 사업이나 자산을 매각하는 것

- 사업을 통해 사업에 사용되는 현금(비용)보다 더 많은 현금(수입)을 벌어들이는 것

워렌 버핏이 관심을 갖는 것은 세 번째 방법을 통해 막대한 현금을 창출하는 경우이다. 사업을 통해 이익잉여금을 창출하는 기업은 장기적인 경쟁우위를 갖는 경우가 많다.[02] 한 회사가 현금과 유가증권은 많은데 부채가 거의 없다면 그 회사는 어려움을 극복할 가능성이 대단히 큰 반면, 현금이 별로 없고 대신 부채가 많으면 어려움을 극복하지 못하고 침몰할 가능성이 크다는 것이다.

해당 기업이 현금을 창출한 방법이 무엇인지를 정확히 알 수 있는 가장 간단한 방법은 지난 7년간의 재무상태표를 살펴보는 것이다. 7년간의 재무상태표를 살펴보면 회사의 현금이 신규채권이나 주식발행 혹은 자산이나 기존 사업의 매각과 같은 일시적인 사건에 의해 발생했는지, 아니면 영위하고 있는 사업을 통해 창출되었는지를 알 수 있다. 부채가 많으면 경쟁우위를 가진 특별한 회사로 취급해선 안 된다. 그러나 현금이 많고 부채는 거의 없으며 신규채권이나 주식발행도 없고 지속적으로 꾸준히 이익이 발생했으면, 그 회사는 워렌 버핏이 찾는 장기적인 경쟁우위를 가진 우량한 회사(궁극적으로 우리를 부자로 만들어 줄 회사)로 볼 수 있다.

현금및현금성자산은 주식투자자에게 각별한 의미가 있다. '월가의 영웅'이라고 칭송받는 피터 린치(Peter Lynch)는 사업보고서의 재무제표를 볼 때 맨 위 칸에 있는 현금및현금성자산과 단기금융자산(유가증권)을 본다. 이 두 항목을 더한 것을 현금성자산이라고 하고 이들을 전년도와 비교하여 현금성자산이 더 많아지는가를 보고 회사의 경영상태를 대강 짐작한다고 한다. 그 후 현금성자산총액에서 장기부채를 차감한 금액을 '순현금'보유량이라고 하고 이것이 플러스(+)이면 그 회사를 매우 바람직하게 생각하였다(이때 단기부채는 감안하지 않았다. 그것은 회사의 재고자산 등으로 단기부채를 충분히 감당할 수 있고, 계산의 단순화를 위해서라고 한다).

순현금보유량을 발행주식수로 나누면 주당 순현금이 나오는데 피터 린치는 이것을 주당 현금보너스 또는 주당 환급금으로 생각하였다. 즉, 주가가 주당 10만원이고 주당 순현금이 3만원이면 실제 주가는 10만원에서 3만원을 차감한 7만원이라는

것이고, 이렇게 계산된 주가 7만원과 주당순이익을 비교하여 주가이익비율(PER)을 다시 계산하고 주가가 비싼지 저렴한지를 판단하였다.[03]

주당 순현금에 기반한 주가상승은 장기적인 전망과는 달리 일시적인 현상인 경우가 많기 때문에 장기투자에서는 현금보유량이 큰 이유에 대한 신중한 판단이 필요하다.

2016년 12월 현재 현대모비스와 대우조선해양의 순현금을 계산하면 아래와 같다.

(단위 : 억원)

	2016년 12월	
	현대모비스	대우조선해양
자산		
현금및현금성자산	20,493	2,043
단기금융상품	59,275	372
부채		
단기차입금	−14,533	−28,609
유동성장기차입금	−1,704	−28,350
사채	−	−1,924
장기차입금	−16,668	−7,420
순현금	**46,863**	**−63,688**

현대모비스는 충분한 현금을 보유하고 있다고 할 수 있으나 대우조선해양인 경우는 순현금이 마이너스(−)이다. 이는 대우조선해양이 운영자금으로 보유하고 있는 현금및현금성자산은 영업활동의 결과 벌어들인 것이 아니라 전부 외부에서 차입된 자금임을 나타내는 것이라 해석할 수 있다.

2) 매출채권

상품, 제품의 판매나 용역의 제공 등 기업이 주된 영업활동인 매출활동을 하는 경우에 현금을 수취할 수 있는 권리를 매출채권이라고 한다. 매출채권은 일반적인 신용거래인 외상거래에서 발생하는 채권인 외상매출금과 약속어음을 수취하는 경우의 받을어음으로 구분할 수 있다. 회계기간 중에는 외상매출금과 받을어음으로 분리하여 회계처리하지만 재무상태표를 작성할 때는 이 둘을 통합하여 매출채권이라는 단일계정을 이용하여 표시한다.

매출채권은 현금이 들어오지 않은 외상거래라는 사실 때문에 문제가 발생한다. 기업의 매출액 증가는 성장에 대한 좋은 신호로 생각할 수 있지만 매출액이 증가한 만큼에 대금회수가 안 되면 매출채권이라는 자산은 증가하지만 그에 따른 운영자금의 부족으로 자금을 새롭게 조달해야 하는 문제가 생긴다.

기업의 입장에서는 회사가 잘나가고 있음을 보여 주기 위해 매출액을 가공하여 증가시킬 수 있다. 하지만 매출을 가공으로 증가시키게 되면 그만큼의 가공된 매출채권이 증가하거나 다른 자산이 증가하게 된다. 기업이 분식회계를 했는지를 살펴볼 때 가장 먼저 매출채권과 재고자산이 과대계상되었는지를 확인하는 이유이다. 이에 대한 논의는 제10장 분식회계에서 자세히 다룬다.

기업을 분석하는 투자자는 기업이 매출채권을 적절히 관리하고 있는지를 확인할 필요가 있다. 이때 유용한 지표가 매출채권회전율과 매출채권회수기간이다.

매출채권회전율 = 매출액 ÷ 매출채권잔액[04]
매출채권회수기간 = 365일 ÷ 매출채권회전율

매출채권회전율은 회사가 얼마나 매출채권을 잘 관리하고 있는지를 나타내는 효율성지표이고, 회수기간은 매출채권을 회수하는 데 평균 며칠이 걸리는가를 보여주는 지표이다. 매출채권회수기간은 당연히 짧을수록 좋다. 예를 들어, 매출채권회전율 8.0은 매출채권이 1년에 8회 이상 회전했고, 매 45일(365일÷8)마다 대금이 회수되었다는 것을 나타낸다. 매출채권 및 재고자산은 거래자산이라고도 한다. 우량기업의 매출채권회수기간은 약 90일(3개월) 이내라고 한다.

다음 그림은 이러한 거래자산이 매출과 어떻게 상호작용하는가를 보여 준다. 그림에서 보면 가능한 한 빠르게 거래자산바퀴를 회전하는 것이 유리하다는 것을 알 수 있다. 왜냐하면 바퀴가 회전할 때마다 현금이 창출되기 때문이다. 회전율을 증가시키는 방법은 매출을 증가시키면서 재고자산이나 매출채권수준을 일정하게 유지하거나, 매출수준을 동일한 수준으로 유지하면서 재고자산이나 매출채권을 줄이는 것이다.

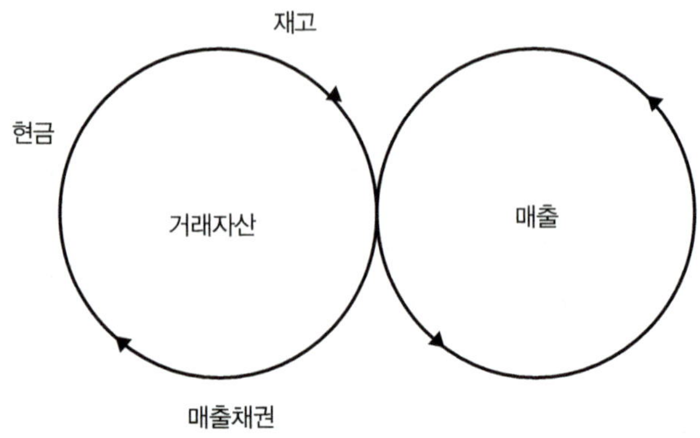

투자자 입장에서 분식회계나 매출채권관리의 문제점을 확인하는 간단한 방법은 매출액 대비 매출채권의 비율(매출채권/매출액)의 변동을 확인하는 것이다. 매출액 대비 매출채권의 비율에 대한 변동폭이 크면 분식회계 등의 문제가 있음을 나타내는 증거라고 할 수 있다. 다음 표는 단백질 및 바이오 의약품 제조업 '셀트리온'의 5년간의 매출액과 매출채권의 관계를 나타내고 있다. 매출액 대비 매출채권 비율이 매년 변동이 심하고 2012년과 2013년의 경우는 매출채권이 매출액을 초과하는 이상 현상을 보이고 있다. 이것은 전년도 매출채권이 회수가 안 된 상태에서 매출채권이 계속적으로 증가하였음을 나타내는 것이다. 매출채권회수기간 역시 변동이 심한 편으로, 2012년과 2013년은 1년 365일을 넘기고 있다.

	2010년	2011년	2012년	2013년	2014년
매출채권(억원)	813	1,577	3,718	2,714	3,783
매출액(억원)	1,810	2,790	3,502	2,262	4,716
매출채권/매출액	45%	57%	106%	120%	80%
매출채권회수기간	164일	206일	387일	438일	292일

자료 : 나이스신용평가

■ 매출채권에 대한 손상

매출채권은 기업이 장래에 회수할 채권을 말한다. 그러나 매출채권 중 일부는 회수하지 못하거나, 회수하지 못할 가능성이 높을 수 있다. 거래처의 파산 등으로 대금을 회수하지 못할 가능성이 매우 높은데도 이를 무시하고 채권에 대한 아무런 수정 없이 그대로 재무상태표에 계상하게 되면 매출채권이라는 자산이 과대계상되고, 회수불능으로 인한 손실을 손익계산서에 계상하지 않게 되어 그만큼 이익을 과대계상하는 결과가 된다. 이런 경우는 매출채권에 대한 잘못된 정보가 회계정보이용자에게 전달되고 그 결과 의사결정이 잘못될 수도 있다. 이 때문에 회계기말에 매출채권에 대한 손상이나 회수가능성을 평가하게 된다.

매출채권 가운데 거래처의 부도나 파산으로 인하여 회수불능이 되어 버린 채권은 불량채권으로 대손(bad debt)이라고 하며 이로 인한 손실을 대손상각비라고 한다. 매출채권을 포함한 금융자산은 손상사건이 발생하는 경우 손상차손을 인식하게 된다. 과거 회계기준에서는 매출채권과 기타의 채권에 대하여 회계기말에 채권의 회수가능성을 평가하여 회수불능예상액을 미리 대손상각비로 계상하도록 하였다. 이런 방법을 기대(예상)손실모형이라고 한다. 현행의 국제회계기준(K-IFRS)에서는 다른 금융자산과 마찬가지로 매출채권을 포함한 모든 채권에 대해서 발생손실모형을 적용하도록 하고 있다.

발생손실모형은 손상이 발생했다는 객관적인 증거가 있을 때 이를 손상차손 또는 대손상각비로 인식하는 방법이다. 이 방법은 미래에 손상이 발생할 가능성이 있다고 하여 아직 발생하지 않은 비용을 인식할 수 없다는 입장에 근거하고 있다. 이미 발생했다는 객관적인 증거에 근거하여 손상차손을 인식하기 때문에 적용이 비교적 간단하고 또 객관적이라는 장점이 있다. 그러나 이 방법은 손상이 발생할 가능성을 반영하지 않음으로써 실제 손상이 발생하기 전에는 재무상태표에 자산이 과대평가되고 손익계산서에 비용이 과소계상된다는 한계점을 갖고 있다. 이러한 이유로 국제회계기준위원회(IASB)에서는 발생손실모형을 기대손실모형으로 대체할 것을 제안하고 있으며, 회계기준 제정기구에서도 이에 대한 개정작업이 진행되고 있다.

[주석 예시 : 아트라스 BX]

당기말과 전기말 현재 매출채권 및 기타채권의 발생연령 및 각 연령별로 손상된

채권금액은 다음과 같다.

(단위 : 백만원)

구분	제70(당)기			제69(전)기		
	채권 잔액	손상된 금액	장부 금액	채권 잔액	손상된 금액	장부 금액
3개월 이하	95,171	-	95,171	86,457	-	86,457
3개월 초과 6개월 이하	104	10	94	1,367	18	1,349
6개월 초과	166	83	83	82	41	41
합계	95,441	93	95,348	87,906	59	87,847

투자자는 매출채권의 어떤 상태에 있으며 그에 대한 손상평가는 적절한지를 검토해야 한다.

아트라스BX의 당기의 채권잔액은 954억원이고 이 중 회수불능으로 손상된 금액 9천3백만원을 차감한 순실현가능가액(장부금액)이 953억원임을 나타내고 있다.

읽고가기

건설, 조선업에 있어 미청구공사 계정

건설계약이란 교량, 건물, 댐, 도로, 기계장치, 선박 또는 터널과 같은 자산을 건설하기 위하여 구체적으로 협의된 계약을 말한다. 건설계약에 따라서 건설공사가 수행되는 가장 대표적인 것이 도급공사이다. 도급공사에서 건설사업자는 건설공사의 완성을 약정하고, 발주자가 그 결과에 대하여 대가의 지급을 약정한다. 이러한 건설계약에 의해서 사업을 영위하는 대표적인 업종은 건설업과 조선업이며 제작기간이 비교적 장기인 중장비 제조기업들도 이에 해당된다.

건설계약의 결과를 신뢰성 있게 추정할 수 있는 경우, 건설계약과 관련한 계약수익과 계약원가는 보고기간말 현재 계약활동의 진행률을 기준으로 각각 수익과 비용으로 인식할 수 있다. 건설계약의 진행과정에서 발생한 재료비, 노무비, 제조간접비 등의 계약원가는 미성공사계정에 기록한다. 미성원가계정은 제조업의 재공품계정과 같은 성격을 갖는다. 이 계정에는 건설계약이 완성되어 발주자에게 인도되기 전까지 발생한 모든 원가를 누적시킨다. 그리고 최종적으로 건설계약이 완료되어 발주자에게 자산이 인도될 때 장부에서 제거된다.

건설계약의 경우 발주자와의 약정에 의하여 공사대금을 청구한 경우는 매출채권인 공사미수금으로 기록하지만 공사계약을 이행하는 기업은 공사진행이 계약보다 빨리 진행되면 그 진행률에 따라 공사수익을 인식한다. 이때 발주자와의 계약에 의해 청구되는 금액은 매출채권으로 기록하고 약정된 금액을 초과한 공사수익은 발주자에게 청구하지 못한 초과액이므로 '미청구공사'로 처리한다. 즉, 미성공사에 누적된 금액 중 공사대금청구액을 초과하는 부분이 '미청구공사'계정이다. 이 경우 미청구공사계정에는 공사이익이 포함된다. 이 때문에 미청구공사는 매출채권의 한 종류이다.

건설업이나 조선업의 경우 공사진행률을 조정하여 이익을 과대계상하면, 그 결과 나타나는 계정이 '미청구공사'계정이다. 미청구공사계정이 공사수익에 비해 증가율이 큰 경우는 공사수익을 조기에 인식한 것으로 의심할 수 있다.

미청구공사액 추이가 중요한 이유는 실제로 청구권이 발생하지 않았지만 일단 매출액과 채권의 일종인 미청구공사라는 자산을 기록하여 이익을 인식하기 때문이다. 공사진행률이 높아져 회계상에는 이익이 발생하는 것으로 보이지만 실제로는 상대방에게 이를 청구하지도 못하고 현금은 들어오지 않고 있다는 얘기다. 2013년 대규모 적자를 기록한 GS건설의 경우 매출액 대비 미청구공사비율은 10.06%(2010년)에서 22.87%(2012년)까지 늘어난 바 있다.

최근 대우조선해양에 이어 2분기에 조단위 손실을 발표할 것으로 알려진 삼성중공업 역시 미청구공사액이 1분기 기준 4조 7,989억원까지 높아진 상태다. 매출액 대비 미청구공사비율은 43%로 대우조선해양(55%)에 이어 조선업계에서 두 번째로 높은 수치를 기록 중이다(한국일보, 2015. 7. 20). 또한 금융정보업체 에프앤가이드에 따르면 국내 증시에 상장한 건설사 가운데 매출액 대비 미청구공사 비중이 가장 높은 곳은 정부와 지방자치단체에서 발주하는 관급공사 전문업체인 희림으로 조사됐다. 희림의 미청구공사금액은 2014년 매출액(1,356억원) 내비 60%에 해당하는 807억원으로, 대우조선해양보다는 높다. 이어 특수건설(미청구공사금액 564억원, 매출액 대비 37%), 에스씨엔지니어링(867억원, 35%), 고려개발(2,236억원, 33%) 등의 순이다.

조선사나 건설사들의 경우 분석회계 논란이 끊이지 않는 것도 이런 이유다. 투자자 입장에서는 장기건설계약을 공사진행기준에 의해 수익을 인식하는 회사들인 경우 유동자산에 미청구공사 금액이 있는지 그리고 그 금액이 매출액 대비 크게 증가하고 있지는 않은지에 대한 세심한 주의가 필요하다고 하겠다.

3) 재고자산

재고자산이란 기업이 판매를 목적으로 보유하고 있는 제품이나 상품, 판매를 목적으로 제품을 생산하는 과정에서 사용 또는 소비될 원재료, 재공품, 저장품 등의 자산을 말한다. 재고자산은 너무 많아도 문제이고 적어도 문제가 된다. 필요 이상으로 재고자산을 과다보유하게 되면 관리비와 유지비가 많이 들고, 재고자산 자체의 진부화나 유행에 뒤처진 제품이 되어 자산으로서의 가치를 전혀 갖지 못할 수 있다. 또한 재고가 부족한 경우에는 고객의 수요에 제때 대응하지 못하게 되기 때문에 수익성에 부정적인 영향을 미칠 수 있다. 때문에 기업에서 재고자산관리는 대단히 중요하게 다루어진다.

기업 분석에서 재고자산이 증가하고 있는지를 확인하는 것이 중요하다. 제조업체든 소매업체든 재고의 증가는 대개 나쁜 신호이다. 특히 재고자산이 매출보다 더 빠르게 증가하는 것은 위험신호이다. 회사가 매출이 10% 증가했다고 허풍을 떨어도 재고자산이 30% 증가했다면 문제가 심각하게 된다. 과대하게 누적된 재고는 가격을 조정해서라도 처분해야 한다. 그렇지 않으면, 다음 해에 곤란을 겪어야 하고, 그 후년에는 곤란이 더 심해져서 이익에 중대한 문제를 일으킬지도 모른다.

자동차회사인 경우 재고증가는 재고자산에 대한 가격변동이 별로 없기 때문에 그렇게 큰 문제를 일으키지 않는다. 그러나 의류산업이나 IT산업인 경우는 과대재고 문제는 심각하다. 재무분석가들은 의류 · 섬유산업의 재고자산은 '걸레'라고 하여 거의 자산으로 인정하지 않는다. 반면 IT산업의 재고자산은 '걸레'보다 더 낮은 취급을 한다. IT제품이 시즌에 판매되지 않을 경우 이것은 재고자산이 아니라 '고철(scrap)'로 분류된다. 걸레는 판매라도 할 수 있지만 IT제품의 재고는 사용되지 못하는 자산으로 전액 비용(감액손실)처리해야 함을 뜻한다.[05]

재고자산은 경영자들이 매출채권과 함께 이익조작이나 분식을 할 때 많이 활용하기 때문에 외형적인 성장보다 중요한 것은 재고자산의 변화를 읽는 것이다. 기업이 성장하게 되면 자연스럽게 자산이 증가하게 되는데 매출의 변화에 비해 재고자산의 증가형태를 살펴볼 필요가 있다. 재고자산이 매출액에 대한 변화가 안정적이지 못하고 변동이 크면 이익조작이나 관리부실을 의심해 보아야 한다. 일반적으로 매출액이 감소하고 있는데도 불구하고 재고자산이 큰 폭으로 증가하고 있거나 계속적으로 증가하고 있는 경우에는 이익을 과대계상할 목적으로 가공으로 장부상 재고자산을 부풀려서 과대계상하고 있는 것은 아닌지를 의심해 보아야 한다. 이런 경우 회사가 위험한 상태에 처해 있는 경우가 많다.

재고자산 대비 매출액 비중을 비교하면 재고자산관리가 안정적인지를 확인할 수 있다. 다음은 의류업종인 영원무역과 한섬을 비교한 표이다.

영원무역은 2011년 이후 꾸준히 매출액 대비 재고자산비율을 15% 내외에서 유지하고 있어 재고자산이 매우 안정적임을 나타내고 있다. 즉, 매출액이 증가하는 만큼 재고자산도 증가하기 때문에 안정적인 재고자산을 유지하고 있음을 확인할 수 있다. 또한 재고자산증가로 인한 추가비용이 발생하지 않을 것임을 알 수 있다.

영원무역

(단위 : 억원, %)

	2011. 12	2012. 12	2013. 12	전년 대비 성장률
매출액	9,901	10,591	11,082	4.6%
영업이익	1,822	1,863	1,607	−14%
순이익	1,170	1,191	1,105	−7%
재고자산	1,577	1,591	1,721	8%
재고/매출액	15.9%	15%	15.5%	−

한섬

(단위 : 억원,%)

	2011. 12	2012. 12	2013. 12	전년 대비 성장률
매출액	4,970	4,963	4,708	−6%
영업이익	984	710	503	−30%
순이익	857	634	438	−31%
재고자산	1,765	1,748	2,148	23%
재고/매출액	36%	35%	54%	−

자료 : 나이스신용평가정보

반면에 한섬은 매출액이 감소하여 수익성이 크게 악화되고 있음에도 매출액 대비 재고자산비율은 2013년도에 갑자기 증가하고 있음을 나타내고 있다. 이것은 다음 해인 2014년 재고자산의 부담은 제품가격 할인정책을 이용하여 재고자산 비중을 낮출 수밖에 없음을 나타내는 것이라 할 수 있다. 즉, 한섬이 영원무역에 비하여 상대적으로 위험하다는 것을 나타내고 있다고 할 수 있다.

재고자산이 적정수준에서 효율적으로 관리되고 있는지를 확인하게 해주는 지표가 재고자산회전율과 재고자산회전기간이다. 이 두 가지 지표를 구하는 공식은 다음과 같다.

재고자산회전율 = 매출원가 ÷ 재고자산
재고자산회전기간 = 365 ÷ 재고자산회전율

재고자산회전율은 재고자산 대비 매출원가의 비율로 기업이 보유하고 있는 재고자산이 판매되는 속도를 측정하는 지표이다. 일반적으로 재고자산회전율이 높다는 것은 적절한 수준의 재고를 보유하고 있거나 재고자산이 빠르게 팔려 나간다는 의미이다. 따라서 재고자산회전율이 높을수록 재고관리를 효율적으로 잘하고 있다는 신호이다.

재고자산회전기간은 재고자산이 팔리는 시간을 '일'단위로 표시한 지표로 창고에 있는 재고자산을 판매하여 회전시키는 데 며칠이 걸리느냐를 나타내는 지표이다. 예를 들어, 재고자산회전기간이 100일이라면 재고자산을 1회전하는 데 100일이 걸린다는 뜻이다. 당연히 재고자산회전기간이 짧을수록 기업에 유리하다. 우량기업의 재고자산회전일수는 약 60일(2개월) 이내라고 한다.

한편, 재고자산은 잘못된 경영진들이 회계부정을 일으키는 가장 흔한 방법 중의 하나이다. 불용재고임에도 불구하고 정상적인 재고자산으로 평가할 수 있기 때문에 자산가치를 평가할 때 재고자산에 대해 세심한 평가가 필요함을 확인할 수 있다. 즉, 재무상태표에 재고자산이 100억원으로 계상되어 있다고 해서 이를 그대로 100억원으로 평가할 수 있는지에 대해 유의해야 한다는 것이다. 앞의 예에서 살펴본 것처럼 재고자산은 매출액과 대비하여 그 변동폭을 확인하는 것이 중요하다.

■ 재고자산평가손실

재고자산은 시간이 지남에 따라 판매가격이 하락하거나, 진부화되거나, 물리적으로 손상되는 경우에는 재고자산의 취득가액이 실제 재고자산의 가치를 제대로 반영하지 못하게 된다. 국제회계기준에서는 재고자산의 취득원가와 순실현가능가치를 비교하여 이 중 낮은 금액으로 측정하도록 하고 있는데, 이를 저가법(lower of cost or market)이라고 한다. 여기서 순실현가능가치(net realizable value)란 정상적인 영업과정에서 재고자산의 판매를 통해 실현할 것으로 기대되는 순매각금액을 말한다. 즉, 재고자산의 판매가격에서 판매와 관련된 비용을 차감하고 순전히 실현될 것이라고 기대되는 금액이다. 취득원가와 순실현가능가치의 차이는 재고자산평가손실로 인식하고 이를 매출원가에 가산한다.

기말재고자산 = min(순실현가능가치, 취득원가)
순실현가능가치가 원가보다 작은 경우 평가손실이 발생
재고자산평가손실 = 순취득원가 − 순실현가능가치

예를 들어, 어떤 정유회사가 회계기말에 보유하고 있는 원유(재고자산)의 취득원가가 배럴당 100달러이고 현재의 순실현가능가치가 60달러인 경우 재고자산평가손실은 배럴당 40달러를 재고자산평가손실로 기록하여야 한다.

재고자산의 취득원가보다 순실현가능가치가 낮아지는 경우는 다음과 같다.

- 물리적으로 손상된 경우
- 완전히 부분적으로 진부화된 경우
- 판매가격이 하락한 경우
- 완성하거나 판매하는 데 소요되는 원가가 상승한 경우

그러나 원재료의 가격하락이 꼭 나쁜 것만은 아니다. 원재료의 가격하락 때문에 판매가가 추가적으로 하락하는 경우에만 저가법을 적용하여 원재료의 평가손실이 인식될 수 있을 것이다. 하지만 보통의 경우 원재료의 가격하락이 판매가 하락으로 연결되는 데는 시간이 걸릴 가능성이 있으므로 반드시 불리한 것만은 아니다. 또한 장기적으로는 추가적인 원재료 구입이 이전보다 낮은 가격으로 이루어질 것이므로 평가손실이 인식될 가능성은 여전히 크지 않게 된다. 그러나 재고자산의 가치가 크게 하락했을 경우에 재고자산평가손실을 계상하지 않으면 이익을 과대계상하게 되는 결과를 초래하기 때문에 해당 기업의 재고자산특성을 감안하여 당해 회사가 공격적인 회계(분식회계)를 할 가능성이 있는지를 주의 깊게 살펴봐야 한다.

읽고가기 **롯데마트, 킬로패션행사 진행**

경기불황이 장기간 지속되면서 옷을 저울로 달아 판매하는 이른바 '저울 땡처리'가 대형마트에 다시 등장했다. 롯데마트가 13일부터 1주일간 잠실점, 중계점 등 전국 30개 매장에서 여성의류를 킬로그램단위로 판매하는 '킬로(kilo)패션'행사를 진행한다. 티셔츠와 후드점퍼, 면바지 등의 의류를 100g당 3,000원에 판매한다. '킬로패션'은 대량으로 물량을 구매해 중량단위로 판매하는 도매시장방식을 벤치마킹한 의류판매방식이다.

자료 : 아시아경제, 2012. 9. 13.

4) 금융자산(채권투자와 지분투자)

국제회계기준(K-IFRS 제1032호)에서는 금융상품(financial instruments)을 "한 쪽 거래당사자에게 금융자산을 발생시키면서 다른 거래 상대방에게는 금융부채나 지분상품을 발생시키는 계약"으로 정의하고 있다. 금융상품은 양면성을 가지게 되는데, 한 거래당사자에게는 금융자산(권리)을 발생시키고, 다른 거래당사자에게는 금융부채(의무) 또는 지분상품(자본)을 발생시킨다. 또한 금융자산은 금융상품보유자 입장에서 정의가 되며, 금융부채와 지분상품은 금융상품발행자의 입장에서 정의되고 있다.

금융상품은 특히 계약상의 권리와 의무에서 발생하는 것이고 계약상의 권리와 의무가 아닌 법적 권리와 의무에서 발생하는 권리와 의무(미지급법인세와 환급금)는 금융상품이 될 수 없다. 국제회계기준에 따르면 금융자산은 현금, 다른 기업의 지분상품(주식), 거래상대방으로부터 금융자산을 수취할 수 있는 계약상의 권리로 정의한다. 국제회계기준(K-IFRS 1109호, 2018년부터 시행)에 따르면 회사가 다른 회사의 주식이나 채권(국공채 포함)에 투자한 경우 보유목적(사업모형)과 현금흐름의 특성에 따라 상각후원가 측정 금융자산과 기타포괄손익-공정가치 측정 금융자산 그리고 당기손익-공정가치 측정 금융자산으로 분류하고 있다.

① 상각후원가 측정 금융자산

계약상 현금흐름을 수취하기 위한 목적으로 자산을 보유하고 원리금(원금과 이자) 지급만으로 구성되어 있는 계약상 현금흐름 특성을 가진 금융자산이다. 주식 등 지분투자는 상환이라는 개념이 없으므로 상각후원가 측정 금융자산은 채권(국공채 포함)의 경우에만 해당한다. 기말에 평가를 하지 않기 때문에 평가손익이 발생하지 않는다.

② 기타포괄손익-공정가치 측정 금융자산

계약상 현금흐름을 수취와 금융자산의 매도 둘 다 원리금 지급만으로 구성되어 있는 현금흐름 특성의 금융자산이다. 기타포괄손익-공정가치 측정 금융자산은 채권뿐만 아니라 지분상품(주식)을 보유한 경우에 해당될 수 있다. 다만 지분상품인 경우 회사에서 기타포괄손익인식자산이나 당기손익인식자산 중 하나를 선택할 수 있으나 기타포괄손익인식자산으로 선택한 경우 분류를 변경할 수 없다. 이들 자산은 회계기말에 공정가치로 평가하며, 그 평가손익은 기타포괄손익으로 분류를 한다.

③ 당기손익-공정가치 측정 금융자산

상각후원가 측정 금융자산과 기타포괄손익-공정가치 측정 금융상품으로 분류되지 않는 경우의 금융자산으로서 ㉠ 주로 단기간 내에 매각하거나 재매입할 목적으로 취득하거나 부담, ㉡ 최초인식시점에 최근의 실제 운용형태가 단기적 이익획득 목적이라는 증거가 있으며, 그리고 공동으로 관리되는 특정 금융상품 포트폴리오의 일부인 금융자산을 일컫는다. 즉, 매도를 통해 현금흐름을 실현하고, 공정가치 기준으로 관리하여 그 성과를 평가하는 금융자산의 포트폴리오 등이다.

당기손익-공정가치 측정 금융자산은 채권과 지분증권 둘 다에 해당되면 회계기말의 평가손익은 당기손익에 귀속된다.

채무상품과 지분상품의 구분에 있어 중요한 차이점은 아래와 같다.

■ 채무상품(채권)

- 기타포괄손익선택권 적용 불가능
- 보유기간 동안 이자수익 · 이자비용 인식
- 사업모형 또는 계약상 현금흐름 특성 미충족의 경우 공정가치 평가 이슈 존재

■ 지분상품(주식)

- 상각후원가로 분류될 수 없음
- 보유기간 동안 배당수익 등 인식
- 손상대상에서 제외
- 제한된 상황에서 원가는 공정가치의 적절한 추정치가 될 수 있다는 예외사항 적용가능

④ 관계기업투자

지금까지 살펴본 금융자산의 경우 다른 기업의 주식을 취득하는 목적은 배당수익이나 재판매하여 시세차익을 얻기 위한 것이다. 그러나 회사가 취득한 지분이 일정량 이상일 때는 피투자회사의 재무정책과 영업정책결정에 상당한 영향력을 갖게 된다. 이때의 지분투자는 단순한 투자수익목적이 아니라, 피투자회사의 경영에 참여하여 투자회사가 원하는 효익을 얻기 위한 방법이 된다. 예를 들어, 자동차생산회사인 A가 부품생산회사인 B의 지분 30%를 취득하였다면, A는 B의 거래처선정이나 임원선정, 판매조건결정 등의 의사결정에 참여하여 A에게 유리한 방향으로 B를 운영할 수 있게 되는 것이다.

이처럼 지분투자의 결과로 투자기업이 유의적인 영향력을 행사할 수 있게 된 피투자회사를 관계기업이라고 한다. 일반적으로 투자기업이 직접 또는 간접으로 피투자회사의 의결권 있는 주식을 20% 이상 보유하고 있는 경우에 피투자기업에 유의적인 영향력을 행사할 수 있는 것으로 본다.

관계기업투자주식에 대한 평가는 지분법으로 평가한다. 지분법은 지분을 최초로 취득할 때는 원가로 인식하고, 취득시점 이후에 발생한 피투자회사의 순자산변동액 중 투자회사의 지분만큼을 해당 투자자산에 가감하여 보고하는 방법을 말한다. 이때 수취하는 배당금은 투자수익이 아니라 지분의 환급으로 투자자산에서 감액한다. 예를 들어, 피투자회사가 순이익 100억원을 보고하고 투자회사의 지분이 30%인 경우 투자회사는 순이익 100억원 중에서 지분비율에 해당하는 금액 30억원(100억원×30%)만큼 지분법평가이익으로 인식한다. 마찬가지로 피투자회사가 순손실을 보고하면 지분율만큼 지분법평가손실로 인식한다. 이 때문에 지분법은 '한 줄로 표시된 연결'이라고도 한다. 지분법평가손익은 손익계산서에서 영업외손익 항목이다.

지분법평가이익은 투자자산의 장부가치를 현실에 맞게 조정해 준다는 장점이 있지만 회계상의 이익에 불과하다는 비판도 있다. 관계회사의 이익은 배당으로 들어오지 않는 이상 관계회사에 남아 있는 돈이고 실제 현금흐름이 없는 가상의 돈이라는 것이다. 실제로 시장에서도 관계회사의 가치가 투자회사에 반영되기보다는 다소 할인되어 거래된다. 그러나 지분법평가이익은 세 가지 면에서 기업가치에 영향

을 미친다.[06]

첫째는 피투자회사에 대한 경영참여권을 가지고 있다면 실제로 피투자회사의 이익을 처분할 수 있는 권한을 투자회사가 가진다는 것이다. 즉, 이익은 피투자회사에 남아 있지만 이것을 투자회사로 끌어올 수 있는 여지가 있으므로 회계상 이익 이상의 의미를 가진다.

둘째는 피투자회사의 이익은 지분을 가지고 있는 한 지속가능한 이익이다. 기업은 계속기업을 전제로 하기 때문에 피투자회사가 영업을 해서 이익을 내면 지속적으로 투자회사에 영향을 미치게 된다.

셋째는 피투자회사의 지분을 팔게 되면 매각이익이 투자회사에 돌아간다는 점이다. 피투자회사의 미래가치가 포함된 매각대금을 일시에 받게 되면 투자회사의 자산가치가 급격히 증가하게 된다.

관계회사투자주식은 회사의 실적에 대한 지분만큼만 투자회사에 반영되기 때문에 피투자회사에 내재된 기업가치가 제대로 반영되지 못하는 경우가 많다. 때문에 주식투자자는 기업의 자산가치를 평가할 때 해당 기업이 보유하고 있는 투자주식에 대한 내용을 주석을 통하여 면밀히 검토하여 자산가치를 제대로 평가할 수 있어야 한다.

⑤ 종속회사투자

투자회사가 피투자회사의 의결권의 50% 이상을 소유하는 경우 투자회사는 피투자회사의 재무정책과 영업정책을 결정할 수 있는 능력을 갖게 되는데, 이를 지배력이라고 한다. 이때 투자기업을 지배기업(parent)이라고 하고, 피투자회사는 종속기업(subsidiary)이라고 한다. 지배기업과 종속기업은 법률적으로는 별도의 독립된 회사이지만 실질적으로 보면 하나의 경제실체(기업)라고 할 수 있다. 이는 마치 은행의 본점과 지점과 같은 관계라고 할 수 있다. 따라서 경제적 실질을 반영하기 위해서 지배기업과 종속기업들의 경영성과인 재무제표는 세부 항목별로 합산한 금액으로 표시하여 연결재무제표를 작성하게 된다. 이 과정에서 지배회사의 종속회사투자자산은 종속회사의 자본과 상계되기 때문에 연결재무제표에는 나타나지 않는다. 지배회사의 별도 재무상태표에 있는 종속회사투자자산은 취득원가로 평가하기 때문에 평가손익이 발생되지 않는다.

관계회사나 종속회사가 우량기업인 경우 이들 기업은 투자회사에 현금을 비롯한 이익을 안겨 주고 또한 큰 사업기회를 제공하기도 한다. 투자회사(지배회사)의 주가가 종속회사나 관계회사의 가치를 반영하고 있지 못하고 있다면 투자회사에 그만큼의 숨겨진 자산이 있다고 볼 수 있다. 그 반대로 부실한 관계회사나 종속회사인 경우에는 자회사의 손실이 그대로 모회사에 이전하게 된다. 주식투자자 입장에서는 관심기업의 종속회사나 관계회사가 미래에 현금을 안겨 줄 효자기업인지, 현금을 뺏어갈 불효자기업인지를 면밀히 검토해야 한다. 이러한 평가를 위해서는 관계회사나 종속회사의 재무제표를 개략적으로라도 살펴보아야 한다. 그래야 투자자산이 껍데기로 구성되어 있는지 제대로 평가받지 못한 상태로 숨은 자산을 가진 보물인지를 판단할 수 있게 된다.

이상의 지분증권과 채권에 투자한 금융자산을 요약하면 다음과 같다.

계정과목	분류	평가손익	지분율
당기손익 공정가치 금융자산(FVPL)	유동자산 (주식, 채권)	공정가치로 평가 당기손익 / 영업외손익	20% 미만
기타포괄손익 공정가치 금융자산(FVOCI)	비유동자산 / 투자자산 (주식, 채권)	공정가치로 평가 기타포괄손익	20% 미만
상각후원가 측정 금융자산(AC)	비유동자산 / 투자자산 (채권)	없음	–
관계회사투자	비유동자산 / 투자자산 (주식)	지분법으로 평가 지분법평가손익 / 당기손익	20% 이상 50% 미만
종속회사투자	비유동자산 / 투자자산 (주식)	원가법	50% 초과

5) 유형자산

유형자산은 재화의 생산, 용역의 제공, 자체적 사용 등 영업활동에 사용하기 위한 목적으로 보유하는 물리적 실체가 있는 자산으로서 한 회계기간(보통 1년)을 초과하여 사용할 것이 예상되는 자산이다. 이를 좀 더 구체적으로 살펴보면 유형자산의 특성은 다음과 같다.

- 유형자산은 물리적 실체가 있는 자산으로서 물리적 실체가 없는 권리 등으로 표시되는 무형자산과 구분된다.
- 유형자산은 기업의 정상적인 영업활동에서 사용하는 것을 목적으로 하는 자산이다. 따라서 판매를 목적으로 하는 재고자산이나 투자를 목적으로 보유하고 있는 자산과 구별된다.
- 유형자산은 1년을 초과하여 장기간 동안 기업에 경제적 효익을 가져다주는 자산이다.

유형자산은 실비자신 또는 고정자산이라고 하며 이들은 영업상 성격과 용도로 각각 분류되는데 분류의 예는 다음과 같다.

- **토지** : 영업활동에 사용되고 있는 토지를 말하며, 영업용 건물이 들어서 있는 대지, 그리고 농산물 생산 · 판매회사의 논과 밭 등이다. 투자목적으로 보유하고 있는 토지는 유형자산으로 분류하지 않고 '투자부동산'으로 분류한다.
- **건물** : 건물, 냉난방시설, 전기, 통신 및 기타부속설비
- **구축물** : 건물과는 별개로 마련된 구축물로서 교량, 정원설비 및 기타공작물
- **기계장치** : 기계장치, 운송설비와 같은 기타의 부속설비
- **건설중인자산** : 유형자산의 건설을 위해 투입된 재료비, 노무비 및 경비의 누계액 또는 건설을 위하여 지급한 도급금액 등을 말한다. 즉, 유형자산을 제작이나 건설하는 경우 해당 유형자산이 완성될 때까지 소요된 모든 경비의 누계액을 말한다.
- **기타자산** : 위에 속하지 않는 차량운반구, 선박, 비품, 공기구 등

① 유형자산의 취득원가

유형자산을 최초로 인식할 때는 원가(취득원가)로 측정한다. 원가는 ① 구입가격, ② 직접관련원가(부대비용)로 구성되며, 유형자산의 사용종료 후에 환경보존을 위해 원상을 복구해야 하는 의무가 있는 경우에는 유형자산 복구원가추정액을 유형자산에 포함한다. 예를 들면, 원자력발전소, 쓰레기매립장, 채석장 등이 이런 자

산에 해당하는데 원상복구를 위해 시설물을 제거 · 해체하거나 또는 부지를 복원할 의무가 있기 때문에 그 원상복구추정액을 원가에 가산하는 것이다.

② 유형자산의 취득 후 지출 : 수익적 지출과 자본적 지출

유형자산을 취득한 후 사용하는 기간 중에 여러 가지 지출이 발생한다. 예를 들어, 사용 중인 기계가 고장난 경우 수선을 위하여 지출을 해야 하고, 주요 부품을 정기적으로 교체해야 한다. 이처럼 유형자산의 취득 후에 이루어지는 지출은 그 내용에 따라 유형자산의 원가에 포함시킬 수도 있고(자본화라고 한다), 또는 당기의 비용으로 처리할 수 있다.

유형자산의 미래효익(용역잠재력)을 증가시키는 지출인 경우는 자본적 지출(자산적 지출)이라고 하여, 지출액을 해당 유형자산의 원가에 가산한다. 예를 들면, 건물의 증축, 정기적으로 교체가 필요한 부품원가(제철소의 용광로 등), 항공기와 같이 정기적인 종합검사 등이 필요한 경우 이때 발생하는 원가와 같은 비용이다. 반면에 유형자산에 대한 일상적인 수선 · 유지나 보수를 위한 지출은 당기의 비용으로 처리하는데, 이를 수익적 지출이라고 한다. 수익적 지출과 자본적 지출의 구분 기준은 해당 자산의 미래 경제적 효익의 증가 여부이다. 보통은 다음의 세 가지 중 하나에 해당되면 관련된 지출이 미래 경제적 효익을 증가시켰다고 본다.

- 생산능력의 증대
- 내용연수의 연장
- 상당한 원가절감이나 품질향상

위의 세 가지 조건을 충족시키더라도 지출이 일정기준액보다 작은 경우에는 중요성의 원칙에 따라 수익적 지출로 하여 당기의 비용으로 처리하는 것이 보다 효율적이다. 그러나 기업에 따라서는 자본적 지출과 수익적 지출 중 어느 쪽을 택하느냐에 따라 순이익의 크기가 달라지기 때문에 이익조정을 위해 악용되기도 한다. 재무적으로 건전하지 못한 부실기업인 경우는 취득 후 지출을 비용으로 처리하게 되면 당기순이익이 그만큼 적어지기 때문에 지출의 성격이 일상적인 유지비용에 해당되더라도 자본적 지출로 처리하고자 한다. 반면에 우량기업은 가급적 수익적 지

출, 즉 수선비 등의 과목으로 당기비용으로 처리하는 경향이 있다.

장기적인 경쟁우위가 없는 기업들은 지속적인 경쟁에 직면할 수밖에 없다. 경쟁우위를 유지하기 위해서 이들 기업은 기존 건물과 기계장치가 다 낡기 전에 신제품 생산을 위해 제조설비를 꾸준히 업데이트해야 한다. 이런 부단한 업데이트는 지속적으로 상당한 비용을 발생시키고, 재무상태표의 유형자산은 계속 증가한다. 반면에 장기적인 경쟁우위를 가진 기업들은 경쟁력을 유지하기 위해 계속해서 건물이나 기계장치를 업데이트할 필요가 없다. 장기적인 경쟁우위를 가진 회사는 신규 건물과 기계장치를 도입하는 데 필요한 자금을 내부에서 조달할 수 있다. 그러나 장기적인 경쟁우위가 없는 기업은 경쟁유지에 필요한 건물과 기계장치의 교체자금을 외부차입으로 조달하는 경우가 많다.

보통 자본적 지출(capital expenditure : CAPEX)이라고 할 때는 영업목적에 사용할 건물이나 특허권 등의 유·무형자산을 신규로 취득하거나, 유형자산 취득 후 대수선 또는 교체 등의 추가적인 지출로 해당 자산의 장부가액이 증가(자산적 지출)하는 경우를 동틀어 말한다.

③ 취득원가의 배분(감가상각비)

토지와 건설중인자산을 제외한 대부분의 유형자산은 시간의 경과나 사용에 따라 일정기간 후에 가치가 감소하게 된다. 이에 따라 사용기간 동안에 자산의 취득원가를 합리적이고 체계적인 방법으로 배분하고, 배분된 금액을 당기의 비용으로 처리하게 되는데 이를 '감가상각비'라고 한다. 여기서 주의해야 하는 것은 감가상각은 가치를 평가하여 가치감소분을 비용으로 하는 것이 아니라 취득원가를 사용기간에 걸쳐 배분하는 과정이라는 것이다.

만일 영업활동에 사용할 목적으로 1억원어치의 기계를 취득하였고, 이 기계의 사용연수(내용연수)는 10년이고, 사용 후 처분가치(잔존가치)가 1천만원으로 추정되는 경우 기업이 기계사용과 관련하여 부담하는 비용은 취득원가에서 잔존가치를 차감한 9천만원이 되는데 이를 감가상각대상금액이라고 한다. 이 금액을 10년 동안의 사용기간에 똑같이 나눈다면 매년에 비용으로 처리해야 하는 감가상각비는 9백만원이다. 재무상태표에 표시되는 유형자산의 장부가액은 취득원가에서 여러 기간의 감가상각비를 합계한 감가상각누계액을 차감한 후의 잔액을 말한다.

④ 유형자산의 재평가와 자산손상

■ 자산재평가

유형자산을 취득한 이후에는 감가상각을 해야 하기 때문에 유형자산의 장부금액은 점차 감소하게 된다. 그러나 이렇게 감가상각을 적용한 유형자산의 장부금액은 실제의 유형자산의 가치를 제대로 반영하지 못하는 경우가 많다. 즉, 유형자산의 실제가치가 장부금액보다 높거나 낮은 경우가 흔히 발생한다. 유형자산의 취득 후 가치의 증감을 처리하는 방법에는 원가모형과 재평가모형이 있으며, 기업은 이 중 하나를 선택하여 적용한다.

- **원가모형**(cost model) : 원가모형은 유형자산을 최초로 인식한 후 매기 감가상각비와 손상차손을 인식하여 유형자산의 장부금액을 결정하는 방법이다. 원가모형에서는 기본적으로 유형자산의 공정가치의 변동을 장부에 반영하지 않는다.
- **재평가모형**(revaluation model) : 최초의 인식 후에 유형자산을 공정가치로 평가하는 방법을 재평가모형이라고 한다. 이때 공정가치는 합리적인 판단력과 거래의사가 있는 독립된 당사자 사이의 거래에서 자산이 교환될 수 있는 금액이다. 원가모형이 객관성 또는 신뢰성을 중요시하는 반면, 재평가모형은 자산을 공정가치로 표시하여 정보이용자에게 유용한 정보를 제공하는 것을 목표로 한다. 유형자산의 재평가금액이 장부금액보다 큰 경우는 유형자산의 장부금액을 재평가금액으로 증가시킨다. 이때 장부가액이 증가된 금액만큼 기타포괄손익으로 인식하고 재평가잉여금의 과목으로 자본(기타포괄손익누계액)에 가산한다. 즉, 자산의 재평가로 인한 증가액은 유형자산이 처분될 때까지 장기미실현이익으로 당기순이익에는 영향을 미치지 않는다.

  한편, 유형자산의 재평가금액이 장부금액보다 작은 경우에는 유형자산의 장부금액을 재평가금액으로 감소시키고, 그 감소액은 재평가손실로 하여 당기손익으로 인식한다.

■ 유형자산의 손상

기업이 영업활동을 위하여 보유하고 있는 유형자산이 원래 의도대로 최소한 장부금액 이상으로 경제적 효익을 창출하는 데 기여하고 있다면 문제가 발생하지 않는다. 그러나 경제환경이 급변하는 경우 기업이 의도하지 않은 상황이 발생하여 보유하고 있는 유형자산의 가치가 급격하게 떨어지는 경우가 발생할 수 있다.

예를 들면, 사용하고 있는 컴퓨터의 용량이 모자라거나 기능이 새롭게 업그레이드되어 기존 컴퓨터의 가격이 하락하거나, 기업이 현재 사용하고 있는 물류창고가 있는 토지 인근에 혐오시설이 들어서게 되어 땅값이 급격히 떨어지거나, 홍수나 태풍 때문에 유형자산의 가치가 떨어지는 경우가 발생하기도 한다.

이러한 경우 유형자산의 장부가액과 평가액 사이에 차이가 생겨 손실이 발생하게 된다. 그러한 손실은 '유형자산손상차손'이란 과목으로 당기비용으로 처리하고 해당 자산의 장부가액을 그만큼 감액시켜야 한다.

한국채택국제회계기준에서는 유형자산에 '손상'이 발생되었는지 여부를 판단하기 위하여 매 보고기간말마다 자산손상징후가 나타나는지에 대하여 검토하도록 하고 있다. 자신의 손상징후에는 다음과 같은 것들이 있으며, 일단 자산손상을 나타내는 징후가 포착되었다면 바로 손상검사를 수행하여야 한다.

- 자산의 시장가치가 급격히 하락
- 기업환경이나 시장에서 기업에 불리한 영향을 미치는 변화가 발생
- 자산의 장부가액이 시가총액보다 큰 경우
- 자산의 유휴화, 영업부문 중단, 구조조정계획, 자산의 조기처분계획
- 자산이 진부화되거나 물리적으로 손상증거가 있는 경우
- 자산손상을 시사하는 기타 다른 징후가 있는 경우

자산재평가와 자산손상은 밀접하게 관련된 내용이다. 자산재평가는 공정가치의 하락과 상승을 모두 반영하는 평가개념이며, 자산손상은 장부금액보다 공정가치가 하락한 경우만 보수적으로 반영하는 평가개념이다.

⑤ 유형자산의 처분

유형자산을 처분하게 되면 처분가액과 장부가액(취득원가에서 감가상각누계액과 손상차손누계액을 차감한 금액)에서 차이가 발생하게 되는데, 장부가액보다 처분가액이 크면 '유형자산처분익'이 발생하고, 그 반대의 경우는 '유형자산처분손실'이 발생한다.

6) 토지와 투자부동산 : 숨은 자산 찾기

유형자산 가운데 투자자들이 유의해야 하는 자산은 토지이다. 토지가 영업목적으로 이용되는 경우 '토지'라고 하고 비업무용 토지는 '투자부동산'이라고 한다.

국제회계기준에서 자산평가는 공정가치법을 기본원칙으로 하고 있으면서 원가법을 허용하고 있다. 이에 따라 기업에서는 공정가치법이나 원가법 중 하나를 선택하여 자산을 평가한다. 공정가치법은 기업의 재무상태표에 표시되는 자산은 공정가치(시장가치)로 나타내야 투자자들이 기업의 가치, 즉 자산가치를 평가할 때 취득원가로 표시되는 원가법보다 더 평가목적에 맞기 때문에 유용성이 높다는 것이다. 자산을 공정가치로 평가하면 공정가치만큼 자산가치가 높게 표시되고 그 금액만큼 자산보유이득(자산재평가이익 : 기타포괄이익)이 계상되어 재무상태가 양호하게 나타나게 된다.

예를 들어, 현재 보유하고 있는 토지가 재무상태표의 장부가액 10억원이고 공정시장가치가 30억원일 경우, 공정가치법을 적용하여 자산을 재평가하면 재무상태표에 토지의 장부가액에 가치증가분 20억원을 증액하여 토지를 30억원으로 표시하고, 그 금액만큼 자산재평가이익(20억원)으로 인식되는 것이다. 반면에 원가법은 과거의 취득원가(역사적 원가) 10억원을 재평가하지 않고 그대로 재무상태표에 10억원으로 표시하는 방법이다.

보유하고 있는 자산에 대하여 공정가치로 평가하느냐 안 하느냐는 각 기업이 처한 상황에 따라 달라진다. 자산을 공정가치로 평가하기 위해서는 공신력 있는 기관에 평가를 의뢰하여야 하기 때문에 추가비용이 소요된다. 기업이 재무구조상 문제가 없으면 굳이 비용을 들이면서 자산가치를 높여야 하는 유인이 별로 없게 된다.

그러나 부채비율이 너무 높아 부채계약에 문제가 있거나, 새로운 자금을 추가로 차입하기를 원하는 기업인 경우는 공정가치로 평가할 유인을 갖게 된다. 이런 이유로 공정가치법은 토지를 제외한 기타의 유형자산에는 잘 적용하지 않는 경향이 있다.

기업이 보유하는 토지나 투자부동산은 시간이 흐르면서 시가가 상승하는 경향이 있기 때문에 과거의 취득가격과 현재의 시장가격과의 차이가 벌어지게 된다. 기업에 토지와 같은 부동산이 취득원가로 표시되어 있고, 취득 후 오랜 시간이 경과한 경우 이러한 부동산은 숨은 자산이 된다. 토지, 목재, 석유, 귀금속 등 자연자원을 보유한 기업들은 자산의 장부가치가 실제가치의 몇 십분의 일 수준인 경우도 있다.

재무상태표의 자산을 검토하는 경우 주석정보를 이용하여 토지 등의 부동산장부가액과 시가를 반드시 확인해야 한다. 또한 재무상태표의 기타포괄손익누계액에 자산재평가이익이 있는지를 확인하면 기업이 과거에 공정가치법을 적용했는지를 쉽게 확인할 수 있다. 공정가치법은 한 번 적용하면 계속하여 적용해야 한다.

기업이 유형자산을 보유하는 목적은 그것을 활용하여 수익을 창출하기 위함이다. 그러므로 투자자는 기업이 유형자산을 수익창출을 위해 잘 사용하고 있는지를 확인할 필요가 있다. 이때 이용되는 지표가 유형자산회전율이다.

유형자산회전율이란 매출액을 유형자산으로 나눈 값인데 유형자산을 얼마나 효율적으로 활용했는가를 보여 준다. 유형자산회전율은 업종평균보다 높은 것이 좋다. 만약 유형자산회전율이 해마다 낮아지거나 업종평균보다 낮다면 불량기업이거나 분식회계를 하는 기업이 아닌지 확인해 봐야 한다. 단, 자산재평가로 인해 자산이 커진 결과로 나타나는 현상인 경우는 예외이다.

인쇄회로기판을 제조 및 판매하는 '휴닉스'라는 기업이 대표적인 예이다. 휴닉스는 1999~2002년의 기간에 유형자산을 매입한 적이 없는데도 취득한 것처럼 기록하거나, 실제보다 높은 가격으로 유형자산을 매입한 것으로 기록했다. 결국 유형자산이 커지다 보니 유형자산회전율이 매년 낮아지는 결과를 초래하였다. 휴닉스는 이런 형태의 분식회계를 저질렀다가 적발되어 2003년 9월에 등록이 취소되었다.

또한 유형자산을 이용하여 분식회계를 한 대표적인 예로 미국의 통신 대기업 '월드컴'을 들 수 있다. 조사에 따르면 월드컴은 1995년 이래 한 번도 유형자산회전율이 1.0을 넘은 적이 없을 뿐만 아니라 해마다 낮아지는 현상을 보였다는 것이다.

월드컴의 분식회계기법은 수익적 지출로 처리해야 하는 비용을 자본적 지출로 처리하여 매년 유형자산이 늘어나도록 한 것이다. 즉, 일상적인 연구비나 수선유지비와 같은 비용을 비용으로 처리하지 않고 자산을 취득한 것처럼 처리했고 그 결과 유형자산회전율이 지속적으로 나빠지는 결과를 초래한 것이다.

읽고가기

상장사 자산재평가액 14조원 증가

K-IFRS가 채택되기 직전 국내의 많은 상장사들이 자산재평가를 실시하였다. 그 결과 자산총액이 상당히 증가한 것으로 나타났다.

2010년 1월 19일 한국거래소에 따르면 공시의무 시행일인 지난해 4월 16일부터 올 1월 13일까지 자산재평가 공시내용을 분석한 결과 상장사들의 자산재평가차액이 14조 1,291억원인 것으로 집계됐다. 유가증권시장 상장사들은 자산재평가 결과 최근 사업연도말 자산총액의 100분의 5(대규모법인은 1,000분의 25) 이상 재평가금액이 증가 또는 감소하면 이를 공시해야 한다. 코스닥시장의 공시기준은 자산총액의 100분의 10(대기업은 100분의 5)이다. 시장별로는 유가증권시장 상장사 59곳의 자산재평가차액이 13조 6,517억원, 코스닥시장 35개사 차액은 4,774억원이었다.

유가증권시장에서는 삼성전자의 자산재평가차액이 3조 8,163억원으로 가장 많았다. 이어 현대중공업(1조 2,356억원), 한국가스공사(1조 1,920억원), 대우조선해양(1조 230억원) 등의 순이었다. 이들 상위 4개사의 자산재평가차액은 전체 상장사의 차액의 절반을 차지했다. 기존 자산총액 대비 재평가차액이 가장 큰 곳은 대림비앤코로, 자산재평가차액이 자산총액 1,143억원보다 많은 1,225억원이 발생했다. LS네트웍스도 자산재평가를 통해 기존 자산총액규모보다 조금 많은 5,389억원이 늘어났다. 현대피앤씨와 하이스틸의 자산재평가차액은 각각 245억원과 799억원으로 큰 편이 아니지만 자산총액 대비로는 62.35%와 59.65%가 증가해 자산이 큰 폭으로 늘었다.

코스닥시장에서 자산재평가를 통해 자산이 가장 많이 늘어난 기업은 성광벤드로, 566억원을 기록했다. 이어 TJ미디어(257억원), 세명전기(255억원), 한일단조(250억원), 대양제지(238억원) 등이 상위 5걸을 이뤘다.

유가증권시장과 코스닥시장의 자산총액 대비 자산재평가차액 상위기업

(단위 : 억원)

유가증권시장		코스닥시장	
회사명	자산재평가차액	회사명	자산재평가차액
삼성전자	38,163	성광벤드	566
현대중공업	12,356	TJ미디어	257
한국가스공사	11,920	세명전기	255

대우조선해양	10,230	한일단조	250
케이씨씨	9,501	대양제지	238
현대제철	8,847	한진피앤씨	213
LS네트웍스	5,389	대창메탈	204
경방	4,567	애강리메텍	189
아시아나항공	4,463	와이엔텍	182
대림산업	2,868	현대정보기술	175

자산재평가차액 상위기업

(단위 : 억원, %)

회사명	자산재평가차액	자산총액	자산총액 대비 자산재평가차액
대림비앤코	1,225	1,143	107.13
LS네트웍스	5,389	5,159	104.45
현대피앤씨	245	393	62.35
하이스틸	799	1,340	59.65
경방	4,567	7,833	58.31
신대양제지	898	1,734	51.81
퍼스텍	287	602	47.59
백광산업	1,024	2,234	45.85
일신석재	255	558	45.69
아세아페이퍼텍	758	1,776	42.70

자료 : 연합뉴스, 2010. 1. 19, 기사 일부 수정[07]

7) 무형자산과 무형가치

무형자산은 기업이 통제하고 있는 자산으로서, 물리적 실체가 없지만 식별가능한 자산으로 장기간에 걸쳐 기업의 영업활동에 경제적 효익을 제공하는 자산을 말한다. 식별가능하다는 것은 자산이 분리가능하거나 또는 자산이 계약상 권리 또는 기타 법적 권리로부터 발생하는 경우를 말한다. 여기에는 특허권, 저작권, 상표권, 프렌차이즈, 브랜드네임과 같은 것이 포함된다.

무형자산을 재무제표에 인식하기 위해서는 ① 자산으로부터 발생하는 미래 경제적 효익이 기업에 유입될 가능성이 높아야 하고, ② 자산의 원가를 신뢰성 있게 측정할 수 있어야 한다. 이러한 인식요건은 유형자산과 동일하다.

무형자산은 외부에서 취득할 수도 있고 내부에서 발전시키거나 개발할 수도 있다. 외부에서 구입한 무형자산은 그 원가를 자산으로 인정하여 무형자산으로 처리한다. 그러나 기업 내부에서 개발한 무형자산은 미래 경제적 효익을 창출할 식별가능한 자산이 존재하는지 여부와 그 시점을 파악하기 어렵고 그 가치 또한 객관적으로 신뢰성 있게 평가하기 어렵기 때문에 대부분 자산으로 인식하지 않고 당기비용으로 처리한다. 투자자들이 관심을 가지고 확인해 봐야 하는 무형자산은 개발비와 영업권이다.

① 개발비(내부적으로 창출한 무형자산)

연구개발은 연구단계와 개발단계로 구분된다. 연구란 '새로운 과학적 · 기술적 지식이나 이해를 얻기 위해 수행하는 독창적이고 계획적인 탐구활동'을 의미한다. 연구단계에서는 미래 경제적 효익을 창출할 자산이 존재한다는 것을 입증할 수 없기 때문에 이 단계에서 발생한 지출은 발생한 기간의 비용인 경상연구비 과목으로 처리한다.

개발이란 '상업적인 생산이나 사용 전에 연구결과나 관련지식을 새롭거나 현저히 개량된 재료, 장치, 제품, 고정시스템이나 용역의 생산을 위한 계획이나 설계에 적용하는 활동'을 의미한다. 개발단계는 연구단계보다 훨씬 더 진전되어 있는 상태이므로 무형자산이 미래 경제적 효익을 창출할 것임을 제시할 수 있다. 개발활동과 관련된 지출이 해당 개발계획의 결과가 새로운 제품의 개발이나 실질적 기능 향상을 위한 것이며 당사가 그 개발계획의 기술적 · 상업적 달성가능성이 높고 소요되는 자원을 신뢰성 있게 측정가능한 경우에만 무형자산으로 인식한다.

연구개발현장에 익숙하지 않은 상황에서 '연구 · 개발활동'이 수행되는 연속된 과정에서 연구단계와 개발단계를 인위적으로 구분하기는 현실적으로 매우 어렵다.

개발활동이 수행되는 개발단계에는 제조기법, 공식, 모델, 디자인 및 시제품 등의 개발이 포함될 수 있으며, 개발단계에 속하는 예는 다음과 같다.[08]

- 생산 전 또는 사용 전의 시제품과 모형을 설계제작 및 시험하는 활동
- 새로운 기술과 관련된 공구, 금형, 주형 등을 설계하는 활동
- 상업적 생산목적이 아닌 소규모 시험공장을 설계, 건설 및 가동하는 활동
- 새롭거나 개선된 재료, 장치, 제품, 공정, 시스템 및 용역 등에 대하여 최종적으로 선정된 안을 설계, 제작 및 시험하는 활동

회계기준(K-IFRS)에서는 무형자산이 창출될 수 있는 상황을 연구단계와 개발단계로 한정한 다음 구체적인 인식절차를 규정하고 있다.

- **연구단계에서 발생한 비용** : 전액 발생기간의 비용으로 인식
- **연구단계와 개발단계의 구분이 분명하지 않은 경우** : 전액 당기비용으로 인식
- **개발단계** : 자산의 인식요건을 충족하는 경우에만 '개발비'라는 무형자산으로 인식하고 내용연수에 걸쳐 상각

위에서 보는 것처럼 회계기준에서 경상연구비와 개발비의 구분기준을 비교적 상세하게 제시하고 있으나 실무에서 둘 간의 구분은 상당히 어려운 것 또한 사실이다. 기업에서는 연구개발과 관련된 지출을 어떻게 처리하느냐에 따라 기업성과가 달라질 수 있기 때문에 개발비관련 회계처리가 악용될 소지가 많다고 할 수 있다.

예를 들어, 어느 게임 개발회사가 새로운 게임을 개발하기 위하여 시중에 나와있는 소프트웨어제품을 구입해서 분석하느라 200억원을 지출했다고 하자. 이것을 경상개발비로 처리하면 비용이 증가되어 순이익이 그만큼 작아지게 되고, 반면에 무형자산인 개발비로 처리를 하면 자산으로 인식되어 당해 연도의 감가상각비에 해당되는 금액만큼만 비용으로 인식하게 되기 때문에 그만큼 이익이 커지게 된다.

개발비는 주로 정보통신(IT)기업이 당기순이익을 늘리는 분식회계 혹은 반대로 당기순이익을 줄이는 역분식회계의 수단으로 활용된다. 비교적 건실하고 잘나가는 기업은 경상연구비인 당기비용으로 처리하는 한편, 무형자산인 개발비로 인식하더라도 그 내용연수를 짧게 하여 단기에 비용화하는 경향이 높다. 반면에 재무적으로 어려움을 겪는 기업인 경우는 무형자산인 개발비로 인식하는 경향이 높으며 개발비 상각기간도 비교적 장기인 5년인 경우가 많다.

우리나라의 대표 게임업체인 게임빌은 연구개발에 관련된 대부분의 비용은 경상연구비로 처리하는 한편 개발비의 상각연수도 2년에 불과하다.

투자자들은 재무상태표에 무형자산인 개발비가 있는 경우에는 주석의 내용을 면밀히 검토할 필요가 있다, 보통 기업에서 연구개발로 인한 비용지출이 있게 마련이다. 연구개발에 대한 지출이 매출에서 차지하는 비중이 어느 정도인지, 그리고 그중 어느 정도를 비용으로 처리하고 있는지를 확인함으로써 해당 기업의 회계관행이나 재무적 건전성에 대한 간접적인 시사점을 찾을 수 있게 된다.

경상개발비와 연구비는 당기비용 항목이므로 제조경비에 포함되어 있거나 판매비와 일반관리비에 포함되어 나타나기 때문에 주석공시를 확인함으로써 해당 회사의 연구개발과 관련된 회계정책을 파악할 수 있게 된다. 그렇기 때문에 주석공시가 중요한 것이다. 다음은 현대모비스(주)의 연구개발과 관련된 주석공시내용이다.

연구개발비 지출 현황

현대모비스 (단위 : 백만원, %)

회계 연도	연구개발비 지출총액	연구개발비 /매출액	무형자산 처리	개발비 (유형자산)/ 매출액	당기비용 처리	개발비(비용) /매출액	작성 기준
2016년 12월	695,683	1.82			695,683	1.82	연결
2015년 12월	623,169	1.73	8,860	0.02	614,309	1.71	연결
2014년 12월	492,700	1.36	6,858	0.02	485,842	1.34	연결

케네스 피셔(Kenneth Fisher)에 따르면 기술분야나 의료분야에 있는 기업은 연구개발이 필요하기 때문에 다른 기업과는 다른 방식으로 보아야 한다고 하고, 시가총액(주가 × 유통주식수)을 연간연구개발비로 나눈 주가연구비비율이 5~10배 이면 이 종목은 저평가된 것이기 때문에 매수해야 하며, 10~15배인 종목은 경계선상에 있으며 15배 이상인 기업은 매수해서는 안 된다고 한다.

② 영업권과 무형가치

영업권(goodwill)은 개념적으로 동종의 다른 기업에 비하여 정상적인 수익률 이상의 이윤을 획득할 수 있는 초과이윤획득능력인 초과수익력을 화폐가치로 표시한 것이다. 영업권은 경영자의 탁월한 능력, 좋은 브랜드, 평판, 직원들의 높은 사기, 유통채널, 용이한 생산요소 접근성, 기술적 전문지식, 고객의 충성도와 같은 여러 요인이 복합적으로 작용하여 다른 기업에 비하여 높은 수익을 올릴 때 생겨난다. 기업이 동종의 다른 기업에 비해 초과수익을 얻을 수 있는 이와 같은 능력을 기업이 가진 무형가치라고 한다. 예를 들면, 코카콜라의 브랜드가치, 롯데의 유통망, 삼성전자의 반도체 기술력 등은 회사가 가지고 있는 무형의 가치이다. 이러한 초과수이력을 가진 기업을 '경쟁우위'를 가진 기업이라고 한다.

무형가치인 영업권은 만질 수도 없고 다른 자산과 구분하여 따로 쉽게 식별되지도 않는 무형자산이기 때문에 경제수명을 정하기도 어려울 뿐만 아니라 그 가치가 어느 정도인지 추정하기도 어렵다. 예를 들어, 코카콜라의 브랜드네임은 1,000억달러의 가치가 있다고 한다. 하지만 그 브랜드네임은 내부적으로 개발하고 발전시킨 무형자산임에는 분명하지만 자산으로 인식할 수 없다. 이마트, 삼성전자, 매도날드 등도 마찬가지이다. 그 이유는 회계에서는 기업이 가지고 있는 중요한 무형가치가 기업의 장래에 커다란 수익을 창출할 수 있는 잠재력이 있다고 해도 그것을 화폐단위로 신뢰성 있게 측정할 수 없는 경우에는 자산으로 인식하지 않기 때문이다. 다시 말하면, 코카콜라의 브랜드가치가 1,000억달러라고 평가하는 사람이 있지만 그 가치는 객관적으로 검증하지 못하는 주관적인 평가에 불과하기 때문에 무형자산으로 재무상태표에 인식하지 못하는 것이다.

기업이 가진 경쟁우위의 무형가치를 자산으로 인정하는 경우는 M&A로 다른 기업을 인수하거나 합병하면서 합병회사가 피합병회사의 순자산가치를 초과하여 지급한 금액을 초과수익력의 대가로 간주하여 영업권으로 인식한다. 예를 들어, 피매수기업(피합병기업)의 식별가능한 순자산(자산 − 부채)의 공정가치가 100억원인데 매수기업(합병기업)이 120억원을 매수대가로 지급하였다면, 그 차액인 20억원이 영업권에 해당한다. 합병회사가 20억원만큼 추가로 지급한 이유는 피매수기업의 우월한 기술력, 경영기법, 우수한 경영진, 명성, 노조, 고객과의 좋은 관계 등 무형의 경제적 가치가 미래에 수익을 창출할 것이라고 기대하기 때문이다. 기업합병과정에서 취득한 영업권은 피매수기업과 분리될 수 없기 때문에 기업이 존속하는 한 영업권의 가치도 계속된다고 간주한다.

이에 따라 회계기준에서는 영업권의 내용연수는 비한정인 것으로 보아 상각하지 않도록 하고 있다. 다만, 매년 영업권의 손상 정도를 평가하여 손상이 있는 경우 손상차손을 인식하여 영업권의 장부가액을 줄일 수 있다.

영업권이 무형자산으로 계상되어 있다면 회사가 장기적인 경쟁우위를 가진 사업체를 인수했다는 좋은 신호로 생각할 수 있다. 하지만 영업권은 투자자들에게 고통을 줄 수 있으므로 영업권을 많이 소유하고 있는 기업은 자산이 과대계상되지 않았는지 인수한 사업체에 대한 추가적인 분석을 하는 등 세심한 주의가 필요하다.

재무적 기초를 튼튼히 할 목적으로 보수적인 회계처리를 하는 기업은 매년 영업권손상차손을 계상하여 영업권의 장부가액을 줄여 간다. 때문에 투자자는 영업권의 특성을 고려한 보수적인 실적을 내세우지 않는 기업, 즉 영업권에 대한 손상차손을 계상하지 않는 회사는 피하는 것이 좋다. 대신에 장부상으로는 실체가 없지만 브랜드, 원가우위, 제품차별화 등 무형가치를 가지고 있는, 장기적인 경쟁우위를 가진 기업에 관심을 가져야 한다.

벤저민 그레이엄은 무형자산이 적거나 없는 회사를 선호했다. 무형자산이 있는 경우는 무형자산을 활용해 수익으로 연결시킬 수 있어야 한다. 무형자산이 매출과 순이익을 늘리는 데 도움이 되지 않는다면 실제 무형자산의 가치는 영(0)이라고 할 수 있다. 또한 '가치투자의 대가' 크리스토퍼 브라운(Christopher Browne)도 순자산가치를 평가할 때 무형자산의 가치를 인정하지 않고 '0'으로 평가한다고 한다.[09]

8) 이연법인세자산과 이연법인세부채

기업은 영업활동에서 벌어들인 이익(소득)에 근거하여 법인세를 부담한다. 법인세는 세법에 따라 결정되는데 법인이 한 사업연도에 벌어들인 소득인 과세소득이 그 기초가 된다. 과세소득은 재무회계에서 계산된 법인세비용차감전순이익과 동일한 것으로 생각할 수 있지만 여러 가지 이유로 다르다. 회계상의 이익은 회계기준에 따라 산정된 이익이고 과세소득은 세법의 규정에 따라 산정된 금액이다. 회계기준과 세법의 규정이 다르고 더욱이 국가의 조세정책적 목적과 유용한 정보제공이라는 재무회계의 목적이 서로 상이하기 때문에 과세소득과 법인세비용전순이익 간에 차이가 발생하게 된다.

상이한 목적과 상이한 적용규정에 따라 계산된 회계상의 이익과 과세소득은 차이를 보이게 되며, 이에 따라 과세소득에 세율을 곱하여 산출된 법인세액과 법인세차감전순이익에 세율을 곱하여 산출된 법인세비용 간에 차이가 발생하게 된다. 이러한 차이를 법인세효과(tax effects)라고 한다. 문제는 손익계산서에 보고하는 법인세비용으로 어떤 금액을 보고해야 하는가 하는 것이다. 회계의 기본원칙은 발생주의이다. 이에 따라 손익계산서에 보고되는 법인세비용은 법인세실제납부액(현금주의)이 아니라 법인세차감전순이익에 세율을 곱한 금액을 법인세비용(발생기준)으로 보고해야 한다.

자산 · 부채와 관련된 법인세효과를 발생한 기간에 인식하는 것을 이연법인세제도라고 한다. 이연법인세제도를 채택하면 자산과 부채가 보다 적절히 기록되고 산출된 순이익이 경영성과를 보다 적절히 나타내게 되어 기간별 비교가능성이 제고되고 이해관계자들의 의사결정에 보다 유용한 정보를 제공할 수 있게 된다.

회계기준에 따라 결정된 자산 · 부채의 장부금액과 세법에 의해 결정된 자산 · 부채의 세무기준액이 다를 때 그 차이에 관련된 법인세효과를 이연법인세자산과 이연법인세부채로 인식한다. 예를 들어, 회계에서 금융자산은 공정가치로 평가한다. 취득원가 5,000원인 단기매매금융자산의 공정가치가 6,000원이면 회계에서는 그 공정가치인 6,000원이 장부가치가 되고 그에 따른 금융자산평가이익 1,000원도 계상하게 된다. 그러나 세법에서는 공정가치가 아니라 취득원가를 기준으로 하기 때문에 장부가액은 5,000원 그대로이다. 회계연도말에 회계에서는 평가이익에 대하여 법인세비용을 계상해야 한다. 그러나 세법상으로는 이익으로 계산하지 않기 때문에 실제 납부할 세금은 없다. 그러나 손익계산서에는 세율이 30%인 경우 금융자산평가이익에 대한 세금은 300원(=1,000원×30%)이 법인세비용으로 계상하게 되고 동시에 법인세비용 300원은 미래에 납부해야 되는 부채인 이연법인세부채로 기록하게 된다. 그 반대의 경우는 이연법인세자산으로 인식한다.

따라서 이연법인세부채(deferred tax liability)란 재무제표 작성일 현재 일시적 차이로 인해 미래의 과세소득이 증가하는 경우 이연법인세관련 부채이고, 이연법인세자산(deferred tax asset)이란 재무제표 작성일 현재 존재하는 일시적 차이로 인해 미래의 과세소득이 감소하는 경우의 이연법인세관련 자산을 말한다. 일반적으로 기업들은 회계기준과 세법 간에 일시적 차이가 존재하는 경우 그 일시적 차이가 초래하는 법인세유예효과를 활용하고자 하는 유인이 강하기 때문에 주로 이연법인세부채가 발생하는 편이고 이연법인세자산은 빈번히 발행하지 않는다. 기업이든 개인이든 세금은 가급적 늦게 내거나 아예 납부하지 않으려고 하는 것은 어쩌면 만연한 현상이라 하겠다. 회계기준(K-IFRS)에서는 이연법인세자산과 이연법인세부채를 모두 비유동항목으로 표시하도록 하고 있다.

문제는 이런 이연법인세와 관련된 자산과 부채가 자산과 부채의 정의에 합당하며 실제로 기업가치와도 관련성이 있는가 하는 것이다. 국내에서 발표된 많은 연구에서는 이연법인세자산과 이연법인세부채가 기업가치와 양(+)과 음(-)의 관계가 있으며 투자자들 또한 이연법인세를 실질적인 경제적 의미를 지니고 있는 자산과 부채로 인식한다는 연구결과를 보이고 있다.[10]

9) 자산의 질

'대마불사(大馬不死)'란 원래 바둑용어이지만 기업의 경우는 '대기업은 망하지 않는다'는 뜻으로 자산의 규모가 클수록 좋은 것으로 인식되기도 하였다. 그러나 IMF 유동성 위기 이후 대우그룹과 같이 부실한 대기업들이 줄줄이 도산하면서 그러한 인식이 바뀌게 되었다. 이런 면에서 볼 때 자산의 규모도 중요하지만 자산의 질(asset quality)을 잘 따져 봐야 할 것이다. 회사가 보유하고 있는 자산의 가치는 자금을 추가로 조달할 수 있는 능력이 있는지 여부와 직접적인 관계가 있다. 따라서 자산의 성격과 구성내용, 과대 · 과소계상 여부(시장가치 반영 여부) 등 자산의 질적 특성은 회사에 대한 분석 및 평가에 있어 매우 중요하다.[11]

자산의 질을 평가하는 데 있어서 특히 중요한 것은 자산의 시장가치뿐만 아니라 쉽게 현금화할 수 있는지 여부를 보는, 즉 유동성이 높은지 여부이다. 예를 들면,

보유 중인 투자자산이 주식시장 또는 채권시장 등에서 쉽게 거래되는 자산인지를 살펴봐야 한다. 우리나라 기업들이 보유하고 있는 투자유가증권은 계열사의 주식인 경우가 대부분이다. 계열사에 대한 경영권 확보를 위해 보유 중인 투자주식은 아무리 시장가치가 크고 유동성이 뛰어나다고 해도 주식의 매각을 통한 재무적 융통성은 그리 높다고 할 수 없다. 회사가 보유하고 있는 자산이 지나치게 묶여 있는 경우는 재무적 융통성이 낮아 새로운 투자기회를 활용하거나 채무를 지급하는 데 쉽게 이용할 수 없게 된다. 따라서 회사가 보유한 개별 자산의 특징을 파악하고 재평가를 실시했는지 여부와 담보로 제공되었는지를 파악하는 것은 자산의 질을 평가하는 데 필수적이다.

한편 기업이 보유 중인 무형자산은 다른 자산 항목과는 달리 손상차손평가를 통해 이익조정의 수단으로 이용할 가능성이 높다. 사업결합 시 지급한 대가가 식별가능한 순자산의 공정가치보다 클 경우 발생한 영업권의 경우 매년 손상검사를 통해 손상차손을 인식하는데, 이 과정에서 주관적 판단이 개입될 소지가 많아 영업권의 비중이 높을수록 자산의 질이 떨어진다고 할 수 있다. 또한 청산시점에 무형자산의 가치는 거의 없는 것으로 평가된다.

(2) 부채 항목

기업의 부채는 영업활동과정에서 발생한 영업활동관련 부채와 운영자금을 포함하여 추가시설이나 사업확장에 필요한 자금을 조달하기 위한 부채로 나눌 수 있다. 영업활동관련 부채는 매입채무가 대표적인 부채이고, 타인으로부터 자금을 빌리는 방법 중 대표적인 것은 차입금과 사채가 있다.

1) 영업활동관련 부채

영업활동으로 인한 부채로서 대표적인 것으로 매입채무, 선수금, 미지급비용 등이 있다. 기업은 원재료를 구입하는데, 그 구입대금을 보통 몇 달 후에 지급한다. 이 경우 아직 지급되지 않은 구입대금을 매입채무라고 한다. 즉, 매입채무란 회사의 영업에 사용될 상품이나 원재료를 구입하고 대금을 아직 지급하지 않은 부채를 말한다.

매입채무에는 외상매입금과 지급어음이 있다. 지급어음은 약속어음을 발행하여 상품을 구입하는 경우나 외상매입금 상환기간을 연기하기 위하여 외상매입금 대신에 약속어음을 발행하는 경우에 생긴다. 매입채무는 매출자 입장에서 보면 외상매출금과 받을어음으로 매출채권이 된다.

영업활동관련 유동부채에는 이 외에도 선수금, 미지급비용 등이 있다. 선수금은 상품이나 제품 등이 판매되기 이전에 대금의 일부를 미리 받은 금액을 말한다. 따라서 나중에 상품이나 제품 등을 제공해야 할 의무를 발생시키기 때문에 부채로 계상된다.

조선회사의 선수금은 조선회사가 선주와 선박건조계약을 맺으면서 받은 계약금이다. 통상 계약으로부터 인도까지 다섯 번에 나누어 대금이 치러지는데, 조선회사 입장에서는 중요한 자금조달원이다. 선수금은 조선회사의 향후 매출액의 증가를 보여 주는 좋은 신호이며, 많을수록 좋다. 어느 조선회사의 부채증가의 원인이 선수금 증가 때문이라면 아무런 문제가 없다. 이런 이유 때문에 투자자는 조선회사를 기계적으로 필터링할 때 주의해야 한다. '부채비율 100% 이상은 제외' 하는 식으로 기계적인 필터링을 하면 항상 빠지는 기업이 대형 조선업체들이기 때문이다.

조선회사는 호황기일수록 대규모의 선수금이 유입되면서 영업현금 및 잉여현금 창출능력이 크게 개선된다. 그런데 이 시기에 조선회사의 부채비율은 매우 높게 나타난다. 반대로 불황기에는 선수금이 감소하면서 현금창출능력이 크게 저하되는데, 이 시기에는 부채비율이 오히려 안정적으로 나타난다. 이러한 현상은 예약매출이 주를 이루는 수주기업에서 자주 발생하며, 아파트 건설이나 도급공사를 하는 건설회사의 부채를 검토할 때도 조선회사와 마찬가지로 그 성격을 잘 확인해야 한다.

영업활동 중에 발생한 부채 이외에 필요한 자금을 타인으로부터 조달하는 경우 그 자금을 타인자본이라고 한다. 타인으로부터 자금을 빌리는 방법 중 대표적인 것으로 차입금과 사채가 있다.

2) 차입금

차입금(borrowings)은 소유주가 아닌 다른 사람이나 금융기관 또는 다른 기업으로부터 자금을 빌리는 것이다. 자금을 빌리게 되면 만기에 원금을 상환하여야 하고, 빌린 기간 동안 원금에 대한 이자를 지급해야 한다. 기업은 신용으로 자금을 조달하기도 하고 자신이 보유하고 있는 자산을 담보로 제공하고 자금을 조달하기도 한다. 이러한 차입금은 상환기간을 기준으로 단기차입금과 장기차입금으로 나눈다.

차입금은 영업활동관련 부채와 달리 금융권에 갚아야 할 부채이므로 상환가능성이 낮아지는 순간 바로 상환요구가 들어오기 때문에 부도의 주된 원인이 된다. 차입금이 늘어난다는 것은 새로운 유동성을 바탕으로 성장을 이룰 수 있는 좋은 의미도 되지만 보수적인 기준으로 보면 부도위험이 증대되는 상황이라는 해석이 가능하다. IMF 금융위기와 같은 상황이 또 발생해 차입금을 일시에 상환해야 하는 사태가 벌어지거나 금리가 급격히 올라 이자비용을 감당할 수 없는 상황이 올 수도 있다. 이런 이유로 단기자금을 차입하는 회사는 신용시상의 급격한 변동에 휘둘리는 경우가 많다. 그렇게 되면 회사의 사업 선제가 위기에 처하세 되고 사업은 지속되기 어렵다.

가치투자자들은 잃지 않는 투자를 목표로 하기 때문에 최악의 상황을 염두에 두어 아무리 영업이 잘된다 하더라도 차입금, 특히 단기차입금이 많은 위험이 있는 기업은 피해야 한다.

차입금 추이 외에 자산의 건전성과 부도위험을 파악하는 방법으로 차입금 비중을 이용할 수 있다. 차입금 비중은 총자산에서 차입금이 차지하는 비율을 말한다. 자산부분만 보고 현금성자산이 많은 경우 현금부자형 기업이라고 속단하면 낭패를 볼 수도 있다. 그 현금이 차입금에 의한 현금일 수 있기 때문이다. 벌어서 만든 현금이 아니라 빌려서 만든 현금은 자기 돈이 아니다. 이런 이유로 차입금 비중을 통해 자산 중 얼마만큼이 차입금으로 만들어진 것인지 파악해서 차입금 비중이 낮은 기업을 우선 고려해야 한다. 좋은 형태의 기업은 차입금이 줄어들면서 유동자산이 늘어나 차입금 비중이 점차 감소하는 기업이다.

3) 유동성장기부채

유동성장기부채는 장기부채 중 만기가 1년 이내로 도래하는 부채를 말한다. 즉, 장기부채가 시간이 경과함에 따라 상환기간이 1년 이내로 도래하여 단기부채로 재분류된 부채가 유동성장기부채이다. 단기차입금은 기업의 일시적인 유동성 문제가 있을 때 이용하는 자금원이므로 그 금액이 크면 문제가 있는 기업으로 생각한다. 상환기간 면에서 보면 유동성장기부채도 단기차입금과 마찬가지로 유동부채로 분류되지만 그 원천이 다르기 때문에 구분해서 해석할 필요가 있다. 앞서 설명한 것처럼 기업이 유동성 문제로 인하여 실제보다 많은 단기차입금을 갖고 있는 것으로 오해할 수 있기 때문이다. 그러나 심각한 문제에 시달리고 있는 평범한 회사의 경우 유동성장기부채가 너무 많으면 오래지 않아 현금흐름에 문제가 발생하고, 결국 파산에 이를 수 있다. 이런 회사에 투자하면 투자원금이 사라질 수 있다. 투자원금이 사라지면 부자가 되는 길도 함께 사라진다.

일반적으로 장기적인 경쟁우위를 가진 기업들은 사업상 장기부채를 사용할 이유가 거의 없기 때문에 유동성장기부채도 거의 없다. 이런 의미에서 볼 때 유동성장기부채가 많은 기업 역시 장기적인 경쟁우위가 없는 기업이라고 볼 수 있다.

4) 비유동부채(장기부채)

비유동부채는 재무제표 작성일(결산일) 기준으로 1년 이후에 만기가 도래하는 모든 부채를 말한다. 대표적인 장기부채는 (회)사채이다. 장기부채는 채무자가 이자만 계속 지급하면 상황이 아무리 어려워도 조기상환을 요구하지 않는다. 원금은 정해진 대로 5년, 10년, 20년 뒤에 갚으면 된다. 장기차입금은 대개 장기 회사채의 형태를 띤다. 장기 회사채 등급은 회사의 채무건전성에 따라 신용평가회사에서 정하지만 어떤 경우든 채권보유자는 은행과 달리 원금에 대해 조기상환을 요구할 수가 없다. 때로는 이자지급마저도 연기할 수 있다. 이처럼 장기차입금은 회사가 곤경에서 빠져 나올 시간을 벌어 준다. 이런 면이 장기부채가 단기차입금보다 유리한 이유이다.

① 사채

사채(bonds payable)는 장기적으로 사용하게 될 자금을 조달하기 위하여 일정 금액을 나타내는 사채증권을 발행하여 다수의 일반대중으로부터 자금을 차입하는 것이다. 사채증권에는 만기일, 만기상환액, 이자율 등이 표시되어 있다. 즉, 원금은 언제(만기일) 상환하고(만기상환액), 만기일까지 이자는 얼마(이자율)를 지급할 것인지에 대한 약정사항이 기록되어 있다. 사채는 자금공급자(채권자)의 입장에서 보면 돈을 빌려준 기업의 영업실적과 관계없이 일정한 기간마다 이자수익을 얻을 수 있고 만기에 액면금액을 돌려받을 수 있기 때문에 비교적 안전한 투자대상이다. 사채발행회사(채무자) 입장에서는 불특정 다수의 대중으로부터 자금을 차입할 수 있어서 대규모 자금을 조달할 수 있다는 이점이 있다.

채권에 투자하는 투자자는 사채 등의 채권에 대한 수익률이 어떻게 되는지에 대한 별도의 연구가 필요하다. 일반적으로 시중의 금리가 하락하면 채권가격은 상승하고, 만기 때까지 받는 이자는 고정된 상태이므로 채권수익률은 자연스럽게 등락하게 된다. 채권은 금리가 높을 때 매입했다가 금리가 내릴 때 매도하면 차익을 거둘 수 있다. 주식투자자라면 당연히 채권에 대해서도 관심을 가져야 한다.

② 전환사채와 신주인수권부사채

전환사채(convertible bond : CB)는 일반사채에 일정한 조건이 충족되면 채권을 그 회사의 주식으로 전환할 수 있는 권리(전환권)가 부여된 채권을 말한다. 전환 전에는 일반사채와 마찬가지로 확정이자를 받을 수 있고, 전환권 행사 후에는 일반주식(보통주)으로 전환되는 것으로 채권과 주식의 중간 형태를 취한 채권이다.

신주인수권부사채(bond with warrants : BW)는 회사가 채권을 발행한 후 일정기간 내에 미리 약정된 가격으로 발행회사에 일정한 수 또는 금액에 해당하는 주식의 교부를 청구할 수 있는 권리(신주인수권)가 부여된 채권이다. 채권과 별도로 신주를 교부받을 수 있기 때문에 신주를 받은 후에도 채권에 해당하는 이자는 계속 지급된다. 다음 표는 전환사채와 신주인수권부사채의 차이점을 나타내고 있다.

전환사채와 신주인수권부사채의 차이점

구분	전환사채	신주인수권부사채
공통점	채권이며, 주가에는 악재(유통량을 증가시켜 주가를 떨어뜨림)	
특징	주식으로 전환할 수 있는 권리가 부여됨(전환권)	주식을 인수할 수 있는 권리가 부여됨(신주인수권)
신주취득한도	사채금액과 같은 금액	약정된 금액을 별도 납입
권리행사 후	사채권 소멸	사채권 존속
발행기업의 자본구성비	부채감소, 자본증가	부채감소 없이 자본증가

발행기업의 입장에서 전환사채와 신주인수권부사채는 전환권과 신주인수권을 부여하는 대신 이자율을 낮출 수 있기 때문에 이자비용을 줄일 수 있고, 채권매입자가 권리를 행사하면 전환사채의 경우는 부채가 감소하는 대신에 안정적인 자본이 증가하고 신주인수권을 행사하면 추가비용 부담 없이 추가자금을 조달한다는 이점이 있다.

채권투자자 입장에서는 기업이 청산하는 경우 주주보다 우선적으로 보장받을 뿐만 아니라 보통주의 가격(주가)이 높게 형성되는 경우 전환권이나 신주인수권을 행사함으로써 추가적인 수익을 얻을 기회가 생긴다. 물론 이때에 채권수익률과 우선청구권과 같은 중요한 요소를 포기해야 한다.

반면에 주식투자자 입장에서는 발행주식수가 증가하기 때문에 주당순이익이 낮아지고 자본이익률(ROE)이 떨어지는 문제가 있다. 예를 들어, A라는 기업은 주식 1,000주를 발행하여 1천만원의 순이익을 벌었다면 주당순이익은 10,000원(1천만원/1,000주)이 된다. 그런데 전환권이나 신주인수권을 행사하여 발행주식수가 200주 증가한 반면 순이익이 1천만원 그대로라면 주당순이익은 8,333원(1천만원/1,200주)이 된다. 이처럼 주당순이익이 떨어지면 기업의 주가는 떨어지게 되고 기존 주주는 그 피해를 고스란히 떠안게 된다. 반대로 기업이 새롭게 조달된 자금을 효율적으로 사용하여 전반적인 효율성을 높인다면 기존 주주의 이익은 오히려 증가하게 된다. 기업의 규모가 커지고 효율성까지 좋아지기 때문에 주가는 올라가고, 기존 주주는 더 큰 이익을 얻게 된다.

전환사채와 신주인수권부사채의 발행 자체가 기업가치에 영향을 주는 것이라기보다는 이들 증권을 발행한 후 새롭게 조달된 자금을 어떻게 사용하는지가 기업가치에 영향을 주게 된다. 만약 새롭게 조달된 자금으로 설비투자, 기술개발 등으로 기업의 전반적인 효율성을 끌어올릴 수 있다면 이들 증권의 발행은 긍정적인 뉴스로 해석해야 한다. 그러나 이들 증권의 발행으로 기업의 효율성이 저하된다면 기존주주에게는 나쁜 뉴스가 된다. 따라서 기업이 왜 이들 증권을 발행했는지를 정확히 파악하는 것이 중요하다. 특히 이들 증권은 주당순이익을 희석시키고, 주가를 희석시키는 위험이 있으므로 기존에 발행된 전환사채나 신주인수권부사채가 권리행사가 되지 않은 물량이 어느 정도인지를 반드시 확인해야 한다.

5) 숨겨진 부채(부외부채)

부외부채(簿外負債)란 부채를 장부상에 기록하지 않고 자금을 조달하는 것으로 부외금융(off balance sheet financing)이라고 한다. 경영자는 합법적으로 부채를 장부상에 기록하지 않을 수만 있다면 이를 활용하고자 할 것이다. 경영자들이 부외금융을 선호하는 이유는 다음 두 가지를 들 수 있다.

첫째, 재무상태표에 부채를 제거시키거나 부채를 포함시키지 않게 되면 부채비율이 개선되므로 추가적 자금조달이 가능하게 되거나 보다 유리한 조건으로 자금을 차입할 수 있다.

둘째, 기존 차입계약에 따라 회사가 부담할 수 있는 부채의 상한이 정해져 있는 경우에는 특정 부채가 부외금융으로 장부상 제외되면 기업은 이러한 부채의 상한이 초과되는 경우를 방지할 수 있다.

이러한 부외금융으로 이용되는 사례는 차입거래로 회계처리해야 할 수취채권양도와 리스이용자가 금융리스 성격의 리스를 운영리스로 회계처리하는 경우를 들 수 있다. 수취채권양도는 채권매입자가 상환소구권이 있는 경우에 채무자가 채무이행을 제대로 이행하지 않으면 수취채권을 판매한 회사에 수취채권에 대한 금액을 반환요구할 수 있기 때문에 채권을 판매한 것이 아니라 그 채권을 담보로 제공하고 부채를 조달한 것과 같은 것이다.

리스(lease)는 특정 자산에 대한 소유권을 지닌 리스제공자(임대인)가 당해 자산의 사용권을 일정기간 동안 리스이용자(임차인)에게 이전하고 리스이용자는 그 대가로 사용료(리스료)를 리스제공자에게 지급하는 계약이다. 리스는 운영리스와 금융리스로 구분된다. 운영리스로 분류되면 임대차계약과 동일한 효과가 발생하여 리스이용자(임차인)가 리스료를 지급할 때 지급리스료라는 비용으로 처리를 하게 된다. 반면에 금융리스로 분류되면 자산을 장기할부로 구입한 것처럼 자산과 부채로 기록하는 것이다. 특히 취소불능리스계약인 경우는 대부분 금융리스로 분류되지만 이를 악용하는 경우가 많다. 그러나 2019년에 시행되는 리스회계기준(제1116호)에서는 운영리스든 금융리스든 리스계약으로 이루어지는 자산의 사용권 이전은 모두 자본화하도록 하고 있다. 즉, 과거의 금융리스처럼 리스자산과 리스부채를 기록하도록 하고 있다. 이에 따라 리스를 이용한 회사들의 부채가 급격히 증가할 소지가 많다.

특히 연합유스(2017년 4월 4일)에 따르면 항공운송업과 소매업에 속하는 기업에 미치는 영향이 상대적으로 클 것으로 예상됐다. 항공운송업 별도재무제표 기준 3개사는 2조5천억원의 자산과 부채가 증가할 것으로 추정되며 부채비율도 평균 142.32%포인트 높아질 것으로 관측됐다.

부채에 대한 추가고려사항으로 주석에서 확인해야 하는 것은 지급보증과 우발채무이다. 우선 주석에서 지급보증은 어느 정도인지를 따져 봐야 한다. 만약 지급보증을 해줬는데 지급보증받은 기업이 부도 등으로 인해 빚을 갚지 못하는 사태가 발생하면 대신 갚아줘야 하기 때문에 막대한 손해를 입을 수밖에 없다. 따라서 지급보증을 받은 기업의 재무안정성을 반드시 따져 봐야 한다.

또한 소송 등의 우발상황이 있는지를 확인해야 한다. 집단소송제도로 인해 천문학적인 손해배상판결을 받아 엄청난 손실을 안게 될 수도 있는데, 소송에 관련된 피해예상액이 재무제표에 전혀 반영되지 않을 수도 있기 때문이다. 특히 소송사건 등으로 인하여 기업이 피해보상을 해야 할 가능성이 높고 그 금액도 신뢰성 있게 추정할 수 있는 경우에는 그에 따른 손실(우발손실)과 부채(우발부채)를 재무제표에 인식해야 함에도 주석사항으로 맨 뒤쪽에 소송사건이 있음을 가볍게 공시하는 경우가 많다. 그러므로 기업의 현재상태와 수익성을 분석하고 투자의사결정을 하여야 하는 투자자는 이런 숨겨진 부채가 있는지를 면밀히 검토하고 확인해야 미래의 손실을 줄일 수 있다.

워렌 버핏에 의하면 장기적인 경쟁우위를 가진 회사들은 비유동부채가 거의 없다고 한다. 이런 기업들은 수익성이 매우 우수해 사업확장이나 사업체인수에 필요한 자금은 내부적으로 조달할 수 있기 때문에 돈을 빌릴 필요가 없는 것이다.

예외적으로 우량기업을 찾는 한 가지 방법은 재무상태표를 통해 비유동부채가 얼마나 되는지를 확인하는 것이다. 과거 10년 동안 비유동부채가 거의 없다면, 그 회사는 매우 강력한 경쟁우위를 가진 기업이라고 할 수 있다.

워렌 버핏이 투자한 회사들을 보면, 대부분 3~4년간의 순이익으로 회사의 비유동부채를 상환할 수 있을 정도로 충분한 이익을 올리는 회사들이었다. 장기적인 경쟁우위를 가진 코카콜라, 무디스, 리글리 같은 회사들은 1~2년의 순이익으로 모든 비유동부채를 상환할 수 있는 회사들이다.

6) 부채의 질

회사의 재무상태와 경영성과에 지대한 영향을 미칠 수 있는 요인이 바로 부채의 규모이다. 부채의 규모, 특히 차입규모가 클수록 차입원리금의 상환에는 더 많은 현금흐름이 요구된다. 원금과 이자는 법적으로 갚아야 하는 고정적 성격의 비용이기 때문에 경영환경의 악화로 매출이 둔화되고 이익과 현금이 줄어드는 경우에는 부도위험에 처할 가능성이 매우 높게 된다. 그런데 부채의 규모만큼이나 중요한 요소가 부채의 질(debt quality)이다. 부채의 질은 부채의 구성, 차입구조, 차입목적 등에 의해 결정된다.[12]

부채의 질을 결정하는 첫 번째 요소는 부채의 구성으로, 1년 이내에 상환해야 할 유동부채와 상환기간이 1년 이상인 비유동부채의 구성비율은 회사가 1년 안에 부채상환에 필요한 현금규모를 가늠하게 해준다. 또한 그 현금을 정상적인 영업활동으로 조달할 수 있는지 아니면 추가로 차입해야 하는지 여부를 파악하게 한다.

두 번째 요소는 부채의 차입구조이다. 회사가 발행한 회사채 등 차입금의 만기가 특정 기간에 집중된 경우 영업활동에서 창출된 자금만으로는 상환이 어려울 수 있기 때문에 외부에서 차환(refinancing)을 위한 대출 또는 채권발행이 요구된다. 이때 금리상승, 금융시장 경색 등 외부조달여건이 악화되는 경우 불리한 조달조건을 감수하거나 신규조달 자체가 어려워질수도 있다. 따라서 만기가 집중되어 구조적으로 차환위험이 도사리고 있는 경우 부채의 질이 낮게 평가되어 기업평가에서 항상 부정적 요인으로 작용한다.

부채의 질을 평가하는 세 번째 요소는 상환부담의 변동성이다. 이 변동성은 조달금리가 고정금리인지 아니면 변동금리인지에 따라 영향을 받으며, 외화로 표시된 부채의 규모와 환율의 변동에 따라 상환부담의 변동성 역시 부채의 질 분석에 매우 중요한 의미를 지닌다.

부채의 질을 결정하는 네 번째 요소는 차입금의 사용목적이다. 만약 차입금이 기존 차입금을 상환하기 위한 차환이라면 다소 위험한 신호로 보인다. 반면에 신규사업에 투자하기 위한 자금으로 사용된다면 긍정적인 신호로 판단된다.

다섯 번째 요소는 자본구조에 따른 손익확대효과이다. 재무레버리지는 자본구조에 따른 손익확대효과이다. 이자 등의 재무고정비의 비중이 클수록 영업이익률 변화에 비해 순이익변화율(주당순이익변화율)이 더 커지는 손익확대효과를 재무레버리지효과(financial leverage effect)라고 한다. 경기전망이 밝고 사업전망이 좋은 기업의 경우에는 고정적으로 지급하는 이자비용이 높으면 주당이익이 증가하는 방향으로 양(+)의 손익확대효과가 나타나게 되므로 긍정적으로 평가한다. 반면에 경기전망이 나쁘고 사업전망이 흐린 기업인 경우에는 고정적 재무비용인 이자비용이 높으면 주당이익이 감소하는 부(−)의 손익확대효과가 나타나기 때문에 부정적으로 평가한다.

7) 부채의 레버리지효과

레버리지(leverage)란 원래 물리학적 용어로 지렛대작용을 말한다. 즉, 무거운 물건을 들어올리거나 이동시킬 때 지렛대와 지렛목을 이용하여 작은 힘으로 큰 효과를 내는 작용을 말한다. 일반적으로 레버리지란 영업활동이나 재무활동의 수준과는 관계없이 일정한 금액만을 부담하는 고정비(지렛대)를 통해 이익이 확대되는 현상을 말하며 이를 레버리지효과라고 한다. 부채의 레버리지효과란 고정비(이자비용)를 지급하는 부채가 존재하는 경우에 발생하는 이익확대효과를 말하며 이를 재무레버리지라고 한다. 이러한 부채의 고정이자비용에 의한 레버리지효과는 기업의 영업이익이 이자비용을 초과할 정도로 일정한 이익률을 유지할 때는 이익확대효과가 증대되지만 불황기에 영업이익이 이자부담을 하지 못할 정도가 되면 손실이 더 커지는 위험이 있다. 즉, 사업이 잘되는 호황기에는 이익을 증가시켜 자본이익률을 증가시키지만 불황기에는 손실이 더 확대되는 위험도 존재하는 '양날의 칼'이다.

A라는 기업이 A라는 상품을 구입하기 위해 5천만원을 투자했고, 6천만원에 팔아서 1천만원의 이익을 냈다. 5천만원을 투자해서 1천만원의 이익을 냈으니 이익률은 20%이다. 동일한 상황이라 가정하고 은행으로부터 이자율 10%로 자금을 차입하고 영업자금 1억원을 이용하여 매출 1억 2천만원을 올렸다고 하자. 이 경우 A사의 이익은 차입금에 대한 이자비용 5백만원(5천만원×10%)을 지급해야 하므로 1천5백만원이 된다. 이때 A기업의 자기자본이익률은 1,500만원/5,000만원으로 30%로 증가하게 된다. 이처럼 부채를 이용한 순이익과 자본이익률이 확대되는 효과를 재무레버리지효과라고 한다.

그러나 1억원의 자금으로 영업을 한 결과 매출액이 1억 1천만원밖에 안 될 정도로 불황이라면, A사의 순이익은 이자지급 후 5백만원으로 급감하게 되고 이에 따라 자본이익률도 10%로 떨어지게 된다. 만일 A사가 이자비용 5백만원도 갚지 못할 정도로 영업이익이 악화되는 경우는 회사 존립 자체가 어려울 정도로 위험이 커지게 된다. 이처럼 고정이자비용을 지급하는 차입금이 많을수록 순이익의 변동성이 커지기 때문에 재무위험이 큰 것이다. 다음 표는 재무레버리지효과를 나타내고 있다.

재무레버리지효과

(단위 : 만원)

	영업이익의 감소	현재상태	영업이익의 증대
영업이익	500(−50%)	1,000	1,500(+50%)
이자비용(재무고정비)	200	200	200
세전이익	300	800	1,300
법인세(40%)	120	320	520
순이익	180(−62.5%)	480	780(+62.5%)

표는 영업이익이 50% 증가(+50%)한 경우와 감소한 경우(−50%), 즉 영업이익의 변동에 따라 순이익의 변동 정도(±62.5%)가 더욱 크게 확대되어 나타나고 있음을 보여 주고 있다. 영업이익이 증가하는 경우 순이익이 크게 증가(+62.5%)하는 반면 영업이익이 감소하는 경우에는 순이익도 그만큼 크게 감소(−62.5%)하고 있는 것을 알 수 있다. 이처럼 순이익의 확대나 감소효과가 나타나는 것은 영업이익과 순이익 사이에서 고정적인 이자비용이 지렛대작용을 하기 때문이다. 그러므로 재무레버리지, 즉 차입부채(타인자본)를 많이 사용하는 기업일수록 재무레버리지효과는 더욱 크게 나타난다. 만약 사례 기업의 자본이 2,000만원이면 자본이익률(ROE)은 9%(180/2,000만원)에서 39%(780/2,000만원)까지 변동하게 된다. 이 때문에 자본이익률이 큰 기업인 경우는 그것이 레버리지효과 때문인 것은 아닌지를 확인해야 한다.

레버리지의 문제점은 해당 회사가 막대한 부채를 사용하고 있는데도 장기적인 경쟁우위를 가진 것처럼 착각하게 만든다는 데 있다. 워렌 버핏은 이익을 창출하기 위해 많은 레버리지를 사용하는 회사는 경쟁우위의 질과 지속성이 떨어진다고 판단했다. 이렇게 많은 레버리지를 사용하는 회사는 단기적으로는 황금알을 낳는 거위처럼 보일지 몰라도 결국엔 그렇지 않다는 것이 밝혀지게 되는 것이다. 이에 대한 자세한 설명은 제8장 재무제표 분석에서 다룬다.

(3) 자본 항목

기업은 이윤을 창출하기 위해서 경영활동을 해야 한다. 그러기 위해서는 돈, 즉 자본이 필요하다. 기업이 사업에 필요한 자금을 마련하는 방법은 은행에서 빌리거나 회사채를 발행하여 타인자본을 조달할 수도 있고 또는 주식발행을 통하여 자기자본을 조달할 수도 있다. 타인자본은 재무상태표에 부채로 인식되는 반면, 자기자본은 자본 또는 주주지분으로 인식된다. 이렇게 조달된 자본을 통해 기업은 이윤을 창출하고 기업투자자들 또한 이윤을 얻게 되어 재투자와 경영활동이 반복되면서 성장이 이루어진다.

재무상태표의 자산에서 부채를 차감한 나머지가 자본이고, 이 자본은 잔여재산, 순자산, 소유주지분 또는 장부가치라고도 한다. 자본은 자본금, 자본잉여금, 이익잉여금, 그리고 기타자본(자본조정, 기타포괄손익누계액)으로 구성된다.

기업의 주주들(소유주)은 기업의 이익과 손실을 모두 부담하는 사람이다. 자본은 자본주들이 투자(납입)한 돈과 그 돈을 이용해서 그동안 벌어들여 쌓아 놓은 것을 보여 주기 때문에 주주들에게는 매우 중요한 항목이다. 또한 해당 회사가 장기적인 경쟁우위를 가졌는지를 확인하기 위해 사용하는 기준인 자본이익률을 계산하는 데 필요한 항목이기 때문에 자본은 그 중요성이 더해진다.

1) 보통주, 우선주, 자본잉여금

보통주는 회사의 소유권을 나타낸다. 보통주 소유자(보통주 주주)들은 그 회사의 소유자로 최고경영자를 고용하는 이사진을 선출할 수 있는 권리와 영업 전반에 대한 의사결정에 참여할 수 있는 의결권을 갖는다. 또 보통주 주주들은 주주총회의 결의에 따라 배당금을 받는다. 그리고 회사가 매각될 경우, 매각대금을 채권자와 우선주 주주에게 분배하고 난 나머지 잔여재산을 분배받을 권리가 있다.

우선주는 의결권이 없지만, 보통주에 앞서 배당을 받을 권리가 있다. 또 회사가 매각되거나 청산될 경우 잔여재산에 대해 보통주 주주에 우선하여 분배받을 권리가 있다.

보통주와 우선주가 발행되면 재무상태표에 액면가로 보통주-자본금과 우선주-자본금으로 계상되고, 회사가 액면가 이상으로 주식을 발행했을 때 그 액면가를 초과하는 금액은 자본잉여금(주식발행초과금)으로 계상된다. 이들 자본금과 자본잉여금은 주주들이 회사에 납입한 금액이므로 납입자본이라고 한다. 한 회사가 액면가 1,000원인 보통주를 1,500원에 발행하면, 액면가인 주당 1,000원은 보통주-자본금에 계상되고, 액면가를 초과한 주당 500원은 자본잉여금 항목에 계상된다. 우선주의 경우도 마찬가지이다.

우선주와 관련하여 워렌 버핏은 장기적인 경쟁우위를 가진 기업은 우선주가 거의 없다고 말한다. 왜냐하면 장기적인 경쟁우위를 가진 회사는 어떤 형태의 부채도 보유하지 않으려 하기 때문이다.[13] 장기적인 경쟁우위를 가진 회사는 많은 돈을 벌기 때문에 필요한 돈을 자체적으로 조달할 수 있다. 그리고 우선주는 다시 상환할 필요가 없다는 점에서 기술적으로는 주식(자기자본)이지만, 배당금을 우선 지급해야 하기 때문에 부채와 유사한 성격을 갖는다.

부채에 대한 이자는 세전이익에서 비용으로 공제되고, 세금효과(tax effect : 이자비용×세율) 때문에 부채조달비용은 더 작아지지만, 배당률이 확정되어 있는 우선주 배당금은 비용으로 공제되지 않기 때문에 우선주 발행에는 배당금이라는 비용(자본조달비용)이 발생하는 셈이다. 따라서 우선주는 많은 비용이 들기 때문에 기업들은 가능하면 우선주를 발행하지 않으려고 한다. 따라서 장기적인 경쟁우위를 가진 기업은 우선주가 거의 또는 전혀 없을 가능성이 크다.

2) 장부가치

재무상태표상의 자산에서 부채를 차감하면 자본이다. 자본은 주주지분으로 순자산 또는 장부가치라고 한다. 기업 전체를 산다는 의미로 투자하는 가치투자에서 순자산의 가치, 즉 장부가치는 매우 중요하다. 기업의 장부가치가 크면 안정성이 확보되고, 새로운 투자기회를 잡을 수 있으며, 주식시장이 폭락하는 경우에 안전장치 역할을 하기도 한다. 이 때문에 장부가치가 주당 2만원인 주식이 1만원에 거래되면 사람들은 반값에 산다고 생각하며 이런 회사의 주식에 투자한다.

문제는 발표된 장부가치가 회사의 실제가치와 거의 관계가 없을 수도 있다는 사실이다. 장부가치는 실제가치보다 크게 과장되거나 축소되는 경우가 많다. 앞의 재고자산에서 살펴본 것처럼 섬유공장이나 의류회사, 그리고 IT회사의 재고자산은 재무상태표에 몇 십억원으로 표시되어 있어도 실제가치는 몇 백만원이 안 될 수도 있다. 재고자산이 완제품에 가까울수록 판매가격은 예측하기가 힘들어진다. 면화는 가치를 쉽게 알 수 있지만 오렌지색 면화셔츠라면 가치를 전혀 가늠할 수가 없게 된다. 금속 한 덩이의 가치는 알 수 있지만 금속스탠드의 가치를 가늠하기는 어렵다.

과대평가된 자산은 부채가 많을 때 투자자들을 배신한다. 어떤 회사의 자산이 4천억원이고 부채가 3천억원이라고 가정하자. 이때 장부가치는 1천억원이다. 그러나 4천억원의 자산이 파산세일해서 2천억원만 건진다면 실제장부가치는 마이너스(–) 1천억원이 된다. 이 회사는 무일푼 정도가 아니다. 마찬가지로 부외금융 등으로 부채가 과소계상되어 있는 경우에도 같은 현상이 발생한다.

장부가치를 보고 주식을 매입한다면 그 자산이 어떻게 구성되어 있고 실제가치가 어떻게 되는지를 확인해야 한다. 숨겨진 부채나 숨은 자산은 무엇인지를 확인하는 가장 손쉬운 방법은 주석정보를 살펴보는 것이다.

이런 의미에서 벤저민 그레이엄이 제시한 투자전략을 다시 음미해 볼 필요가 있다. 벤저민 그레이엄이 제시한 방법은 주가가 순유동자산의 3분의 2 이하로 거래되는 기업의 주식을 사라는 것이다. 이는 토지나 건물, 기계 등의 유형자산의 가치를 비롯하여 영업권 등의 무형자산의 가치는 아예 없는 것으로 치고, 현금 등 유동자산에서 부채를 차감한 순유동자산[14]이 시가총액(발행주식수×주가)보다 많은 기업에 투자하는 방법이다.

다시 말하면 유동자산을 제외한 모든 자산은 0으로 간주하고 여기에서 모든 부채를 빼고 또 그 기업의 시가총액을 차감한다. 그래도 남으면 그런 기업은 안전하다는 것이다. 게다가 그런 회사는 투자자에게 보너스까지 안겨 준다는 것이다. 그 회사가 앞으로 벌어들일 수익, 땅값, 기계값, 영업권 등은 보너스로 받는 셈이 된다. 또한 주가가 그 기업의 순유동자산보다 낮은 가격에 거래되고 있다면, 극심한 불황이 닥쳐 회사가 어려움에 처하는 경우가 생기더라도 그 기업은 결코 망하지 않을 것이라는 점이다. 벤저민 그레이엄의 투자방법은 자산평가에 있어 극단적으로 보수적이라고 할 수 있지만 투자의 안전을 위해서 충분히 고려해 볼 만한 가치가 있는 방법이다.

3) 주당순자산

주당순자산(book value per share : BPS)은 순자산을 발행주식수로 나눈 값으로, 기업이 발행한 주식 1주당 얼마만큼의 순자산을 가지고 있는지를 보여 주며, 기업의 가치를 확인하는 데 중요한 지표이다.

$$\text{주당순자산(BPS)} = \frac{\text{순자산}}{\text{발행주식수}}$$

순자산이란 총자산에서 총부채를 뺀 것으로 현재시점에서 기업의 모든 사업부를 정리하여 모든 자산을 시장에 팔았을 때 남게 되는 금액을 말한다. 주당순자산이 크다는 것은 그만큼 기업이 가지고 있는 순자산이 많다는 의미이다. 그러나 주당순자산은 절대적인 수치가 아니다. 기업이 주식 1,000주를 발행한 경우와 100주를 발행한 경우 동일한 순자산을 가지고 있다고 해도 주당순자산의 크기는 다르게 나타난다. 따라서 주당순자산의 크기로만 기업을 판단해서는 안 되며 이것을 주가와 비교해 봐야 한다.

일반적으로 주당순자산이 주가보다 크면 자산가치가 주가보다 싼 것이라고 할 수 있다. 예를 들어, 기업의 주가가 1,000원인데 주당순자산이 1,500원이라면 1,000원으로 1,500원의 자산을 구매할 수 있다는 것이다. 따라서 주가보다 월등히 큰 주당순자산을 보이는 기업에 관심을 가질 필요가 있다. 다만, 미래에 성장성이 정체된 기업의 경우는 주당순자산이 크다는 이유만으로 투자를 해서는 안 되므로 주의할 필요가 있다.

앞에서 살펴본 바와 같이 순자산(자산 – 부채)을 계산할 때 자산총계에서 가치를 인정하기 곤란한 자산은 자산총계에서 차감하여야 한다. 예를 들면, 전혀 가치를 인정할 수 없는 IT업종이나 의류업종의 재고자산, 사용가치가 거의 없는 유형자산, 부실한 관계회사의 투자주식과 같은 투자자산, 개발비와 영업권과 같은 무형자산 등은 기업의 특성을 감안하여 자기 나름대로의 재평가가 필요하다. 또한 부채의 경우에도 부실한 기업에 대한 지급보증금액, 상환소구권의 있는 채권의 양도금액, 리스부채와 같이 주석 한 구석에 공시된 숨겨진 부채는 자산에서 추가하여 차감되어야 한다. 벤저민 그레이엄을 비롯한 많은 가치투자의 대가들이 기업의 내재가치를 평가할 때 재무상태표에 공시되어 있는 자산총액을 그대로 인정하지 않는다.

4.4 운전자본과 안전마진

(1) 운전자본

지급능력은 기업존속을 위한 중요한 능력이다. 지급능력이란 단기부채를 상환할 수 있는 능력뿐만 아니라 장기부채를 상환할 수 있는 능력을 말한다. 단기적인 지급능력을 평가하기 위해서는 유동성 분석이 필수적이며, 장기존속가능성 및 장기 채무지급능력을 평가하기 위해서는 기업의 재무건전성을 나타내는 자본구조의 분석이 필수적이다.

유동성이란 자산을 현금으로 전환시키거나 단기부채를 갚을 현금을 조달하는 능력을 의미한다. 주주들의 입장에서 보면 이러한 유동성의 부족은 수익성이 낮아지고 이윤획득의 기회가 적어지게 되며 투자자금의 손실을 가져올 수 있다. 채권자의 입장에서 보면 유동성 부족은 이자 및 원금의 회수지연이나 회수불능의 원인이 될 수 있다. 이런 면에서 유동성 문제는 기업을 정상적으로 운영하는 데 있어 매우 중요한 문제라고 할 수 있다.

운전자본(working capital)은 영업활동과정에서 발생되는 자산과 부채를 총칭하나 보통은 유동자산에서 유동부채를 차감한 순운전자본이라는 개념이 유동성의 척도로써 가장 광범위하게 이용된다. 즉, 순운전자본은 유동부채를 초과하는 유동자산으로 기업의 기본적인 영업을 위해서 투입되어 영업이익을 내기 위해 움직이는 자산의 양을 의미하며 순유동자산이라고도 한다. 순운전자본은 다음과 같이 계산된다.

순운전자본 = 유동자산 − 유동부채

순운전자본은 유동성 측정치로 중요한 수치이며, 채권자에게는 채권의 안전성을 의미한다. 또한 순운전자본은 현금의 유입 및 유출과정에서 발생될 수 있는 다양성 및 불확실성에 대처할 수 있는 유동성 능력에 대한 측정치로서도 중요하다. 따라서 순운전자본이 클수록 문제없이 유동부채를 상환할 가능성이 높기 때문에 기업의 단기지급능력을 판단하는 지표로도 이용된다.

그러나 순운전자본이 많다고 해서 무조건 좋은 현상만은 아니다. 왜냐하면 순운전자본이 큰 이유가 매출채권이 과대계상, 판매부진이나 진부화로 인하여 재고자산이 많이 쌓여 있는 경우는 현금흐름에 문제가 발생하여 부채지급이 원활하지 못할 수 있기 때문이다.

원재료를 구매하고 제품을 생산하여 판매하는 것은 기업의 가장 기본적인 활동이다. 기업이 원재료를 구매하고 제품을 생산하는 과정에서 매입채무가 발생하고, 재고자산이 쌓이게 된다. 완성된 제품이 판매되는 과정에서 매출채권이 발생하고, 이후에 현금으로 회수하게 된다. 기업의 입장에서는 물건을 만들어서 판매하고 매출채권을 회수하는 기간만큼 현금이 묶이게 된다. 또한 원재료를 외상으로 구입하는 만큼 현금이 필요하지 않게 된다. 즉 '매출채권 + 재고자산 – 매입채무'만큼 현금이 묶여 있게 되는데, 이를 현금잠김일수 또는 현금순환주기라고도 한다. 이 기간이 길수록 기업의 입장에서는 유동성 부족으로 어려움을 겪게 된다. 순운전자본의 크기만을 가지고 유동성을 평가해서는 안 되는 이유이다.

순운전자본은 기업의 자산 중 가장 현금에 가까운 자산이기 때문에 기업가치평가에서도 매우 중요하게 다뤄진다. 기업의 체질을 파악함에 있어 즉시 사용이 가능한 자산과 시가총액을 비교하거나 그 추이를 살피는 것은 주식의 저평가 여부를 판단하는 데 도움이 되기 때문이다.

(2) 안전마진

백화점에서는 일 년에 몇 차례 바겐세일(bargain sale)을 하곤 한다. 평소에 10만원 정도 하던 물건을 대폭 할인하여 5만원 정도의 반값에 파는 경우도 있다. 그러면 평소에 너무 비싸서 구매를 보류하던 소비자들은 세일기간을 이용하여 적극적으로 구매를 하려고 한다. 왜냐하면 이 물건의 평소 가격이 10만원 정도라는 사실을 잘 알기 때문에 세일기간에 사면 5만원 정도 절약되는 셈이라 모처럼의 기회를 놓치기 싫은 것이다. 또한 정상가격에 비해 5만원을 버는 셈이 된다.

부동산의 경우에도 비슷한 상황이 벌어진다. 10억원 정도에 거래되는 아파트가 법원경매나 공매에서 이보다 훨씬 저렴한 가격인 7~8억원에 거래된다. 어차피 아파트를 마련할 사람이라면 법원경매를 이용하는 방법이 상대적으로 유리하다고 할 수 있다. 더구나 부동산시장이 침체되어 있을 때는 이보다 훨씬 저렴한 가격으로 경매가 진행된다. 경매를 통해 아파트를 구입할 경우에 시가보다 워낙 싸게 구입했기 때문에 앞으로 아파트가격이 하락하여도 크게 불리할 이유가 없을 것이다.

이처럼 주식시장에서도 기업의 내재가치에 비해 현저히 낮은 가격에 거래되는 주식이 다수 존재한다. 특히 주식시장이 약세를 보일 때는 바겐세일하는 주식이 더욱 많아진다. 비교적 저렴한 가격에 주식을 매입해 두었다면 앞으로 주가가 하락하더라도 크게 걱정할 필요가 없을 것이다. 내재가치에 비해 현저히 저렴한 가격으로 투자하는 방법을 가치투자(value investing)라고 할 수 있다.[15] 즉 '싸고 좋은 회사의 주식을 사고 제값으로 거래될 때 파는 투자방법'을 가치투자라고 한다.

가치투자를 하려면 앞의 예에서 백화점 상품가격이나 아파트 시세를 어느 정도 알고 있어야 하는 것처럼 기업의 내재가치(intrinsic value)가 어느 정도인지를 알고 있어야 하고 어떤 회사가 좋은 회사인지를 알아야 한다. 그러기 위해서는 기본적으로 기업의 성적표인 재무제표를 이해해야 한다.

'안전마진(margin of safety)'은 벤저민 그레이엄이 저서『현명한 투자자』에서 제시한 개념으로 순운전자본과 주가의 차이를 말한다. 그에 따르면 시장은 비효율적이어서 주가가 기업의 가치 이하로 거래되는 때가 있는데 이때 주가와 기업가치의 차이를 안전마진이라고 불렀다. 예를 들어, 한 기업의 시가총액(발행주식수×주가)이 100억원인데 이 기업이 가진 순운전자본이 160억원이라면 안전마진은 60억원이 된다. 즉, 기업의 내재가치가 160억원인데 시장에서 거래되는 가격이 100억원일 경우 60억원만큼 싸게 사는 것이고 그만큼 이익이라는 것이다. 안전마진이 높으면 높을수록 투자는 '안전'해지는 것이고 큰 안전마진을 찾아내는 것이 가치투자자가 할 일이라는 것이다. 안전마진이 확보된다는 것은 주식을 사는 순간 1년 이내에 현금화가 가능한 자산을 기본으로 얻을 뿐 아니라 토지, 투자유가증권, 기계장치 등의 자산과 고유의 영업력, 브랜드 등을 덤으로 얻을 수 있다는 의미이다.

벤저민 그레이엄에 의하면 시가총액이 순운전자본의 3분의 2 이하이면 조건불문하고 매수하라고 하고 있다. 주식을 순운전자본의 3분의 2 이하의 가격에 사면 두 가지 점에서 안전마진이 된다. 첫째, 주가가 50% 올라야 겨우 순운전자본의 가치와 같아지기 때문에 주가의 고평가위험이 적다. 둘째, 주식을 순운전자본 33% 이상 싼 가격에 샀기 때문에 주가가 떨어진다 해도 불안하지 않다. 부채를 갚고 나서도 기업에 남는 유동자산의 가치만 해도 자신이 지불한 가격보다 더 높기 때문이다. 이러한 안전마진을 그림으로 표시하면 다음과 같다.

안전마진의 개념도

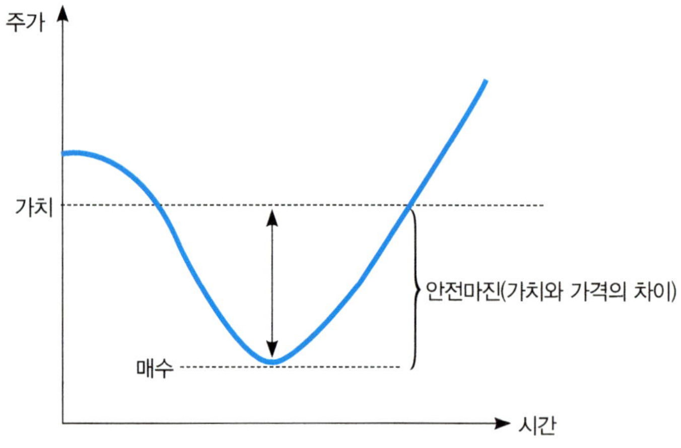

그러나 최근에는 기업에 대한 정보공시가 활발하게 이루어지기 때문에 순운전자본의 측면에서 안전마진이 확보되는 경우는 그다지 많지 않다. 따라서 순운전자본 대신 내재가치(장부가치)를 기준으로 안전마진을 고려한다. 그럼에도 불구하고 순이익이 정체되고 이익의 지속성에 불신을 받는 등 수익가치 면에서 외면을 당하여 턱없는 가격에 거래되는 종목들이 있다. 따라서 안전마진을 확보한 기업을 살 때는 시장의 오해가 합당한 것인지 그렇지 못한 것인지를 구분해야 한다. 시장의 오해로 인하여 할인된 가격으로 거래되는 것이 타당한 경우는 다음의 두 가지이다.[16]

첫째는 영업손실로 인해 안전마진이 훼손되는 경우이다. 일회성 비용이나 성장성이 둔화되는 경우는 납득이 가지만 구조적인 이유로 지속적인 영업손실이 발생한다면 현재의 안전마진은 결코 안전하다고 할 수 없다.

둘째, 대주주의 도덕적 해이로 인한 영업 외적인 이유로 자산의 유출가능성이 클 경우이다. 이 경우는 자산이 주주의 것이 아니라 대주주 개인의 것으로 해석이 가능하므로 주주 입장에서 안전마진으로 인정하기 곤란하다. 이 두 가지 경우에는 아무리 안전마진이 높게 확보되더라도 매수대상이 아니다.

벤저민 그레이엄이 투자의 안전마진으로 제시한 또 다른 원칙은 분산투자이다. 분산투자는 두 가지로 생각할 수 있다. 첫째는 다양한 산업에 투자하는 것이고, 둘째는 투자하는 종목수를 늘리는 것이다. 이렇게 여러 산업, 여러 종목에 분산하여 투자하는 이유는 예상치 못한 일로 특정 산업이 어려움을 겪을 수도 있고, 어떤 기업이 곤란을 당할 수 있기 때문이다.

다음 장에서는 자본과 관련된 추가적인 사항들을 다루기 위해 자본변동표 분석을 손익계산서나 현금흐름표 분석보다 먼저 다룬다.

01 유동성(liquidity)이란 자산이 현금으로 실현되거나 전환되거나 부채가 상환될 때까지 걸리게 되는 시간의 길이로 그 기간이 짧을수록 유동성이 높다고 한다.
02 메리 버핏 · 데이비드 클라크 지음, 김상우 옮김, 워렌 버핏의 재무제표 활용법, 부크홀릭, 2010, p.100.
03 피터 린치 · 존 로스차일드 지음, 이건 옮김, 월가의 영웅, 국일증권경제연구소, pp.306~317.
04 매출채권잔액은 보통 기초잔액과 기말잔액을 단순평균하여 사용한다. 여기서는 계산식의 단순화를 위하여 기말잔액만을 이용하였다.
05 민후식, 재무제표 주식투자, 한스미디어, 2013, p.119.
06 최준철, 가치투자가 쉬워지는 V차트, 이콘, p.191.
07 송인만 · 윤순석 · 최관, 중급재무회계, 신영사, 2014, p.422에서 재인용
08 김경호 외, 개념을 알면 쉬운 재무회계, 도서출판 청람, 2014, pp.217~218.
09 크리스토퍼 브라운 지음, 권성희 옮김, 가치투자의 비밀, 흐름출판, 2007, p.113.
10 채문애 · 기현희, "이연법인세가 주가에 미치는 영향에 관한 연구," 중소기업연구, 제29집 제3호, 2007 ; 신호영 · 조찬희, "이연법인세 회계정보가 기업가치에 미치는 영향에 관한 연구," 한국회계정보학회, 회계정보연구, 2003 ; 이화진 · 김혁 · 백원선, "이연법인세의 가치평가와 자본비용," 회계학연구, 제26권 제2호, 2001.
11 권수영, 회계이야기, 신영사, 2013, pp.173~174.
12 권수영, 전게서, p.176.
13 메리 버핏 · 데이비드 클라크 지음, 김상우 옮김, 워렌 버핏의 재무제표 활용법, 부크홀릭, 2010, p.156.
14 여기서 순유동자산은 재무나 회계에서 말하는 유동자산에서 유동부채를 차감한 순운전자본과는 다른 개념임을 유념해야 한다.
15 신진오, 전략적 가치투자, 이콘, 2014, p.58.
16 신진오, 전게서, p.239.

Chapter 05

자본변동표 분석

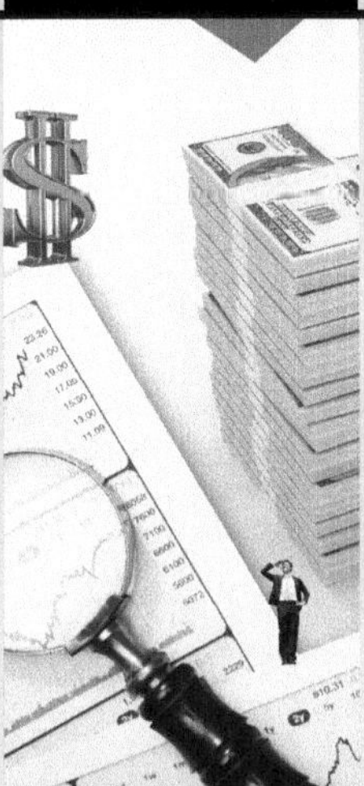

5.1 이익잉여금

5.2 배당

5.3 유상증자와 무상증자

5.4 무상감자와 유상감자

5.5 주식분할과 주식병합

5.6 자기주식(자사주)

5.7 자금조달방법과 투자의 적격성

| CHAPTER **05** |

자본변동표 분석

한 기간 동안 자본의 변동내용을 설명하는 재무제표는 자본변동표이다. 여기에는 자본변동의 원인이 되는 증자 및 감자, 배당, 자기주식의 취득 등이 포함된다. 자본변동표의 기본구조는 다음과 같다.

기초의 자본(총액)
± 기업과 소유주 간의 자본거래
+ 유상증자납입액
− 현금배당
− 자기주식취득액
± 기타(자본조정)
+ 당기포괄이익
+ 당기순이익
± 기타포괄손익
= 기말의 자본(총계)

자본변동표의 기본구조에서 보는 바와 같이 자본변동표는 재무상태표가 반영하지 못하는 자본의 변동내용을 포괄적이고 체계적으로 제공하고 기타포괄손익누계액에 관한 정보, 배당과 배당성향에 관한 정보 및 자기주식의 취득과 처분에 대한 정보를 제공한다.

자본금은 발행된 주식수에 액면가액을 곱한 금액이다. 자본잉여금은 주주와의 거래에서 발생한 잉여금이다. 자본조정은 주주와의 거래인 자본거래에서 발생한 손익 등 자본에 차감 또는 부가하는 항목이다. 이익잉여금은 순이익 중 주주에게 배당하지 않고 회사에 남겨두고 있는 유보이익이다. 회사를 경영한 결과, 이익이 나면 이 중의 일부를 주주에게 배당으로 지급할 수도 있고, 미래를 위해 내부에 적립할 수 있다. 이와 같이 매년 발생한 이익의 일부는 배당금지급으로 빠져나가지만 배당금을 지급하고 남는 이익은 계속 쌓이게 되는데, 이를 이익잉여금이라고 한다.

기타포괄손익누계액은 주주지분의 증가나 감소를 일으키는 미실현손익의 누적 금액이다. 대표적인 예로 매도가능금융자산평가손익과 자산재평가이익이 있다.

자본변동표를 예시하면 다음 표와 같다.

현대자동차(주) **자본변동표** (단위 : 억원)

	자본					
	자본금	자본 잉여금	기타 자본항목	기타포괄 손익누계액	이익 잉여금	자본합계
2011. 1. 1(기초자본)	14,889	37,700	(9,182)	8,534	232,381	284,323
회계정책의 변경효과					(106)	(106)
연차배당					(4,122)	(4,122)
자기주식취득			(4,001)			(4,001)
자기주식처분		1,949	1,895			3,845
매도가능금융자산평가손				(910)		(910)
파생상품평가손익				(34)		(34)
확정급여제도 재측정					(1,292)	(1,292)
당기순이익					47,514	47,514
2011. 12. 31(기말자본)	14,889	39,649	(11,287)	7,589	274,374	325,216

5.1 이익잉여금

당해연도에 기업이 영업활동의 결과, 이익이 나면 당기순이익이라고 한다. 순이익을 배당하지 않고 모아둔 것을 이익잉여금이라고 한다. 기업이 해마다 벌어들인 순이익 모두를 배당하지 않으면 이익잉여금은 증가한다. 반면 기업이 장사를 잘하지 못해 적자(순손실)를 내게 되면 그만큼 이익잉여금이 줄어들게 된다. 손실이 누적되어 이익잉여금을 초과하게 되면 그 초과액을 이월결손금이라고 한다. 이것은 결국 자본을 갉아먹게 되는데 이를 자본잠식이라고 한다. 최악의 경우 자본총액이 마이너스(−)로 돌아서게 되면 완전자본잠식이 된다.

자본잠식이 50% 이상이면 관리종목에 편입되어 투자유의대상이 되며, 2년 연속 자본잠식상태가 지속되거나 완전자본잠식이 되면 증권시장에서 퇴출된다. 이 때문에 기업은 퇴출을 피하기 위하여 자본을 줄이는 감자(減資)를 하는 경우가 많다. 감자를 하게 되면 누적된 이월결손금이 자본과 상계되어 제거된다. 사정이 조금 나은 기업은 유상증자로 자본을 늘려 퇴출을 피하는 방법을 동원한다. 증자를 통해서 주주에게서 돈을 끌어와 자본의 크기를 늘리면 자본잠식비율을 줄일 수 있게 된다.

기업이 장기적인 경쟁우위를 가졌는지를 확인하는 재무상태표의 여러 항목 중 이익잉여금은 가장 중요한 항목에 속한다. 이익잉여금이 중요한 이유는 이익잉여금을 늘리지 못하는 기업은 순자산(자본)이 증가하지 않기 때문이다. 순자산을 늘리지 못하는 기업은 지속적으로 주주의 부를 늘려주지 못한다. 즉, 한 회사의 이익잉여금증가율은 그 회사가 장기적인 경쟁우위를 가지고 있는지 아닌지를 알려 주는 매우 훌륭한 지표가 된다.

투자자를 비롯하여 재무제표를 읽는 많은 사람들이 재무상태표에 이익잉여금이 있으면 그 내용이 무엇이든 그 금액만큼 현금이 적립되어 있다고 생각한다. 발생주의 회계를 원칙으로 하여 산출된 이익잉여금은 현금이 아니다. 때문에 이익잉여금은 기업이 보유하고 있는 현금이나 주주에 대한 배당금지급능력과는 별개이다. 기업의 이익잉여금이 크다고 해서 현금지급능력이 크다고 말할 수 없는 이유이다. 기업의 이익이 증가하는 만큼 현금이 쌓이면 바람직하겠지만 그 현금 또한 기업이 지속적으로 사업확장이나 영업활동을 하기 위하여 재투자하게 된다. 그러면 그만큼 현금은 줄어들게 되고 그 현금은 상품과 제품, 기계장치, 건물, 개발비 등의 다양한 자산 항목으로 변환된다.

주주총회에서 이익잉여금을 처분하게 되는데 그 처분내용을 보면 법률로 정한 이익준비금과 같은 법정적립금과 주주에 대한 배당금, 그리고 회사 임의대로 적립시켜 두는 임의적립금으로 구성된다. 임의적립금은 회사에 따라 다양한 이름으로 나눠지는데, 예를 들면 사업확장적립금, 신축적립금, 배당평균적립금, 재해손실적립금, 감채적립금 등이다. 이름 여하를 불문하고 배당금을 제외한 모든 잉여금을 합한 금액이 이익잉여금이다. 재무제표 이용자들이 오해를 가장 많이 하는 부분은 임의적립금의 모든 항목이다. 예를 들어, 사업확장적립금이라는 이름의 적립금이 있는 경우에 그만큼 현금이 사업확장이란 별도의 목적으로 구분되어 적립되어 있는 것으로 생각한다는 것이다.

그러면 기업에서는 이익잉여금에 왜 그렇게 많은 이름을 붙여 놓을까? 일반적으로 주주들은 기업이 배당을 가급적 많이 해주기를 원한다. 그러나 기업의 입장에서는 미래의 위험에 대비하고 사업을 보다 더 성장 · 발전시키기 위해서 많은 재원이 필요하게 된다. 필요한 자금을 조달하는 가장 안전하고 확실한 방법은 기업이 벌어들인 이익이다. 이런 이유로 기업에서는 많은 배당을 하지 못하는 것이다. 기업이 주주들의 배당압력을 효과적으로 해소하고 주주들을 설득하기 위한 방법으로 이익처분의 내용을 여러 가지 적립금으로 이름을 붙여 놓은 것이라고 할 수 있다. 즉, 회사에서는 충분히 배당을 하고 싶지만 이런저런 이유로 배당을 하지 못한다는 신호를 보내는 것이다. 이익준비금과 같은 법정적립금은 우리나라 대부분의 기업이 재무적으로 열악하기 때문에 이익이 생긴 경우 이를 전부 주주들에게 배당하지 못하도록 하는 취지에서 「상법」 등에서 정한 이익잉여금이다. 이익잉여금을 세분하면 다음과 같다.

이익잉여금의 구성

구분	내용
법정적립금 (이익준비금)	자본금의 2분의 1에 달할 때까지 매기 현금배당액의 10분의 1 이상을 적립해야 한다(『상법』).
기타법정적립금	기업합리화적립금, 재무구조개선적립금
임의적립금	회사 임의대로 정한 적립금
차기이월이익잉여금	전기이월이익잉여금 + 당기순이익

5.2 배당

"내게 즐거움을 주는 단 한 가지가 무엇인지 아는가?
그것은 바로 배당금을 받아보는 일이라네."

– 존 D. 록펠러 –

배당은 당기순이익 가운데 주주에게 지급되는 부분이며, 기업 외부로 빠져나가는 돈이다. 배당은 대개 현금배당이며 주식배당인 경우는 전체 배당의 2분의 1을 초과하지 못한다. 이때 배당은 주식의 시가가 아니라 액면가를 기준으로 이루어진다. 배당의 기준이 되는 배당기준일은 당해 회사의 사업연도 결산일(대개 12월 31일)이 된다. 배당기준일에 주주명부를 확정하고 확정된 주주들이 배당받을 권리를 가지게 된다. 배당기준일이 지나서 배당을 받을 권리가 없어진 주식을 배당락이라고 한다. 결산일 다음 거래일에 주가는 배당에 상당한 몫만큼 하락한다.

주식시장에서의 배당은 양면성을 띠고 있어 '양날의 칼'이라고 한다. 추가수입을 원하는 투자자들은 대개 배당이 없는 주식보다 배당을 지급하는 주식을 좋아한다. 여기에는 아무런 문제가 없다. 배당수입은 항상 도움이 된다. 심지어 존 D. 록펠러에게도 도움이 된다. 그러나 배당에 대한 쟁점은 배당이 회사의 가치와 주가에 장기적으로 어떤 영향을 미치느냐 하는 것이다.

배당예찬론자들이 배당지급을 지지하는 이유는, 첫째로 배당이 주가하락을 방지하는 역할을 한다는 것이다. 주가가 2만원일 때 배당이 2천원이면 배당수익률(2천원/2만원)이 10%이지만 주가가 1만원으로 떨어지면 배당수익률은 갑자기 20%(2천원/1만원)로 뛰어오른다. 투자자들이 이렇게 높은 배당이 유지된다고 확신하면 이들은 배당을 바라보고 그 주식을 매입한다. 이 때문에 주가가 어느 수준 밑으로 떨어지지 않는다. 오랫동안 배당을 지급하고 증가시킨 우량주들은 위기가 닥쳐도 사람들이 몰려드는 종목이 된다. 실제로 미국의 경우 1987년 주식시장 폭락 때 고배당주는 무배당주보다 선방해서 그 하락폭이 시장하락폭의 절반에도 미치지 않았다.[01]

우리나라에서도 지난 2001년 9 · 11테러 때나 2004년 차이나쇼크로 주가가 급락했을 때도 배당주들의 하락폭은 상대적으로 낮았다. 이런 회사들은 S-Oil, 부산도시가스, SK가스, 경동도시가스, KT&G 등이다. 이들의 배당수익률은 2001년도 4.5~10.7%, 2004년도 5.9~9.5%였으며, 같은 기간 주가변동률은 KOSPI가 2001년 -11.3%, 2004년 -12.2%인 반면 이들 기업의 주가변동률은 2001년에 -1.4%, 2004년에 -2.3%였다.[02]

둘째, 배당금을 지급하고 이를 늘려온 오랜 역사를 가진 우량기업은 투자자들이 위기상황에서 도피처로 택하는 종목이라는 것이다. 즉, 다른 기업에 비해 재무구조가 튼튼하다는 것이다. 일반적으로 회사의 대주주나 경영진은 기업의 안정성을 높이기 위하여 내부에 돈을 쌓아두는 것을 선호한다. 주주들에게 돈을 주는 것은 그다음 문제이다. 그런데 배당금을 꾸준히 지급하는 회사라면 그만큼 재무구조가 좋다는 이야기이다.

배당금을 지급하는 회사들이 위기상황에서 도피처 역할을 하는 또 다른 이유는 투자자들에게 기다릴 수 있는 여유를 주기 때문이다. 주식시장의 등락과 관계없이 이런 회사들은 꾸준히 수익을 내고 배당을 지급할 수 있는 회사들이라고 할 수 있다. 투자자 입장에서 배당을 재투자하면서 주가가 오르기를 기다릴 수 있는 것이다. 영원히 하락하는 주식시장은 없는 법이므로, 오래 기다리면 주가는 다시 제자리를 찾게 될 것이다.

중요한 것은 배당수익률이 높은 기업들은 위기가 오더라도 안 팔고 버틸 수 있기 때문에 손해를 보지 않는다는 것이다. 배당수익률이 낮고 이익변동성이 심한 기업은 위기가 오면 투자자들이 불안감에 휩싸여 주식을 팔아 버린다. 그 결과는 두말

할 것 없는 '손실'이다.

셋째, 배당을 지급하지 않는 회사들은 과거에 어리석은 사업다각화에 매달려 잇달아 돈을 날렸다고 강하게 주장한다. 회사가 돈을 잘 벌어 이익잉여금이 많이 쌓이면 경영진은 새로운 사업에 진출하고 싶은 욕망을 느낀다. 내부에 돈이 많으니 이것저것 신규사업을 벌이고, 새로운 성장엔진을 마련한다면서 기업인수전에도 뛰어든다. 명분은 '사업다각화'이지만 실제 내용은 '사업다악화'되는 경우가 허다하다. 배당금은 이런 잘못된 사업다각화를 막는 역할을 한다. 배당금을 꾸준히 잘 지급하는 회사들은 보면, 대개 다각화보다는 한 우물을 파는 회사들이다. 잘못된 사업다각화보다는 본업에 충실한 회사들이 배당금을 잘 준다는 이야기이다.

실제로 과거의 해태제과, 진로, 한보철강, 기아, 쌍방울 등 잘나가던 회사들이 사업다각화에 실패한 대표적인 회사들이다. 이런 면에서 휴 리드케(Hugh Liedtke)가 주장한 방광이론이 일리가 있어 보인다. 이는 기업에 자금이 쌓이면 쌓일수록 방광에 압력이 높아져서 오줌을 누듯이 아무 곳에나 돈을 써 버린다는 것이다.

전기설비회사와 도시가스회사들은 대표적인 배당주이다. 이들은 저성장기간에 접어들어 공장을 지을 필요도 없고 장비를 확보할 필요도 없으므로 현금이 쌓인다. 고성장기간에는 배당이 공장건설에 필요한 대규모 자금을 끌어들이는 미끼가 된다.

기업의 입장에서 배당은 성장을 위한 자금이 회사 밖으로 빠져나가기 때문에 가급적 배당을 하지 않으려고 한다. 기업이 주식을 발행하는 첫 번째 이유는 은행부채를 지지 않으면서 사업확장자금을 조달하려는 데 있다. 회사가 벌어들인 이익을 배당으로 지급하지 않고 재투자자금으로 활용하는 것이 회사 입장에서 가장 바람직하다고 할 수 있다. 배당을 하지 않는 소규모 기업의 성장동력은 내부에 유보된 자금임에는 틀림이 없다. 배당을 지급하지 않고 성장을 주도한 대표적인 회사는 워렌 버핏이 대주주로 있는 버크셔 해서웨이이다. 버크셔 해서웨이를 소유하면서 워렌 버핏이 성공을 거둘 수 있었던 위대한 비밀 중의 하나는 버크셔 해서웨이를 인수한 때부터 배당금을 지급하지 않았다는 데 있다. 이로써 버크셔 해서웨이의 연간 순이익은 100% 이익잉여금이 되었다. 그리고 기회가 왔을 때 누적된 이익잉여금으로 수익성 높은 사업에 투자했다. 그렇게 해서 이익을 다시 이익잉여금으로 보유했다가, 그 이익을 다시 수익성이 훨씬 좋은 다른 사업에 투자했던 것이다. 이러한 방법을 통해 시간이 갈수록 버크셔 해서웨이의 이익잉여금은 증가했고, 이익잉여금이 증가하자 회사가 돈을 벌 수 있는 자금력도 커졌다. 이렇게 해서 버크셔 해서웨이는 황금알을 낳는 거위가 될 수 있었던 것이었다.[03]

기업이 자금이 필요하고, 배당금을 지급하면 회사의 경제적 강점이 훼손될 수 있을 때 회사의 이미지를 위해서 어쩔 수 없이 배당을 하는 경우, 단위당 매출액 유지능력, 장기적인 경쟁력, 그리고 재무적 강점이라는 회사의 능력 중 두 가지 이상을 잃을 수 있다고 워렌 버핏은 경고했다.[04] 워렌 버핏은 "배당성향이 아무리 보수적이라 해도 일정한 이익을 계속 배당금으로 지급하는 기업은 달리 자본금이 유입되지 않으면 결국 사라져 버린다"고 했다.

배당을 바라보고 주식을 매입할 생각이라면 다음 몇 가지를 염두에 두어야 한다. 첫째, 경기침체와 난관을 맞이해도 꾸준히 배당을 지급하는지를 확인해야 한다. 꾸준한 배당은 기업이 그만큼 재무적으로 튼튼하고 꾸준한 수익을 낼 수 있음을 이야기 하는 하나의 신호이다. 투자의 안정성을 바란다면 부도염려가 거의 없고, 성장이 느린 사업을 하는 도시가스나 전력회사를 검토해 보는 것도 한 방법이다.

둘째, 배당수익률과 금리를 비교하는 습관을 길러야 한다. 배당수익률이 은행의 예금이자를 상회한다면 투자를 고려해 볼 만하다. 은행이자율이 2~3%인데 배당수익률이 5~6%인 주식이 적지 않다. 배당수익률이 높은 우량기업을 선정해 꾸준히 배당금을 받으면 은행예금보다 낫지 않은가? 정말 속 편한 투자방법이라고 할 수 있다.

배당투자의 위력을 보여 주는 사람은 가치투자의 대가로 유명한 존 네프(John Neff)이다. 1995년 은퇴한 존 네프는 주가가 폭락하기를 기다렸다가 배당금을 지급하는 주식을 집중적으로 매입하는 방식으로 투자를 했다. 존 네프의 평균수익률은 13.9%였는데 그의 투자수익 중 40%는 배당금에서 나왔다고 한다. 존 네프는 4~5% 배당수익을 올릴 수 있는 주식을 발견할 수 있다면 목표의 절반은 달성했다는 생각을 갖고 있었다고 한다. 또한 배당수익률이 높은 종목에 투자하는 투자자들은 그렇지 않은 투자자들에 비해 대체로 높은 수익을 얻는다고 한다.[05] 존 네프는 배당금을 우습게 봐서는 안 된다는 사실을 보여 주는 하나의 증거이다.

셋째, 이익이 늘면서 배당도 느는 회사의 주식은 꿈의 주식이다. 재무적으로 건전하면서도 성장을 이루고 있는 회사라는 증거이다. 배당의 중요성으로 벤저민 그레이엄과 데이비드 도드는 『증권 분석』에서 "배당수익률이야말로 가장 분명한 성장 지표의 하나"라고 하면서 "배당은 최소한 성장의 두 배 이상의 가치가 있다"라고 했다.

참고로 12월 결산법인 가운데 2014년 기준 영업이익과 배당금이 증가한 기업은 다음과 같다.

영업이익 · 배당증가 기업

(단위 : 원)

종목	주당배당금		PER (2015. 3. 4)
	2013년	2014년	
현대모비스	1950	3000	7.1
일지테크	60	100	7.9
유아이엘	500	600	8.2
동일고무벨트	37	58	9.3
대한유화	1,000	1,500	9.8
한양이엔지	120	150	9.9
한국전력	90	500	10.2
블루컴	150	400	10.9
넥센타이어	65	75	11.6
KG ETS	50	100	12.5

자료 : 아이투자

배당을 많이 주는 배당주에 투자를 하는 경우 언제 투자하는 것이 더 좋은가? 배당금은 배당기산일(기업결산일) 현재 주식을 보유한 주주에게 지급된다. 결산일이 12월 31일인 경우 12월 31일에 주식을 보유한 주주에게 지급된다.

신진오(2014)는 매년 연말 무렵이 되면 12월 중에 주식을 보유해서 배당금을 받는 것이 유리하다는 전문가들의 의견을 내는 경우가 많은데 이는 운용경험이 별로 없는 이론가의 주장이라고 하면서, 배당투자는 배당금에 대한 기대가 가장 적을 때

투자하는 것이 정석이라고 한다.[06] 즉, 12월 결산법인인 경우 연말에 근접한 시점에 배당투자를 하는 것보다는 결산일을 마치고 배당금에 대한 기대가 가장 적어진 1~2월에 배당투자를 하는 게 훨씬 유리하다는 것이다. 그 이유는 연말의 주가에는 이미 배당금에 대한 기대감이 반영되어 있기 때문이라고 한다.

읽고가기 배당성향 및 배당수익률과 배당률

배당성향

배당성향은 순이익 대비 배당금의 비율로서 기업이 벌어들인 이익 중 얼마만큼을 주주들에게 나누어 주는지를 나타낸다.

$$\text{배당성향} = \frac{\text{배당금총액}}{\text{당기순이익}} \times 100$$

사업이 안정적이고 성장성은 크지 않지만 현금이 꾸준히 들어오는 기업은 배당성향이 높다. 따라서 배당성향이 높은 회사에 대한 투자매력도 높다. 우리나라 기업들은 배당성향을 일정하게 유지하기보다는 배당금을 일정하게 유지하는 경향이 있다. 주주들은 배당에 민감하기 때문에 기업은 이익이 적더라도 배당금을 일정하게 유지하려고 한다. 따라서 기업의 배당성향을 확인할 때는 기업의 배당금과 함께 장기적인 추세도 확인해야 한다.

배당수익률과 배당률

배당수익률은 주가 대비 주당배당금의 비율을 말하며, 배당률은 액면가 대비 주당배당금의 비율로 두 지표 모두 배당으로 인한 수익률을 나타낸다.

$$\text{배당수익률} = \frac{\text{주당배당금}}{\text{주가}} \times 100$$

$$\text{배당률} = \frac{\text{주당배당금}}{\text{액면}} \times 100$$

배당수익률은 주가를 기준으로 산출한 수익률로서 투자자에게 의미 있는 수치로 현재 일반적으로 공시되는 정보는 배당수익률이다. 기업에 따라서는 간혹 배당률을 공시하는 경우가 있다. 배당률을 공시하는 이유는 배당수익률보다 비율이 크게 산출되기 때문에 해당 기업이 더 매력적으로 보일 수 있기 때문이다. 예를 들어, 액면가 500원이고 주가 2,000원인 기업이 100원을 배당했다면 배당수익률은 5%인 데 반해 배당률은 20%가 나온다. 투자자가 보기에 20%가 더 매력적으로 보이겠지만, 실제 주식은 시장가격으로 거래되기 때문에 배당수익률 5%가 투자자에게 더 의미 있는 지표이다.

5.3 유상증자와 무상증자

주식회사는 설립 시에 주식을 발행하고 설립 이후에도 필요한 경우 주식을 발행한다. 회사설립 이후에 주식을 발행하는 것을 증자라고 한다. 증자 시 주주로부터 주식의 발행가액에 해당하는 돈을 받고 증자하는 것을 유상증자라고 하고, 돈을 받지 않고 회사에 쌓아 둔 자본잉여금이나 이익잉여금(이익준비금)으로 대체하는 경우를 무상증자라고 한다. 무상증자는 자본의 구성내용을 변경하는 것으로, 즉 자본잉여금이나 이익잉여금이 단지 자본금으로 변경되는 것이므로 자본의 크기에는 변동이 없고 주주지분에도 변동이 없다. 다만, 발행주식수가 늘어나 시중에 유통되는 주식수가 증가하고 주당순이익(순이익/유통주식수)이 작아지게 된다.

무상증자와 유사한 것은 주식배당이다. 주식배당도 이익잉여금을 재원으로 하여 주식을 발행하기 때문에 발행주식수가 늘어나지만 이익잉여금이 자본금으로 변경되는 것이므로 총자본에는 변동이 없다. 다만, 주식배당은 무상증자와 달리 배당에 따른 배당소득세를 납부한다는 점에서 차이가 있다.

유상증자는 발행주식수가 늘어나는 만큼 자본이 증가하게 된다. 이 경우 기존 주주에게는 악재로 작용한다. 다음의 식에서 나타나는 바와 같이 유상증자를 하면 주당순이익과 자기자본이익률(ROE)이 작아지게 된다.

주당순이익 = 당기순이익 / 유통주식수
자본이익률 = 당기순이익 / 자본총계

유상증자는 자본이익률을 떨어뜨려 기업의 경영지표가 나빠진다. 중요한 투자지표 중 하나인 자본이익률이 떨어지는 것은 주주에게 좋을 것이 없는 것이다. 더구나 여러 가지 경제적 어려움으로 유상증자에 동참하지 못한 주주의 지분율이 감소하게 된다. 그런 이유로 기업에서 자금이 필요한 경우 우선 사채를 비롯한 부채를 끌어다 쓰고 불가피한 경우 유상증자를 하게 된다.

5.4 무상감자와 유상감자

감자(減資)는 자본을 줄이는 것이다. 유상감자는 현금으로 주식을 사들여 소각함으로써 자본금을 줄이는 것이고 무상감자는 결손금을 보전하기 위해 자본금을 줄이는 것이다. 즉, 결손금을 메우기 위해 자본금과 결손금을 상계시키는 것이다.

유상감자는 기존 주주들에게 돌아가는 피해는 없고 사실상 배당과 같은 효과가 있다. 주주들이 유상감자를 배당보다 더 선호하는 이유는 배당의 경우 그 요건이 엄격하고 실행에 일정한 시간이 필요한 반면, 유상감자의 경우는 자본잠식만 아니면 언제든지 가능하고, 임시주주총회를 개최하여 언제든지 결의할 수 있기 때문이다. 그러나 유상감자를 부정적으로 보기도 한다. 성장을 위해서는 자본이 필요한데, 자본이 필요하지 않다는 의미는 성장도 없다는 의미에서 회사가 더 이상 성장할 가능성이 없다고 보아 자본을 회수하는 하나의 신호로 간주될 수 있기 때문이다. 또한 IMF 이후 국내기업들을 싸게 인수한 외국계 사모펀드들이 유상감자를 통해 투자금을 많이 회수해 나갔다. 이른바 '먹튀(해외투기)자본'에 대한 부정적인 시각도 유상감자를 부정적으로 보는 데 한몫을 했다고 볼 수 있다.

무상감자는 결손금 제거를 통해 기존 주주들 지분의 자본금을 낮추어서 향후 유상증자를 통해 들어오게 될 신규투자자들의 지분확대를 용이하게 하는 효과가 있다. 실질적으로 기존 주주들의 지분율이 향후의 유상증자 시에 감소될 가능성이 증대된다고 할 수 있을 뿐 무상감자를 통해 주주의 부가 감소되는 것은 아니다. 무상감자를 부정적으로 보는 이유는 무상감자는 결손금을 가지고 있는 회사가 하는 것이므로 회사가 이미 부실상태에 있다는 것을 재확인하는 것이기 때문이다. 새로운 주주를 찾기 용이하게 만들고 있다는 점에서, 회사의 현 대주주, 경영진이 혹시라도 소액주주들이 모르고 있는 더 좋지 않는 정보, 즉 회사가 숨겨진 부실을 가지고 있을지도 모른다는 신호효과가 발생할 수 있다.

5.5 주식분할과 주식병합

한 기업이 기존의 모든 발행주식을 2주 이상으로 나누는 것을 주식분할(stock spilt)이라고 한다. 예를 들어, 10 대 1 주식분할을 하면 모든 주주는 1주 대신 10주를 갖게 된다. 발행주식이 100만 주라면 열 배인 1,000만 주로 늘어나는 것이다. 그에 따라 주가도 1/10로 줄어든다. 주식분할은 똑같은 크기의 파이를 더 작은 조각으로 나누는 것이며 주식분할 후에도 투자자가 보유한 회사의 지분이나 의결권에 아무런 변화가 없기 때문에 형식적인 것에 불과하다. 무상증자를 한 경우와 마찬가지다.

주식분할을 할 때 경영진이 내세우는 주식분할 이유는 주식의 유동성을 늘리기 위해서라는 것이다. 여러 연구에 따르면 그 이유가 무엇이든 주식분할이 발표되면 처음에는 주가가 하락하지만 그 후 우연이라고 볼 수 있는 수준 이상으로 주가가 상승하는 경향이 있다고 한다. 워렌 버핏(1983년 연차보고서, 버크셔 헤서웨이)에 따르면 주식분할은 거래비용을 높이고, 주주들의 질을 떨어뜨리며, 주가와 내재가치의 관계를 멀어지게 하기 때문에 주식분할은 매력적이지 못하다고 한다.[07]

주식병합은 아주 드물게 일어나지만 1 대 2 혹은 1 대 3과 같은 병합으로 주식분할과 반대이다. 일반적으로 주식병합을 하는 경우는 주가가 크게 떨어졌을 때이다. 이 경우 주식병합을 하는 것은 주식분할과 마찬가지로 매매가 보다 용이한 수준으로 주가를 형성하기 위해서이다. 주식병합은 주식분할과 마찬가지로 공표되면 주가가 오른다. 당연히 시장은 주식병합을 회사의 필사적인 몸부림으로 해석한다. 주식병합을 한 기업을 대상으로 한 연구에서는 주식병합은 3년 동안 시장보다 평균 50% 이상 낮은 실적을 보였다고 한다. 그 이유는 ① 기관투자자와 뮤추얼펀드가 가격이 일정수준 이하인 주식은 매수하지 않는다는 원칙, ② 뉴욕증권거래소는 일정수준 이상의 가격(41달러)을 유지해야 한다는 기준 때문이라고 한다.

2009년 5월 21일 AIG가 2009년 7월 1일로 1 대 20의 주식병합을 단행하겠다고 발표한 것은 상장폐지를 피하기 위해서였다. AIG 발표에 따르면 "주식병합의 기본 목적은 AIG의 주가를 올리기 위한 것이다. 우리는 이 주식병합으로 보통주의 주가가 상승할 것으로 믿는다. 따라서 여러 기관투자자들이 AIG 보통주에 투자할 수 있고, 다른 투자자들도 AIG 보통주에 관심을 갖게 될 것이며, AIG 보통주가 뉴욕 증권거래소에서 상장을 유지할 것으로 믿는다"고 했다.[08]

5.6 자기주식(자사주)

기업이 자기주식을 매입한 후에는 그것을 소각하거나, 보유했다가 나중에 다시 시장에 매각할 수 있다. 자기주식을 소각하면 그 주식은 없어지고 그만큼 자본은 줄어들게 된다. 그러나 나중에 매각을 위해 보유하면 그 주식은 재무상태표의 자본조정 항목의 하나인 자기주식으로 기록된다. 자기주식은 자기가 발행한 주식을 자기가 보유하는 것으로 처음부터 주식을 발행하지 않은 것과 같다. 때문에 자기주식은 발행주식에서 제외되어 의결권도 없고 배당을 받을 권리도 없다. 재판매를 전제로 한 자산으로 볼 수도 있지만 자기주식은 자본의 감소를 의미하기 때문에 자본계정에서 마이너스(−)계정(자본조정)으로 기록된다.

자기주식 매입에 대해 피터 린치는 "자기주식 매입은 투자자들에게 보상하는 가장 단순하면서도 가장 좋은 방법이다. 회사가 자신의 미래를 확신한다면 주주들이 회사에 투자하듯이 자신에게 투자하지 못할 이유가 어디 있는가?"라고 하면서 자기주식 매입은 주주가치를 높이는 훌륭한 방법임을 강조했다.[09]

회사가 자기주식을 매입하면 매입된 주식이 유통시장에서 사라지기 때문에 발행주식수가 줄어든다. 이 때문에 주당순이익과 자본이익률이 커져 주가에도 그만큼의 영향을 미치게 된다. 회사가 자기주식 절반을 매입하면, 회사 전체이익에는 영향을 미치지 않지만 주당순이익은 두 배가 된다. 비용을 절감하거나 제품을 더 팔아서 이런 실적을 올릴 수 있는 회사는 거의 없다. 피터 린치가 예로 든 크라운 코르크 앤드실이란 회사는 20년 동안 자기주식을 매입했다고 한다. 이 회사는 절대로 배당도 하지 않고 수익성 없는 회사를 인수하지 않았지만 주식수를 줄여 이익에 최대한 영향을 미치는 정책으로 높은 주가를 유지한다는 것이다.

장기적인 경쟁우위를 가진 기업들은 현금에 여유가 있기 때문에 자기주식을 매입하여 주가를 유지하고 자본이 효율적으로 운영되고 있다는 것을 나타내려는 경향이 있다. 따라서 장기경쟁우위를 가진 회사를 확인하는 방법 중 하나는 재무상태표에 자기주식 항목이 있는지를 확인하는 것이다. 자사주 매입의 반대는 주식 추가 발행(유상증자)이며, 이것은 주당순이익을 희석시키는 효과가 있다.

자기주식 매입이 정당화될 수 있는 경우는 다음 세 가지이다.[10]

- 여유현금이 있을 때
- 주가가 적정가격보다 낮다고 볼 때
- 자사주 매입보다 더 좋은 투자기회가 없을 때

기업은 자기주식을 매입한 후에는 자사주를 소각하거나, 사내주로 보유하거나, 처분하는 선택을 할 수 있다. 다음의 사례는 회사가 보유하고 있는 현금으로 자기주식을 매입했을 경우 매입효과를 나타내고 있다.

[사례]

- 자사주 매입 전은 최초의 주가 100달러를 가정했을 때의 재무상태
- 자사주 매입 후의 재무상태는 자사주를 현금으로만 매입한 경우
- 자사주 500주(25%)를 매입했다고 가정하였다. 실제로 한 번에 25%의 자사주 매입은 비현실적이다. 25% 매입은 단지 자사주 매입효과를 확실히 파악하기 위한 것이다.

자사주 매입에 따른 재무상태의 변화

(단위 : 달러)

재무 항목	자사주 매입 전	자사주 매입 후
순이익	10,000	10,000
현금	60,000	10,000
부채	20,000	20,000
자기자본	66,667	16,667
자산	200,000	150,000
발행주식수(사외주)	2,000	1,500

EPS	5.00	6.67
주당순자산(장부가)	33.33	11.11

자사주 매입에 따른 비율변화

ROE	15%	60%
ROIC	11.4	27.27
자기자본 대비 부채	30%	120%
레버리지 비율	3.0	9.0

자기주식 매입 후의 효과는 다음과 같다.

- 자기주식은 자본조정차감 항목(–)이기 때문에 자기자본이 감소
- 유통주식 감소(사외유통주식수 – 자기주식수)
- EPS 증가(순이익/유통주식수)
- 주당장부가(순자산/유통주식수 : BPS) 감소

또한 자사주 매입 후에는 재무비율에서도 많은 변화가 나타난다.

- 자기자본이익률(ROE : 순이익/자본)은 자기주식 취득으로 자기자본이 작아지기 때문에 급상승하게 된다. 이런 현상은 실제 ROE가 높아진 것으로 봐야 하는지 아니면 가공된 수치로 봐야 하는지 문제가 발생한다. 즉, 이익증가율을 예측하는 데 참고해도 될 실질적인 수치인가, 아니면 회계기법으로 만들어 낸 인위적인 수치인가의 문제이다. 실제 자기주식을 소각하는 경우는 실질적인 수치이고 나중에 일정기간 후에 다시 시장에 유통시키는 경우는 일시적인 수치일 수 있기 때문에 답은 이 둘 모두이다.
- ROIC도 높아진다. 편의상 ROIC = 순이익÷(부채 + 자기자본)
- 자기자본 대비 부채비율(부채비율)이 높아진다(30%에서 120%로).
- 레버리지비율(자산/자기자본)도 3.0%에서 9.0%로 높아진다.

자사주 매입이 기업 재무상황에 미치는 영향의 마지막 단계인 자사주 매입이 주

가, 주가이익비율(PER), 주가순자산비율(PBR)에 미치는 영향을 살펴보자. 이 계산은 실제와 비슷할 수 있지만 실제와는 상당히 다른 결과를 초래할 수 있다.

기본적인 분석은 시가총액을 파악하는 것이다. 시가총액은 한 기업의 적정가격을 추산할 수 있는 최선의 지표이기 때문이다. 자사주 매입 전 이 회사의 시가총액은 20만달러였다(2,000주×100달러). 자사주 매입으로 5만달러를 지불하면 이 회사의 유통주식수는 1,500주가 된다. 주가 100달러가 변동이 없는 경우를 전제로 하면 시가총액은 15만달러가 되어야 한다. 이때의 PER(주가/주당순이익 : 100달러/5달러)은 20배에서 15배(주가 100달러/EPS 6.67)로 하락하고, PBR(주가/주당순자산 : 100달러/33.33달러)은 3.0배수에서 9.0배수(주가 100달러/주당순자산 11.11달러)로 상승한다. 이런 결과를 요약하면 다음과 같다.

자사주 매입에 따른 주가비율의 변화

주가자료	자사주 매입 전	자사주 매입 후
시가총액	200,000달러	150,000달러
주가	100달러	100달러
PER	20	15
PBR	3	9

자사주 매입 전후 주가는 그대로 100달러로 가정했지만, 자사주 매입 후 PER의 하락으로 주가가 상승할 수 있다. 반면 PBR이 3.0에서 9.0으로 상승한다는 사실은 차후에 주가하락의 요인으로 작용할 수 있다.

한 기업에서 자사주를 매입하는 것은 일반적으로 좋은 신호이다. 주식가치평가의 결과 저평가된 것이라면 회사의 자사주 매입은 투자가치를 높인다. 그러나 고평가된 자사주를 매입하는 것은 가치를 파괴하는 것이다.

기업이 자사주 매입을 하면서 이를 주주이익에 봉사하는 기업활동으로 홍보하는 경우가 적지 않다. 그러나 많은 경우, 자세히 분석해 보면 자사주를 매입하고 있는 바로 그 기업이 한편으로는 많은 주식을 발행하고 있으며 실적 보상이나 인센티브로 임직원에게 대량의 스톡옵션을 제공하고 있음을 알 수 있다. 이런 일이 벌어지면 자사주 매입에도 불구하고 발행주식수는 증가하게 된다. 이 때문에 가치투자자

들은 기업 경영진이 무슨 말을 하든 발행주식수의 변화를 주의 깊게 살펴봐야 한다.[11]

자기주식을 구입하는 방법은 두 가지가 있다고 오해를 하는 경우가 있다. 하나는 위에서 제시한 것처럼 회사가 자기주식을 사는 것이며, 다른 하나는 회사의 대주주나 임직원 개인이 사들이는 방법이라는 것이다. 대주주나 임직원들이 자기회사의 주식을 사는 것은 외형적으로 자기주식 매입과 같은 것으로 보일지 모르지만 그들의 자기회사의 주식매입은 다른 개인투자자들이 주식을 추가구입하여 지분율을 높이는 것과 동일하다.

경제실체로서 기업은 자본주와 분리 · 독립된 것으로 간주하여 모든 회계행위가 이루어진다. 자본주 개인의 경제활동과 기업의 경제활동은 별개로 간주되기 때문에 대주주나 임직원들의 자기회사 주식매입은 회사의 자기주식 매입과는 다른 것이다. 즉, 자본주인 대주주가 곧 기업이라는 생각을 해서는 안 되는 것이다. 따라서 임직원들의 자사주 매입은 회사의 자본에 어떤 영향도 주지 않기 때문에 주당순이익이나 자본이익률에는 영향을 전혀 미치지 않는다.

그러나 대주주나 임직원들이 자사주를 매입하여 자신의 지분율을 높인다는 것은 회사에 대한 좋은 소식(good news)이라고 볼 수 있다. 자신이 잘 알고 있는 회사가 잘나갈 것 같지 않으면 주식을 추가구입할 이유가 없기 때문이다. 어느 방법으로 자사주를 매입하든 그것은 회사가 저평가되어 있다는 신호를 주는 것이라고 할 수 있다.

'왜 중고차시장에는 좋은 차가 없을까?'라는 아이디어를 가지고 2001년 노벨경제학상을 수상한 조지 애컬로프(George Akerlof)라는 학자가 있다. 그는 중고차업자들이 경쟁이 심해져도 그 이익이 소비자에게 돌아가지 않는다며, 그 이유로 '정보비대칭'을 들었다. 중고차업자들은 자동차의 상태에 대해 일반소비자들보다 많이 알고 있기 때문에 상태가 좋은 차가 나오면 자신이 소유하거나 아니면 주위사람들에게 팔아버린다는 것이다. 때문에 중고차시장에는 상태가 좋은 중고차가 나올 수 없다는 것이다.

중고차시장과 마찬가지로 주식투자의 세계에서도 정보의 비대칭 상황이 많이 발생한다. 대표적인 것이 내부자 정보이다. 기업의 고위임원이나 오너의 경우 일반투자자들에 비해 주가와 관련된 정보를 더 많이 가지고 있다. 실제 악덕 기업주들은 내부자 정보를 이용해서 탈법적인 방법으로 시세차익을 얻기도 한다.

정보비대칭 상황이 존재한다 하더라도 이를 피할 수 있는 방법이 있다. 바로 공개된 정보를 가지고 내부자가 되는 방법이다. 공개된 내부정보 중 하나가 임직원들의 자사주 매입에 관한 정보이다. 자사주를 매입한다는 것은 회사가 전망이 매우 밝거나 주가가 회사가치에 비해 너무 싸기 때문인 경우가 많다. 이러한 정보는 공시규제에 대한 법률에 의해 강제적으로 공시되기 때문에 우리 모두가 알 수 있다는 것이다.

일반투자자들은 회사가 왜 저평가되어 있는지 혹은 앞으로 어떻게 좋아질 것인지 하는 점에 대해 알기 힘들다. 하지만 회사에 대해 가장 잘 알고 있는 내부자가 주식을 사는 것은 매우 긍정적인 신호임에 틀림이 없다. 대주주 혹은 회사와 같은 편에 서는 것만큼 든든한 것은 없다. 대주주가 주식을 살 때 따라 사서 손해를 보는 경우가 거의 없다[12]는 것이다. 마찬가지로 대주주나 회사가 자기주식을 매각하는 것은 나쁜 소식(bad news)으로 생각할 수 있다. 자기주식이 어느 정도 적정수준에 도달했다고 판단했기 때문에 주식을 팔고 있다는 신호로 볼 수 있기 때문이다. 이런 면에서 회사 내부자가 자기회사의 주식을 매입하는 것은 투자자에게 최고의 내부자 정보인 셈이다.

5.7 자금조달방법과 투자의 적격성

지금까지 재무상태표와 관련된 내용들을 살펴보았다. 기업이 사업을 시작하기 위해서는 먼저 자금이 있어야 한다. 그리고 이 자금을 이용하여 자산에 투자를 하고 이를 근거로 영업활동을 전개한다. 사업을 운영하는 중에 필요한 자금조달방법은 다양하다. 기업의 어떤 방법을 이용하여 자금을 조달했는지를 검토해 보면 해당 기업이 지금 어떤 상태인지를 가늠할 수 있다. 즉, 안전한 방법을 이용하는지 아니면 재무적 압박을 해결하기 위하여 긴급한 수단을 사용하고 있는지를 살펴보는 것은 투자자들에게 매우 중요한 일이다. 필요한 자금을 충당하지 못하여 비상수단을 사용하는 회사는 재무적으로 문제가 상당한 수준에 이른 것으로 머지않은 장래에 부도라는 심각한 사태를 맞이할 수도 있기 때문이다. 투자한 회사가 부도가 나면 거래소에서 상장폐지가 된다. 이렇게 되면 투자자가 보유하고 있는 주식은 휴지조각이 될 수도 있다.

(1) 이익잉여금

주주에게 이익을 가져다주는 최선의 자금조달방법은 내부에서 조달된 내부유보이익인 이익잉여금이다. 이익잉여금은 과거로부터 현재까지 기업이 벌어들인 이익 중에서 주주에게 배당하고 난 후 회사 내에 유보하고 있는 것으로 신규사업을 위해 필요한 자금을 확보하는 데 어려움이 없는 자원이다.

기업은 성장을 위해서 꾸준히 혁신하고, 연구하고, 재투자를 해야 한다. 꾸준한 성장을 위해 필요한 자금을 영업활동에서 벌어들인 돈으로 재투자하고 다시 거기에서 이익을 창출하는 선순환구조를 가진 기업은 우량기업이라고 할 수 있다.

문제는 기업의 이익잉여금만으로 필요한 자금을 충당하기 어려울 경우에 생긴다. 예를 들어, 신규사업에 진출하거나 공장설비를 새로 증설하기 위해 거대한 자금이 필요한 경우 어떻게 할 것인가 하는 것이다. 이 경우 평소에 재무적 어려움이 없는 건실한 기업이 취하는 방법은 회사채를 이용하는 것이다.

(2) 사채

사채란 회사가 일반대중으로부터 자금을 조달하고 일정기간 후에 원금과 이자를 지급할 것을 약정하고 발행하는 채무증권이다. 이 사채는 만기가 보통 3년 이상이므로 장기부채인 비유동부채이다. 투자자 입장에서 회사가 발행한 채무증권인 사채권을 가지고 있으면 일정기간 후에 이자와 원금을 받을 권리를 갖고 있는 것이므로 이를 채권이라고 한다.

사채는 강제적으로 일정한 이자와 원금을 지급해야 하는 부담이 있는 반면 돈을 빌려 쓰는 사채 대신에 주식을 추가발행해서 자금을 조달하는 것이 이자나 원금을 상환할 걱정이 없기 때문에 더 나은 방법이 아닌가 하는 의문이 생길 수 있다. 그러나 기업의 입장에서는 다음과 같은 이유 때문에 주식의 추가발행보다 사채발행을 더 선호한다.

첫째, 자본비율을 줄일 수 있다. 자본의 사용에 따르는 비용을 자본비용이라고 한다. 기업의 자본비용은 기업이 자본을 사용한 대가로 자본제공자에게 지급하는 비용이라고 할 수 있다. 타인으로부터 자금을 조달했을 때 적절한 이자를 지급해야 하는 것처럼 자기자본으로 필요자금을 조달하는 경우에도 그 대가를 계산해야 한다. 자기자본을 다른 곳에 투자하면 일정한 수익을 얻을 수 있으므로, 자기자본을 자신의 사업에 투자하였다면 다른 곳에 투자하여 얻을 수 있는 수익을 포기한 만큼(기회비용)의 수익을 올려야 한다. 이처럼 자기자본 사용에도 비용이 발생한다.

타인자본비용은 기업이 타인자본, 즉 부채를 사용할 때 지급하여야 하는 대가이다. 부채에 대해 지급하는 이자비용이 타인자본비용인 것이다. 자기자본에 대한 비용과 달리 타인자본에 대한 이자는 법인세 계산의 기준이 되는 과세소득을 줄이는 손금 항목이므로 법인세 절감효과를 가져온다. 타인자본에 대한 이자는 법인세효과가 있기 때문에 실질적으로 부담하는 이자비용은 실제 지급액보다 작게 된다. 예를 들어, 어떤 회사가 1,000만원의 사채를 10%의 이자율로 사용하고 있으며, 법인세율이 40%라고 하자. 사채에 대한 이자지급액은 1,000만원×10%=100만원이다. 그런데 이자비용은 과세소득을 계산할 때 차감되는 비용(손금)이기 때문에 100만원×40%=40만원만큼은 세금을 덜 내게 되는데 이를 세금효과(tax effect)라고 한다. 때문에 실질적인 이자비용은 100만원에서 40만원을 차감한 60만원이 되고, 실질이자율도 60만원/1,000만원=6%가 된다. 이를 쉽게 계산하면 다음과 같다.

타인자본비용 = 이자비용×(1 − 법인세율) = 100만원 × (1−0.4) = 60만원
타인자본 이자율 = 이자율×(1 − 법인세율) = 10% × (1−0.4) = 6%

기업이 여러 가지의 자본조달방법 중에서 어느 방법을 택할 것인가를 결정할 때 가장 먼저 고려하는 요인은 자본비용이다. 기업의 입장에서 되도록 비용이 적게 드는 자본조달방법을 찾아야 한다. 사채는 거액의 자금을 일반대중으로부터 조달받을 수 있는 반면 은행으로부터의 장기차입금은 조달금액의 한계성과 여러 가지 부채계약으로 인한 제약 때문에 덜 매력적이다.

둘째, 자본조달방법 중에서 특히 사채(회사채)의 발행과 주식발행(유상증자)을 비교하는 경우에는 자본조달이 기업지배권에 미치는 영향도 고려되어야 한다. 사채를 발행하는 경우에는 약속된 이자나 액면금액을 지급해 주기만 하면 기업지배권에 대한 간섭을 받지 않는다. 그러나 보통주를 발행하는 경우에는 기존 주주들의 지분비율이 감소하게 되어 기업지배권에 대한 영향력이 줄어들게 된다.

셋째, 사채를 발행하는 경우 주가에 별다른 영향을 미치지 않지만 유상증자 시에는 주가가 떨어진다. 유상증자로 인한 주가의 하락폭은 사채발행의 경우보다 큰 것으로 조사되고 있나. 그 이유는 유상증자로 인하여 시장에서 유통되는 주식수가 늘어나기 때문에 주가가 떨어진다는 것이다. 주가하락은 기업가치가 떨어진다는 것을 의미하고 이를 회복하려면 만만치 않은 비용이 들어간다. 이것이 기업이 여타의 자본조달방법보다 사채를 선호하는 이유이다.

(3) 전환사채(CB)와 신주인수권(BW)

이들 증권은 발행 초기에는 일반사채와 동일한 효과를 가지고 있지만 일정기간이 지나 전환사채가 보통주로 전환되거나 신주인수권이 행사되면 새로운 주식(보통주)이 발행되기 때문에 유상증자와 동일한 효과가 발생한다. 즉, 기존 주주의 지분비율이 감소하여 기업지배권에 대한 영향력이 줄어들게 된다. 이러한 문제는 전환우선주도 동일하다. 발행 당시에는 의결권에 영향이 없지만 권리가 행사되면 지배권의 문제가 발생된다. 특히 주가가 낮아질수록 발행 기준가가 낮아지는 조절방식(전환가격 조정)을 채택한 경우에는 기존 주주의 심한 반발로 주가가 폭락하게 되고 낮아진 주가에 따라 다시 발행 기준가가 조정되는 악순환이 연속된다. 그러므로 기업의 실적이나 전망을 믿고 장기적으로 보유하는 선의의 투자자들은 매우 큰 손실을 보게 된다.

이렇게 발행되는 사채를 "주주에게 죽음의 나선형 계단을 타게 한다."는 의미로

'죽음의 나선 전환사채(death spiral convertible)' 또는 "주주에게 독약을 먹여 죽음에 이르게 한다."고 해서 '유독성 전환사채(toxic convertible)라고 부른다.

게다가 신주인수권만 분리해서 조세회피지역(tax haven)의 투기성 헤지펀드에 보관시켰다가 대주주가 재인수하여 부당하게 지분을 확보하려는 사례도 종종 발생한다. 이처럼 악성조건인데다가 비도덕적인 경우에는 다른 부분이 아무리 괜찮더라도 투자대상에서 적극 회피하는 것이 바람직하다.[13]

다음은 2015년 3월 현재 전환사채나 신주인수권부사채를 발행한 주요기업이다.

CB, BW 발행 주요 기업

(단위 : 억원, %)

구분	기업	발행액	만기이자율
CB	지스마트글로벌	70	5.5
	CS엘쏠라	78	4.0
	플렉스컴	85	3.0
	유성티엔에스	100	6.5
	큐로홀딩스	127.9	6.9
	셀트리온제약	300	5.9
BW	KG이니시스	450	1.0
	디아이디	100	3.0
	한국자원투자개발	80	6.0
	셀트리온제약	500	5.9

(4) 유상증자

기업에서 사채에 의한 발행이 여의치 않을 경우 다음으로 고려하는 것이 유상증자이다. 유상증자는 신규사업에 대한 자금이 부족하거나 운영자금이 모자랄 때 주식을 추가로 발행하는 것이다.

이것은 재무적 측면에서 자본금을 증가시켜 상장주식수를 늘려서 회사의 자본규모를 크게 하는 수단이라고 할 수 있다. 보통은 기존 상장회사의 경우 신사업에 진출하기 위한 필요한 자금을 조달하기 위해 유상증자를 한다고 유상증자의 이유를 공시하는데, 대부분은 운영자금이 부족하기 때문이다. 즉, 유상증자를 하는 대부분의 기업은 영업활동에서 적자이고, 은행차입금의 상환기간이 도래하는 경우이다. 따라서 유상증자는 미래의 주주들의 이익을 대가로 자금을 조달하는 것이라고 할 수 있다.

하지만 일부 상장사들은 재무구조가 부실하고 실적도 부진한 상태에서 무리하게 자금조달에 나서는 곳들도 있어 투자에 유의해야 한다. 시장전문가들은 "상장사들이 자금을 조달하려는 이유가 무엇인지 정확히 파악하고 본업과의 연계가능성이 얼마나 높은지 따져 봐야 한다"면서 "업황 부진 등으로 실적이 개선되기 어려운 기업의 경우 유상증자 후에도 주가가 하락할 가능성이 높기 때문에 주의해야 한다"고 한다.

문제는 2015년 초에 유상증자를 하겠다고 밝힌 기업들의 지난해 실적이 좋지 않아 재무구조가 악화된 상장사들이 많다는 점이다. 전문가들은 이런 기업들이 유상증자를 할 때는 그 목적을 잘 살펴야 한다고 조언한다. 유상증자 후 주가가 하락할 수도 있기 때문이다. 서울경제신문 기사(2015. 3. 6)에 따르면 실제 올해 유상증자를 공시하고 지난해 실적을 발표한 기업 9곳 중 아이넷스쿨(060240), 알에프텍, 코렌, 데코앤이(017680), 스틸플라워(087220), 한솔신텍(099660) 등은 지난해 영업적자를 기록했다. 아이넷스쿨, 데코앤이, 한솔신텍, 스틸플라워는 적자가 확대됐다.

또 지난해 3·4분기 누적실적이 공개된 기업 9곳 중 7곳의 영업이익도 감소한 것으로 드러났다. 실제 실적이 부진한데도 유상증자를 실시한 기업들의 주가흐름은 좋지 않다.

디지탈옵틱은 지난 1월 29일 운영자금 마련을 위해 9억 9,960만원 규모의 제3자배정 유상증자를 하겠다고 밝혔다. 이 회사의 지난해 영업이익은 14억 6,900만원으로 전년 대비 93.4%나 줄었다. 당기순손실은 50억원으로 적자전환했다. 디지탈옵틱의 주가는 이날까지 9.38% 급락했다. 한솔신텍은 지난해 연결기준 영업이익이 252억 8,702만원을 기록해 전년 대비 374% 감소했다. 이 회사는 유상증자 발표 이후 주가가 2.47% 떨어졌다. 투자자금 유치를 위해 유상증자를 실시했지만 실적이 부실해 주가가 하락한 것이다. 2014년 유상증자 공시를 한 동국제강이나 LG전자의 경우도 공시한 다음 날 주가가 크게 하락한 바 있다.

2015년 3월 6일 한국거래소에 따르면 코스닥 상장사 중 유상증자를 공시한 기업은 30곳으로 지난해 같은 기간 11곳에 비해 3배나 증가했다. 참고로 주요 기업의 유상증자의 금액과 2014년 영업실적을 보면 다음과 같다.

주요 기업 증자액 및 실적

(단위 : 억원)

기업	유상증자금액	2014년	
		영업이익	순이익
글로벌에스엠	134.0	42	-37
데코앤이	19.9	-81	-65
디지탈옵틱	9.9	15	-50
스틸플라워	232.4	-204	-259
아이넷스쿨	217.2	-20	-27
알에프텍	65.2	-58	-70
한솔신텍	150.0	-253	-340

주 : 제3자배정 증자 포함

유상증자는 자금이 부족한 것을 주주들에게 알려, 도와달라는 신호의 일종이다. 이런 이유로 워렌 버핏은 유상증자를 하는 기업을 좋아하지 않았다. 어떻든 잘나가던 회사가 무리한 유상증자를 하는 경우 세심한 주의가 필요하다.

(5) 자산유동화증권(ABS), 부채담보부증권(MBS)

최근에 우리나라 기업들이 사채발행도, 유상증자도 여의치 않을 경우 자산유동화증권이나 부채담보부증권 발행에 나서고 있다. 이것은 주주에게 최악이다. 이런 증권을 발행하는 기업이 있으면 쳐다보지도 말아야 한다. 기업이 이런 증권을 발행했다면 유상증자도 어렵고, 전환사채발행도 어렵고 해서 기존의 자금조달방법이 불가능한 상태로 궁지에 내몰려 있다는 징후일 가능성이 매우 높다.

자산유동화증권의 원리는 기업이 보유 중인 자산을 자산유동화중개기관(special purpose company : SPC)에 넘기면, 자산유동화중개기관이 그 자산을 담보로 증권을 발행해 시중에 자금을 모으는 것이다. 한마디로 정상적인 방법으로는 자금을 마련하기 어려우므로, 자산을 담보로 별도의 기관을 만들어 이 기관으로 하여금 자금을 마련하는 것이다. 파생상품이라고 부르는 이유가 여기에 있다.

팬택은 2006년 9월 당시 보유 중이던 휴대폰 매출채권을 담보로 '팬택제일차'라는 자산유동화중개기관을 만들었고, 이 기관이 1,000억원대의 자금을 만들었다. 그리고 이 자금은 팬택으로 들어갔다. 이런 방법은 기업의 입장에서는 매우 매력적이다. 이미 워크아웃 상태에 들어간 팬택의 매출채권은 사실상 거래가 불가능하기 때문에 팬택은 이것을 담보로 내놓고 싶어도 구매할 기관이 없다는 어려움이 있었다. 그런데 이 매출채권을 팬택으로부터 떼어내 신용평가기관의 평가를 거쳐 증권화하면서 시중에 유통시킬 수 있게 된 것이다. 게다가 유동화증권은 기업의 재무상태표의 자산에서 제거되기 때문에 총자산이익률 및 자산회전율이 개선되는 것을 기대할 수 있고 보유자산의 구성을 개선할 수 있게 된다.[14]

그러나 이런 증권을 발행한 기업은 부도위험이 있을 가능성이 높다는 점을 유의해야 한다. 2015년 3월 초에 부도로 상장폐지된 우양에이치씨는 좋은 사례가 될 것이다. 이런 증권을 발행한 기업의 주식을 취득하는 것은 폭탄을 안고 불에 뛰어드는 것과 흡사하다고 하겠다.

한편 부채나 주택대출을 담보로 하는 파생상품을 부채담보부증권이라고 한다. 이것도 원리는 자산유동화증권과 똑같다. 이런 증권을 발행한 기업을 발견했다면 거들떠보지도 말라. 더 찾아보고 관심을 가지면 더 안전하고 확실한 투자수단이 널려 있는데 굳이 이런 위험성이 높은 종목에 관심을 둘 이유가 있는가? 투자대가들이 종목을 선정한 후 투자 여부를 결정할 때 반드시 재무제표와 그 주석을 읽어 봐야 한다고 하는 이유가 여기에 있는 것이다.

자산유동화증권이나 부채담보부증권은 파생상품의 일종인데, 워렌 버핏은 기업이 파생상품을 발행하는 것을 법으로 금지해야 한다고 주장했을 정도이다. 미국의 서브프라임 모기지 위기도 이런 종류의 파생상품 때문이다.[15]

(6) 단기차입금

단기차입금은 자산유동화증권 못지않게 주주에게 나쁜 것이다. 단기차입금은 기업이 유상증자도 어렵고 사채발행도 여의치 않은 상황에서 만기어음 결제일이 임박했을 때 급한 불을 끄기 위하여 사용하는 방법이다. 사채는 장기부채여서 기업에 시간적 여유를 주지만 단기차입금은 1년 이내에 갚아야 하는 부채여서 위험하다. 단기차입금이 늘어나는 회사는 부도위험이 있다.

주주 입장에서 볼 때 기업이 이익잉여금을 통해 자산을 조달하는 방법이 최선이다. 다음으로 사채발행, 전환사채나 신주인수권부사채, 우선주발행, 유상증자, 자산유동화증권 및 부채담보부증권, 단기차입금순이다. 그러므로 기업이 어떤 방법으로 자금을 조달하는지를 살펴보면 기업의 상태를 점검할 수 있다.

다음은 기업의 자금을 조달하는 방법들을 정리한 것이고 이들이 주주에게 미치는 영향을 좋음, 나쁨, 보통으로 표시했다.

<table>
<tr><th>자금조달방법</th><th>영향</th><th>항목</th></tr>
<tr><td>단기차입금</td><td>나쁨</td><td>유동부채</td></tr>
<tr><td>일반사채</td><td>보통</td><td rowspan="3">비유동부채</td></tr>
<tr><td>전환사채(CB)
신주인수권부사채(BW)</td><td>나쁨</td></tr>
<tr><td>자산유동화증권(ABS)
부채담보부증권(MBS)</td><td>아주 나쁨</td></tr>
<tr><td>유상증자</td><td>나쁨</td><td rowspan="2">자본</td></tr>
<tr><td>이익잉여금</td><td>좋음</td></tr>
</table>

(7) 신종자본증권

신종자본증권(영구채 : perpetual bond)은 채권과 주식의 중간적인 특성을 가지고 있는 증권으로서 주식처럼 만기가 없으면서 매매가 가능하며, 채권처럼 매년 일정한 이자를 받을 수 있다. 최근 들어 「상법」 개정과 IFRS 도입 등 제도변화로 금융기관에만 허용되던 신종자본증권을 일반기업에서도 발행할 수 있게 되었다. 이에 2012년 10월 국내 일반기업으로는 처음으로 두산인프라코어가 신종자본증권을 발행하였다.

두산인프라코어의 신종자본증권 발행조건에 대한 구체적 내용은 다음과 같다.[16] 첫째, 만기는 발행자 선택에 따라 매 30년 기준으로 자동연장되며 발행자가 5년 시점 및 그 이후에 매 이자지급일마다 중도상환이 가능하다(발행자 콜옵션). 둘째, 발행자가 발행 5년 경과시점에 중도상환하지 않는 경우 보유자가 독립된 제3자인 유동화전문회사(SPC)에 발행증권의 매수청구가 가능하다(투자자 풋옵션). 셋째, 발행자는 기준금리에 발행시점의 스프레드를 고려하여 산정한 고정금리로 표면금리를 지급하며 기준금리는 발행 5년 후에는 스프레드가 높아지는(step-up구조) 특징을 갖는다. 넷째, 발행자는 이자지급을 연기할 수 있으나 누적이자에 대해서는 복리를 적용하여 지급해야 한다. 다섯째, 투자자는 발행자 파산 시에 주주보다 상환을 우선하는 기타채권자들과 같은 지위를 얻는다(청산 시 선순위조건).

국내외 취급사례가 없던 금융상품이기 때문에 두산인프라코어는 발행 전 신종자본증권의 자본인정가능 여부에 대해 적극적으로 검토하고 관계당국과의 질의 · 회신을 바탕으로 증권발행을 진행하였다. 그러나 정부당국은 청산 시 선순위조건 및 만기의 영구성 등 세부적인 발행조건이 자본으로 보기에는 무리가 있다고 판단하여 두산인프라코어의 신종자본증권을 자본으로 인정할 수 없다는 방침을 정함에 따라 신종자본증권의 분류에 대한 논란이 시작되었다.

두산인프라코어의 신종자본증권은 만기의 영구성과 이자지급의 임의성 측면에서 자본적 특성이 강하다고 볼 수 있다. 그러나 채무상환의 후순위성이 아니고 조기상환청구권과 스텝업이 있는 조항이 부채적 특성을 지니고 있다고 할 수 있다. 그러나 청산 시 채권자와 동순위로 현금상환의무를 갖는 것에 대해서도 계속기업의 가정을 전제로 해야 한다는 점과 청산 시 현금결제의무는 부채요소가 아니라는 점이다. 이런 관점에서 두산인프라코어의 신종자본증권은 부채의 특성이 없는 것은 아니나 IFRS에 충실하게 따져 본다면 자본으로 분류할 수밖에 없다고 볼 수 있다. 이러한 관점이 결국 IFRS에서는 신종자본증권이 부채가 아니라 자본이라는 결론을 내리게 된다.

문제는 두산인프라코어가 왜 신종자본증권을 발행했는지를 알아보는 것이 중요한 것 같다. 두산인프라코어는 미국의 밥캣회사(현재 DII)를 인수하는 과정에서 급격하게 늘어난 부채비율로 이자지급에 대한 부담이 있어 자금을 조달할 필요가 있었을 뿐만 아니라 차입약정에 명시된 금융부채/EBITDA가 6배수를 넘지 못하도록 하는 비율을 위반하지 않으려는 유인이 강했기 때문이라고 한다.

---

01 피터 린치 · 존 로스차일드 지음, 이건 옮김, 월가의 영웅, 국일증권경제연구소, 2009, p.324.
02 이채원 · 이상건, 이채원의 가치투자, 이콘, 2007, p.125.
03 메리 버핏 · 데이비드 클라크 지음, 김상우 옮김, 워렌 버핏의 재무제표 활용법, 부크홀릭, 2010, p.156.
04 존 프라이스 지음, 김상우 옮김, 워렌 버핏처럼 가치평가 활용법, 부크온, 2013, p.499.
05 존 네프 · S. L. 민츠 지음, 김광수 옮김, 가치투자, 존 네프처럼 하라, 시대의창, 2004, p.134.
06 신진오, 전략적 가치투자, 이콘, 2014, p.278.
07 존 프라이스 지음, 김상우 옮김, 전게서, p.353.
08 존 프라이스 지음, 김상우 옮김, 전게서, p.353.
09 피터 린치 · 존 로스차일드 지음, 이건 옮김, 전게서, p.228.
10 티머시 빅 지음, 김기준 옮김, 워렌 버핏의 가치투자전략, 비즈니스북스, pp.508~509의 사례를 참조하여 조정한 것임.
11 티머니 빅 지음, 김기준 옮김, 전게서, p.514.
12 이채원 · 이상건 지음, 전게서, p.151.
13 신진오, 전략적 가치투자, 이콘, 2014, pp. 246~247.
14 이민주, 워렌 버핏처럼 재무제표 읽는 법, 살림, 2010, p.175.
15 이민주, 전게서, p.213.
16 권수영, 회계이야기, 신영사, 2013, p.224~225.

Chapter 06

포괄손익계산서 분석

6.1 포괄손익계산서의 구조
6.2 손익계산서 항목별 체크포인트

| CHAPTER **06** |

포괄손익계산서 분석

재무상태표는 채권자, 기업경영자, 투자자(주주) 가운데 누가 보느냐에 따라 주목해야 할 부분이 달라지지만 손익계산서는 그런 차이가 없다. 누가 보든 기업이 어떤 제품 · 상품이나 서비스를 팔아서 얼마를 남겼느냐를 보면 된다. 손익계산서는 기업이 제품이나 서비스를 팔아서 모두 얼마의 매출을 올렸고 이런저런 비용을 차감했더니 얼마가 남았다는 것을 보여 주는 재무제표이다. 즉, 돈을 벌기 위해 어떤 활동을 했고, 그 돈을 벌기 위해서 얼마의 자원이 사용되고 소비되었는가를 나타내는 보고서이다. 따라서 손익계산서 분석은 수익성이 좋고 지속적 경쟁력을 가진 기업을 찾기 위해서 반드시 거쳐야 하는 과정이다.

6.1 포괄손익계산서의 구조

국제회계기준에서는 포괄손익계산서의 양식이나 항목 및 배열순서 등을 정하지 않고 있다. 다만, (매출)수익, 금융비용, 당기순손익, 총포괄손익 등과 같이 반드시 개별 금액으로 나타내어야 할 최소한의 항목만을 정하고 있다.

포괄손익계산서는 먼저 매출액에서 매출원가를 차감한 매출총이익이 제시된다. 다음에 판매비와 관리비를 차감한 잔액인 영업이익이 제시된다. 영업이익 다음에는 금융수익과 금융비용 및 기타영업외수익과 비용이 표시된다. 한국채택국제회계기준에서는 포괄손익계산서에 금융수익과 금융비용을 다른 항목들과 구분하여 독립적으로 표시하도록 하고 있다. 이와 같이 수익과 비용 항목들을 가감하면 법인세비용차감전순이익이 계산되고 여기에 법인세비용을 차감하면 기업의 당기순이익이 산출된다.

당기순이익은 발생기준회계원칙에서 한 줄로 표현되는 가장 중요한 기업의 성과 측정치로 간주되고 있다. 당기순이익 아래에는 법인세비용을 차감한 후의 기타포괄손익이 표시된다. 기타포괄손익은 대부분 미실현손익으로서 당기순손익에 반영하지 않고 따로 표시하는 것이다.

포괄손익계산서는 두 부분으로 나누어 볼 수 있다. 하나는 매출액에서 시작하여 당기순이익까지의 부분이고, 다른 한 부분은 당기순이익에서 기타포괄손익을 가감하여 산출된 당기총포괄이익까지의 부분이다. 국제회계기준에서는 두 부분을 합쳐서 포괄손익계산서를 작성해도 되고, 이를 두 개의 별도의 표로 작성해도 된다고 규정하고 있다. 만약 두 개의 별도의 재무보고서를 만드는 경우에는 매출액에서 당기순이익까지의 부분은 '손익계산서'라고 부르고, 당기순이익부터 총포괄이익까지는 '포괄손익계산서'라고 부른다. 포괄손익계산서를 예시하면 다음 표와 같다.

손익계산서

제37(당)기 2013년 1월 1일부터 2013년 12월 31일까지
현대모비스(주) 제36(전)기 2012년 1월 1일부터 2012년 12월 31일까지 (단위 : 백만원)

과목	제37(당)기		제36(전)기	
Ⅰ. 매출액		17,512,013		16,865,694
Ⅱ. 매출원가		(14,055,227)		(13,420,601)
Ⅲ. 매출총이익		3,456,786		3,445,093
판매비와 관리비	(1,186,988)		(1,132,727)	
Ⅳ. 영업이익		2,269,798		2,312,366
기타수익	169,836		136,203	
기타비용	(158,269)		(187,564)	
금융수익	517,379		609,005	
금융비용	(124,682)		(92,091)	
종속기업, 관계기업 및 공동기업 투자주식처분이익(손실)	(202)		58,942	
Ⅴ. 법인세비용차감전순이익		2,673,860		2,836,861

법인세비용	594,230		585,609	
Ⅵ. 당기순이익		2,079,630		2,251,252
Ⅶ. 주당이익				
기본주당순이익		21,762원		23,558원

현대모비스(주) **포괄손익계산서** (단위 : 백만원)

과목	제37(당)기		제36(전)기	
Ⅰ. 당기순이익		2,079,630		2,251,252
Ⅱ. 기타포괄손익		5,575		50,067
1. 당기손익으로 재분류되지 않는 항목		18,268		(30,480)
확정급여제도의 재측정요소	18,268		(30,480)	
2. 후속적으로 당기손익으로 재분류되는 항목		(12,693)		80,547
(1) 매도가능금융자산 평가이익(손실)	(11,519)		6,443	
(2) 파생상품평가이익(손실)	(1,174)		74,104	
Ⅲ. 총포괄이익		2,085,205		2,301,319

6.2 손익계산서 항목별 체크포인트

장기적인 경쟁우위를 가진 매력적인 기업을 찾기 위해 워렌 버핏이 맨 처음 하는 일은 해당 기업의 손익계산서를 분석하는 것이다. 손익계산서의 개별 항목들을 살펴보면 기업이 이익을 창출해 내는 경쟁우위를 갖고 있는 회사인지 아닌지를 파악할 수 있다. 즉, 손익계산서 항목 분석을 통해 기업이 돈을 벌고 있는지뿐만 아니라, 회사의 이익률은 어떤 성격인지, 경쟁우위를 유지하기 위해 연구개발에 많은 투자를 해야 하는 회사인지, 아닌지를 파악할 수 있다. 기업의 당기순이익은 어떤 원천에 의해서 이루어진 것인지를 파악하는 것이 순이익 그 자체보다 더 중요하다.

(1) 매출액

손익계산서 맨 위에 항상 그 회사의 매출수익이 기록된다. 매출액은 해당 기간 동안 회사가 판매한 재화나 서비스의 가격총계(판매단가×수량)이다. 그러나 한 회사가 많은 매출을 올렸다는 것이 그 회사가 이익을 기록했다는 것을 의미하지 않는다. 따라서 한 회사가 이익을 냈는지를 확인하기 위해서는 매출액에서 사업비용을 빼야 한다. 즉, '매출액 – 사업비용 = 순이익'이 된다. 비용을 뺀 후 순이익이 얼마인지를 알기 전까지 매출액만으로 회사의 수익성을 파악할 수 없다.

매출액을 살펴볼 때는 첫째, 매출이 일정규모 이상인가를 살펴봐야 한다. 매출이 일정규모가 안 되면 경기불황 등의 환경에 쉽게 흔들릴 가능성이 크기 때문에 사업지속성이 어려울 수 있다.

둘째, 전년 대비 매출이 증가했는지 아니면 감소했는지를 확인해야 한다. 이에 대한 분석은 제8장 재무제표 분석에서 자세히 설명되지만 최소한 5~10년간의 매출액 변동과 그 추세를 파악하는 것이 매우 중요하다.

셋째, 매출액은 투자자들이 기업의 실적을 평가할 때 중요하게 평가하는 항목이기 때문에 기업은 가공의 매출계상이나 매출의 조기인식 등의 방법을 이용하여 매출액을 늘리려는 동기를 가질 수 있다. 매출액의 변동추세를 살펴볼 때 함께 살펴봐야 하는 것은 매출채권의 변동추이이다. 왜냐하면 매출이 이뤄지면 그 대가로 현금을 수취하거나 매출채권이 증가하게 된다. 가공의 매출을 인식하는 경우에는 현금수취가 안 되므로 결국 매출채권이 증가하게 된다. 매출채권이 급격히 증가하는 기업은 가공매출 등으로 매출을 부풀렸는지 확인해 봐야 한다. 이를 위해서 매출액 대비 매출채권비율(매출채권/매출액)의 장기추세와 매출채권회수기간의 장기추세를 확인하여 매출채권비율이 갑자기 증가하거나 매출채권회수기간이 늘어나면 분식회계를 하지 않았는지 의심해 봐야 한다. 이에 대한 자세한 내용은 제10장 분식회계에서 다룬다.

투자자는 그 외 회사의 사업보고서를 읽고, 회사가 판매하는 제품이나 서비스의 종류, 주력제품, 주된 고객, 시장점유율, 원재료 등의 분석을 통하여 회사의 사업모델(business model)을 반드시 확인해야 한다. 즉, 회사가 어떻게 돈을 벌고 있는지에 대한 분석이 필요하다. 이에 대한 자세한 내용은 사업보고서 분석에서 다루어져야 한다. 이 책의 목적은 재무제표를 이해하고 분석하는 것이다.

(2) 매출원가

매출원가는 상기업의 경우 매출된 상품의 구입과 관련된 원가이며, 제조기업인 경우는 판매된 제품을 생산하는 데 소요된 재료비, 노무비, 그리고 경비로 이루어진 제조원가를 말한다. 매출원가는 매출을 올리기 위해 사용·소비된 자원인 비용 중에서 가장 큰 비용이다. 매출액에서 매출원가를 빼면 매출총이익이 산출된다. 매출원가는 기업의 장기경쟁우위를 판단하는 데 중요한 지표인 매출총이익에 바로 영향을 미치기 때문에 매우 중요하게 다뤄진다.

매출원가는 회계기간에 고객에게 판매한 재고자산의 총원가이다. 매출원가는 상품(제품)을 판매할 때마다 계산하지 않고 기초재고액에 당기상품매입액(제조업의 경우 당기제품제조원가)을 가산하고 여기에서 기말에 남아 있는 재고액을 차감하여 계산한다.

매출원가 = 기초재고액 + 당기매입액 − 기말재고액

기초재고액에 당기매입액을 더하면 기업이 한 기간 동안 판매할 수 있는 판매가능액이다. 여기에서 기말재고액을 빼면 매출한 상품(제품)이다. 매출한 상품의 원가가 곧 매출원가이다. 위 산식에서 알 수 있듯이 매출원가의 산정에서 중요한 변수는 기말재고자산의 파악이다. 기말재고자산의 크기에 따라 매출원가의 크기가 달라지고 이에 따라 매출총이익도 다르게 산출된다. 다시 말하면 매출액에서 매출원가를 빼면 매출총이익이 산출된다. 기말재고자산이 과대계상되면 매출원가가 작아지고 매출원가가 작아진 만큼 매출총이익도 커지게 된다. 반대로 기말재고액을 과소계상하면 그만큼 매출총이익도 작아진다. 이 때문에 기업에서 분식회계를 하는 경우 재고자산 부풀리기가 자주 이용되는 것이다.

투자자들은 매출액과 마찬가지로 매출원가의 변동추세를 파악하고 매출원가의 변동이 큰 경우 그 원인이 무엇인지를 확인해야 한다. 제조업의 경우 원유, 설탕, 밀가루 등의 원재료의 가격변동 때문인지 경기불황으로 인한 것인지를 확인해 봐야 한다. 또한 매출액 대비 재고자산비율을 검토하여 재고자산비율이 급격히 증가하는 경우 분식회계를 의심해 봐야 한다.

(3) 매출총이익과 매출총이익률

매출액에서 매출원가를 빼면 매출총이익이 된다. 매출총이익은 매출액에서 상품을 만드는 데 사용된 원재료와 노동비용 혹은 상품구입비용 등을 제하고 얼마나 많은 돈을 벌었는지를 보여 준다. 그러나 매출총이익은 그 금액 자체로서 기업이 얼마나 효율적으로 돈을 벌었는지를 알려 주지 않는다. 이를 위해서는 매출액 대비 얼마를 벌었는가를 알려 주는 비율인 매출총이익률이 얼마인지를 확인해야 한다. 매출총이익률을 구하는 공식은 다음과 같다.

매출총이익률 = 매출총이익 ÷ 매출액 × 100

업종과 규모에 따라 차이가 있지만, 대체적으로 매출총이익률이 높은 기업일수록 이익을 많이 내고 있다는 의미이다. 기업의 수익성이 어느 정도인지를 알아보기 위해서는 전 분기 혹은 전년 동기 대비 매출총이익률의 변화를 확인해야 한다.

워렌 버핏에 의하면 뛰어난 경쟁력을 가진 기업은 그렇지 않은 기업보다 지속적으로 더 높은 매출총이익률을 기록한다고 한다. 또한 보통 매출총이익률이 40% 이상인 기업은 어느 정도 장기적인 경쟁우위를 가진 기업이고, 40% 미만의 기업들은 경쟁이 심한 업종에 속한 기업일 가능성이 크다는 것이다. 그리고 매출총이익률이 20% 미만인 경우에는 장기적인 경쟁우위를 가질 수 없을 정도로 경쟁이 극심한 업종에 속한 기업일 가능성이 높다고 한다.[01]

매출총이익률은 해당 업종에 따라 많은 차이를 보이기 때문에 일률적으로 판단해서는 안 된다. 또한 매출총이익률은 절대적으로 안전한 기업평가지표는 아니지만 분석 초기단계에서 해당 기업이 장기적인 경쟁우위를 갖고 있는지를 판단하는 데 사용할 수 있는 유효한 지표임에는 분명하다. 지속적인 경쟁력을 갖춘 기업인지를 판단하기 위해서는 5~10년간의 장기적인 추세 파악이 필요하다.

매출총이익률이 높은 기업이라도 다음에 논의하는 연구개발비, 판매관리비, 이자비용 등으로 그 빛을 잃는 경우는 장기적인 경쟁우위를 가진 기업이라고 할 수 없게 된다.

(4) 판매비와 관리비

판매비와 관리비 항목을 구성하는 것은 직 · 간접 판매비와 관리비, 그리고 해당 회계기간에 발생한 모든 관리비로 임직원 급여, 광고비, 여비교통비, 대손상각비, 감가상각비 등이 포함된다. 판매관리비는 업종마다 각기 상이한 양상을 보인다. 판매비와 관리비의 분석은 매출액과 대비하여 어느 정도 변화가 있는지, 그리고 전년도와 비교했을 때 변동폭이 크면 그 이유를 확인해 봐야 한다. 일반적으로 경쟁우위를 갖지 못한 기업은 극심한 경쟁에 시달리기 때문에 매출액 대비 판매관리비 비율이 들쭉날쭉한 편이다. 장기적인 경쟁우위의 관점에서는 판매 및 관리비의 비율이 낮을수록 좋다. 특히 매출액 대비 판매관리비 비율이 지속적으로 낮으면 비용관리상태가 매우 양호한 기업으로 볼 수 있다. 워렌 버핏은 매출총이익 대비 판매비와 관리비 비율이 30% 미만이면 훌륭한 기업이라고 한다.

장기적인 경쟁우위를 가진 기업을 찾는 과정에서 주의 깊게 살펴봐야 할 항목 중의 하나는 경상연구비이다. 특허권이나 어떤 기술적 우위를 가진 회사가 장기적인 경쟁우위를 가진 경우가 많다. 그러나 제약회사처럼 특허권으로 인해 장기적인 경쟁우위를 갖게 되었다 해도 어느 시점이 되면 특허권은 소멸되고, 회사의 경쟁력은 사라진다.

장기적인 경쟁우위를 갖게 된 것이 어떤 기술적 우위 때문이었다면, 보다 새로운 기술이 그 기술을 대처할 위험은 항상 존재한다. 기술적 우위로 인해 오늘 경쟁우위를 누리고 있다 해도, 내일이면 다른 기술혁신에 밀려 뒤처질 수 있는 것이다. 휴대폰업계에서 세계 1위 기업이었던 모토로라가 그 대표적인 사례라고 할 수 있다. 삼성전자, 마이크로소프트, IBM, 애플과 같은 기술 중심의 기업들은 연구개발비로 많은 돈을 지출해야 할 뿐만 아니라 항상 새로운 제품을 개발해야 한다.

워렌 버핏은 신용평가사 무디스를 오랫동안 좋아했는데, 거기에는 몇 가지 이유가 있었다. 무디스는 연구개발비는 전혀 지출하지 않고, 매출총이익 대비 판매비와 관리비의 비율도 평균 25%에 불과하다는 것이다. 코카콜라의 경우도 연구개발비를 지출하지 않는 회사이다. 이 두 회사는 의약특허권의 만기나 패배를 전혀 두려워할 필요가 없는 회사이다. 워렌 버핏의 원칙은 연구개발에 많은 비용을 지출하는 회사는 경쟁우위에 내적인 결함이 있어 언제라도 회사의 지속적인 경제성이 위험에 빠질 수 있기 때문에 확실한 투자대상은 아니라고 한다.

토지를 제외한 모든 유형자산은 시간의 경과나 사용에 따라 일정기간 후에는 그 가치가 소멸되어 기업에 더 이상 경제적 효익을 제공하지 못하게 된다. 따라서 기업은 유형자산의 사용기간 동안에 자산의 취득원가를 일정한 방법에 의해 배분시킴으로써 자산이 장부금액을 감소시킴과 동시에 그 금액을 손익계산서의 당기비용으로 처리하게 되는데, 이를 감가상각이라고 한다. 즉, 감가상각은 유형자산의 취득원가에서 잔존가치를 차감한 금액(감가상가대상금액)을 그 자산의 내용연수 동안 체계적이고 합리적인 방법에 의하여 각 회계기간에 배분시키는 절차를 말한다. 이때 비용으로 계산되는 금액이 감가상각비이다. 이런 감가상각비는 매 회계기간에 관리비로 기록되지만 다른 비용과 달리 현금지출이 수반되지 않는 비용이다. 감가상각비와 관련해서 두 가지 관점에서 살펴볼 수 있다.

재무상태표의 관점에서 보면 자산은 매입시점에서 취득원가로 평가되었으나, 사용 혹은 기간의 경과와 더불어 처분시점(제각시점)의 잔존가치에 접근함으로써 그 가치가 점차 감소한다. 따라서 재무상태표에 표시되는 자산의 금액(장부금액)은 당기에 감소된 자산의 가치를 차감한 후의 순액이어야 한다. 손익계산서의 관점에서 보면 당기의 수익을 창출하기 위해 희생된 모든 원가는 당기의 비용으로 보고해야 한다. 제품을 판매하기 위해서 투입된 광고비와 종업원급여가 비용으로 처리되는 것과 마찬가지로 생산설비나 판매시설을 사용함으로 발생한 감가상각비도 제품이나 서비스의 원가에 포함시켜 비용으로 인식하는 것이다.

일반적으로 중공업에 해당하는 회사는 기계설비와 같은 설비자산을 많이 보유하기 때문에 그에 따른 감가상각비도 판매비와 관리비에서 차지하는 비중이 매우 높은 편이다. 기업에서 감가상각비의 처리를 어떻게 하느냐에 따라 영업이익이 크게 달라진다. 기업이 감가상각비를 늘리면 영업이익이 줄어들고, 감가상각비를 줄이면 영업이익이 늘어나게 된다. 이는 기업에서 감가상각비를 조정함으로써 영업이익을 조정할 수 있음을 의미한다.

그러므로 투자자는 기업이 채택하고 있는 감가상각에 대한 회계정책과 회계변경으로 인한 감가상각비의 변동내용을 주의 깊게 살펴보아야 한다. 감가상각에 대한 변동내용을 확인하는 하나의 방법은 유형자산 대비 감가상각비의 비율을 계산하여 기업의 평균적인 감가상각률 추이를 확인하거나 매출액 대비 감가상각비의 비율을 살펴보는 것이다. 워렌 버핏은 매출총이익을 잠식하는 다른 비용과 마찬가지로 감가상각비(매출총이익 대비 감가상각비)도 적을수록 좋다고 본다.

(5) 영업이익

영업이익은 매출총이익에서 판매비와 관리비를 차감한 것으로, 순수하게 본래의 영업을 통해 벌어들인 이익을 말한다. 영업이익도 매출총이익과 마찬가지로 금액 그 자체의 크기만으로 영업을 효율적으로 잘했다고 할 수 없다. 많은 가치투자 대가들은 기업의 성과지표로 영업이익을 매출액으로 나눈 영업이익률을 이용한다. 영업이익률의 산식은 다음과 같다.

$$\text{영업이익률} = \frac{\text{영업이익}}{\text{매출액}} \times 100$$

영업이익률이 높을수록 수익성이 좋은 기업이라고 할 수 있다. 강한 브랜드가 있거나 독점력을 가진 기업은 가격을 결정할 수 있는 힘이 있기 때문에 영업이익률이 높다. 주로 제조업체보다는 서비스업체의 영업이익률이 높게 나타나는데 이것은 원재료비, 설비투자비용(감가상각비) 등이 적게 드는 서비스업의 특성 때문이다. 또한 영업이익률이 높다는 것은 제품의 품질뿐만 아니라 브랜드, 시장지배력이 있음을 나타내는 것이고 제조 · 유통과정이 효율적이라는 것을 의미한다. 2014년 기준으로 코오롱, 풀무원, 광주신세계, 현대백화점, 무학 등의 회사가 영업이익률 25%에서 50% 사이로 높은 영업이익률을 보고한 기업들이다.

영업이익률이 낮은 기업은 원가상승이나 인플레이션에 대한 대응력이 부족할 가능성이 높으므로 기업의 재무구조를 급격히 나쁘게 만들 우려가 있다. 낮은 영업이익률이 단순히 당장의 이익이 적어지는 것을 보여 주는 데 그치는 것이 아니라 외부상황 변화에 따라 기업을 망하게 할 수도 있는 주요인이 되기도 한다. 왜냐하면 가격결정력이 없어 원가가 높아져도 제품가격을 올리지 못해, 이익이 작아지거나 최악의 경우 팔면 팔수록 손해가 나는 역마진이 발생할 수 있기 때문이다.

반면, 영업이익률을 적절하게 확보하고 있는 기업은 원가상승에 따라 가격을 올릴 수 있어 적정한 마진을 올릴 수 있게 된다. 영업이익률이 장기간에 걸쳐 높아지거나 일정한 수준을 유지한다면 매우 좋은 신호이다. 그러나 영업이익률이 들쭉날쭉하다면 일단 사업모델이나 시장지배력 등을 의심해 봐야 한다.

영업이익률은 업종별로 다르게 나타난다. 유통업인 경우는 매출액에 비해 매출원가율이 높아 마진이 작기 때문에 영업이익률이 낮게 나타나고, IT관련 기업들은 지식집약제품을 만들기 때문에 영업이익률이 매우 높게 나타난다. 영업이익률은 업종 간 차이를 이해하고 다른 지표들과 함께 잘 사용한다면 기업의 경쟁력과 수익성, 가격결정력, 시장지배력 등 경쟁우위부분을 검증할 수 있는 유용성이 있다.

또한 영업이익률도 다른 이익과 마찬가지로 5~10년간의 추세를 분석해야 해당 기업의 수익성을 판단할 수 있다. 특히 단일기업의 특정연도 영업이익률 자체만으로는 영업이 효율적인지 아닌지를 판단하기 곤란하기 때문에 기업의 상대적 경쟁우위를 판단하기 위해서는 동일업종의 경쟁기업과 비교 · 분석해 봐야 한다.

(6) 법인세비용차감전순이익

법인세비용차감전순이익은 영업이익에서 영업외수익과 비용들을 가감하여 계산된 이익이다. 여기에는 비반복적이고 비경상적인 성격인 일회성 수익과 비용이 다수 포함되어 있다. 국제회계기준에서는 영업외수익과 비용으로 반드시 금융비용(이자비용)과 금융수익(이자수익)을 먼저 구분하여 표시하고, 그 이외 항목은 기타수익과 기타비용으로 표시하는 것을 원칙으로 하고 있다. 또한 관계회사주식처분손익이나 지분법손익과 같이 항목이 중요한 경우는 별도 항목으로 표시할 수 있다.

법인세비용차감전순이익은 회사를 인수하거나 시장에서 주식을 매수할 경우, 어느 정도 수익을 올릴 수 있는지를 계산할 때 워렌 버핏이 사용하는 중요한 지표이다. 그것은 비과세투자를 제외하고, 모든 투자상품의 수익은 세전이익으로 공표되기 때문이다. 그리고 모든 투자상품은 서로 경쟁관계에 있기 때문에 동일한 조건으로 수익성을 평가하기 위하여 세전이익을 이용한다는 것이다.[02]

많은 사람들이 손익계산서상의 법인세비용을 실제로 납부한 법인세부담액으로 생각한다. 그러나 손익계산서상의 법인세비용은 법인세 실제납부액이 아니라 법인세비용차감전순이익(회계이익)에 법인세율을 곱하여 산출된 금액을 법인세비용으로 계상한 것이다.

기업의 외부 이해관계자들에게 재무보고를 하기 위해 이루어지는 재무회계의 목적은 수익과 비용을 적정하게 인식하고 자산과 부채를 공정하게 평가하는 데 있다. 그러나 세무회계의 목적은 '세법'에 따라 당기에 납부할 법인세액(법인세부담액)을 정확하게 계산하는 데 있다. 재무회계의 목적과 세무회계의 목적이 다르기 때문에 재무회계에서 수익과 비용을 측정하고 인식하는 기준과 세법에서 익금과 손금을 인식하는 기준이 서로 다르다. 즉, 재무회계는 발생주의를 원칙으로 하고 세무회계에서는 권리의무확정주의를 원칙으로 한다. 또한 재무회계에서는 자산과 부채를 공정가치로 평가하지만 세무회계에서는 원가주의를 택한다. 이러한 차이 때문에 재무회계에서 계산된 회계이익과 과세소득에서 차이가 생긴다.

재무회계에서는 법인세를 당기손익에 포함되는 비용으로 보기 때문에 발생주의에 입각하여 실제 법인세를 납부하는 시점에서 실제납부액을 기준(현금주의)으로 법인세비용을 인식하는 것이 아니라 법인세비용이 발생된 시점에서 인식하는 것이다.

(7) 당기순이익

회사의 수익(매출수익)에서 모든 비용과 세금을 공제한 후 남은 것이 회사의 당기순이익이다. 즉, 법인세비용차감전순이익에서 법인세비용을 차감한 후 남는 것이 순이익이다. 해당 회사가 장기적인 경쟁우위를 가진 회사인지를 판단하기 위해 당기순이익을 두 가지 측면에서 검토해야 한다.

첫째, 당기순이익이 상승추세인지를 확인한다. 어느 한 해의 당기순이익이 크거나 작다고 해도 큰 의미가 없다. 당기순이익에 지속성이 있는지 그것이 상승추세로 우상향인지를 확인한다. 그래야 워렌 버핏이 중시하는 '지속성'을 확인할 수 있게 된다. 당기순이익이 부침 없이 계속 상승해야 하는 것은 아니지만, 수년 동안 상승 추세를 보이는 것이 중요하다. 이러한 추세는 주당순이익(EPS)의 추세와는 다를 수 있음에 유의해야 한다.

자기주식의 매입은 사외유통주식수를 감소시키기 때문에 주당순이익을 증대시킨다. 만약 회사가 사외유통주식수를 줄이면, 회사의 당기순이익이 증가하지 않아도 주당순이익은 증가한다. 극단적인 경우 실제로는 당기순이익이 감소했어도 자기주식 매입을 통해 주당순이익을 증가시킬 수 있다. 대부분의 분석가들은 당기순이익의 수치보다도 주당순이익에 관심을 가지기 때문에 주가가 왜곡되는 경우가 있다.

둘째, 장기적인 경쟁우위를 가진 회사들은 다른 회사들보다 매출액 대비 당기순이익 비율이 높다. 매출액 1,000억원, 순이익 50억원인 A사와 매출액 100억원, 당기순이익 20억원을 기록한 B사 중 어느 회사가 더 나은가를 살펴볼 때 단순히 순이익의 크기만으로 비교하는 것은 무리가 있다. 매출액순이익률을 비교하면 B사는 20%지만 A사는 5%에 불과하다. 당연히 B사가 A사에 비해 훨씬 나은 수익성을 보이고 있는 것이다. 이처럼 매출액이나 순이익의 크기만 가지고는 회사의 수익성을 제대로 파악할 수 없고, 매출액 대비 당기순이익 비율을 확인해야 다른 회사와 비교하여 해당 회사의 경쟁력을 제대로 파악할 수 있다.

워렌 버핏에 따르면 매출액 대비 당기순이익 비율이 20% 이상이면 장기적인 경쟁우위를 갖고 있을 가능성이 크다고 한다. 마찬가지로 매출액순이익 비율이 10% 미만이면, 그 회사는 어떤 회사도 장기적인 경쟁우위를 가질 수 없을 정도로 경쟁이 심한 사업을 하고 있을 가능성이 크고, 이 비율이 10%에서 20% 사이인 기업들은 장기적인 경쟁우위를 갖고 있는지 확인하기 어렵지만 이들 중에는 투자의 금맥이 될 가능성이 있는 기업도 있다고 한다.

2014년도 기준 매출액 대비 순이익 비율이 높은 기업은 엘지화학, 현대모비스, LG전자, 광주신세계, 현대백화점 등으로 이들 기업들은 20% 이상의 높은 순이익률을 보이는 기업이다. 그러나 이들 기업의 수익성은 당기순이익뿐만 아니라 영업이익률도 함께 검토해야 한다. 특히 영업에서는 손실을 냈는데도 일회성 손익을 이용하여 당기순이익을 보고한 것이 아닌지를 확인해야 한다. 2014년 3월 기준으로 영업이익률은 마이너스(-)인데 순이익을 보고한 기업의 예는 다음과 같다.

회사명	매출액 대비 영업이익률(%)	매출액 대비 순이익률(%)
웅진에너지	-26.00	0.29
삼성제약	-24.30	4.40
현대페인트	-20.10	4.30
STX중공업	-16.20	22.70
동양	-12.58	3.60
동원수산	-11.70	73.60
삼성SDI	-3.20	2.25

자료 : New Kis-Value

(8) 주당순이익

주당순이익(earnings per share : EPS)은 당기순이익을 유통주식수로 나눈 것이다. 주당순이익은 투자자(주주)에게 각별한 의미가 있다. 당기순이익이 기업의 입장에서 얼마의 이익을 남겼는지를 알려 준다면, 주당순이익은 보통주 주주의 입장에서 얼마의 이익을 갖게 되는지를 알려 주는 지표이다. 이 때문에 투자세계에서는 주당순이익이 매우 중요하게 취급된다. 왜냐하면 주당순이익이 높을수록 주가가 높기 때문이다.

주당순이익(EPS) = 당기순이익 ÷ 발행주식수

여기서 당기순이익은 우선주에 대한 배당을 차감한 후의 보통주의 몫에 해당하는 금액이고, 발행주식수는 발행된 보통주식수에서 자기주식을 뺀 나머지 유통주식수를 말한다. 즉, 발행주식수는 유통보통주식수를 말한다. 따라서 주당순이익은 보통주 주주들의 이익이다.

주당순이익은 기본주당순이익과 희석주당순이익으로 나눈다. 희석주당순이익은 지금은 보통주로 전환이 이루어지지 않았지만 조건이 충족되면 장래에 보통주로 전환될 가능성이 있는 증권, 예를 들면 전환사채, 신주인수권부사채, 전환우선주와 같은 증권들이 보통주로 전환되었을 경우를 가정하여 주당순이익을 계산한 것이다. 이들 전환가능성이 있는 증권들이 보통주로 전환되면 주당순이익이 작아지기 때문에 희석증권이라고 한다. 한국채택국제회계기준(K-IFRS)에서는 기본주당순이익과 희석주당순이익을 손익계산서에 반드시 공시하도록 하고 있다.

장기적인 경쟁우위기업인지를 확인하기 위해서는 한 해의 주당순이익만으로 확인해서는 안 된다. 10년 정도의 주당순이익의 추세를 확인한 후에야 해당 회사가 장기적인 경쟁우위를 갖는 회사인지 아닌지를 확인할 수 있다. 주당순이익이 지속적으로 상승하는 추세를 가진 기업은 장기적인 경쟁우위를 가지고 있다는 좋은 징후이다. 기업이 지속적으로 이익을 낸다는 것은 회사가 많은 비용을 들여 제품을 바꿀 필요가 없는 인기 있는 제품을 팔고 있다는 것을 의미한다. 또한 이익이 증가추세를 보인다는 것은 광고나 생산확대를 위한 지출을 통해 시장점유율을 높일 수 있거나, 자기주식 매입과 같은 방법을 이용할 수 있을 정도로 회사가 여유 있음을 보여 주는 것이라 할 수 있다. 이런 회사는 다음과 같은 추세를 보이는 회사이다.

연도	1	2	3	4	5	6	7	8	9	10
EPS	130	146	160	166	195	206	217	237	268	295

반면에 주당순이익이 들쭉날쭉하거나 하락추세를 보이고 심지어 마이너스(−)를 보이는 회사는 경기부침에 큰 영향을 받는 회사이거나 경쟁이 심한 회사라고 할 수 있다. 이런 회사의 주당순이익 변동추이는 대개 다음 표와 같다.

연도	1	2	3	4	5	6	7	8	9	10
EPS	853	668	177	335	503	630	−605	389	−450	250

수요가 공급보다 클 때 호황이 온다. 수요가 클 때 이런 회사들은 수요에 맞추기 위해 생산을 늘리기 때문에 해당 산업 전반에 공급과잉이 초래된다. 그 결과 회사

는 다음 호황이 올 때까지 수익을 올리지 못하는 상황이 된다. 이런 회사들은 회사의 이익변동에 따라 주가도 요동을 친다. 그러면 전통적인 가치투자자들은 이들 회사의 주가가 하락할 때 매수기회가 왔다고 착각하기도 한다. 그러나 이런 회사의 주식을 사는 것은 결국 아무런 수익도 없는 곳을 향해 아주 오랫동안 천천히 배를 몰고 가는 것과 같다.[03]

투자자에게 중요한 것은 주당기준으로 본 회사이익의 변화이다. 따라서 회사의 전체순이익이 아니라 주당순이익이 증가하고 있는지를 확인해야 한다. 어떤 경우에는 전체순이익증가율이 주당순이익증가율보다 매우 높은 경우가 있는데, 그것은 회사가 많은 신주를 발행한 결과 순이익은 커졌지만 주당순이익은 작아질 수 있기 때문이다. 순이익의 크기만으로 기업의 수익성을 판단하는 경우 잘못된 판단을 할 수도 있음에 유의해야 한다.

(9) 이익의 지속성

기업의 매출총이익은 지속적으로 높은 수준을 유지하는가? 기업은 지속적으로 낮은 부채를 유지하는가? 기업은 지속적으로 연구개발에 적은 돈을 지출하는가? 기업의 이익은 지속적인가? 또 이익은 지속적으로 성장하는가? 이와 같은 물음은 워렌 버핏이 해당 기업의 경쟁우위가 장기적인지를 알아보기 위해 재무제표에서 '지속성'을 확인하기 위한 물음이다.

현재의 이익이 미래에도 지속되는지를 분석하기 위해서는 이익을 구성하는 손익항목들이 지속적인가를 확인하여야 한다.

앙드레 코스톨라니에 따르면 주가는 주인과 함께 산책하는 강아지와 같아서 시도 때도 없이 오르고 내리기를 반복하지만 결국은 강아지가 주인을 쫓아가듯이 주가도 변동이 심하지만 결국 기업의 내재가치를 수렴한다는 것이다. 기업의 내재가치를 분석하여 투자결정을 하는 가치투자자들은 기업의 성과를 분석하고 현재의 이익실적이 미래에도 지속되는지를 알고자 한다. 즉, 과거의 성과를 분석하여 미래의 성과를 예측하려고 한다. 이 때문에 투자자나 분석가들의 재무제표 분석은 기업의 현재성과를 분석함으로써 미래의 성과를 예측하려는 데 근본목적이 있다. 따라서 기업의 지속가능한 수익성을 분석함에 있어서는 현재의 이익실적이 미래에도 지속가능한가의 문제를 분석하는 것이 중요하다. 이러한 분석을 위해서는 이익실적을 구성하는 손익 항목들의 미래 지속성 또는 일시성을 고려해야 한다.

이익을 구성하는 손익 항목은 항목의 성격에 따라 손익의 금액이 미래에도 비슷한 크기로 다시 발생할 가능성에 상당한 차이가 있다. 예를 들어, 당기의 이자비용은 내년에도 비슷한 크기로 발생할 것으로 예측할 수 있지만 당기에 채무면제이익이 발생했다면 내년의 순이익을 예측하려고 할 때, 내년에도 채무면제이익이 다시 발생할 것으로 예측되지 않을 것이다. 즉, 내년 채무면제이익의 발생가능성에 대한 기대치는 영(0)이라고 할 수 있다. 왜냐하면 채무면제라는 경제적 사건은 매우 드물게 부실기업에서 발생하기 때문이다.

채무면제이익과 같이 이번에 발생한 손익의 금액이 미래에 비슷한 크기로 다시 발생한 가능성이 매우 적은 손익을 일시적 손익이라고 부른다. 반면에 이번에 발생한 손익의 금액이 미래에도 비슷한 크기로 다시 발생할 가능성이 높은 손익을 지속적 손익이라고 한다.

일시적 손익과 지속적 손익의 구분은 이익의 원천을 구분하게 해주고, 이를 근거로 미래 이익의 지속가능성을 예측할 수 있게 된다. 그래서 이익실적을 분석할 때에는 일시적 손익이 순이익에 미친 영향을 분석해야 한다. 만약 일시적 손익 때문에 순이익이 커지거나 작아진 것이라면 이들 일시적 손익을 제거한 후 이익의 지속성을 판단해야 한다. 앞에서 예로 제시한 바와 같이 본업에서는 손실(영업이익 마이너스)을 기록했으나 당기순이익이 크게 발생한 기업을 분석할 때 반드시 일시적 손익에 대한 분석이 필요하다.

일시적 손익이 발생하는 원인은 첫째, 기업이 보유하고 있는 자산 · 부채의 시장가치 변동 때문에 발생한다. 예를 들면, 투자주식의 평가손익, 유형자산재평가이익, 환율변동으로 인한 손익 등이다. 둘째는 손익을 발생시킨 거래 또는 사건 자체의 일시성 때문에 발생하는 경우로 자산의 처분손익, 채무면제이익, 중단사업의 손익 등이다. 셋째는 과거의 추정오류나 회계오류를 수정한 결과 발생한 손익으로 전기오류수정손익이나 법인세환급 · 추납액 등이다. 이들 일시적 손익의 예를 나열하면 다음과 같다.

손익계산서상 분류	일시적 손익의 예
기타수익과 기타비용	• 재고자산의 감모손실 · 폐기손실 • 단기매매금융자산의 평가손익 · 처분손익 • 매도가능지분증권의 처분손익, 기타투자자산처분손익 • 유형자산의 처분손익 · 폐기손실 • 유형자산 및 무형자산의 손상차손 · 재평가손익 • 영업관련 자산 · 부채에 관한 외환차손익 · 외화환산손익 • 법인세환급액, 법인세추납액 • 전기오류수정손익 • 손해배상금, 일시적 기부금 등 기타 일시적으로 발생하는 손익
금융수익과 금융비용	• 재무부채와 재무자산에 관한 외환차손익 · 외화환산손익 • 재무자산의 처분손익(예 : 채무증권처분손익) • 사채상환손익
기타포괄손익	매도가능금융자산평가손익, 해외사업환산손익, 파생상품평가손익, 유형자산재평가손익 등 기타포괄손익은 일시적 손익에 해당함

자료 : 김권중, 재무제표분석과 가치평가, 창민사, 2015, p.153.

이익의 지속성을 분석하기 위해서는 일시적 손익 항목을 당기순이익에서 제외해야 한다. 이는 투자자가 알고자 하는 내용이 일정조건에서 드러나는 기업의 지속적인 수익력이기 때문이다.

2000년 5월에 보도된 조선일보의 기사는 일시적 손익에 대한 중요한 시사점을 보여 주는 대표적인 사례이다. 이 기사에 따르면 코스닥 벤처기업들의 1분기 이익실적은 전년도인 1999년 전체의 순이익보다 훨씬 큰 것으로 발표되었지만 대형 벤처기업들의 주가는 오히려 폭락했다. 이렇게 주가가 폭락한 것은 유가증권처분이익과 채무면제이익 등으로 인해 순이익이 커진 것뿐이고, 영업이익은 마이너스(–)로 적자를 나타내었기 때문인 것으로 보도되었다. 영업이익은 기업의 본업에서 벌어들인 이익으로 지속성이 높은 반면 일시적 손익은 지속성이 낮기 때문에 투자자들이 벤처기업들의 미래 수익성을 부정적으로 평가하여 주가가 폭락한 것으로 해석할 수 있다.

읽고가기 **일시적 손익의 예**

코스닥 '스타기업' 실적 좋아졌다는데 … 알고 보니 '헛장사'

코스닥 12월 결산법인들의 실적호전 발표에도 불구하고 코스닥시장이 17일 폭락세를 나타냈다. 코드닥증권이 363개 12월 결산법인의 1분기 실적을 분석 · 발표한 자료에 따르면 코스닥등록기업들이 올 1분기(1~3월) 올린 순이익은 지난해 전체 당기순이익의 71%에 달한 것으로 나타났다. 특히 벤처기업들의 1분기 순이익은 지난해 전체 순이익의 98%에 달할 정도로 좋은 성적을 냈지만, 일반투자자들은 이를 비웃기라도 하듯 주식을 대거 내다 팔았다. 최근까지 코스닥시장에서 '묻지마 투자'를 계속해 오던 투자자들이 왜 갑자기 이 같은 태도변화를 보였을까?

그에 대한 대답으로 첫째, 이날 코스닥증권이 발표한 1분기 실적에 어마어마한 허수(虛數)가 포함되어 있다는 사실이 지목되고 있다. 순이익 랭킹 1위를 차지한 씨티아이반도체는 영업이익과 경상이익이 모두 적자를 기록했지만, 채무면제 특별이익(빚을 탕감받은 데 따른 이익) 덕분에 1,520억원의 당기순이익을 기록했다. 그러나 이 같은 '엉터리' 순이익을 빼면 코스닥 벤처기업들의 실제 순이익은 일거에 60%가량 줄어든다.

둘째, 코스닥 대표선수들의 실적이 기대 이하였다는 지적이다. 새롬기술과 한글과컴퓨터 등 상당수 벤처기업들은 적자인 영업이익을 은행이자수입이나 주식매각으로 메워 소폭의 경상이익 흑자를 연출했다. 한마디로 장사해서 번 이익보다 부수입이 많았던 것. 이에 따라 코스닥시장의 대형 기술주들이 17일 대거 하한가로 곤두박질치면서 지수를 끌어내렸다.

자료 : 조선일보, 2000. 5. 18.

(10) 이익의 질

소비자들이 물건을 살 때 그 품질을 따지듯이 투자자와 채권자 등의 회계정보 이용자는 회사의 재무상 건강상태를 파악하는 데 이익의 질을 따진다. 보고된 이익이 기업의 활동결과를 잘 나타낼수록, 미래 이익을 예측하는 데 유용할수록, 이익의 질이 높다고 한다. 이익의 질은 또한 이익의 속성 측면에서 이익지속성이 높고, 이익변동성이 낮을수록 이익의 질이 높다고 판단한다. 이익규모 자체보다도 이익이 산출되기까지의 과정이나 구조적 요인을 반영하는 이익의 질이 보다 중요한 의미를 가진다.

손익계산서에 표시되는 이익수준은 영업활동 순현금흐름과 비교해 전반적인 이익의 질을 판단할 수 있다. 일반적으로 손익계산서의 이익규모는 회계정책의 변경 등에 따라 기간별 조정 여지가 일부 존재할 수 있으나, 현금흐름은 이에 따른 영향력이 상대적으로 낮아 손익계산서에서 간과할 수 있는 영업실적의 구조적 변화요인을 파악하는 데 더 유용하기 때문이다. 따라서 손익계산서의 각종 이익지표와 현금흐름이 동일한 방향으로 움직이고, 주가와 상관관계가 높을 때 이익의 질이 높다고 할 수 있다. 이상의 것을 요약하면 이익의 질은 다음 4가지로 가늠할 수 있다.

- **회계원칙의 선택방향** : 경영자의 회계원칙선택의 재량권은 낙관적 혹은 보수적일 수 있다. 보수적으로 결정된 이익의 질은 상대적으로 높게 인식된다. 왜냐하면 그러한 이익은 낙관적으로 결정된 이익과 비교하여 현재나 미래의 성과를 과대표시하지 않기 때문이다.
- **자유재량적 비용의 지출 정도** : 경영자는 수익과 비용을 결정할 수 있는 재량권을 갖고 있기 때문에 광고비, 마케팅비, 수선유지비, 연구개발비 등과 같은 자유재량적 비용은 이익의 수준에 맞추기 위해서 그 금액이나 지출시기를 조절할 수 있다. 영업상황과 무관하게 기업의 유지와 성장에 필요한 이러한 비용의 금액이나 지출의 시기가 조절된 이익은 이익의 질이 낮은 것이다. 따라서 기업의 성장에 중요한 자유재량적 비용지출이 기업의 매출규모와 일정수준을 계속하여 유지하고 있을 때의 이익은 그렇지 못한 이익보다 질적으로 높다고 평가한다. 이러한 자유재량적 비용은 매출액과 대비시켜 봄으로써 그 변동성을 쉽게 파악할 수 있다.
- **이익의 변동성 정도** : 이익의 질에 영향을 미치는 세 번째 요소는 이익의 추세가 안정적이냐 불안정하냐 하는 문제와 관련된다. 즉, 이익의 변동성 정도이다. 특정 기업의 이익을 수년간에 걸쳐 비교하여 볼 때 그 이익추세가 안정적이라면 이익의 질이 높다고 하고 이익의 변동가능성이 커서 불안정하다면 이익의 질은 낮다고 평가한다.
- **당기순이익과 영업활동 현금흐름과의 관련성 정도** : 영업활동으로 인한 현금흐름이 이익에 가깝게 나타날수록 이익에 대한 신뢰도가 높아지기 때문에 이익의 질이 높다고 평가한다.

01 메리 버핏 · 데이비드 클라크 지음, 김상우 옮김, 워렌 버핏의 재무제표 활용법, 부크홀릭, 2010, p.55.

02 메리 버핏 · 데이비드 클라크 지음, 김상우 옮김, 전게서, p.77.

03 메리 버핏 · 데이비드 클라크 지음, 김상우 옮김, 전게서, pp.86~88.

Chapter 07

현금흐름표 분석

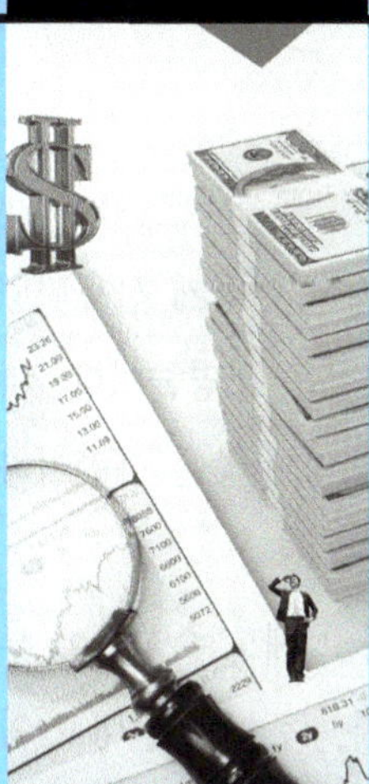

7.1 현금흐름표의 유용성

7.2 현금흐름표의 구조

7.3 기업수명주기와 현금흐름

7.4 현금흐름의 분석

| CHAPTER **07** |

현금흐름표 분석

"믿을 만한 친구 세 명은 부인, 늙은 개, 그리고 현금이다."

- Benjamin Franklin -

7.1 현금흐름표의 유용성

현금흐름표는 한 기간 동안 기업의 현금이 어떻게 창출되고 어떻게 사용되었는지를 나타내는 보고서이다. 기업의 입장에서 돈은 혈액과 같은 생명줄이다. 피가 돌지 않아 뇌에 산소가 공급되지 않으면 아무리 건강하고 체력이 좋은 사람이라도 죽음에 이르게 된다.

이처럼 돈이 돌지 않으면 기업의 경쟁력이 아무리 강하다고 해도 순식간에 부도를 내고 쓰러질 수 있다. 흑자도산이란 재무제표상에는 흑자, 즉 이익을 내고 있지만 예상치 못한 원자재가격 폭등과 임금상승, 과도한 설비투자, 거액의 불량채권, 과도한 재고 등으로 현금수요를 감당하지 못하여 도산하는 경우를 말한다. 이러한 이유로 기업의 가장 중요한 이해관계자인 투자자(주주)나 채권자들은 이익도 중요하지만 기업의 현금창출능력에 더 많은 관심을 가진다.

IMF 금융위기를 겪으면서 절실하게 깨달은 교훈 중의 하나는 이익이 곧 현금이 아니란 것이다. 사실 언뜻 생각하면 이익과 현금은 비슷한 것으로 볼 수 있다. 그러나 회사가 올해 순이익 10억원이 났다고 해서 현금 10억원의 여유가 있다는 뜻이 아니다. 그 이유는 회계이익은 발생주의에 입각해서 현금이 들어오지 않아도 수익을 인식하고, 현금이 나가지 않아도 비용으로 인식하여 그 수익과 비용의 차이로 계산된 이익이기 때문이다.

예를 들어, A사가 1억원의 상품을 외상으로 구입하고, 이 상품을 외상으로 1억 5천만원에 판매하였다면 A사의 매출이익은 5천만원이다. 이렇게 현금수입과 지출에 관계없이 이익을 계산하는 것이 발생주의 회계이다. 그러나 현금기준으로 이익을 계산하면 이익은 영(0)이다. A사는 이익이 5천만원 발생했기 때문에 그에 따른 세금을 내야 한다. 그리고 이익이 생겼기 때문에 주주에게 배당을 해야 한다면 A사는 세금을 납부하거나 배당금을 지급할 능력(돈)이 없기 때문에 더 이상 사업을 유지하기 어렵게 된다.

회사가 현금이 부족하면 직원들에게 월급을 주기 어렵고, 원사재 구입이나 설비투자가 충분히 이루어지지 않을 수 있다. 더욱이 주주에게 배당을 줄 수 없을 뿐만 아니라 차입금에 대한 이자와 원금을 제때에 갚지 못할 수 있다. 이렇게 되면 현금부족으로 인한 채무불이행으로 부실기업으로 전락할 수 있다. 이런 의미에서 컨설팅회사에서는 현금의 중요성을 강조하면서 "Cash is The King(뭐니 뭐니 해도 머니가 최고나)"이라는 조언을 서슴지 않는다.

현금흐름표는 발생주의 회계기준에 의하여 작성된 재무상태표와 손익계산서가 제공하지 못하는 정보, 즉 기업의 현금이 어디에서 창출되고 어디로 가는지에 대한 추가적인 정보를 제공한다. 다음 그림은 2007년도에 부도난 유명한 여성의류 브랜드를 가진 회사의 당기순이익과 현금흐름의 추세를 나타내고 있다. 당기순이익만을 봤을 때 2001년부터 부도 직전연도인 2006년까지 회사는 매우 양호한 성과를 나타내고 있다. 그러나 영업활동 현금흐름의 추세를 봤을 때 이 회사는 2001년부터 영업활동에서 현금을 창출하지 못하고 오히려 돈을 까먹고 있는 상태이며, 부도 2년 전에 그 정도가 심각하였음을 알 수 있다.

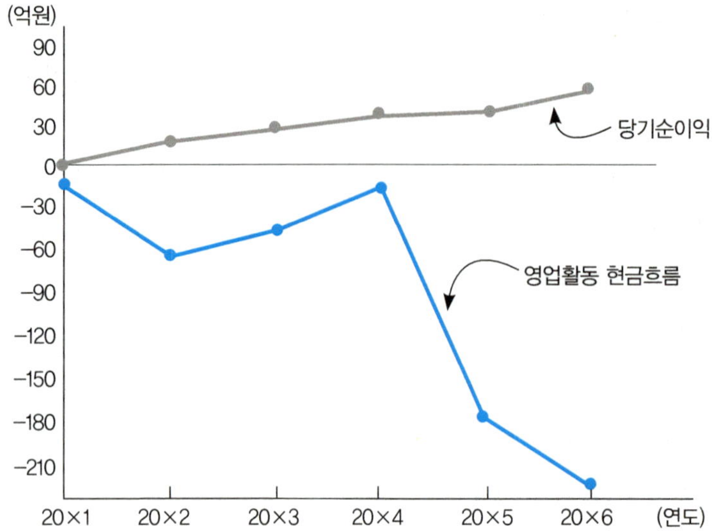

현금흐름표는 기업의 미래 현금창출능력을 예측할 수 있는 정보를 제공하고, 부채와 배당금의 지급능력을 평가할 수 있는 정보를 비롯하여 당기순이익의 질을 평가할 수 있는 유용한 정보를 제공한다.

7.2 현금흐름표의 구조

기업의 활동은 주주와 채권자들로부터 조달된 자금을 영업활동의 기반이 되는 자산에 투자하고, 그 자산을 활용하여 영업(재화나 서비스의 생산 · 판매)을 함으로써 현금을 벌어들인다. 이렇게 벌어들인 현금의 일부는 영업규모의 유지 또는 확대를 위해 다시 투자되고, 그 나머지는 자본투자자들에게 이자, 배당 등을 지급하는 데 사용된다. 기업의 이런 활동을 구분하면 영업활동, 투자활동, 그리고 재무활동으로 구분할 수 있다. 현금흐름표는 일정기간 동안 수행된 활동별로 현금유입과 현금유출에 대한 정보를 제공하는 재무보고서이다. 이에 따라 현금흐름표의 기본적 구조는 다음과 같다.

영업활동 현금흐름(= 유입 – 유출)
+ 투자활동 현금흐름(= 유입 – 유출)
+ 재무활동 현금흐름(= 유입 – 유출)

= 현금의 증가, 감소(= 총유입 – 총유출)
+ 기초현금

= 기말현금

(1) 영업활동 현금흐름

영업활동은 기업의 주요 수익창출활동을 의미하며, 투자활동과 재무활동이 아닌 기타의 모든 활동을 포괄한다. 이러한 영업활동으로부터 발생하는 현금흐름은 기업의 수익창출활동으로부터 현금을 창출할 수 있는 능력을 보여 주는 경영성과의 지표가 된다.

영업활동 현금흐름은 매출과 매입거래, 영업과 관련된 비용의 지급 및 종업원의 급여지급 등을 포함한다. 영업활동 현금흐름의 예는 다음 표와 같다.

영업활동 현금흐름

현금유입	현금유출
1. 제품 등의 판매 2. 로열티, 수수료, 기타수익 3. 이자 수취, 배당금 수취	1. 상품 등의 구입 2. 공급자와 종업원에 대한 지출 3. 이자 지급, 법인세 납부

현금흐름표의 영업활동 현금흐름은 직접법과 간접법의 두 가지 방법으로 작성할 수 있다. 직접법은 총현금유입과 총현금유출을 주요 항목별로 구분하여 표시하는 방법이다. 직접법을 사용하면 기업의 영업활동에서 발생한 현금흐름 구성내용을 자세히 볼 수 있어서 미래 현금흐름을 추정하는 데 간접법보다 유용한 정보를 제공할 수 있다.

직접법	간접법
영업활동 현금흐름	영업활동 현금흐름
고객으로부터 현금유입	법인세비용차감전순이익
공급자에 대한 현금유출	현금유출이 없는 비용가산
종업원에 대한 현금유출	감가상각비
이자 수입	현금유입이 없는 이익차감
배당금 수입	지분법평가이익
법인세 납부	영업활동으로 인한 자산 · 부채의 변동
	매출채권의 증가(−)
	매입채무의 증가(+)
	영업활동에서 창출된 현금
	이자 지급(−)*
	법인세 납부(−)
	영업활동 순현금흐름

* 간혹 재무활동 현금유출에 표시되기도 한다.

한편, 간접법은 법인세차감전순이익에서부터 시작하여 현금흐름에 영향이 없는 거래들과 투자 및 재무활동에 포함되는 거래를 제거하고 영업활동으로 인한 자산과 부채의 영향을 고려함으로써 영업활동 현금흐름을 계산한다. 간접법은 직접법에 비해 용이하다는 이점 때문에 실무에서는 대부분 간접법을 이용한다. 제시된 현금흐름표도 간접법으로 작성된 현금흐름표이다.

(2) 투자활동 현금흐름

투자활동 현금흐름은 장기성자산 및 현금성자산에 속하지 않는 기타투자자산의 취득과 처분에 관련된 현금흐름이다. 대부분 비유동자산의 취득과 처분이 투자활동 현금흐름에 해당한다.

투자활동 현금흐름

현금유입	현금유출
1. 대여금 회수	1. 현금의 대여
2. 금융상품의 처분	2. 금융상품의 취득
3. 유 · 무형자산의 처분	3. 유 · 무형자산의 취득

(3) 재무활동 현금흐름

재무활동 현금흐름은 기업이 경영활동에 필요한 자금을 조달하고 이에 대한 대가를 지급함으로써 발생하는 현금흐름을 의미한다. 기업은 자금을 조달하기 위해 부채를 발생시키거나 주식을 발행하고, 이를 활용한 대가로 채권자에게 이자와 원금을 지급하며, 주주에게 배당금을 지급하거나 주주로부터 자기주식을 취득한다. 재무활동 현금흐름은 미래 현금흐름에 대한 자본제공자의 청구권을 예측하는 데 유용하다. 재무활동 현금흐름의 예는 다음과 같다.

재무활동 현금흐름

현금유입	현금유출
1. 현금의 차입 2. 사채발행(어음발행 포함) 3. 주식발행	1. 차입금 상환, 배당금 지급 2. 유상감자 및 자기주식 취득 3. 배당금 지급

기업의 경영활동은 크게 재무활동, 투자활동, 영업활동으로 구분된다. 즉, 주식을 발행하든 사채를 발행하든 자금을 조달하여(재무활동), 그 돈으로 경제적 자원을 취득한 다음(투자활동), 수익을 창출하고 수익에서 경제적 자원을 소모(비용)함으로써 이익을 얻게 된다(영업활동). 이런 일련의 과정에서 현금이 들어오고 나가게 된다. 이런 현금흐름과정을 표로 나타낸 것이 현금흐름표이다. 이를 예시하면 다음과 같다.

현대자동차(주) **연결현금흐름표** (단위 : 백만원)

	제46기	제45기	제44기
I. 영업활동으로 인한 현금흐름	1,208,466	5,339,686	4,132,119
1. 영업으로부터 창출된 현금흐름	3,109,043	7,868,089	6,426,813
(1) 연결당기순이익	8,993,497	9,061,132	8,120,298
(2) 조정	7,332,779	7,118,536	6,902,605
(3) 영업활동관련 자산부채의 변동	(13,217,233)	(8,311,579)	(8,596,090)
2. 이자의 수취	703,243	617,736	550,026

3. 이자의 지급	(1,444,092)	(1,660,401)	(1,722,736)
4. 배당금의 수취	787,804	744,132	605,273
5. 법인세의 지급	(1,947,532)	(2,229,870)	(1,727,257)
Ⅱ. 투자활동으로 인한 현금흐름	(6,620,732)	(7,199,133)	(7,116,095)
1. 단기금융상품의 순증감	224,284	(1,900,099)	(337,862)
2. 유형자산의 처분	306,471	69,230	108,727
3. 무형자산의 처분	26,673	1,935	11,047
4. 공동기업 및 관계기업투자의 처분	1,504	241,806	355,584
5. 기타금융자산의 증가	(107,515)	(539,551)	(764,965)
6. 기타채권의 증가	(96,776)	(97,098)	(394,144)
7. 장기금융상품의 증가	(2,854,853)	(1,160,000)	(500,000)
8. 유형자산의 취득	(3,171,093)	(3,000,038)	(2,899,177)
9. 무형자산의 취득	(991,064)	(798,607)	(763,234)
10. 종속기업의 취득		(290,989)	
11. 공동기업 및 관계기업투자의 취득	(131,088)	(275,104)	(3,105,180)
Ⅲ. 재무활동으로 인한 현금흐름	5,715,450	2,572,831	3,108,804
1. 단기차입금의 순증감	(864,251)	(1,363,213)	(1,084,499)
2. 장기차입금 및 사채의 차입	23,632,277	23,448,538	15,501,739
3. 종속기업의 유상증자	476,493	277,476	10,618
4. 종속기업의 추가취득	(175,275)		
5. 장기차입금 및 사채의 상환	(16,669,654)	(18,890,467)	(10,436,527)
6. 기타금융부채의 상환		(341,484)	
7. 자기주식의 취득			(400,137)
8. 배당금의 지급	(632,529)	(523,367)	(457,650)
Ⅳ. 환율효과 전 현금및현금성자산의 순증가	303,184	713,384	124,828
현금및현금성자산에 대한 환율변동효과	(190,092)	(185,992)	(108,697)
Ⅴ. 기초 현금및현금성자산	6,759,338	6,231,946	6,215,815
Ⅵ. 기말 현금및현금성자산	6,872,430	6,759,338	6,231,946

7.3 기업수명주기와 현금흐름

기업의 수명주기(life cycle)는 크게 도입기, 성장기, 성숙기, 쇠퇴기로 구분할 수 있다.

(1) 도입기

기업이 시장에 처음으로 진출하는 시기이다. 시장에 대한 낙관적인 전망으로 대규모 시설투자가 이루어지고 이를 위한 자금이 필요하게 되는 단계이다. 도입기에는 매출이 잘 이루어지지 않고 비용은 많이 들어가기 때문에 이익이 나지 않는다. 반면에 은행에서 돈을 빌리거나 주식을 발행하는 등 자금을 조달하게 되고 그 돈으로 설비투자 등을 하게 된다. 또한 매출이 잘 이루어지지 않기 때문에 현금이 별로 들어오지 않고 나가기만 하는 상황이 된다. 따라서 영업활동 현금흐름과 투자활동 현금흐름은 마이너스(−)가 되고 재무활동 현금흐름은 플러스(+)가 되는 것이 일반적이다.

(2) 성장기

판매량이 늘어나고, 적자였던 이익이 흑자로 돌아서면서 증가하는 단계이다. 판매량의 증가에 대응하기 위해 여전히 많은 시설투자와 자금조달이 필요한 시기이다. 한편 매출이 늘어나면서 고객으로부터의 현금유입도 늘어나 현금유출을 초과하게 된다. 이때는 영업활동으로 인한 현금흐름이 이익과 비슷한 패턴을 보이나 이익이 인식되고 현금이 들어오기 때문에 약간의 시간차이가 있다. 따라서 성장기의 현금흐름은 영업활동 현금흐름(+), 투자활동 현금흐름(−), 재무활동 현금흐름(+)의 양상을 띠게 된다.

(3) 성숙기

매출이 정점에 이르지만 매출의 증가가 미미하고 그에 따라 기업의 자본적 지출도 성장기에 비해 낮아지게 된다. 이 시기에는 기술과 서비스가 이전되거나 모방되면서 기업들이 차별화하기가 어려운 단계에 접어든다. 시장이 이미 포화된 상태에서 경영혁신, 원가절감을 통해서 이윤을 유지해 나간다. 이 단계에서는 불필요한 자산을 매각처분하게 되고 차입한 돈은 일부 상환하기 시작한다. 아직은 매출이 정점에 이르고 경비도 정상적으로 발생하기 때문에 주요 영업과 관련해서 현금은 여전히 유출보다 유입이 큰 상태이다.

성숙기를 지나면서 기업은 구조적인 변화를 가져오거나 인수 · 합병을 통해 신규시장으로의 진입을 시도하여 새로운 활로를 모색하게 된다. 따라서 이 시기를 변혁기(shake-up)라고 하는데, 설비투자가 더욱 많이 늘어나고 이에 대한 재원을 마련하기 위하여 자금을 조달하게 되어 도입기와 같은 양상을 보이게 된다. 이 단계에서는 영업활동 현금흐름과 재무활동 현금흐름에서 플러스(+)가 되며, 투자활동에서는 현금흐름이 마이너스(−)가 된다. 기업의 자구노력이 성공하게 되면 이익구조와 현금흐름이 다시 성숙기와 같은 양상을 띠게 된다. 그러나 만약 경쟁구조하에서 생존하지 못하거나 혁신에 실패하게 되면 기업은 쇠퇴기에 들어가게 된다.

(4) 쇠퇴기

기업이 일부 사업부를 매각하거나 기업의 활동을 통째로 중단하게 되는 사태가 발생한다. 이 단계에서는 매출이 급감하고, 고정비적 성격의 비용은 꾸준히 발생하고 이익이 흑자에서 다시 적자로 돌아선다. 현금흐름에 있어 영업활동 현금흐름은 겨우 플러스(+)를 유지하나 투자활동 현금흐름은 자산이나 영업부를 매각함으로써 플러스(+)가 되고 재무활동 현금흐름은 나머지 부채를 상환하는 패턴이 되므로 마이너스(−)로 나타나게 된다.

이러한 기업수명주기를 이해할 때 이익은 수익성을, 현금흐름은 유동성에 대한 정보를 줄 뿐만 아니라 기업수명주기에 따라 그 중요성이 달라진다. 예를 들어, 도입기에 이익이 적자가 나는 것은 그다지 큰 문제가 아니다. 그 이유는 곧 매출이 정상궤도에 오르고 초기 단계에서 들어가는 경비가 더 이상 발생하지 않게 되면 이익이 날 것이기 때문이다. 또한 부채비율이 높은 것도 그리 큰 문제는 아니다. 도입기에서는 향후 매출성장률을 예상하고 자금을 빌린 것이기 때문이다. 반면에 성숙기 단계에서 이익이 안 난다거나 부채비율이 높은 것은 중요한 문제일 수 있다.

7.4 현금흐름의 분석

현금흐름 중에서 가장 주목해야 하는 부분은 영업활동으로 인한 현금흐름이다. 투자활동으로 인한 현금흐름이나 재무활동으로 인한 현금흐름은 재무상태표나 손익계산서에서도 파악할 수 있지만 영업활동으로 인한 현금흐름은 악의적인 분식회계를 적발해 낼 수 있기 때문에 매우 중요하다.

영업활동으로 인한 현금흐름이 마이너스(−)인 경우 새로 창업해서 창업기에 있는 회사를 제외하고는 영업활동에서 심각한 문제를 가진 부실기업일 가능성이 매우 높다. 또한 손익계산서의 당기순이익보다 영업활동으로 인한 현금흐름이 적은 기업은 재고자산이나 매출채권이 과다함으로 인하여 기업경영에 있어 심각한 문제를 가지고 있거나 분식회계를 했을 가능성이 매우 높은 기업이다. 또한 당해연도의 현금흐름을 보고 기업의 상태를 해석하는 경우 잘못된 해석을 할 수 있기 때문에 영업활동을 비롯한 각 활동별 현금흐름의 양상을 10년간의 추세를 파악하여 기업의 상황을 확인하는 것이 필요하다. 다음의 표는 현금흐름표에서 많은 시사점을 보여 주는 사례이다.[01]

(단위 : 억원)

	2005년	2006년	2007년	2008년	2009년	2010년	2011년
영업활동 현금흐름	56	9	69	47	−551	−146	−766
투자활동 현금흐름	−230	−738	−507	−744	587	21	1,060
재무활동 현금흐름	19	718	726	610	−84	121	−208
순이익	81	150	169	524	−1,167	−1,014	−1,101

예로 든 회사의 현금흐름표를 보면 2005~2008년까지 영업활동에서 창출된 현금흐름은 플러스(+)를 보이고 있으나 모두 당기순이익보다 작았다. 이것은 당기순이익이 현금으로 전환되지 못하였음을 나타내는 것으로 매출채권이나 재고자산관리에 심각한 문제가 있음을 나타내고 있다고 할 수 있다.

이런 경우 매출채권이나 재고자산회전율을 검토하고 이들 항목이 매출에서 차지하는 비율의 변화를 점검하여 분식회계 여부에 대한 보다 심도 있는 검토가 필요하다. 특히 2008년의 경우 순이익이 524억원으로 전년도에 비해 3배 이상 늘어난 것으로 보고하고 있다. 그러나 영업활동 현금흐름은 전년도에 비해 오히려 줄어들었다. 순이익만 보고 투자를 하는 투자자라면 이 회사가 엄청나게 이익이 성장한 회사라고 착각을 했을 가능성이 있다.

또한 2005~2008년 사이에는 순이익이나 영업활동 현금흐름에 비하여 막대한 투자활동을 했음을 알 수 있다. 영업활동에서 벌어들인 현금을 초과하여 투자가 이뤄지게 되면, 부족한 현금은 당연히 차입금 등 재무활동에서 마련할 수밖에 없게 된다. 이렇게 오랫동안 회사 밖에서 현금을 마련해 오면 자연히 회사의 차입금이 늘어나게 되고, 차입금을 감당하지 못하면 그동안 보유하고 있던 비유동자산을 매각하는 등 구조조정과정을 거치게 된다. 사례 회사는 2009년부터 거액의 순손실이 발생하고 더구나 영업활동 현금흐름도 마이너스(−)이며, 비유동자산을 처분하는 등 아주 심각한 구조조정상황임을 나타내고 있다.

기업의 본업이 영업활동이란 점을 감안하면 영업활동으로 인한 현금흐름은 플러스(+)가 나와야 정상이다. 또 기업이 계속적으로 존재하려면 적절한 재투자가 병행되어야 하므로 투자활동으로 인한 현금흐름은 마이너스(−)가 되는 게 정상이다. 기업이 영업활동으로 인하여 창출된 현금으로 부채를 상환하거나 배당금을 지급해야 우량하다고 볼 수 있다. 그러므로 재무활동은 마이너스(−)가 될수록 우량하다. 각 현금흐름의 형태로 본 기업의 대략적인 상태는 다음 표와 같다.

현금흐름표의 형태로 본 기업상황

영업활동 현금흐름	투자활동 현금흐름	재무활동 현금흐름	대략적인 상태
+	+	+	구조조정과 자금조달을 겸하는 중견기업
+	−	−	재투자와 부채상환, 배당이 활발한 우량기업
+	+	−	구조조정을 통하여 부채를 상환하는 안정화에 주력하는 기업
+	−	+	외부조달자금으로 사업을 확장하는 성장기업
−	+	+	영업손실로 기존 자산 매각 또는 외부자금으로 자금부족을 메우는 기업
−	−	+	영업이 본 궤도에 오르지 못한 창업기의 기업
−	+	−	자산을 매각하여 부채를 상환하는 부실기업

기업의 자산이 체격이고, 손익이 체력이라면 현금은 혈액이다. 피를 골수에서 만들지 않고 외부 수혈에 의존할 경우 위험에 노출될 가능성이 매우 높다. 우량기업은 영업활동으로 창출된 현금범위 내에서 투자자원을 조달한다. 반면에 부실기업은 영업활동으로 창출된 현금의 몇 배에 달하는 규모의 사업에 투자하고, 부족한 자금은 외부로부터 조달하게 된다. 결국은 원리금 상환에 대한 압박으로 피가 돌지 않아 상장폐지, 파산신청의 길로 접어들게 되는 것이다.

요약하면 영업활동으로 인한 현금흐름은 플러스(+), 투자활동으로 인한 현금흐름은 마이너스(−), 재무활동으로 인한 현금흐름은 마이너스(−)인 기업이 가장 우량한 기업이며 주식투자대상으로 이상적인 기업이다. 즉, 기업이 영업활동으로 돈을 벌어서, 장래를 위해 투자하고, 남은 돈으로 부채도 상환하고 주주에게 배당도 지급할 수 있는 기업이 우량기업이라고 할 수 있다는 것이다.

(1) 잉여현금흐름

기업이 공장을 새로 확장하거나 설비를 교체한다든지 기술을 개발하는 행위 등은 사실상 기업의 본업인 영업활동을 원활히 하고자 행해진다. 그런 의미에서 기업의 본업과 관련하여 반드시 필요한 자본적 지출에 소요되는 현금을 제외하고 남게 되는 현금흐름을 잉여현금흐름(free cash flow : FCF)이라고 한다. 즉, 영업활동에서 창출된 현금흐름의 일부는 영업자산의 보충과 미래 성장을 위해 재투자되어야 하므로 영업활동 현금흐름에서 그러한 투자액을 차감한 것이 최종적으로 기업이 창출한 순현금흐름이다. 이러한 여유현금흐름은 기업의 현금흐름 창출능력을 평가할 수 있게 하는 지표가 된다.

잉여현금흐름은 기업을 지배하고 있는 대주주 입장에서 주주에게 귀속되는 투자수익이라고 할 수 있다. 그런 의미에서 워렌 버핏은 잉여현금흐름을 주주이익이라고 부른다. 일반적으로 잉여현금흐름은 영업활동으로 인한 현금흐름에서 자본적 지출을 차감한 것으로 해석한다.

잉여현금흐름(FCF) = 영업활동 현금흐름 – 자본적 지출

FCF, 즉 잉여현금흐름이 부족하면 이자지급과 기존 차입금의 상환 등에 필요한 자금조달을 하여야 한다. 한 기간에 잉여현금흐름이 마이너스가 되는 것은 다음 두 가지 경우로 생각해 볼 수 있다.

첫째, 영업활동의 수익성이 높지 않아서 영업활동 현금흐름이 많이 창출되지 못하면 기업유지에 필요한 투자자금을 기업이 자체적으로 조달할 수 없게 되어 FCF가 음(–)의 값이 된다.

둘째, 영업활동 현금흐름이 많이 창출되어도 기업의 영업규모의 확대 또는 성장을 위하여 대규모 투자를 하면 이로 인해 일시적으로 당해연도의 FCF가 음(–)의 값이 될 수 있다. 이러한 기업은 불량기업이 아니며, 투자의 결과로서 미래에는 더 많은 영업활동 현금흐름을 창출하여 양(+)의 FCF를 많이 창출할 수 있다.

잉여현금이 많으면 다음과 같은 장점이 있다.[02]

첫째, 많은 잉여현금흐름을 창출하는 기업은 자본적 지출이 적기 때문에(부동산, 공장설비에 많은 투자를 할 필요가 없기 때문에) 사업이 자본집약적이지 않다. 따라서 다른 회사보다 자본수익률(ROIC)과 이익증가율이 높은 경우가 많다.

둘째, 잉여현금흐름이 많으면 외부자금 의존도가 적어 사업상 위험이 적다. 잉여현금흐름이 많은 기업은 잉여현금을 통해서 사업에 필요한 자금을 자체 조달할 수 있다. 시인 로버트 프로스터(Robert Prost)가 말한 것처럼 "은행은 날씨가 좋을 때 우산을 빌려주고 비가 내리면 우산을 돌려 달라고 하는 곳이다." 어려운 시기에 잉여현금흐름이 많은 기업은 살아남지만 그러지 못한 기업은 살아남기 힘들다. 경기침체기나 경제위기 시 현금의 구매력은 매우 강해진다.

어떤 기업이 FCF가 매출액 대비 5% 이상이면 우량기업이라고 할 수 있으며 현금을 끊임없이 창출하는 화수분형(cash cow)이라고 할 수 있다.

(2) 자본적 지출

자본적 지출(capital expenditure : CAPEX)이란 부동산, 공장, 설비와 같이 장기사용목적의 비유동자산을 취득하거나 보수, 유지를 위해 현금을 지출하는 것이다. 자본적 지출은 업종에 따라 지출규모가 다르지만 여러 해 동안 계속 높은 수준의 지출을 하게 되면 이익에 큰 영향을 미치게 된다. 일반적으로 장기적인 경쟁우위를 가진 기업들은 그렇지 않은 기업에 비해 순이익 대비 자본적 지출이 적나.

현재의 기업경쟁력을 유지하기 위해 끊임없는 대규모 시설투자가 필요한 기업은 이익이 나더라도 대규모 설비에 재투자를 해야 하기 때문에 결국 주주의 이익을 기업의 생존에 쓰고 있는 셈이다. 즉, 주주에게 돌아갈 이익이 현재의 경쟁력을 유지하기 위한 수단으로 사용되고 있는 것이다.

기업의 관점에서 시장점유율을 확대하고, 중장기(5년 이상) 성장전략을 위해서는 적기에 과감한 투자가 필요하다. 그러나 주식투자자 입장에서는 설비에 대한 투자를 활발히 하고 있는 기업은 미래 성장에 대한 기대감이 반영될 수 있지만 이익의 가시성이 낮아진다. 설비가 증대되고 있는 중에는 제품생산 적응과정이 필요하게 되고 이 과정에서 생산효율이 낮아지면서 비용이 증가하기 때문에 이익이 작아지는 경향이 있다.

성장할수록 더 많은 돈을 필요로 하고, 돈을 부어도 부어도 끝이 안 보이는 기업들을 '물먹는 하마' 기업이라고 한다.[03] 이들 기업의 유형으로 대규모 시설을 필요로 하는 장치산업을 들 수 있다. 장치산업은 현재의 경쟁력을 유지하기 위하여 정기적인 대규모 시설투자와 보수비용이 필요하다. 이러한 비용은 결국 주주의 주머니에서 나오게 된다. 그런데 이것이 새로운 현금을 창출하기 위해서가 아니라 단지 남들과 경쟁에서 뒤처지지 않기 위한 측면에서 비롯된 것이기 때문에 주주의 이익증대와는 상반된 것이다. 또한 장치산업은 외부변화에 대한 적응력이 매우 낮고, 수요에 관계없이 높은 수준의 고정비용이 꾸준히 발생하는 비탄력적인 사업구조를 가지고 있다.

투자자들이 설비투자와 관련된 위험을 관리하는 방법은 매출액 대비 설비투자액을 확인하는 것이다. 이 비율이 높으면 투자에 유의해야 하는 회사이다. 예를 들면, 태양광 산업에서 폴리실리콘업체의 후발주자였던 OCI는 과감한 설비증설을 통해 시장점유율을 확대하기 위해 2010년 매출액만큼 과감한 설비투자를 감행했다. 설비투자/매출액지표는 100%를 초과하였다. 이 같은 결과로 시장점유율은 높아졌지만 제품공급량의 증가로 제품가격이 하락하여 수익성은 기대한 것보다 나빠졌다. 2011년 OCI의 주가는 최고점 대비 73%나 하락(657,000원에서 174,500원으로)하면서 증권시장에서 기록을 남겼다.

LED산업에서 선두업체인 삼성전기, 서울반도체, LG이노텍의 경우 3개사의 2008년 설비투자 합계금액은 1.5조원, 2009년 2.4조원, 2010년 3.6조원으로 3년 동안 6~7조원대의 대규모 설비증설투자가 급격히 진행되었다. 하지만 같은 기간 이들 기업의 매출액은 설비증가분만큼 증가하지 않았다. LED의 수요량은 증가했지만, 공급량 증가에 따른 가격하락도 동시에 진행되었기 때문이다. 이들 기업은 설비투자/매출액지표가 나빠졌고, 매출액 성장도 좋지 않은 신호를 나타내었기 때문에 주가가 큰 폭으로 하락하는 경험을 했다.

그러나 주식투자자 입장에서는 역발상의 시각에서 바라볼 수 있다. 과도한 설비투자에 따른 공급과잉으로 인한 낮은 가동률을 보이고 있는 업종에 관심을 가질 수 있다. 만약 설비가동률이 점진적으로 개선되고 제품가격이 반등을 보인다면 주식투자기회를 찾을 수도 있다.[04]

워렌 버핏은 훨씬 엄격한 기준을 제시하였다. 해당 회사의 10년간 순이익 대비 자본적 지출의 비율(자본적 지출÷순이익)이 연평균 50% 미만이면 장기적인 경쟁우위를 가진 기업일 가능성이 크고, 25% 미만이면 그 가능성은 더 커진다는 것이다.[05]

간혹 현금흐름표상의 '투자활동으로 인한 현금유출'이 자본적 지출로 오해하는 경우가 있다. 투자활동에서 현금유출은 주식투자, 관계회사투자, 투자 부동산, 대여금 등이 포함되어 있다. 이런 투자는 자본적 지출이 아님을 유념해야 한다.

읽고가기

패러다임 시프트 '캐시플로경영'

전통적인 기업활동의 목표는 매출과 이익의 극대화이다. 하지만 위기인 지금은 생존이 목표다. 이 상황에선 오로지 현금확보가 관건이다. 기업경영포인트는 현장 중시, 손익 중심에서 유동성 확보로 옮겨질 수밖에 없다. 그래서 '현금흐름(cash-flow)경영'이 각광을 받는다.

캐시플로경영도 우선은 가지고 있는 현금의 양에서 시작된다. 보유현금의 규모는 적정해야 한다. 현금이 많다고 건전한 기업은 아니다. 무작정 쌓아 놓기만 하는 것은 오히려 손실이다. 기회비용이 발생하거나 기회이익의 상실로 이어진다. 따라서 현금은 완충(buffer)기능을 할 수 있는 규모로 제한돼야 한다. 적정량만을 확보한다는 것은 현금수요 · 공급의 최적화를 전제로 한다. 유통속도와 회전율이 높아야 한다는 뜻이다. 동시에 안정적인 미래의 현금유입선이 확보되지 않으면 안 된다. 현금흐름을 최적화하는 데는 'C.A.S.H원칙'이 적용된다. 악성재고 등 현금흐름의 장애물을 제거(clearing)하고 현금유입선(거래선)을 다양화(adaptability)해야 한다. 또 현금흐름 속도(speed)를 높이는 동시에 유입 · 유출에 조화(harmony)가 이뤄져야 한다. 최적화를 위해선 재무상태표뿐 아니라, 손익계산서와 이익잉여금처분계산서 등의 현금흐름 항목들을 모두 추적해서 관리해야 한다.

캐시플로경영에선 사업구조개편의 기준도 현금흐름에 두어진다. 기존 사업을 정리하거나 다른 사업을 인수할 때의 판단근거가 '현금흐름'이어야 한다는 이야기이다. 모기업이더라도 현금흐름이 기대되지 않는 사업은 정리대상이다. 그룹내 계열기업의 조합을 짜는 사업 포트폴리오 원칙도 현금흐름이 최우선 고려사항이다. 이익의 규모보다는 현금순환력이 실적판단의 잣대이다.

저성장이 확실시되는 상황에서는 부동산은 투자기피대상이다. 현금의 흐름을 막는 자산으로 분류된다. 미국기업을 예로 들 수 있다. GE는 지난 1990년 3억달러에 불과했던 사내유보금을 1997년에 무려 140억달러로 늘렸다. 투자수익률이 20% 이상인 사업에만 M&A(인수합병)나 신규진출을 추진한다는 게 대원칙이다. '도요타뱅크'라고 불리는 일본의 도요타자동차는 여유자금을 단 하루도 회사에 묵히지 않는다. 하루짜리 야간자금(overnight)으로 돌리는 회계시스템을 갖고 있다.

현금이 스톡(stock)이라면 현금흐름은 플로(flow)이다. 인체에 비유한다면 기업의 자산은 '체격', 손익은 '체력'이다. 현금흐름은 '혈액'이다. 체격이나 체력이 부족해도 당분간은 버틸 수 있다. 그러나 혈액순환이 막히면 곧바로 사망한다. 한국경제는 혈액을 자충하지 못하고 외부에서 수혈받다가 수혈이 끊기면서 위기를 맞은 경우이다. 당연히 회복의 초점은 보혈이다. 유동성 확충이다.

자료 : 한국경제, 1999. 1. 9.

읽고가기

부실 · 성장기업 구별하는 '꿀팁'

매번 주식을 사라고만 외치는 증권사 애널리스트에게 속았다고 생각하신다면 재무제표, 특히 현금흐름표를 꼼꼼히 살펴보시길 당부드립니다. 현금흐름표 보는 법만 알아도 될성부른 기업인지, 곧 사업을 접을 곳인지를 구별하는 데 큰 도움이 됩니다. 현금흐름표는 영업 · 투자 · 재무활동 현금흐름의 3가지 항목으로 나눠 기록됩니다.

영업활동 현금흐름은 그야말로 생산된 제품이나 서비스를 사고파는 영업과정에서 일어납니다. 현금이 많이 들어오면 상품이 잘 팔린다는 의미겠고, 빠져나가는 현금이 있다면 거래처에 외상값을 준 게 되겠지요.

투자활동 현금흐름은 상품을 생산하는 데 필요한 기계나 토지 등 생산수단을 사고파는 과정에서의 발생하지요. 새로운 투자를 위해 기계를 들여왔다면 현금이 빠져나갔을 것이고요, 사업을 접기 위해 공장을 팔아치웠다면 현금이 들어오는 모습일 겁니다. 주식, 채권 등 금융상품에 투자할 때 일어나는 현금흐름도 이에 해당합니다.

재무활동 현금흐름은 증자와 배당, 대출 등의 자본금과 차입금 등 재무상황에 변화가 생겼을 때 일어납니다. 대출을 받았다면 현금이 들어온 것, 대출을 갚았다면 현금이 빠져나간 겁니다. 회사 돈으로 배당을 했다면 현금은 빠져나간 게 되겠지요.

이쯤 되면 눈치채신 분들도 계실 겁니다. 현금이 기업으로 들어온다고 해서 반드시 좋은 건 아니고 반대로 나간다고 해서 큰일나는 일도 아니라는 것. 어떤 현금이 들어오고 나가느냐를 보는 것이 중요하다는 겁니다.그럼, 어떤 기업이 좋은 기업일까요? 이해를 돕기 위해 삼성전자(005930)(1,470,000원, 13,000 + 0.89%)를 예로 들겠습니다.

삼성전자 2014년 1~9월 현금흐름표

영업활동 현금흐름	19조 1,407억원
투자활동 현금흐름	−16조 4,949억원
재무활동 현금흐름	−2조 2,031억원

자료: 금융감독원

삼성전자의 2014년 1월부터 9월 말까지의 현금흐름을 보면 영업활동 현금흐름은 19조 1,407억원으로 플러스(+), 투자활동 현금흐름은 16조 4,949억원 마이너스(−), 재무활동 현금흐름은 2조 2,031억원 마이너스(−)를 기록하고 있습니다. 상품을 팔아 현금이 들어왔고요, 새로운 생산설비나 금융상품에 투자하는 데 현금이 나갔으며 대출을 갚거나 배당금을 지급하는 데도 현금이 나간 겁니다. 안정적인 회사의 모습이겠죠? 영업활동으로 돈이 많이 들어오면 좋겠지만, 돈이 빠져나갔더라도 희망이 없는 건 아닙니다. 카카오톡으로 유명한 카카오가 사업을 시작할 때의 모습을 봅시다.

카카오 2011년 1~12월 현금흐름표

영업활동 현금흐름	-79억 570만원
투자활동 현금흐름	-19억 768만원
재무활동 현금흐름	233억원

자료: 금융감독원

2011년 1월부터 12월 말까지 영업활동 현금흐름은 79억 570만원 마이너스(-)였습니다. 투자활동 현금흐름도 197억 768만원 마이너스(-)였고요, 재무활동 현금흐름만 233억원 플러스(+)입니다. 이를 통해 읽을 수 있는 건 영업활동을 하는 데 부족한 자금과 생산설비를 구입할 때 필요한 돈을 대출이나 증자로 조달하고 있는 모습입니다. 급성장하는 신생기업이 이런 형태겠지요.

반면 투자활동 현금흐름이 많이 들어온다고 좋은 회사일까요? 생산수단인 기계와 토지, 투자하던 금융상품을 모두 처분하고 있다는 것이니 벌인 사업을 접고 있는 회사일 가능성이 큽니다. 이런 곳의 주식은 사면 안 되겠지요?

자, 기업의 상황을 짐작하는 데 매우 중요한 현금흐름표. 이를 회계기준에 맞게 기록하지 않으면 금융당국의 제재를 받게 됩니다. 화물 운송을 담당하는 유니티해운은 지난 2011년 선박을 134억원에 사들입니다. 외상으로 샀으니 아직 현금을 주지 않은 돈, 즉 미지급금이 발생한 것이죠. 현금의 유출입이 없으니 재무제표 주석에다 기재해야 하지만 이 회사는 '영업활동 현금흐름'으로 잘못 분류했습니다. 이런 오류로 제재를 받아 4년 동안 증권발행을 하지 못했습니다. 물론 현금흐름표가 부실기업과 우량기업을 구분하는 '요술방망이'는 아닙니다. 하지만 매우 중요한 회계정보를 담고 있는 건 부인할 수 없을 겁니다.

자료 : 이데일리, 2015. 1. 24.

---

01 하상주, 가치투자, 돈키호테, 2012, p.159.
02 비탈리 카스넬슨, 김상우 옮김, 타이밍에 강한 가치투자전략, 부크홀릭, 2014, p.142.
03 최준철 · 김민국, 한국형 가치투자전략, 이콘, p.336.
04 민후식, 전게서, pp.106~107.
05 메리 버핏 · 데이비드 클라크 지음, 김상우 옮김, 전게서, p.179.

Chapter 08

재무제표 분석

8.1 재무제표 분석기법
8.2 재무비율 분석
8.3 수익성 분석
8.4 성장성 분석
8.5 안전성 분석
8.6 효율성 분석
8.7 현금흐름 분석
8.8 통합비율 분석과 성과 분석

| CHAPTER **08** |

재무제표 분석

기업들이 공시하는 재무제표는 앞에서 살펴본 바와 같이 재무상태표, 손익계산서, 현금흐름표 등으로 구성되어 있으며 이들 재무제표에는 기업의 경영성과와 재무상태에 관한 정보와 현금흐름에 관한 정보가 포함되어 있다. 재무제표 분석은 기업의 과거 및 현재의 경영상황과 기업성과 및 재무상태를 평가하고 기업의 미래상황을 예측하고자 하는 것이다. 즉, 재무자료를 이용하여 기업의 현재 및 과거의 성과를 평가하고 이의 지속성을 평가하기 위한 것이다.

'월가의 영웅'으로 칭송받는 피터 린치에 의하면 개인투자자들이 잘 아는 업종이나 종목에 투자함으로써 비교우위를 차지한다면 전문가들의 성과를 능가할 수 있다고 한다. 그러기 위해서는 유망업종을 찾는 것이 먼저이고 그 다음은 '분석하는 것'이라고 한다. 그 후 피터 린치는 재무제표를 분석하고 기업가치를 평가하지 않고는 아무리 제품이 훌륭하고 주차장이 붐비더라도 그 회사에 투자해서는 안 된다고 주장한다. 불행하게도 대부분의 주식매수자들은 그 부분을 무시해 왔다.[01]

주식시장이 불안하게 움직일수록 기업의 실적과 재무안정성에 대한 관심은 고조된다. 상승기의 주식시장에서는 재료보유주 및 테마관련주가 부각되는 반면 시장이 흔들리는 상황에서는 내재가치(intrinsic value)가 우량한 기업이 주목받기 때문이다.

'저가주 사냥꾼'이라고 불렸던 '가치투자의 대가' 월터 슐러스는 기업의 재무제표를 분석해 시가총액이 현금성자산에 비해 턱없이 적은 기업을 골라 5년간 보유해 2배의 수익을 올리는 것을 목표로 삼았다. 브랜드나 독점력과 같은 정성적 분석은 하지 않고 오로지 재무제표에 기반을 둔 정량적 분석만 하고, 기업탐방도 하지 않았다. 그가 한 일이라고는 사무실 구석에 앉아 재무제표를 보고 저가주를 찾는 일이었다. 그의 연평균수익률은 45년 평균 15.7%로 S&P 500의 지수상승률 10%를 훨씬 웃도는 수익률을 내었다.[02]

이와 같이 가치투자자들이 투자에 앞서 재무제표를 살피는 것은 기본이다. 그러나 재무제표에 담긴 정보가 중요하다는 것을 알고 있지만 일반투자자들이 재무제표를 읽기는 쉽지 않고 이를 통해 무엇을 파악해야 하는지 모르기 때문에 재무제표를 난해한 것으로 생각하는 경우가 많다. 재무제표는 어렵고 복잡한 것 같지만 일반투자자들이 알아야 될 항목은 그리 많지 않다. 단지 기업이 어느 정도 이익을 내고 있는지, 주가수준이 기업의 내재가치에 비하여 고평가되어 있는지 또는 저평가되어 있는지를 확인하는 것은 물건을 실 때 가격과 원산지를 확인하는 것만큼이나 당연하다. 안정적인 투자를 위해서는 반드시 재무제표를 확인하는 자세가 필요하다.

재무제표는 기업의 언어라고 한다. 하지만 재무제표에 나와 있는 수치 그 자체만으로 재무제표에 담겨 있는 의미를 잘 알지 못한다. 워렌 버핏은 단순히 재무제표에 나타나 있는 매출액, 영업이익 등의 규모에 큰 의미를 두지 않았다. 워렌 버핏이 주목하는 것은 매출액 대비 영업이익의 비율, 매출액 대비 순이익의 비율, 그리고 이익추세이다. 이처럼 재무제표를 제대로 이해하기 위해서는 재무제표 항목 간에 비교를 하는 비율을 분석해야 그 의미를 분명하게 이해할 수 있게 된다.

8.1 재무제표 분석기법

재무제표의 항목은 그 자체가 보여 주는 의미보다도 각 항목 간의 상관관계 및 현재와 과거를 비교했을 때 나타나는 변동방향과 크기가 더 중요한 의미를 갖는다. 재무제표 분석을 통하여 재무제표 항목 간의 관계를 설정하거나 각 항목의 변동이나 추세를 파악할 수 있다. 이를 위하여 이용되는 방법은 추세 분석, 구성비 분석,

그리고 재무비율 분석이 있다.

(1) 추세 분석

추세 분석은 재무제표 분석기법 중 가장 기본적인 것으로 재무제표의 수치를 과거의 수치와 비교하여 증가 또는 감소추세를 살펴보는 것이다. 회사의 경영성과가 개선되고 있는지 또는 악화되고 있는지에 대한 정보와 추세의 변동크기에 대한 정보를 얻기 위한 것으로 수평적 분석이라고 한다. 추세 분석은 다음과 같이 여러 형태로 이용된다.

첫째, 기업의 자산구성, 자본구조 및 손익구조가 어떻게 변해 왔는가를 파악하기 위하여 추세 분석을 한다. 다음에 설명하는 공통형 재무제표를 여러 기간에 대해 작성하면 그러한 추세 분석이 가능하다.

둘째, 재무제표의 각 항목이 어떠한 변화추세를 보이고 있는지를 파악하기 위하여 지수형 재무제표를 작성한다. 지수형 재무제표란 기준연도를 정하여 기준연도의 금액을 100으로 놓은 다음 비교연도의 금액을 기준연도의 금액으로 나누어서 지수형태로 표시한 재무제표이다.

셋째, 자기자본이익률 등의 재무비율들이 어떠한 변화추세를 보이고 있는지를 파악하기 위해서 추세 분석을 한다.

일반적으로 추세 분석은 지수형 분석을 의미한다. 이런 지수형 분석을 단순화한 방법은 중요한 항목을 중심으로 추세 분석을 하는 것이다. 이 방법은 재무제표 전 항목에 대한 추세 분석에 비하여 간단 · 명료하고 시간이 절약된다는 이점이 있다. 지수형 추세 분석은 다음과 같은 두 단계를 거쳐 수행한다.

- **제1단계** : 기준연도를 정하고, 기준연도의 해당 재무제표 항목에 대하여 100%라는 가중치를 부여한다.
- **제2단계** : 비교연도의 해당 재무제표 항목을 기준연도의 그 항목에 대한 비율로 표시한다. 예를 들면, 비교연도의 매출액을 기준연도의 매출액으로 나누어 비율을 계산한다.

다음 표의 [제1부]는 단백질 및 바이오 의약품 제조기업인 셀트리온의 2010년부터 2014년까지의 매출액과 당기순이익을 표시하고 있다. 2010년을 기준으로 한 매출액과 순이익에 대한 추세비율이 [제2부]에 계산되어 있다. 추세비율에 의하면 매출액은 2013년을 제외하고 대체로 빠른 속도로 증가하고 있음을 볼 수 있다. 영업이익과 당기순이익도 비슷한 증가양상을 나타내고 있지만 2011년의 경우 영업이익이 급증한 반면에 당기순이익증가율이 저조한 편이다.

특이한 점은 2011년과 2012년에 영업이익이 당기순이익보다 많으며 2013년도에는 영업이익이 급감하는 모습을 보이고 있다는 것이다. 또한 매출액이 부진한 2013년의 경우는 당기순이익에 비해 영업이익이 급락하는 모습을 보여 회사의 매출원가나 영업외손익 항목을 확인하여야 할 정도로 변동이 심한 편이다. 특히 2013년도의 매출액은 기준연도에 비해 126% 성장했지만 영업이익과 순이익은 기준연도인 2010년에 훨씬 못 미치는 성과를 나타내고 있다.

[제1부] 연도별 금액

(단위 : 억원)

	2010년	2011년	2012년	2013년	2014년
매출액	1,801	2,790	3,502	2,262	4,521
영업이익	1,062	1,787	1,955	999	2,114
당기순이익	1,096	1,678	1,744	1,025	1,376

[제2부] 추세비율

	2010년	2011년	2012년	2013년	2014년
매출액	100%	155%	194%	126%	251%
영업이익	100%	168%	184%	55%	117%
당기순이익	100%	153%	184%	93%	126%

매출액, 영업이익 및 순이익의 추세를 보면 이 기업은 전반적으로 꾸준히 성장하고 있는 기업이라는 것을 알 수 있다. 다만, 영업이익과 당기순이익의 변동폭에 있어 상당한 차이를 보이고 있기 때문에 그 차이가 일시적 손익에 의한 변동인지를 파악하는 것이 중요하다. 당기순이익에 대한 세부적인 확인은 원재료가격 인상으로 인한 매출원가의 상승인지 아니면 판매관리비 등의 비용관리상의 문제인지를

확인하여야 한다. 이를 위해서는 다음에 설명하는 구성비의 분석이 매우 유효하다.

추세 분석을 가시적으로 쉽게 확인하는 방법은 차트를 이용하는 것이다. 추세 분석을 위한 차트는 다음 그림으로 제시하였다.

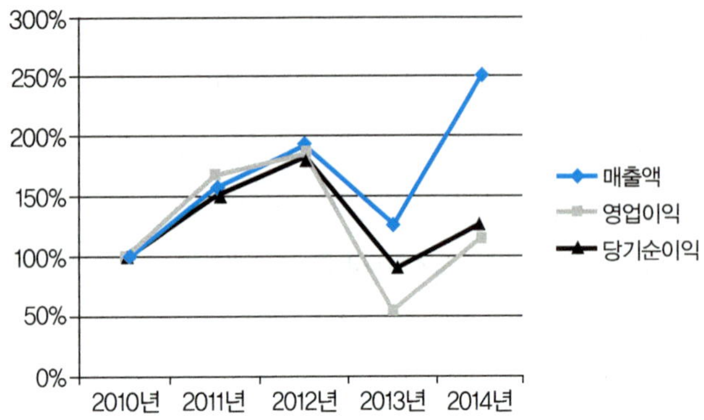

추세 분석의 결과 다음과 같은 변화는 주의해서 살펴봐야 한다.

- 매출채권이 매출액보다 빠르게 증가한다.
- 재고자산이 매출액보다 빠르게 늘어나고 있다.
- 재고자산이 매출원가보다 더 빠르게 늘어나고 있다.
- 매출액은 증가했는데 현금및현금성자산이 감소했다.
- 기타유동자산과 기타자산이 매출액보다 빠르게 늘어난다.
- 매입채무가 재고자산보다 빠르게 증가했다.
- 판매비와 관리비가 매출액보다 느리게 증가했다. 판매비와 관리비 또는 매출원가의 개선은 영업비용을 자본화하고 있거나 매출액을 부풀렸다는 신호일 수 있다.

추세 분석에서 이와 같은 신호들은 분식회계에 대한 의심을 할 수 있는 신호들이다. 이에 대한 자세한 내용은 제10장 분식회계에서 자세히 다룬다.

(2) 공통형 재무제표(구성비 분석)

구성비 분석이란 재무제표를 구성하고 있는 각 항목의 상대적인 크기를 나타내기 위하여 재무제표의 항목 중 제일 큰 금액을 기준으로 하여 각 항목이 차지하는 비율을 나타낸 것으로 공통형 재무제표 또는 백분비 재무제표라고 한다. 즉, 재무상태표에서는 제일 큰 항목이 자산이므로 재무상태표의 모든 항목을 자산으로 나눠서 백분비로 나타낸 것을 공통형 재무상태표라고 하고, 손익계산서는 매출을 기준으로 백분비로 나타낸 것을 공통형 손익계산서라고 한다. 이렇게 비율로 표시하면 자산과 부채의 항목, 손익 항목들이 어떻게 구성되었는지를 파악할 수 있으며, 기업규모가 다른 여러 회사 간의 비교도 용이해진다. 또한 구성비를 과거의 수치와 비교하면 각 항목의 구성이 어떻게 변해 가고 있는지도 알 수 있다.

공통형 재무세표는 각 항목의 구성비를 나타낼 뿐만 아니라 각 항목의 변화추이를 쉽게 파악할 수 있다는 이점이 있다. 특히 공통형 손익계산서를 작성하면 매출액 대비 여러 비율, 즉 매출총이익률, 영업이익률, 순이익률을 쉽게 파악할 수 있다. 다음은 셀트리온의 공통형 재무상태표와 손익계산서이다.

다음에 제시한 표는 2012년과 2013년의 재무상태표와 공통형 재무상태표를 나타내고 있다. 실제 금액을 비교했을 추세 분석의 어려움을 비율로 나타내면 이해하기 훨씬 쉬워진다는 이점이 있다. 공통형 재무상태표에 의하면 자산에서는 현금및현금성자산, 매출채권, 재고자산, 그리고 유형자산의 변화가 두드러지며, 부채에서는 유동성장기부채와 장기부채가 증가하여 성장에 따른 재무적인 문제가 있음을 나타내고 있다.

	재무상태표		공통형 재무상태표	
항목	2012년	2013년	2012년 구성비	2013년 구성비
현금및현금등가물	531.6	807.5	3%	4%
단기금융상품	210.0	–	1%	–
단기투자증권	231.7	150.4	1%	1%
매출채권	3,718.9	2,713.5	21%	14%
당좌자산계	4,992.2	4,146.9	29%	21%

재고자산계	780.1	1,368.4	5%	7%
유동자산계	5,772.2	5,515.3	33%	28%
투자자산계	276.0	1,828.5	2%	9%
유형자산계	7,406.3	7,164.8	43%	36%
무형자산계	3,762.4	5,025.0	22%	25%
기타비유동자산계	112.2	251.4	1%	1%
비유동자산계	11,556.9	14,269.8	67%	72%
자산총계	**17,329.1**	**19,785.1**	**100%**	**100%**
매입채무	20.6	134.5	0%	1%
단기차입금	2,412.2	2,451.1	14%	12%
유동성장기부채	961.8	1,444.8	6%	7%
유동부채계	4,165.7	4,978.0	24%	25%
장기사채	–	2,128.3	–	11%
장기차입금	2,616.3	1,470.4	15%	7%
비유동부채계	2,662.0	3,935.8	15%	20%
부채총계	**6,827.7**	**8,913.8**	**39%**	**45%**
자본금	873.2	1,005.0	5%	5%
자본잉여금	3,656.9	3,709.7	21%	19%
이익잉여금	6,484.1	7,353.1	37%	37%
자본총계	**10,501.5**	**10,871.3**	**61%**	**55%**
부채와 자본총계	17,329.1	19,785.1	100%	100%

손익 항목의 구성비와 그 변동을 살펴보기 위해 2010년부터 2014년까지 5년간의 공통형 손익계산서를 제시하였다. 공통형 손익계산서에서 보면 매출액 대비 매출원가의 비율이 매우 낮고, 그 크기도 19~30%로 변동이 심하다는 것을 나타내고 있다. 이는 매출원가 구성요소에 대한 분석이 필요함을 나타내고 있다. 또한 판매비와 관리비에 있어서도 그 변화폭이 매우 커서 상당한 문제가 있음을 나타내고 있으며, 2013년의 경우 영업이익 감소가 눈에 띄게 나빠진 반면 영업외수익과 비용이 높은 비중을 차지하고 있어 순이익의 조정에 대하여 의심의 소지가 있다고 하겠다.

공통형 재무상태표와 손익계산서 분석에서는 다음 항목의 구조적인 변화를 잘 살펴봐야 한다. 다음의 내용이 전부 '예'이면 분식회계 가능성이 있을 수 있다.

- 총자산 대비 매출채권의 비중이 늘었다.
- 총자산 대비 재고자산의 비중이 늘었다.
- 총자산 대비 현금및현금성자산의 비중이 줄었다.
- 매출총이익률이 엄청나게 늘었다.
- 매출액과 비교했을 때 판매비와 관리비의 비중이 줄었다. 판매비와 관리비의 개선은 영업비용의 자본화로 이룬 것일 수 있다.

공통형 손익계산서

	2010년	2011년	2012년	2013년	2014년
매출액	100%	100%	100%	100%	100%
매출원가	22%	19%	27%	30%	27%
매출총이익	78%	81%	73%	70%	73%
판매비와 관리비	19%	17%	17%	25%	27%
영업이익	59%	64%	56%	44%	46%
영업외수익	5%	5%	4%	29%	5%
지분법이익	0%	0%	–	0%	–
영업외비용	2%	4%	6%	22%	15%
지분법손실	–	–	0%	0%	0%
법인세비용차감전이익	61%	66%	54%	51%	36%
법인세비용	1%	6%	4%	6%	7%
계속사업이익(손실)	60%	60%	50%	45%	28%
당기순이익	60%	60%	50%	45%	27%

이처럼 각 항목의 추세 분석과 공통형 재무제표 분석은 해당 기업의 재무적 특성을 파악하는 데 있어 매우 중요한 분석일 뿐만 아니라 해당 기업에 대한 개략적인 문제점을 파악하는 예비검증으로서 중요한 의미를 갖는 분석이다.

한편 재무상태표의 여러 항목은 매출액에 비례하여 움직이는 경우가 많다. 각 항목을 매출액에 대비하여 그 변동추이를 살펴보면 매출액의 증가나 감소와는 다른 변동추세를 보이는 경우가 있다. 이들 항목을 중점적으로 분석할 필요가 있다. 또한 장 · 단기 재무제표를 추정하는 경우에도 이 방법이 매우 유용하다.

	재무상태표		매출액 대비	
항목	2012년	2013년	2012년	2013년
현금및현금등가물	531.6	807.5	24%	18%
단기금융상품	210.0	–	9%	–
단기투자증권	231.7	150.4	10%	3%
매출채권	3,718.9	2,713.5	164%	60%
당좌자산계	4,992.2	4,146.9	221%	92%
재고자산계	780.1	1,368.4	34%	30%
유동자산계	5,772.2	5,515.3	255%	122%
투자자산계	276.0	1,828.5	12%	40%
유형자산계	7,406.3	7,164.8	327%	158%
무형자산계	3,762.4	5,025.0	166%	111%
기타비유동자산계	112.2	251.4	5%	6%
비유동자산계	11,556.9	14,269.8	511%	316%
자산총계	17,329.1	19,785.1	766%	438%
매입채무	20.6	134.5	1%	3%
단기차입금	2,412.2	2,451.1	107%	54%
유동성장기부채	961.8	1,444.8	43%	32%
유동부채계	4,165.7	4,978.0	184%	110%
장기사채	–	2,128.3	–	47%
장기차입금	2,616.3	1,470.4	116%	33%
비유동부채	2,662.0	3,935.8	118%	87%
부채총계	6,827.7	8,913.8	302%	197%
자본금	873.2	1,005.0	39%	22%
자본잉여금	3,656.9	3,709.7	162%	82%
이익잉여금	6,484.1	7,353.1	287%	163%
자본총계	10,501.5	10,871.3	464%	240%
부채와 자본총계	17,329.1	19,785.1	766%	438%

8.2 재무비율 분석

재무비율 분석은 재무제표상의 관련항목들을 대응시켜 비율을 산정하고 산정된 비율을 통하여 기업의 수익성을 평가하거나 재무위험의 정도를 평가하는 분석방법이다. 예를 들면, 재무상태표에서 부채와 자기자본을 대비시켜 부채비율을 산정하면 기업의 자본구조가 어떻게 되어 있는지를 파악할 수 있다. 이러한 비율분석은 간편하게 사용할 수 있다는 이점 때문에 오래전부터 재무제표 분석방법의 하나로 널리 사용되어 왔다.

비율 분석에서는 절대적인 기준치가 없다. 때문에 비교하여 해석할 수 있는 기준이 있어야 한다. 비율을 분석할 때 ① 한 기업의 여러 해에 걸친 비율을 비교하고(추세 분석, 시계열 분석), ② 당해 기업의 비율을 산업 내 다른 기업이나 경쟁기업과 비교하고(횡단면 분석), ③ 몇 가지 절대기준과 비교할 수 있다.

추세 분석에 있어서는 기업특성이 일정하다고 가정하고, 여러 기간에 걸친 기업전략의 효과를 평가할 수 있다. 산업 내 동종기업 간 비교는 산업요인이 일정하다고 가정하고, 당해 산업에서 한 기업의 상대적 성과를 쉽게 검토할 수 있다. 대부분의 비율에는 절대적 기준이 없다. 예외가 있다면 이는 수익률 측정치인데, 이는 투하자본에 대한 원가와 비교될 수 있다. 예를 들면, 자기자본이익률(ROE)을 자기자본비용과 비교할 수 있다.

(1) 이상적 표준비율

이상적 표준비율이란 업종이나 기업규모에 관계없이 기업의 재무상태를 판단하는 데 이용할 수 있는 절대적인 비율을 말한다. 예를 들면, '유동비율은 200%를, 당좌비율은 100%를 넘어야 한다'는 전통적인 비교기준인데, 이러한 기준은 오랜 경험을 통하여 확립된 것이다.

기업의 수익성을 총괄적으로 나타내는 자기자본이익률(자본이익률)에 대해서는 그 실적의 양호를 판단할 수 있는 절대적인 기준이 존재한다. 예를 들어, 어느 한 기간의 자기자본이익률(ROE) 실적을 평가할 수 있는 적절한 비교기준은 분석대상기업의 자기자본비용이다. 자기자본비용은 주주의 투자위험보상을 위하여 당해 기업이 최소한 벌어야 하는 필수수익률이다. 즉, 기업이 사업을 해서 최소한 벌어들여야 하는 수익률은 적어도 은행의 정기예금금리나 국고채의 이자율보다는 커야 한다. 그것은 사업에 따른 위험을 감수한 대가가 안전하게 자산을 운영한 대가보다는 커야 한다는 것이다. 따라서 자기자본이익률은 당해 기업의 필수수익률인 자기자본비용과 비교되어야 하며, 자본이익률이 필수수익률보다 높으면(낮으면) 당해 기업은 높은(낮은) 수익을 실현한 것으로 평가할 수 있다. 다른 비율인 경우는 절대적 비교기준이 존재하지 않는다.

워렌 버핏 등의 가치투자 대가들은 대부분 스스로 선정한 기준비율을 이용하여 투자종목을 선정한다. 주식투자자 입장에서 보면, 종목선정을 위하여 자신만의 기준을 정하여 그것을 표준으로 삼는 것도 한 방법이다. 그러나 이상적이 표준비율은 특정 기업이 속한 산업이나 경제 전반에 관한 특성을 고려하지 않는다는 문제를 가지고 있다.

(2) 당해 기업의 과거수치

특정 기간의 분석자료를 과거 일정기간의 비슷한 자료와 비교함으로써 기업의 상태가 개선되고 있는지 혹은 악화되고 있는지를 판단할 수 있다. 연속되는 몇 개 기간의 자료를 비교하는 것을 수평적 분석 또는 추세 분석이라고 하는데, 이는 오직 한 기간의 재무정보를 분석하는 수직적 분석 또는 정태 분석과 구분된다. 추세 분석은 기업의 상태가 개선되고 있는지 혹은 악화되고 있는지를 판단할 수 있을 뿐만 아니라 미래에 대한 예측에도 도움이 된다. 추세 분석의 한계점은 절대적인 평가를 할 수 없다는 것이다. 예를 들어, 순이익이 작년에는 매출액의 2%였는데 금년에 3%라면 순이익이 향상되고 있음 시사한다. 그러나 매출액순이익률이 적어도 6%가 되는 것이 정상이라고 한다면 금년의 3% 이익률은 양호하다고 할 수 없다. 또한 변화는 항상 있을 수 있기 때문에 과거의 추세를 이용하여 미래를 예측하는 것에는 항상 불확실성이 내포되어 있음을 명심하여야 한다.

(3) 산업평균(동종산업에 속하는 다른 기업들의 평균수치)

추세 분석의 한계점은 특정 기간이나 특정 기업의 분석자료에 대한 적절한 비교 기준을 이용하여 해결될 수 있다. 이 비교기준으로는 동종산업에서 유사한 다른 기업의 수치, 동종산업 내의 몇 개 기업(또는 전체 기업)의 평균 등이 이용된다. 어떤 기업의 매출액이 10% 감소했다면 영업상황이 양호하지 못한 것으로 해석할 수 있다. 그러나 동종산업에 속한 다른 기업들의 매출이 금년도에 20% 감소했다는 사실을 알게 되면 상대적으로 양호하다고 판단할 수 있다.

산업분류상 동일업종에 속하더라도 기업규모나 활동 면에서 평균기업들과 차이가 날 경우에는 산업평균비율보다도 경쟁상대가 되는 기업들의 재무비율과 비교하는 것이 도움이 될 수 있다. 왜냐하면 경쟁기업은 비슷한 경제환경 속에서 활동하며 영업내용이나 기업규모 등의 특성이 유사할 것이기 때문이다.

재무비율은 크게 5가지로 분류할 수 있다. 기업이 영업을 해서 얼마만큼 남기는지에 대한 수익성, 얼마나 성장했는지에 대한 성장성, 기업이 보유하는 자산을 얼마나 효율적으로 사용했나를 알아보는 효율성, 조달한 자본에 대한 안정성, 그리고 현금흐름과 관련된 비율이다. 이들 5가지 비율을 통해 기업이 어떻게 변해 왔는지, 그리고 현재의 건강상태는 어떤지에 대해서 판단할 수 있게 된다.

8.3 수익성 분석

기업이 사업을 하는 궁극적인 목적은 이익을 남겨 그 몫을 주주에게 나누어 주는 것이다. 기업이 제품을 아무리 많이 팔아도 이익을 남기지 못하면 주주들에게 분배해 줄 돈이 없기 때문에 그만큼 주주들은 손해를 보게 된다. 그렇기 때문에 기업을 분석할 때 가장 먼저 기업이 이익을 잘 내고 있는지를 살펴봐야 하는데, 그와 관련된 지표가 바로 수익성지표이다.

수익성지표에는 매출액 대비 얼마의 이익을 남겼는가를 보는 비율과 투입된 자본 대비 얼마의 이익을 냈는지를 나타내는 자본이익률이 있다. 매출액이익률에는 매출총이익률, 영업이익률, 그리고 순이익률이 있다. 자본이익률에는 자기자본이익률과 투하자본이익률이 있다.

경쟁력이 있는 기업들의 공통적인 특징 중의 하나는 높은 수익성을 유지한다는 것이다. 수익성을 분석할 때는 현재의 수익성보다도 장기적인 추세를 살피는 것이 무엇보다도 중요하다. 또한 산업마다 기업의 특성이 다르기 때문에 업종평균과 경쟁기업의 수익성을 함께 비교해서 분석기업의 수익성이 어느 정도인지를 살펴봐야 한다.

많은 연구에서 수익성은 장기적으로 평균에 회귀하는 경향이 있다고 한다. 따라서 높은 수익성을 가진 기업도 경쟁이 심하면 수익성이 업계 평균수준까지 떨어질 가능성이 크기 때문에 미래에 대해 지나치게 낙관적으로 바라보는 것은 위험하다고 할 수 있다. 반대로 현재 낮은 수익성을 나타내는 기업일지라도 장기적으로 수익성이 개선될 수 있기 때문에 주의 깊게 살펴볼 필요가 있다.

(1) 매출총이익률

매출총이익률은 매출총이익을 매출액으로 나눈 것으로 매출액에서 얼마만큼의 마진을 획득했는가를 나타내는 지표이다.

$$\text{매출총이익률} = \frac{\text{매출총이익}}{\text{매출액}} \times 100$$

매출총이익률은 매출액과 매출원가에 의해 결정되기 때문에 기업이 제품의 가격을 올리거나 원재료를 낮은 가격에 구입할 경우에 높아진다. 따라서 기업이 제품이나 서비스가격을 올릴 수 있는 경쟁력이 있는지에 대해 살펴보는 것이 중요하다. 보통 강력한 브랜드나 독점력이 있는 기업은 가격결정력이 있다.

또한 일반적으로 매출원가에는 재료비 비중이 크기 때문에 제품이나 서비스의 판매가격과 함께 원재료 구입가격을 살펴보면 더욱 효과적으로 수익성을 분석할 수 있다. 특히 원유, 밀가루, 옥수수 등의 원재료를 사용하는 기업은 수입의존도가 높기 때문에 국제 원자재가격과 환율의 영향도 따져 봐야 한다. 매출액과 매출원가를 연도별로 비교해 매출액 대비 매출원가의 비율(매출원가율)이 높아지고 있다면 이는 경고신호일 수 있다. 이는 소비자에게 전가할 수 없는 비용이 늘어나면서 장기적인 이익잠재력이 축소되고 있거나, 기업이 새로운 경쟁에 직면해 이익이 줄어들고 있음을 나타내는 것일 수 있다. 또는 수요가 둔화되면서 매출원가율이 올라간 것일 수 있다. 재고를 처분하기 위해 제품을 싼 가격에 팔아치운 탓에 매출원가비율이 높아진 이유 때문일 수도 있다.

다음의 표는 셀트리온의 공통형 손익계산서에 계산된 매출액 대비 매출총이익의 비율에 대한 추세이다. 매출총이익률이 매년 들쭉날쭉하여 원재료의 가격변동이나 관리상의 문제가 있음을 나타내고 있다. 특히 앞의 추세 분석에서 살펴본 바와 같이 매출이 급감한 2013년의 매출총이익률이 떨어진 것은 매출가격을 인하했거나 원재료가격 상승으로 인한 결과로 해석할 수 있다.

	2010년	2011년	2012년	2013년	2014년
매출총이익률	78%	81%	73%	70%	73%

업종과 규모에 따라 다르지만 대체적으로 매출총이익이 높은 기업일수록 이익을 많이 내고 있다는 의미이다. 이런 면에서 워렌 버핏은 매출총이익률이 40% 이상이면 경쟁력이 있는 좋은 기업이라고 하면서 경쟁우위를 가진 기업은 수익성에 '지속성'이 있어야 한다고 한다.

(2) 영업이익률

영업이익률은 영업이익을 매출로 나눈 것으로 기업이 주된 영업활동의 결과, 얼마나 이익을 남겼는가를 나타내는 지표이다.

$$\text{영업이익률} = \frac{\text{영업이익}}{\text{매출액}} \times 100$$

영업이익률이 높을수록 수익성이 좋은 기업이라고 할 수 있다. 보통 제조기업보다 서비스기업의 영업이익률이 높게 나타나는데 이는 원재료나 감가상각비 등이 적게 드는 서비스업의 특성 때문이다.

또한 영업이익률이 높다는 것은 제조 · 유통과정이 효율적이라는 의미이다. 영업이익률의 과거 추세를 살펴보고 구체적으로 어떤 항목에서 변화가 있었는지를 살펴보면 해당 기업의 제조 · 유통과정에 있어 효율성을 결정하는 요소가 무엇인지를 파악할 수 있다. 다음 표는 셀트리온의 영업이익률 추세이다. 앞의 공통형 손익계산서에서 살펴본 바와 같이 영업이익률의 변화가 심하다. 특히 2012년 매출액은 2011년보다 증가했는데도 영업이익률이 낮았고, 매출이 급감한 2013년도 영업이익률은 더욱 급격히 하락하는 모습을 보이고 있어 판매비와 관리비에 대한 세부적인 분석이 필요하다고 하겠다.

	2010년	2011년	2012년	2013년	2014년
영업이익률	59%	64%	56%	44%	46%

(3) 순이익률

순이익률은 당기순이익을 매출액으로 나눈 것으로 최종적으로 주주에게 남겨진 이익이 얼마인지를 나타내는 지표이다.

$$\text{순이익률} = \frac{\text{순이익}}{\text{매출액}} \times 100$$

순이익률이 높은 기업은 효과적인 영업활동으로 이익을 많이 창출한 것이다. 장기간 순이익률이 꾸준히 높은 기업은 좋은 투자대상이라고 할 수 있다. 반면 순이익률이 급격하게 변하는 기업은 주의 깊게 살펴봐야 한다. 산업의 변화나 기업의 체질변화로 순이익이 급격하게 변하는 경우도 있지만, 보유자산을 매각함으로써 일시적인 이익을 얻게 되는 경우에도 순이익률이 변한다. 따라서 주된 활동의 결과인 영업이익률과 순이익률을 함께 살펴보는 것이 필요하다.

다음 표는 셀트리온의 공통형 손익계산서에서 계산된 매출액 대비 순이익의 비율이다. 2010년부터 2014년까지의 순이익률은 27%에서 60%까지 변동이 매우 심한 편이다. 2011년과 2012년의 순이익률은 영업이익률보다 낮고, 매출액이 급감한 2013년에는 영업이익률보다 순이익률이 높게 나타나고 있다. 매출이 증가한 2014년에는 순이익률이 27%로 급락하고 있다. 이는 셀트리온의 영업외손익 중 일시적 성격의 손익 항목이 순이익에 많은 영향을 미치고 있다는 것을 의미한다. 이 회사는 전반적으로 이익의 안정성과 지속성이 부족하여 상당한 주의가 필요하다고 하겠다.

	2010년	2011년	2012년	2013년	2014년
매출액(억원)	1,801	2,790	3,502	2,262	4,521
영업이익률	59%	64%	56%	44%	46%
순이익률	60%	60%	50%	45%	27%

워렌 버핏은 순이익의 추세가 지속성이 있는지, 그리고 장기적으로 상승추세에 있는지를 중요하게 생각한다. 워렌 버핏은 순이익률이 20% 이상이면 장기적인 경쟁우위를 가지고 있을 가능성이 크다고 본다. 다만, 은행과 같은 금융회사는 예외로 하고 있다.

(4) 자기자본이익률(ROE)

자기자본이익률(return on equity : ROE)은 자기자본 대비 순이익의 비율로 주주들이 투자한 자기자본을 통해 기업이 얼마나 많은 이익을 남겼는가를 나타내는 지표이다. 자기자본이익률이 10%라는 것은 기업이 매년 투자자에게 매년 10%의 이익을 벌어 준다는 의미이다. 즉, 자기자본 1,000원에 대하여 100원의 이익을 벌어 준다는 것이다. 따라서 투자자 입장에서는 ROE가 시중금리보다 높아야 투자할 가치가 있다고 할 수 있는 것이다. 예를 들어, 국고채금리가 5%라고 했을 때 주식의 자기자본이익률은 최소한 5% 이상이 되어야 주식투자에 대한 위험을 감수한 보람이 생기게 된다. 때문에 ROE가 5% 이상이 되면 투자자는 안전한 국고채보다 더 높은 수익을 낼 수 있는 것이다.

투자자들은 ROE를 국고채와 비교한다든지 경쟁기업 혹은 산업평균과 비교하여 ROE가 높은 기업을 관심을 가지고 살펴볼 필요가 있다. 워렌 버핏에 의하면 ROE가 높다는 것은 회사가 보유하고 있는 이익잉여금을 잘 사용하고 있다는 의미이고 시간이 갈수록 회사의 가치가 상승하고, 결국에는 시장이 그런 가치상승을 제대로 평가하여 주가를 올리게 된다고 한다. 또한 지속적으로 ROE가 15% 이상이면 우량한 기업이라고 한다.

다음의 표는 같은 산업에 속해 있는 A기업과 B기업의 자기자본, 부채, 순이익, 그리고 자기자본이익률을 나타낸 것이다.

	A기업	B기업
자기자본	500원	1,000원
부채	500원	0원
순이익	50원	50원
ROE	10%	5%

A기업과 B기업은 같은 순이익을 내고 있지만 재무구조(자본규모와 부채비율)가 다르기 때문에 ROE가 다르게 나타난다. A기업은 B기업보다 작은 규모의 자기자본을 가지고 있지만, 부채를 활용함으로써 ROE를 높이고 있다. 부채에 따르는 이자를 갚는 데 문제가 없다면, 순이익이 같아도 A기업이 B기업보다 자본을 효율적으로 사용하고 있는 것이다. 이익잉여금의 증가 등으로 자본규모가 커질수록 자기자본이익률을 높게 유지하기 어렵다. 따라서 자기자본이익률을 꾸준히 유지하는 기업은 경쟁력이 있다는 증거이다.

성공적인 투자지표로서 ROE가 중요한 이유는 첫째, ROE가 높으면(회사가 이익을 동일한 비율로 재투자한다고 가정할 때) 이익증가율도 높아진다. 둘째, 이익증가율이 높으면 주가상승률도 높아진다. 따라서 ROE가 높으면 시간이 경과함에 따라 주가상승률도 높아진다고 이야기할 수 있다. 높은 주가상승률은 투자자로서 우리 모두가 바라는 바일 것이다.

(5) 총자산이익률(ROA)

회사가 보유하고 있는 자산이 얼마만큼 당기성과에 기여하였는지를 파악하기 위해서 총자산이익률(return on assets : ROA)이 흔히 이용된다.

$$\text{총자산이익률(ROA)} = \frac{\text{당기순이익}}{\text{평균총자산}} \times 100$$

총자산은 주주의 지분인 자본과 채권자의 청구권인 부채를 합한 금액이므로, 총자산이익률의 분자로는 이자비용을 차감하기 전의 이익(흔히 영업이익)을 사용하는 것이 개념적으로 타당하다. 즉, 분모에 자기자본과 타인자본의 합을 사용했으므로, 분자도 이에 상응하는 이익인 이자비용차감전이익을 사용해야 하는 것이다. 그러나 실무적으로는 분자에 순이익을 사용하는 경우도 많다. 이때에는 총자산을 사용하여 얼마만큼의 순이익을 창출하였는지를 측정하는 지표로 해석될 수 있다.

ROE가 자기자본에 대한 이익률, 즉 주주들의 자금에 대한 이익률인 데 비하여 ROA는 경영자가 기업 외부로부터 조달된 총자원(자기자본 + 타인자본)을 얼마만큼 효율적으로 활용했는가를 나타내는 지표로서 경영자의 경영능력을 나타내는 지표이다. 총자산이익률 계산 시 분자로 사용되는 이익은 일정기간 동안의 성과를 나타내고, 분모는 재무상태표 항목으로 특정일자의 수치를 반영한다. 따라서 분자와 분모의 인식기간의 차이를 해결하기 위해 분모는 보통 기초와 기말의 평균자산을 사용한다.

(6) 투하자본이익률(ROIC)

투하자본이익률(return on invested capital : ROIC)은 영업활동에 투입된 자본 대비 영업활동으로 벌어들인 이익의 비율로 기업이 얼마나 효율적으로 영업활동을 하고 있는지를 나타내는 수익성지표로서, 순수영업활동의 수익성을 나타낸다.

$$\text{투하자본이익률(ROIC)} = \frac{\text{세후영업이익}}{\text{영업투하자본}} \times 100$$

영업투하자본은 총자산(부채 + 자본)에서 현금및현금성자산과 같은 금융자산을 제외한 영업자산에서 영업활동에서 발생한 부채(매입채무 등)인 영업부채를 차감한 것으로 순수하게 영업활동에 투하된 자본을 말한다. 자산 중에서 영업활동(재화 및 서비스의 생산 · 판매)에 사용되는 자산을 영업자산이라 부르고, 재무활동에 관련된 자산을 재무자산이라고 부른다. 재무자산은 영업활동에 사용되는 자산이 아니다. 부채도 영업활동에서 발생하는 부채와 재무활동에서 발생하는 재무부채(차입부채)의 두 유형이 있다.

영업자산은 재화 및 서비스의 생산 · 판매활동에 사용되는 자산이므로 대부분의 자산 항목들이 영업자산에 속한다. 기업의 영업활동에 사용하기 위해 보유하고 있는 현금도 영업자산이다. 금융기관예치금과 투자채무증권과 같이 영업활동에 필요하지 않은 여유현금을 예치해 놓은 자산 이외의 금융자산은 모두 영업활동에 관련된 영업자산에 해당된다.

영업부채의 예로는 매입채무, 미지급비용, 선수금, 퇴직급여부채, 제품보증충당부채 등이 있고 이러한 부채들은 기업이 재화나 서비스를 생산 · 판매하는 영업활동에서 발생한다. 영업부채는 비이자지급부채, 즉 이자를 지급하지 않는 부채이며 기업이 영업활동에 필요한 영업자산취득에 투자해야 할 자금을 줄여 준다. 따라서 기업이 영업활동에 실제로 투입한 자본규모(자기자본 및 타인자본), 즉 영업투하자본은 영업자산에서 영업부채총액을 차감한 것과 같다. 그래서 영업투하자본은 순영업자산이라고도 부른다.

영업투하자본 = 영업자산 − 영업부채

세후영업이익은 영업활동에서 획득된 이익(세후)을 뜻하며, 이는 회계기간 동안 영업활동(재화 및 서비스의 생산 · 판매활동)과 관련하여 발생한 모든 손익(기타포괄손익 포함)의 순액으로 측정된다. 즉, 차입금에 대한 이자비용, 외화차입금에 대한 환률변동손익, 금융기관예치금이나 채무증서에서 얻은 이자수익은 재무부채나 재무자산에서 발생한 손익이며, 이러한 손익은 당해 기업의 영업활동과 관련이 없다.

따라서 세후영업이익은 금융수익과 금융비용(이자비용) 등의 영업외손익을 제외한 순수한 영업활동의 이익을 나타낸다. 때문에 투하자본이익률은 자기자본이익률(ROE)이나 총자산이익률(ROA)보다 영업활동의 수익성을 보다 정확하게 측정할 수 있는 지표이다.

ROE와 마찬가지로 ROIC가 높을수록 기업이 이익을 잘 내고 있다는 의미이다. 그러나 ROE는 부채에 의한 레버리지의 영향을 받지만, ROIC는 자기자본과 부채의 구조에 영향을 받지 않고 자본의 수익성을 측정할 수 있다는 장점이 있다. 따라서 서로 재무구조가 다른 경쟁사들의 수익성을 비교할 때 유용하다.

ROIC의 유용성은 다음의 사례에서 명확히 파악할 수 있다.

(단위 : 원)

	A기업	B기업
총자산	1,000	1,000
영업자산	800	700
부채	600	500
영업부채	300	300
자기자본	400	500
세후 영업이익	50	60
순이익	40	50

두 기업의 총자산은 1,000원으로 같지만, 자기자본과 부채의 비율이 서로 다르고 실제로 영업에 투하된 자본인 영업투하자본(영업자산 – 영업부채)은 500원과 400원으로 다르다. 이를 통해 A기업과 B기업의 자기자본이익률과 투하자본이익률을 구해 보면 다음과 같다.

A기업과 B기업의 수익성 비교

	A기업	B기업
자본이익률(ROE)	10%	10%
투하자본이익률(ROIC)	10%	15%

A기업과 B기업의 ROE가 같다는 것은 자기자본을 통해 얻은 이익률이 같다는 뜻이다. 하지만 기업의 영업활동에 대한 수익성을 나타내는 투하자본이익률은 A기업이 10%(= 50원÷500원×100)인 데 반하여 B기업은 15%(= 60원÷400원×100)이다. 이는 B기업이 영업투하자본으로 A기업에 비해 1.5배의 이익을 창출하고 있다는 뜻으로, 영업활동의 효율성이 높다고 할 수 있다.

이처럼 ROE와 ROIC를 함께 살펴보면 주주 관점의 수익성과 경영자 관점의 영업활동 수익성을 동시에 고려할 수 있다. 특히 ROE와 ROIC가 높은 기업은 투자의 매력이 높은 기업이라고 판단할 수 있다. 단, 금융업에 속한 기업의 경우 영업활동이 주로 예대마진(대출금리와 예금금리의 차이)으로 이루어지기 때문에 ROE와 ROIC의 구분은 큰 의미가 없다.

8.4 성장성 분석

수익성과 함께 강한 경쟁력을 가진 기업의 특징은 바로 지속적인 성장성이라고 할 수 있다. 기업의 수익성이 일정한 수준을 유지한다고 하더라도 성장하지 않는 기업은 주가상승이 제한을 받게 된다. 강한 경쟁력을 가진 기업은 제품의 가격을 올리거나 새로운 시장을 개척함으로써 지속적으로 성장한다.

성장률은 전년 대비, 전년 동기 대비, 전 분기 대비, 전월 대비 등 기준을 언제로 잡느냐에 따라서 여러 가지 방법으로 계산할 수 있다. 그러나 산업 또는 기업별로 매출액과 이익이 변화하는 정도가 다르기 때문에 계절성과 같은 특성을 고려하여 성장성을 판단해야 한다. 또한 기업에 따라 일시적인 손익 항목으로 인하여 매출액과 이익이 달라질 수 있기 때문에 단기간의 성장률만을 보고 해당 기업의 성장 정도를 판단해서 안 된다.

(1) 매출액성장률

매출액이 늘고 있으면 사업이 성장해 가고 있다는 뜻이다. 반면 매출액이 줄어든다면 우려할 만한 요인이다. 매출액성장률은 기말매출액이 기초매출액에 비해 얼마나 빠른 속도로 증가했는지를 나타내는 지표이다. 매출액은 제품이나 서비스를 판매한 총액을 말한다.

$$\text{매출액성장률} = \frac{\text{기말매출액} - \text{기초매출액}}{\text{기초매출액}} \times 100$$

매출액은 제품의 가격과 수량에 의해 결정되는데 매출액이 증가하거나 감소할 경우 판매가격과 판매수량 중 어떤 요소가 변했는지를 살펴봐야 한다. 판매가격의 변화는 원재료의 가격변동이나 기업의 가격결정력에 영향을 받는다. 매출액의 성장은 영업이익, 순이익의 증가를 동반하는 경우가 대부분이지만 실속 없는 성장을 하는 경우도 있기 때문에 기업이 실제 얼마만큼의 이익을 창출했는지를 검토해야 한다.

(2) 순이익성장률

순이익성장률은 기초순이익에 비해 기말순이익이 얼마나 빠른 속도로 증가했는지를 나타내는 지표이다. 순이익은 매출액에서 모든 비용을 차감하고 최종적으로 남는 이익으로 주주의 이익이라고도 한다.

$$\text{순이익성장률} = \frac{\text{기말순이익} - \text{기초순이익}}{\text{기초순이익}} \times 100$$

순이익성장률은 주가형성에 직접적인 영향을 미친다. 주가는 기업이 얼마나 많은 이익을 남겼느냐에 따라 움직인다. 이런 이유로 순이익성장률은 투자자의 수익률로도 해석할 수 있는데, 투자수익률을 결정하는 주가는 순이익의 성장만큼 상승하기 때문이다. 이를 제대로 활용하기 위해서는 단기적인 순이익성장률만을 살펴보는 것보다는 향후 수년간의 순이익성장률을 함께 고려하는 것이 더 바람직하다. 경기변동이나 산업의 부침에 따라 순이익이 단기적으로 변동할 가능성이 크기 때문에 단기적인 순이익만을 보고 투자수익률을 예측한다면 잘못된 투자판단을 내릴 가능성이 있다.

다음 표는 A기업의 향후 5년간의 순이익에 대한 전망을 나타낸 것으로 순이익성장률을 살펴보자(현재시점은 2014년으로 가정).

(단위 : 원)

	2014년	2015년	2016년	2017년	2018년	2019년
순이익	100	80	110	140	180	170

A기업의 순이익은 2014년 100원에서 이듬해인 2015년 80원으로 20% 감소했다가 2019년까지 꾸준히 상승해 170원이 될 것으로 전망되고 있다. 2019년까지 A기업에 투자했을 때 순이익성장률은 70%이다.

순이익성장률 = (기말순이익 − 기초순이익) ÷ 기초순이익 × 100
= (170 − 100) ÷ 100 × 100 = 70%

워렌 버핏은 이익이 들쭉날쭉하는 회사를 싫어한다. 지속적으로 주당순이익이 상승하는 추세를 보이는 회사를 찾는다.

8.5 안전성 분석

기업을 평가할 때 먼저 확인해야 하는 것은 수익성과 성장성이다. 그것은 기업의 목적이 이익을 창출하는 것이기 때문에 기업이 그러한 목적을 잘 이행하고 있는지를 확인하는 것이 우선시되어야 하기 때문이다. 이익을 잘 내고 성장하는 기업은 주주에게 높은 수익률을 안겨 준다. 그러나 아무리 수익성이 좋고 성장성이 좋아도 기업이 재무적으로 안정되지 못하여 차입금 등의 부채나 이자비용을 감당하지 못하여 허덕이는 경우에는 어느 날 갑자기 부도가 나거나 회사 자체가 사라질 수도 있다. 따라서 기업을 분석할 때 안전성을 분석하는 것은 매우 중요하다.

적절한 부채를 이용하는 것은 부채의 레버리지효과 때문에 기업성장에 도움을 주게 된다. 그러나 지나친 레버리지의 이용은 기업에 독이 될 수도 있기 때문에 기업이 어느 정도의 레버리지를 활용하는지, 그리고 그 부채를 감당할 수 있는지에 대한 분석은 중요하다. 또한 사업을 하기 위해서는 일정한 현금이 필요하게 된다. 기업이 어느 정도의 유동성을 확보하고 있는지를 확인하는 것 역시 중요하다. 따라서 기업이 어느 정도의 부채를 가지고 있으며 그것을 감당할 수 있을 정도로 돈을 잘 벌고 있는지를 확인해야 기업이 지속적으로 사업을 영위할 수 있는지에 대한 평가가 가능하게 된다.

(1) 부채비율

부채비율은 부채를 자기자본으로 나눈 비율로 재무구조의 안전성을 나타내는 대표적인 지표이다. 자기자본은 상환해야 하는 의무가 없고 자금활용에 대해 강제적으로 보상을 한다든가 상환해야 하는 부담이 없지만 부채는 원금과 이자비용을 의무적으로 갚아야 하기 때문에 부채의 크기, 즉 재무구조에 따라 기업의 안전성이 달라진다.

$$\text{부채비율} = \frac{\text{부채}}{\text{자본}} \times 100$$

어느 기업의 부채비율이 300%라면 그 기업이 보유한 자본보다 부채가 3배 더 많다는 것을 의미한다. 부채비율이 낮을수록 안전하다고 볼 수 있으며 일반적으로 100% 이하면 문제가 없다고 본다. 반면 부채비율이 높아지면 레버리지효과 때문에 수익성이 좋아지는 효과가 난다. 그러나 부채비율이 지나치게 높으면 과다한 이자비용을 지출해야 하기 때문에 위험요소가 될 수 있다. 이처럼 부채는 '양면의 칼'이라고 할 수 있다. 호황기에는 부채를 이용하여 적은 돈으로 큰 이익을 낼 수 있지만 불황기에는 원금상환과 이자비용에 대한 부담이 커지게 된다.

유종현은 『대한민국 산업 · 업종 분석』에서[03] 2007년부터 2011년까지의 5년간 업종별 주요 재무지표의 평균을 제시하고 있다. 여기에 따르면, 부채비율이 가장 높은 업종은 금융·보험업종으로 평균 1,368%이다. 그 외 비교적 부채비율이 높은 업종은 일반기계업종(평균 205%), 석유정제업종(평균 170%), 조선업종(평균 268%), 운수 및 보관업종(평균 295%)이다.

워렌 버핏은 금융기관을 제외하고 부채비율이 80% 이하이면 장기적인 경쟁우위를 가진 기업일 가능성이 높다고 한다. 부채수준은 매우 중요하다. 그러나 부채수준보다 더 중요한 것은 부채가 어디에 어떻게 사용되고 있느냐 하는 것이다. 먼저 지난 몇 년간 자기자본 대비 부채비율이 크게 늘었는지 확인해야 한다. 만약 부채가 증가했다면 그것이 유동부채인 단기부채인지 장기부채인지를 확인하고 난 후 그 부채가 어디에 사용되고 있는지를 확인해야 한다. 추가된 부채가 단기부채이고 그것이 부동산 등의 고정투자에 사용되거나 회사의 핵심사업과 별 관련이 없는 기업을 매수하는 데 사용되었다면 각별한 주의가 필요하다. 그러나 기존 사업의 확장에 필요한 기업을 매수하는 데 사용하고 그것이 장기부채인 경우는 경영진이 회사의 성장에 매우 적극적이며 회사의 내부성장에 만족하지 않고 있음을 의미한다. 기업이 과거에 부채를 이용했지만 그 후 2~3년간 부채를 적절한 수준으로 줄였는지도 확인해야 한다. 그런 경우 경영진이 합당한 사업을 인수했으며 그 사업을 전체 사업에 신속하게 유합시키고 있음을 보여 주는 신호라고 할 수 있다.

(2) 차입금의존도

차입금의존도는 기업의 총자본(자본과 부채의 합) 중에서 실제로 이자를 지급하는 차입금(사채 포함)의 비중이 얼마나 되는지를 나타내는 지표이다. 즉, 기업이 자금조달을 얼마나 많이 차입금에 의존하는지를 보여 주는 비율이다.

$$\text{차입금의존도} = \frac{\text{차입금(사채 포함)}}{\text{총자본}} \times 100$$

부채비율은 총자본 중 부채가 얼마나 되는지를 나타내는 비율이다. 부채비율의 분자인 부채에는 차입금 이외에 충당부채나 영업활동관련 부채들이 포함되어 있으나 차입금의존도 산정 시 분자에는 이자를 지급하는 장 · 단기차입금과 회사채가 포함되므로 기업의 자본조달수단 중 차입금에 의존하는 정도를 보다 직접적으로 나타내는 비율이라 할 수 있다. 기존의 많은 연구에서는 부실기업의 여러 특성 중의 하나가 차입금의존도가 30% 이상이라고 한다. 즉, 차입금의존도가 30% 이상이면 재무적으로 문제가 있는 부실기업으로 분류하고 그 이하이면 건실한 기업으로 분류할 수 있다는 것이다. 본 저자의 '부실기업의 재무적 특성에 관한 연구'에서도 부실기업의 차입금의존도는 30% 이상으로 부채비율보다도 더 부실기업의 특성을 잘 나타내는 변수임을 확인한 바 있다.

연차보고서(2008년)에서 밝힌 워렌 버핏의 부채에 대한 다음과 같은 생각[04]을 음미하는 것이 투자대상기업의 과도한 부채에 대한 너그러운 생각(?)을 고쳐먹는 한 방법이 아닌가 한다.

"우리는 부채를 거의 사용하지 않는다. 우리가 돈을 빌릴 때는 장기로, 그리고 고정금리로 빌린다. 장부에 부채를 쌓아두느니 차라리 흥미로운 사업기회를 포기하는 편을 택하겠다. … 찰리와 내가 사용하는 금융계산기는 추가로 약간의 수익을 더 올리려고 베팅하다가 밤잠을 못 이루는 일을 결코 허락하지 않는다."

읽고가기 **순부채 '0'과 부채 '0'은 다르다**

기업이 순부채가 0이라고 할 때 주의해야 한다. 순부채가 0이라는 것이 부채가 0이라는 의미가 아니기 때문이다. '순부채 = 부채총계 − (현금및현금성자산 + 단기금융자산)'을 의미한다. 따라서 순부채가 0이라든가 마이너스(−)인 것은 원칙적으로 그 기업이 모든 부채를 상환할 수 있음을 의미할 뿐이다. 그러나 대부분의 기업은 사업에 쓸 현금과 현금성자산을 보유하고 있어야 한다. 따라서 현금과 현금성자산 전부를 부채상환에 쓰는 일은 가능성이 매우 낮은 일이다.

(3) 이자보상배수

기업이 타인자본을 이용하면 자본사용대가로서 정기적으로 이자를 지급해야 한다. 투자자들에게는 기업이 영업활동에서 이자를 제대로 갚을 수 있는지를 확인하는 것도 매우 중요하다. 이자보상배수(이자보상비율이라고도 함)는 영업이익을 이자비용으로 나눈 것으로 기업이 영업이익으로 이자비용을 얼마만큼 감당할 수 있는지를 나타내는 지표이다.

$$\text{이자보상배수} = \frac{\text{영업이익}}{\text{이자비용}}$$

이자보상배수가 1배이면 모든 영업이익이 이자를 갚기 위해 쓰인다는 뜻이다. 이자보상배수가 1배보다 큰 기업은 이자비용을 감당하고도 이익을 낼 수 있음을 의미하므로 이자보상배수가 높을수록 좋다. 반면에 이자보상배수가 1배수 이하인 기업은 영업이익으로 이자를 감당하지 못한다는 것을 의미하므로 이런 회사는 투자대상에서 제외하는 것이 안전하다. 투자자 입장에서 이자보상배수가 2배수 미만인 경우는 특별한 주의가 필요하다. 또한 1배수 미만인 회사에 투자해서는 안 된다.

한편, 이자는 현금으로 지급되어야 하는데 영업이익은 기업의 실제 현금흐름을 반영하지 못하는 문제가 있다. 즉, 영업이익에는 감가상각비와 같이 현금지출이 없는 비용과 미수수익과 같은 현금수입이 없는 수익이 포함되어 있기 때문에 실제 이자지급능력을 파악하는 데 어려움이 있다는 것이다. 이런 문제점을 보완하기 위하여 영업이익 대신에 영업활동에서 창출된 현금흐름(이자 및 법인세 차감 전 영업현금흐름)을 이자비용과 대비시켜 이자지급능력을 판단하기도 한다. 특히 이자보상배수가 낮아 문제가 있는 경우는 영업활동 현금흐름 대비 이자비용을 검토할 필요가 있다.

워렌 버핏이 선호하는 소비재업종에서 장기적인 경쟁우위를 가진 기업들의 이자보상배수는 6.5배 이상인 기업들이다. 이자보상배수가 높은 기업이 영업활동에서 충분히 이익을 남기는 회사이므로 장기적인 경쟁우위를 가진 기업일 가능성이 크다.

(4) 유동비율

유동비율은 유동자산을 유동부채로 나눈 비율로 기업의 단기부채에 대한 지급능력을 판단하는 지표이다. 유동자산은 1년 이내에 현금화될 자산이고, 유동부채는

1년 이내에 상환해야 하는 부채를 말한다. 따라서 두 항목을 비교해 보면 1년 이내에 기업의 유동성에 문제가 발생할지에 대해 대략적으로 파악할 수 있다.

$$유동비율 = \frac{유동자산}{유동부채} \times 100$$

유동비율이 낮을수록 단기부채에 대한 지급능력이 떨어진다는 것을 의미한다. 일반적으로 100% 미만의 유동비율을 가진 기업은 부채를 상환해야 할 때 원금을 상환하지 못할 가능성이 크다. 그러나 100% 미만의 유동비율을 나타내면 재무상태가 양호하지 않다는 것을 의미하지만 그 기업이 무조건 파산 등으로 재무적 문제를 일으킨다는 것은 아니다. 기업은 영업활동에서 이용되지 않는 유휴자산 등을 매각하여 유동싱을 확보할 수 있기 때문이다.

또한 유동성이 높아도 유동성에 문제가 없다고 할 수 없다. 유동자산에는 매출채권과 재고자산이 포함되어 있기 때문에 매출채권의 회수가 원만하지 못하거나 재고자산을 판매하지 못하게 되면 유동성에 문제가 발생할 수도 있다. 이 때문에 기업의 유동성을 분석할 때는 당좌비율과 현금비율을 함께 살펴보는 것이다.

만족스러운 유동비율은 업종에 따라 다르다. 일반적으로 현금화하기 쉬운 유동자산이 많을수록 높은 유동성이 요구되지 않는다. 철도회사와 공공설비회사는 일반적으로 높은 유동비율이 요구되지 않는다. 대개 이들 회사는 재고자산이 적은데다, 매출채권을 현금화하기 쉽기 때문이다. 한편, 건설업의 경우 유동성이 낮은 편이다. 공사를 하기 위해서는 큰돈이 필요하기 때문에 건설사들은 차입금이나 선수금 등의 부채를 이용할 수밖에 없는 구조를 갖고 있다. 이러한 업종의 특성이 있기 때문에 단순하게 유동비율을 100% 미만과 그 이상인 기업을 구분지어 판단하기보다는 동종산업 내의 경쟁사들과 비교해 보는 것이 합리적이다. 제조기업의 표준적인 유동비율은 200% 이상이다.

(5) 당좌비율

유동자산에서 재고자산과 같이 현금화하는 데 시간이 걸리는 자산을 뺀 자산을 당좌자산이라고 한다. 즉, 당좌자산 = 유동자산 − 재고자산이다. 당좌비율은 즉시 현금화가 가능한 당좌자산이 유동부채에 비해 얼마만큼 보유하고 있는가를 나타내는 지표이다.

$$\text{당좌비율} = \frac{\text{당좌자산}}{\text{유동부채}} \times 100$$

유동비율과 마찬가지로 당좌비율도 높을수록 단기부채에 대한 지급능력이 높다고 할 수 있다. 당좌자산이 유동부채보다 많은 기업, 즉 당좌비율이 100% 이상인 기업은 유동성에 있어 위험에 빠질 가능성이 적다고 할 수 있다.

당좌비율은 유동비율을 보완해 주는 지표이다. 기업은 재고자산을 판매하여 현금화하는 데 어려움을 겪을 수 있고 현금화하더라도 평가액에 못 미치는 현금이 유입될 수 있다. 때문에 재고자산이 너무 많은 기업은 유동비율이 200%를 넘는다고 하여도 실제로 부채의 지급능력이 낮을 수 있다. 따라서 재고자산이 많은 기업의 경우에는 유동비율과 당좌비율을 살펴보는 것이 바람직하다. 또한 유행에 민감한 상품을 파는 의류산업이나 IT산업처럼 재고자산이 부실화될 위험이 큰 업종의 단기지급능력을 판단할 때 당좌비율을 이용하는 것이 바람직하다.

제조업의 경우에 유동비율 125% 이상, 당좌비율 75% 이상이면 대체로 만족할 만한 수준으로 본다.[05] 그러나 슈퍼마켓이나 유통업체처럼 기본적으로 이 두 비율이 낮은 기업에는 이보다 낮은 비율을 적용해야 한다. 또한 이 두 비율이 급격히 변하거나 기존 추세와 반대로 진행되는 상황도 실제 비율 못지않게 중요하다. 만약 이 두 비율이 하락추세를 보이면, 회사의 현금사정이 어려워 매입채무나 미지급금의 증가를 통제하지 못하고 있다는 신호일 수 있다. 다음 표는 유통업체의 대표격인 이마트의 유동비율과 당좌비율을 나타내고 있다. 일반제조업과 비교했을 때 이들 비율이 상당히 낮은 수치를 보이고 있음을 알 수 있다.

이마트의 유동비율과 당좌비율

(단위 : %)

항목	2011. 12. 31	2012. 12. 31	2013. 12. 31	2014. 12. 31
자기자본비율	50.18	50.02	51.32	51.06
유동비율	34.85	34.68	36.67	38.68
당좌비율	14.92	13.82	15.02	14.83
영업이익 이자보상비율	6.39	5.67	5.93	4.74
부채비율	99.28	99.93	94.86	95.86
차입금의존도	26.81	27.4	26.7	27.77

(6) 영업현금흐름 대 유동부채비율

앞서 설명한 유동성비율들은 기말시점에서 자산금액을 사용하여 산정되기 때문에 계절적 영향을 받을 수 있다. 단기지급능력을 평가하는 대체적 방법은 기업이 연중의 영업활동에서 획득하는 현금흐름이 유동부채와 비교하여 얼마나 되는지를 분석하는 것이다.

$$\text{영업현금흐름 대 유동부채비율} = \frac{\text{영업활동 현금흐름}}{\text{유동부채}}$$

이 비율의 분자인 영업활동 현금흐름은 현금흐름표에서 쉽게 얻을 수 있다. 이 비율이 높을수록 기업의 단기채무지급능력에는 문제가 없다고 할 수 있다.

8.6 효율성 분석

효율성비율은 기업이 영업에 투입한 자산이 얼마나 효율적으로 이용되고 있는지, 즉 얼마나 빠른 속도로 매출이나 현금으로 변환되었는지를 측정하는 비율로 활동성비율 또는 회전률비율이라고도 한다. 효율성비율은 보통 매출액, 매출원가, 매입액 등을 자산에 대비시켜 나타내는데 자산의 활용도를 총체적으로 측정하는 비율과 특정 자산의 개별 항목에 대한 활용도를 측정하는 비율로 구분해 볼 수 있다.

효율성을 측정하는 총괄적 지표로 총자산회전율이 있으며, 특정 자산의 개별적 활용도를 측정하는 지표로는 영업운전자본(재고자산, 매출채권, 매입채무)회전율이 있다.

(1) 총자산회전율

총자산회전율은 매출액을 총자산으로 나눈 것으로, 기업이 자산을 얼마나 효율적으로 사용하여 매출액을 창출하고 있는지를 보여 주는 지표이다.

$$\text{총자산회전율} = \frac{\text{매출액}}{\text{총자산}}$$

일반적으로 총자산회전율이 높으면 기업의 유동자산과 비유동자산이 효율적으로 이용되어 매출액이 많이 창출되고 있다는 것을 의미한다. 반면에 총자산회전율이 낮으면 기업의 자산투자가 과다하였거나 또는 자산이 비효율적으로 이용되고 있다는 것을 의미한다.

그러나 기업이 속한 각 산업의 특성이 다르고 적정 수준의 총자산회전율이 다르기 때문에 총자산회전율을 해석할 때는 반드시 동종산업 내에서 비교해야 한다. 또 같은 산업 내에 속하고 있다고 해도 완전히 똑같은 기업은 존재하지 않기 때문에 개별 기업의 총자산회전율의 과거 추이를 살펴보는 것이 중요하다.

(2) 매출채권회전율

매출채권회전율은 매출액을 매출채권으로 나눈 것으로 매출채권이 현금화되는 속도를 측정하는 지표이다. 이 비율이 높으면 매출채권이 현금화되는 속도가 빠름을 의미하며, 동시에 매출채권투자가 크지 않음을 나타낸다.

$$\text{매출채권회전율} = \frac{\text{매출액}}{\text{매출채권}}$$

매출채권은 기업이 재화나 서비스를 외상으로 판매하고 나중에 대금을 회수하는 것이기 때문에 매출채권이 적을수록, 대금회수속도가 빠를수록 유리하다. 현금흐름이 어려운 기업은 매출채권을 양도(매도)함으로써 유동성을 확보하려고 한다. 이 경우는 매출채권이 적어져서 매출채권회전율이 높아진다. 이 때문에 매출액의 큰 변화 없이 매출채권이 급격하게 줄어드는 기업은 주의해서 살펴봐야 한다.

매출채권회전율은 기업이 속한 산업의 영향보다도 개별 기업의 상황에 따른 영향이 더 크기 때문에 개별 기업의 과거 추세를 살펴보는 것이 중요하다. 일반적으로 매출채권회전율이 지속적으로 높아지고 있다면 기업의 경쟁력이 강화된 것으로, 낮아지고 있다면 경쟁력이 약화된 것으로 봐야 한다. 기업들은 매출채권을 최대한 빨리 회수하려고 노력하기 때문에 일반적으로 경쟁력이 강한 기업들의 매출채권회전율이 높다.

매출채권회전율을 기간형태로 표현할 수 있다. 이를 매출채권회수기간 또는 매출채권회전일수라고 한다. 매출채권회수기간은 매출채권을 회수하는 데 걸리는 일수를 알려 주는 지표이다.

$$\text{매출채권회수기간} = \frac{\text{365일}}{\text{매출채권회전율}}$$

매출채권회수기간은 매출채권회전율을 '일'단위로 표시한 것이므로 매출채권회전율과 동일한 의미를 가지고 있는 것이다. 일반적으로 매출채권회수기간이 짧을수록 긍정적이다. 매출채권회전율 8.0은 매출채권이 1년에 8회 이상 회전했고 매 45일(365일 ÷ 8회)마다 회수되었다는 것을 나타낸다.

(3) 재고자산회전율

재고자산회전율은 매출원가를 재고자산으로 나눈 것으로 기업이 보유하고 있는 재고자산을 판매하는 속도를 측정하는 지표이다.

$$\text{재고자산회전율} = \frac{\text{매출원가}}{\text{재고자산}}$$

재고자산회전율이 높다는 것은 적정한 수준의 재고를 보유하고 있거나 재고자산이 빠르게 팔려 나간다는 것을 의미한다. 재고자산회전율이 높을수록 재고자산관리를 잘하고 있어 경영의 효율성을 갖추고 있다고 할 수 있다.

재고자산회전율을 판단할 때에는 동종산업과 비교하고 개별 기업의 과거 추세를 살펴봐야 한다. 특히 재고자산의 가치가 급격히 감소하는 의류산업이나 IT산업에 속한 기업의 재고자산회전율에는 각별한 주의를 기울여야 한다. 실제로 의류업의 경우 유행이 지난 재고는 원재료가격에도 못 미치는 가격에 판매되고, IT산업의 경우 신기술이 개발되면 기존 제품을 판매하기 어려운 상황이 자주 발생한다.

재고자산이 팔리는 시간을 '일'단위로 표시한 것을 재고자산회전일수 또는 재고자산보유기간이라고 한다.

$$\text{재고자산회전일수(보유기간)} = \frac{\text{365일}}{\text{재고자산회전율}}$$

재고자산회전기간은 재고자산회전율과 동일한 의미를 가지고 있으며 회전기간이 짧을수록 좋다. 재고자산회전율 6.0은 재고자산이 연간 6번 회전되었고 매 61일(365일÷6회)마다 판매되었다는 것을 의미한다.

(4) 매입채무회전율

매입채무회전율은 매입액을 매입채무로 나눈 것으로 기업의 매입채무를 갚는 속도가 어느 정도인지를 보여 주는 지표이다. 즉, 외상으로 구입한 상품이나 원재료 대금을 얼마나 빨리 지급하고 있는지를 나타낸다. 재고자산 매입액 자료가 이용가능하지 않은 경우에는 매출원가를 대신 사용할 수 있다.

$$\text{매입채무회전율} = \frac{\text{매입액(매출원가)}}{\text{매입채무}}$$

일반적으로 매입채무회전율이 낮을수록 기업이 신용관리를 잘하고 있다는 신호이다. 매입채무는 이자를 지급하지 않는 부채이기 때문에 매입채무를 늦게 갚을수록 기업은 영업운전자본투자액을 절약할 수 있게 된다. 따라서 대부분의 기업은 매입채무를 가급적 늦게 갚으려고 하는데 매입채무회전율이 낮다는 것은 기업의 경쟁력이 강하다는 증거이기도 하다.

반대로 매입채무회전율이 높으면 자금조달을 위한 기회비용이 발생하고 있다는 뜻이다. 매입채무회전율이 높으면 운전자본유지를 위해 그만큼 운전자본의 규모가 커지기 때문에 이를 위해 현금이 묶여 있게 되고 그에 따른 기회비용이 발생하게 된다. 따라서 매입채무회전율이 높으면 기업의 경쟁력이 낮다는 증거가 된다. 기업의 과거 추세를 살펴보고 매입채무회전율이 지속적으로 낮아지고 있다면 긍정적인 의미로, 반대의 경우는 부정적인 의미로 받아들여야 한다.

매입채무가 지급되는 기간을 '일'단위로 표시한 것이 매입채무회전일수 또는 매입채무결제기간이다.

$$\textbf{매입채무회전기간(결제기간)} = \frac{365\text{일}}{\textbf{매입채무회전율}}$$

매입채무회전일수는 매입채무회전율을 '일'단위로 표시한 것으로 매입채무회전율과 동일한 의미를 가지고 있다. 매입채무회전율 10.0은 매입채무가 연간 10회 회전하였고, 매 37일(365일 ÷ 10회)마다 매입채무를 지급했다는 것을 의미한다.

(5) 현금순환주기(현금흐름주기)

기업은 원재료를 구매해서 제품을 생산하고 판매한다. 기업이 원재료를 구매하는 과정에서 일부는 매입채무가 발생하고, 재고자산이 증가하게 된다. 원재료를 투입하여 제조과정을 거쳐 제품을 생산하여 판매하게 되면 일부는 매출채권이 발생하고 나중에 현금이 회수된다. 이러한 과정이 한 번 진행되는 속도를 '일'단위로 나타낸 것이 현금순환주기이다. 즉, 현금순환주기(현금흐름주기)는 기업이 현금을 투입하여 원재료를 구입하고, 제품을 생산하고 판매하는 과정을 거쳐 최종적으로 현금이 회수될 때까지 걸리는 시간을 말한다. 이를 현금전환사이클(cash conversion cycle) 또는 현금잠김일수라고도 한다. 이 지표는 회사의 현금이 운전자산에 얼마나 잠겨 있는지를 알려 준다. 회사의 현금이 수익을 창출하는 데 쓰이지 못하고 잠겨 있게 되면 당연히 바람직하지 못하다. 현금순환주기는 다음과 같이 계산된다.

현금순환주기 = 재고자산회전기간 + 매출채권회전기간 − 매입채무지급기간

현금자산의 원활한 확보를 위해서는 재고자산, 매출채권, 그리고 매입채무의 관리를 통해 현금이 운전자본(유동자산 − 유동부채)에 오래 묶여 있지 않도록 주기적인 관리를 해야 한다. 현금순환주기는 당연히 짧을수록 좋다.

우리나라 중소기업의 부실원인을 살펴보면 부실기업 대부분은 매출채권회수기간보다 매입채무지급기간이 짧아 채권 · 채무관리에 문제가 있음을 지적하는 사례가 많다. 장사하는 사람들이 즐겨 하는 말이 "수취할 외상값은 가급적 빨리 받고, 지급할 외상값은 가급적 늦게 주라"는 것인데 이를 음미할 때 채권 · 채무의 관리가 사업을 운영하는 데 있어 얼마나 중요한지를 가늠할 수 있다.

현금순환주기는 회사의 현금이 운전자본에 얼마나 잠겨 있는지를 알려 준다. 회사가 힘이 세면 팔 때는 현금으로 팔고 원재료나 상품을 매입할 때는 외상으로 할 수 있다. 현금순환주기는 공급자−회사−고객 사이에 회사의 힘이 얼마나 센지를 알려준다. 보통 100일 이상 운전자본에 잠겨 있는 회사는 채권과 채무관리에 문제가 있음을 나타낸다.

다음은 2013년 12월 31일을 기준으로 작성한 회사별 현금순환주기이다.

	롯데쇼핑	이마트	기아자동차	셀트리온
재고자산회전기간	38	21	33	172
매출채권회수기간	8	6	15	529
매입채무지급기간	66	29	51	72
현금순환주기	−20	−2	−3	629

이마트, 롯데쇼핑, 기아차의 경우는 현금순환주기가 마이너스(−)로 회사의 강력

한 경쟁력을 나타내는 반면 의약품제조회사인 셀트리온의 경우는 재고자산, 매출채권관리에 심각한 문제를 가지고 있음을 알 수 있다.

8.7 현금흐름 분석

현금흐름표와 관련된 정형화된 비율은 그다지 많지 않다. 재무상태표와 손익계산서와는 달리 제도화가 늦어진 이유가 한 원인일 수 있다. 현재 대학의 교과서나 증권회사의 분석보고서에 제시되는 비율 분석을 중심으로 소개한다.

(1) 주당현금흐름

주당현금흐름(cash flow per share : CFPS)은 주당순이익이 보통주 1주에 귀속되는 당기순이익인 것처럼 보통주 1주에 귀속되는 영업활동 현금흐름의 크기를 나타낸다.

$$\text{주당현금흐름(CFPS)} = \frac{\text{영업활동 현금흐름}}{\text{유통보통주식수}}$$

분자에 손익계산서의 순이익 대신 영업활동 현금으로 사용하여 수익성 정도를 평가한다. 순이익은 발생주의에 의한 수익이고 영업할동 현금흐름은 현금주의에 의한 순이익이기 때문에 주당순이익과 주당현금흐름은 동일한 의미를 갖는 지표이다. 현금흐름표에서 설명한 것처럼 주당현금흐름이 주당순이익보다 적은 기업은 분식회계 등의 문제를 가지고 있기 때문에 추가적인 분석이 필요하다.

(2) 매출액 대비 영업현금흐름비율

매출액순이익률에서 순이익 대신 영업현금흐름을 분자로 사용한 비율로 매출액 중에서 현금으로 회수된 정도를 측정하는 지표이다.

$$\text{매출액 대비 영업현금흐름비율} = \frac{\text{영업현금흐름}}{\text{매출액}}$$

이 비율은 기업의 전체적인 효율성과 경영성과를 측정하는 것으로서 매출을 통하여 현금을 창출하는 기업의 능력을 나타낸다. 기업의 부채의 상환, 배당금의 지급 및 설비투자를 위해서 현금이 필요하기 때문에 매출을 통해서 얼마의 현금을 창출하는가는 매우 중요한 지표이다. 매출액 대비 영업현금흐름비율이 높을수록 현금창출능력이 양호한 것으로 판단한다.

(3) 영업현금이자보상비율

영업현금이자보상비율은 이자보상비율의 분자를 이자 및 법인세 지급 전 영업현금흐름으로 대체하여 계산된다. 즉, 영업에서 창출된 현금흐름을 이자지급액으로 나눈 것이다. 이것은 EBITDA(이자, 법인세, 감가상각비 차감 전 영업현금흐름)로 이자를 몇 번이나 갚을 수 있는지를 나타내는 지표이다.

$$\text{영업현금이자보상비율} = \frac{\text{영업활동 현금흐름} + \text{이자 및 법인세}}{\text{이자지급액}}$$

이자지급은 영업이익에서 지급되는 것이 아니고 실제 영업에 벌어들인 현금으로 지급하는 것이므로 실질적인 이자지급능력을 측정하는 비율이 영업현금이자보상비율이다.

영업현금이자보상비율이 1.0보다 높을수록 이자지급능력이 충분하다는 것으로 이자지급을 영업에서 벌어들인 현금으로 몇 배나 갚을 수 있는지를 측정한다. 반대로 1.0 이하이면 기업은 영업활동에서 벌어들인 현금으로 이자비용을 감당하지 못하여 부채를 새로 조달하거나 자산매각 등을 통하여 이자를 지급할 정도로 재무적으로 심각한 어려움에 처해 있다는 것을 나타낸다.

(4) 영업현금총부채보상비율

영업현금총부채보상비율(cash flow debt coverage ratio)은 영업활동으로 벌어들인 현금으로 총부채를 얼마만큼 상환할 수 있는지를 나타내는 지표이다.

$$\text{영업현금총부채보상비율} = \frac{\text{영업활동 현금흐름}}{\text{총부채}}$$

이 비율은 기업의 신용 분석에서 기업의 재무적 탄력성(financial flexibility)을 검토하는 데 사용된다. 재무적 탄력성은 기업이 불황이나 파업 등 예상하지 못한 곤경이나 새로운 사업기회가 생겼을 때 이에 탄력적으로 신속하게 현금을 동원해서 대응할 수 있는 능력을 말한다. 이 비율은 분자와 분모를 바꿔서 사용하기도 한다.

$$\text{영업현금총부채보상비율} = \frac{\text{총부채}}{\text{영업활동 현금흐름}}$$

이 비율은 총부채의 상환가능기간을 나타낸다. 즉, 총부채를 영업활동으로 벌어들인 현금으로 상환할 경우 몇 년이 소요되는지를 측정하는 지표가 된다. 기간이 짧을수록 부채상환능력이 양호하다고 볼 수 있다.

8.8 통합비율 분석과 성과 분석

여기서는 지금까지 다룬 재무비율들을 통합적으로 분석한다. 자산이익률(ROA)을 매출총이익률과 효율성비율로 분해하여 분석하고, 자본이익률(ROE)에 대해 분석하여 재무레버리지가 ROE에 미치는 영향을 분석한다. 또한 최종적인 기업의 성과지표인 경제적 부가가치(EVA)에 대해서 살펴본다.

(1) ROE와 재무비율

회사의 건강상태를 평가할 때 가장 주목해야 할 것은 바로 총자산이익률(ROA)이다. 그것은 가장 일반적인 '이익계산법'이지만 매출액, 비용, 자산관리에 대한 경영자의 능력을 단숨에 드러나게 한다. 왜냐하면 총자산은 부채와 자본의 합이므로 경영자가 부채와 자기자본으로 조달된 자원을 얼마나 효과적으로 잘 운영했는가를 나타내기 때문이다. 반면에 주주들이 중요하게 생각하는 비율은 자기자본에 대한 이익률인 ROE이다. 이것은 회사에 투자한 1원이 얼마의 이익을 창출했는가를 알려 주는 지표이다. ROE는 업종에 관계없이 임의의 회사 간에 이루어지는 실적평가에 사용할 수 있다는 장점이 있다. 그런 의미에서 ROE는 궁극적이고 통합적인 재무측정의 척도라고 할 수 있다.

ROE의 등식을 분해하면 다음과 같이 나타낼 수 있다.

$$\text{자본이익률(ROE)} = \frac{\text{순이익}}{\text{자기자본}} = \frac{\text{순이익}}{\text{총자산}} \times \frac{\text{총자산}}{\text{자본}}$$

$$= \text{ROA} \times \text{재무레버리지}$$

ROA는 기업이 보유하고 있는 모든 자산을 사용하여 얼마나 순이익을 냈는지를 보여 준다. ROA가 높다는 것은 그만큼 기업이 자산을 효율적이고 효과적으로 이용했다는 의미이다. 재무레버리지는 기업이 자기자본의 몇 배를 총자본으로 보유하고 있는가를 나타낸다. 흔히 사용하는 부채비율(부채/자기자본)은 부채와 자기자본의 상대적 크기를 의미하고 재무레버리지는 자기자본의 승수를 의미한다. 부채를 많이 사용할수록 재무레버리지가 커지고 ROE도 커진다.

1) ROA의 분해

ROA는 다음과 같이 매출액순이익률과 총자산회전율로 분해될 수 있다.

$$\text{ROA} = \frac{\text{순이익}}{\text{매출액}} \times \frac{\text{매출액}}{\text{총자산}}$$

$$= 매출액순이익률 \times 총자산회전율$$

이렇게 자산이익률(ROA)을 분해하여 관리목적에 이용하도록 개발된 등식을 듀퐁 등식이라고 한다. 이 등식은 ROA를 요소별로 분해하고, 각각의 관리방안을 가르쳐 주기 때문에 경영자 입장에서 상당히 편리한 관리도구로 이용된다.

2) 재무레버리지비율

재무레버리지비율은 보통 자본조달과정에서 부채를 사용하여 투자재원을 마련하는 것을 말하는 것으로 부채비율이라고 한다. 재무레버리지를 나타내는 또 다른 비율은 총자산을 자본으로 나눈 자산자본비율이다. 이를 등식으로 나타내면 다음과 같다.

$$자산자본비율 = \frac{총자산}{자본}$$

총자산은 부채와 자본의 합이므로 이 등식을 다음과 같이 나타낼 수 있다.

$$자산자본비율 = \frac{부채 + 자본}{자본} = 1 + \frac{부채}{자본} = 1 + 부채비율$$

자산자본비율이 1.0이면 회사의 부채가 제로라는 뜻이다. 가령, 자산자본비율이 3.0이라면 1원의 자본에 2원의 부채가 있음을 의미한다. 이런 의미에서 자산자본비율을 재무레버리지나 자본승수라고 한다. 이는 다른 사람의 돈을 이용해서 얼마나 효과를 거두고 있는가를 나타내기 때문이다.

자산자본비율은 다른 사람의 돈을 효과적으로 사용하고 있는지 어떤지를 알려주는 유용한 도구이다. 그것이 1.0에 가까우면 경영자가 너무 신중한 재무정책을 쓰고 있다고 할 수 있다. 이런 경우는 부채를 더 보유해도 괜찮다. 반대로 그것이 3.0에 가까워지면 위험영역에 들어선 것이다. 이때는 채무변제를 고려해야 한다. 재무레버리지는 '더 많다'는 것이 언제나 '더 좋다'라고 말할 수 없음을 가르쳐 준다.

3) 통합비율 분석 : ROE의 분해

위의 관계식을 이용하여 ROE를 분해하면 다음과 같이 나타낼 수 있다.

$$\text{ROE} = \frac{\text{순이익}}{\text{매출액}} \times \frac{\text{매출액}}{\text{총자산}} \times \frac{\text{총자산}}{\text{자본}}$$

$$= \text{매출액순이익률} \times \text{총자산회전율} \times \text{재무레버리지}$$

$$= \text{수익성} \times \text{효율성} \times \text{안전성}$$

ROE는 위 산식에서 보는 바와 같이 기업의 수익성을 나타내는 매출액순이익률, 자산효율성을 나타내는 총자산회전율, 그리고 안전성을 나타내는 레버리지로 구성되어 있다. 이를 도표로 나타내면 다음 그림과 같다.

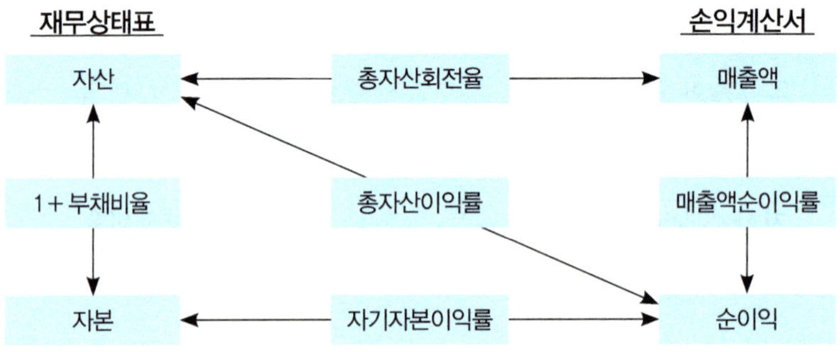

ROE는 그림에서 알 수 있듯이 여러 지표들을 통합하고 있기 때문에 투자자들이 분석하고자 하는 기업의 장기적인 경쟁력을 제대로 확인하기 위해서는 ROE에 대한 분명한 이해가 필요하다.

ROE를 분해하면 다음의 3가지를 한번에 알아볼 수 있는 이점이 있다.

- **수익성** : 매출액 대비 순이익은 얼마나 남겼는가?
- **효율성** : 모든 자산을 얼마나 효과적으로 사용했는가?
- **레버리지** : 부채를 얼마나 활용했는가?

레버리지를 제외한 수익성과 효율성비율은 앞에서 살펴본 바와 같이 자산이익률(ROA)이다. 보통 자산이익률이 높은 기업일수록 수익성이 양호하다는 것을 의미하며 자산규모가 다른 기업과 비교하여 경영성과를 평가하는 데 유용한 수단이 된다. 이러한 ROA를 통해서 기업의 수익구조를 알 수 있다. 순이익률이 낮고 총자산회전율이 높은 기업은 박리다매형이고, 순이익률이 높고 총자산회전률이 낮은 기업은 후리(厚利)소매형이라고 할 수 있다. 그러나 총자산이익률이 낮은 기업도 부채를 많이 쓰게 되면 자본이익률이 높아진다. 이것은 자칫 투자자로 하여금 수익성의 질이 좋아진 것으로 오해하게 만들 수 있기 때문에 ROE를 검토할 때 주의하여 살펴봐야 한다.

ROE가 높다고 해서 반드시 좋은 기업이라고 할 수 없다. 앞에서 설명한 수익성 등의 세부적인 구성요인들을 고려했을 때 그 내용이 선선한 기업이 좋은 기업이라고 할 수 있다. 예를 들어, 부채를 많이 얻어서 수익을 남겼다면 당기순이익이 증가하고 부채비율이 증가(자기자본의 상대적 비중이 감소)하여 ROE도 높아지지만 그 기업은 건강한 기업이라고 판단하기에는 다소 문제가 있다.

다음과 같이 동일한 ROE를 가진 A, B 두 기업을 비교해 보면 어느 기업의 수익구조가 더 양호한지를 쉽게 파악할 수 있다.

	ROE	=	순이익률	×	총자산회전율	×	재무레버리지
A기업 :	20%	=	10%	×	1회	×	2
B기업 :	20%	=	2.5%	×	2회	×	4

A기업과 B기업의 자본이익률은 같다. 하지만 순이익률은 A기업이, 총자산효율성은 B기업이 높다. A기업은 이익을 많이 남기고 적게 파는 사업형태이고, B기업은 마진을 적게 남기고 많이 파는 박리다매형 기업이다. 두 기업 모두 ROE는 20%로 같지만 A기업이 수익성의 질적인 면에서 훨씬 좋다고 할 수 있다. 왜냐하면 A기업의 경우 매출액순이익률과 총자산회전율을 곱한 ROA는 10%로 B기업에 비하여 높고 부채비율도 100%(1 + 부채비율)로 양호한 편이다. 반면에 B기업의 ROA는 5%(= 2.5×2)로 수익성이 상대적으로 낮고 많은 부채(1 + 부채비율 300%)를 이

용한 결과 레버리지효과 때문에 ROE가 높아졌다고 할 수 있다.

거의 동등한 기업을 평가할 때 ROE가 더 높은 기업이 장기간에 걸쳐 더 높은 투자수익을 가져다준다. ROE를 평가할 때 다음과 같은 5가지를 고려해야 한다.[06]

첫째, ROE가 높은 기업 중에서도 부채가 없거나 적은 기업일수록 부채가 있거나 많은 기업보다 훨씬 투자가치가 높다. 재무상태표에 부채가 많은 기업일수록 자기자본이 적어지고 ROE는 높아진다. 이런 면에서 부채를 지혜롭게 이용하는 기업은 ROE를 크게 향상시킬 수 있다. 그러나 부채가 많을수록 바람직하지 않다는 것은 확실하다. 장기적으로 경쟁우위를 가진 기업들은 장기부채가 거의 없고, 높은 ROE를 보이며 유형자산도 별로 없다.

둘째, 어느 정도의 ROE를 높다고 인정해야 할 것인지에 대한 기준은 업종마다 다르다. 제약회사와 소비재기업들은 부채비율이 평균보다 높고 ROE도 평균보다 높은 경향이 있다. 이들 기업은 경기에 민감하지 않아 매출에 일관성이 있고 예측이 가능하기 때문에 부채가 높아도 견딜 수 있다. 따라서 경기침체기 동안에도 이자 지급에 대한 걱정 없이 사업확장을 위해 안심하고 부채를 사용할 수 있다. 필립모리스, 펩시콜라, 코카콜라 등과 같은 기업들이 높은 ROE를 달성할 수 있는 것은 부채가 있음에도 높은 이익을 내고 있기 때문이다.

셋째, 자기주식 매입으로 ROE를 높일 수 있다. 자기주식 매입으로 EPS와 ROE를 높일 수 있기 때문에 많은 회사에서 주가관리를 위해서 자기주식 환매방식을 이용한다.

넷째, ROE는 경기순환을 따르며 기업의 이익증감에 따라 변한다. 높은 ROE를 보이는 유통업체나 자동차부품업체와 같은 순환형 기업의 경우 특히 주의해야 한다. 그러한 기업이 높은 ROE를 올렸다 하더라도, 그것은 지속적으로 유지되기 어렵다. 또는 일시적인 호황의 부산물일 가능성이 크다. 호경기에 획득한 ROE를 바탕으로 미래의 ROE를 예측하는 실수를 저질러서는 안 된다.

다섯째, 인위적으로 ROE를 부풀린 것은 아닌지 살펴봐야 한다. 기업은 구조조정, 자산매각, 일시적인 이익 증가 등으로 ROE를 조작할 수 있다. 구조조정에 비용이 들어가거나 사업부의 매각처럼 기업의 자산이 감소되는 경우 자기자본의 가치가 감소되어 일시적으로 ROE가 높아질 수 있다. 일시적인 조작 없이 높은 ROE

를 유지하는 기업만이 진정한 우량기업이다.

읽고가기 **ROE가 높을수록 주가상승률도 높다**

대체로 자기자본이익률이 높은 기업이 주가상승률도 높은 것으로 나타났다. 증권선물거래소에 따르면 12월 결산 상장사 중 비교가능한 388개사를 대상으로 ROE와 작년 연초 이후 현재까지의 주가등락률을 조사한 결과 이같이 분석됐다. ROE가 20% 이상인 42개사의 평균 주가상승률은 66.9%, ROE가 10~20%인 130개사의 주가상승률은 60.6%인 것으로 조사됐다. 또 ROE가 5~10%인 120개사의 주가상승률은 38.9%, ROE가 5% 미만인 96개사의 평균 주가상승률은 32.4%였다. 같은 기간 종합주가지수 상승률이 14.6%였으므로 ROE 10% 이상인 상장사의 주가수익률이 5배 이상 높았다.

조사대상기업 중 ROE가 가장 높은 상장사는 작년 실적이 대폭 개선된 해운업체들로 대한해운(61.3%), 현대상선(50.7%) 등의 순이었고, 이들 기업의 작년 연초 이후 주가상승률은 대한해운이 73.3%, 현대상선이 72.3%였다.

자료 : 경향신문, 2005. 4. 24.

(2) 영업초과이익 : EVA

기업의 ROE실적이 측정되었을 때 그 양호 여부를 평가할 수 있는 기준은 자기자본에 대한 필요수익률인 자기자본비용이다. 이러한 비교는 비율 간의 비교이므로 최종적으로는 금액의 형태로 비교할 필요가 있다. 왜냐하면 같은 크기의 ROE나 ROIC라고 하더라도 투입된 자본규모가 크면 더 많은 이익이 창출되었음을 의미하기 때문이다. EVA(경제적 부가가치)는 기업의 재무성과를 금액으로 평가하는 최종지표이다.

영업투하자본이익률(ROIC)에서 설명한 바와 같이 영업투하자본은 총자산(부채+자본)에서 현금및현금성자산과 같은 금융자산을 제외한 영업자산에서 영업활동에서 발생한 부채(매입채무 등)인 영업부채를 차감한 것으로 순수하게 영업활동에 투하된 자본을 말한다.

영업투하자본이 벌어들인 이익에서 자본사용대가인 자본비용(필수수익)을 차감한 잔여이익을 영업초과이익 또는 경제적 부가가치(economic value added :

EVA)라고 한다. 다시 말하면 EVA는 세후영업이익에서 부채와 자기자본을 사용한 대가인 자본비용(가중평균자본비용)[07]을 차감한 잔여이익이다.

세후영업이익이 자본사용대가인 자본비용보다 크면 양(+)의 EVA를 획득한 것이고, 반대의 경우는 음(−)의 EVA가 발생한 것이다. EVA가 0이면 기업은 자본사용대가만큼만 번 것이 된다. 그래서 한 기간의 EVA실적은 당해 기간에 실현된 기업가치창출액(value added)을 나타내며, 만일 EVA가 음수이면 이는 당해 기간에 실현된 기업가치상실액을 나타낸다. 이러한 의미에서 EVA는 기업의 영업활동의 성과를 평가하는 기준이 된다.

가치창조경영이란 EVA경영이라고도 하는데 이것은 자기자본과 타인자본에 대해 기회비용 이상의 수익을 창출하게 함으로써 회사는 물론 주주, 종업원들에게 모두 가치의 분배가 돌아가도록 하는 것이다. 즉, 경영자가 기업가치(주주자본가치) 증대라는 목표하에서 투자 및 경영관리를 하는 것을 말한다. 예를 들면, 자기자본 100억원을 투자한 사업을 가정한다면 이 사업으로부터 10억원의 이익이 나고 있다면 이익률이 10%이므로 매우 만족할 것이다. 그러나 자본사용대가인 자본비용이 15%라면 실제는 이익이 아니라 5억원의 손실을 보고 있다는 점을 간과한 것이다. 결국 제대로 된 이익은 자기자본에 대한 기회비용을 함께 고려한 EVA가 실질적인 기업의 성과지표인 것이다. 영업활동의 수익성과 기업가치창출 여부를 판단할 수 있는 EVA는 경영자의 성과평가지표로도 이용된다. 다음의 표는 현대모비스의 최근 4년간의 평균투하자본, 영업투하자본이익률, 자본비용 및 EVA를 나타내고 있다. 현대모비스는 최근 4년간 자본비용보다 훨씬 큰 영업투하자본이익률을 보이고 있으며 이에 따라 경제적 부가가치도 양호함을 나타내고 있다.

현대모비스(주)

EVA 지표

(단위 : 억원, %)

구분	2011. 12. 31	2012. 12. 31	2013. 12. 31	2014. 12. 31
평균투자자본(IC)	52,241	55,320	54,787	59,556
세후영업이익	16,107	18,140	17,482	15,117
영업투자자본 이익률(ROIC)	30.83	32.79	31.91	25.38

가중평균 자본비용(WACC)	8.28	7.32	6.45	6.42
EVA	11,782.6	14,088.5	13,946.9	11,294.8

자료 : 나이스신용평가

2014년 12월 31일 기준 EVA가 높은 기업은 삼성전자(주), SK하이닉스(주), 현대자동차(주)의 순이며, EVA가 낮은 기업은 현대중공업(주), KT(주), 한국전력공사의 순이다. 참고로 EVA가 높은 기업 10개사와 낮은 기업 10개사는 다음과 같다.

(단위 : 억원)

EVA가 높은 기업		EVA가 낮은 기업	
삼성전자(주)	47,727	현대중공업(주)	−25,324
SK하이닉스(주)	32,905	KT(주)	−18,287
현대자동차(주)	15,962	한국전력공사	−10,048
현대모비스(주)	11,295	현대미포조선(주)	−8,651
SK텔레콤(주)	8,601	S−OIL(주)	−6,940
SK(주)	7,491	삼성전기(주)	−4,597
KT&G(주)	6,595	현대상선(주)	−4,298
기아자동차(주)	5,896	삼성SDI(주)	−3,641
네이버(주)	4,758	동부제철(주)	−3,404

자료 : New Kis-Value

읽고가기

부도기업 EVA로 알 수 있다

부도 직전까지 순이익 흑자라도 EVA는 큰 폭 적자

지난 4월 이후 부도를 낸 기업들 중 부도 직전 순이익이 흑자인 기업이 60%에 달했지만 경제적 부가가치(EVA)는 부도 5년 전부터 대규모 적자를 보였던 것으로 나타났다. 이는 대우경제연구소가 4월 이후 부도를 냈거나 부도유예를 적용받은 기업 23개사를 대상으로 지난 5년간 자본비용과 투자수익률을 감안한 EVA를 분석한 결과이다. 부도기업의 5년 전 순이익규모는 총 969억원에 달했지만 EVA는 2,932억원 적자였던 것으로 나타났으며, EVA는 부도 3년 전에 급격히 악화되고 부도 직전 재차 급속한 확대추세를 보인 것으로 분석됐다. 실제로 부도 3년 전 EVA는 3,871원 적자였고 직전에는 6,691억원으로 늘어났다. 지난해 168억원 흑자를 냈던 진로의 경우 EVA규모는 171억원 적자였고, 미도파도 이익규모가 31억원인 데 반해 EVA는 78억원 적자였다.

또 진로종합식품, 한신공영, 금강피혁, 기아자동차, 기아자동차판매, 한주통산, 쌍방울, 바로크가구 등도 이익을 냈지만 EVA는 대규모 적자였다는 분석이다.

이처럼 상당수 기업이 흑자를 내고도 EVA가 대규모 적자를 기록한 것은 기업들의 과잉투자로 투자수익성이 자본비용에 크게 못 미쳤기 때문이다. 이들 부도기업의 투자수익률은 4.4%에 불과한 반면 자본비용은 11.6%나 됐다. 수익이 자금조달금리에도 무려 7.2%나 뒤지는 실속 없는 장사를 했다는 지적이다. 특히 부도기업들이 부도 직전의 상태로 경영을 계속한다고 가정했을 경우 미래의 EVA는 더욱 악화돼 부실규모가 커질 것으로 분석됐다.

따라서 기업이 흑자도산하는 경우가 빈번하지만 EVA지표 추이만 잘 살피면 일찌감치 부도가능성을 가늠할 수 있다는 지적이다.

자료 : 매일경제, 1997. 11. 15.

01 벤저민 그레이엄 지음, 박진곤 옮김, 현명한 투자자, 국일증권경제연구소, 2007, p.167.
02 권수영, 회계이야기, 신영사, 2013, p.152.
03 유종현, 대한민국 산업 · 업종 분석, KISVE, pp.66~72.
04 존 프라이스 지음, 김상우 옮김, 워렌 버핏처럼 가치평가 활용하는 법, 부크온, 2013, p.483.
05 존 프라이스 지음, 김상우 옮김, 전게서, p.489.
06 티머시 빅 지음, 김기준 옮김, 워렌 버핏의 가치투자전략, 비즈니스북스, 2005, pp.205~207.
07 자본비용은 기업에 자본을 제공한 투자자들이 투자위험에 대응하여 기대하는 필수수익률이다. 기업의 자본은 타인자본과 자기자본으로 구성되어 있다. 따라서 기업 전체의 자본비용은 타인자본과 자기자본의 비용으로 구성되며 이를 가중평균한 것을 가중평균자본비용(WACC)이라고 한다.

Chapter 09

시장가치비율

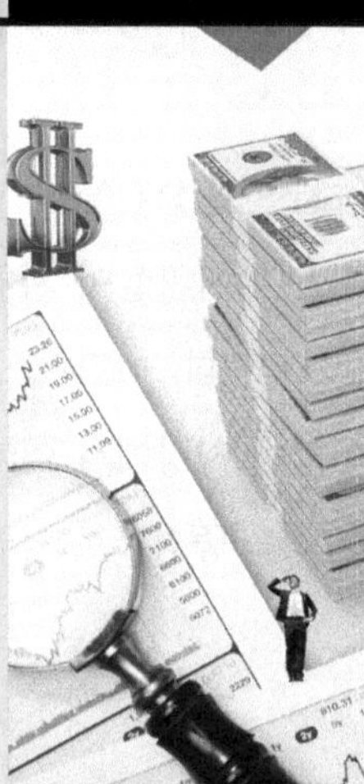

9.1 주가이익비율과 주가순자산비율
9.2 기타 시장가치비율

| CHAPTER 09 |

시장가치비율

주가, 그리고 주가와 관련된 비율들은 엄격히 말하면 재무제표 분석과 관계가 없다고 할 수 있다. 주가는 재무제표 기재사항이 아니며, 시장의 의견과 행동의 결과이기 때문이다. 그럼에도 불구하고 이익과 순자산(장부가치), 현금흐름은 재무제표에 나타나는 정보이다. 주가와 이들 정보와의 관계는 투자자에게 매우 중요하기 때문에 여기에 관련된 비율들을 살펴보는 것이다.

시장가치비율은 증권시장에서 형성된 주식가격과 기업가치 창출요인을 반영하는 재무제표 항목을 대비시켜 산출되는 비율이다. 주식가격은 투자자들이 기업의 주주지분가치를 평가한 결과로서 형성되는 주주지분의 시장가격이다. 따라서 주식가격에 재무제표 항목을 대비시켜 비율을 측정하면 당해 기업이 시장에서 어떠한 평가를 받고 있는지를 파악할 수 있다. 시장에서 평가되는 가격을 중심으로 기업의 가치를 평가하는 방법을 상대적 가치평가방법이라고 한다.

9.1 주가이익비율과 주가순자산비율

(1) 주가이익비율(PER)

주가이익비율(price earnings ratio : PER)은 현재의 주식가격(주가)을 주당순이익(EPS)으로 나눈 비율로서, 현재의 주식가격이 주당순이익의 몇 배로 형성되어 있는지를 나타낸다.

$$\text{주가이익비율(PER)} = \frac{\text{주식가격}}{\text{주당순이익}}$$

PER은 일반적으로 보통주에 대해 산정된다. 즉, 보통주의 시장가격에 보통주의 주당순이익을 대비시켜 PER이 산정된다.

주가는 기업의 미래 수익성과 위험에 대한 시장의 평가가 반영되어 있으므로 시장에서 당해 기업의 미래 이익이 크게 증가할 것으로 전망하면 PER이 높게 형성된다. 반면에 기업의 위험은 PER이 낮아지게 하는 요인이다. 따라서 PER이 높으면 기업의 이익에 비해 주가가 높게 형성되었다는 의미이며, PER이 낮으면 이익에 비해 주가가 낮게 평가되었다는 의미이다.

이와 같이 PER은 기업의 미래 이익에 대한 시장의 기대를 반영하고 있지만 경우에 따라서는 미래 수익성이 높지 않아도 PER이 높을 수 있다. 즉, 현재의 이익실적이 저조하면 분모가 너무 작아서 PER이 높게 산정될 수도 있다. 또한 이익실적이 너무 나빠서 주당순이익이 음수(–)이면 이때의 PER은 의미가 없다. 이러한 관점에서 PER은 미래의 이익에 대한 투자자들의 기대치를 나타낸다고 할 수 있다. 따라서 높은 PER에는 향후 성장성에 대한 기대감이 높게 형성되어 있으며, 낮은 PER은 향후 이익의 성장성에 대한 기대감이 낮게 형성되어 있다고 해석할 수 있다.

다음은 신세계의 주당순이익과 주가의 변화추세를 나타낸 것이다.

	2010. 12	2011. 12	2012. 12	2013. 12
주가	303,465원	244,857원	218,470원	252,478원
EPS	28,548원	182,729원	16,415원	16,010원
PER	10.63	1.34	13.31	15.77

2011년의 경우 신세계는 일시적 이익으로 인하여 주당순이익이 급격히 증가한 결과 PER이 2010년 10.6배에서 1.34배로 급격히 떨어졌다. 2011년 PER만 보고 주가가 크게 저평가되었다고 생각하고 주식을 매입한 경우 2012년에 큰 손해를 보

는 경험을 했다는 것을 보여 준다. 투자자는 PER의 변동이 일시적 손익의 영향이 아닌지를 확인해야 한다. 또한 미래의 EPS를 예측하는 경우에는 반드시 일시적 손익을 제거해야 한다. 경기에 민감한 경기순환형 기업인 경우에는 당기순이익이 주기적으로 호전되었다가 악화되기를 반복하므로 '저PER상태'일 때는 주가가 높다가 PER이 높은 상태일 때는 주가가 낮은 경우가 많으므로 주의가 필요하다.

2013년 PER이 15.8배라는 것은 현재의 이익으로 해당 기업의 주식을 현재의 시장가격으로 구입한다면 투자원금을 회수하는 데 15.8년이 걸린다는 의미이다. 또한 PER이 15.8배인 기업에 투자한다면 PER의 역수(주당순이익/주가)로 계산된 초기수익률 6.3%(= 1 ÷ 15.8 × 100)를 기대하고 투자한다는 의미가 된다. 이런 의미에서 PER의 역수를 주가수익률이라고 한다.

PER이 20배라는 것은 현재 투자하는 경우 기대하는 초기 주가수익률이 5%라는 의미이다. 주가수익률을 현재의 시장금리나 채권의 금리와 비교하여 주가가 싼지 비싼지를 구분하여 투자 여부를 결정하기도 한다. PER은 재무분석가들이 주식의 저평가 여부를 판단하는 기준으로 사용하기도 한다. 예를 들면, 한 기업의 PER을 동일업종의 평균 PER과 비교하거나 종합주가지수의 PER을 통해 기업들이 벌어들이는 이익에 비해 당해 기업의 주식이 저평가 또는 고평가되었는지를 판단하려는 시도를 하기도 한다.

크리스토퍼 브라운(Christopher Brown)에 따르면 이익에 비해 주가가 낮은 주식, 즉 PER이 낮은 주식을 사면 주식시장이 오를 때나 떨어질 때나 상관없이 좋은 수익률을 거둘 수 있다고 한다. 주식시장이 약세인 경우에는 수익을 얻기 위해 조금 더 오래 기다리기만 하면 된다는 것이다.[01] PER이 낮다는 것은 그 기업의 미래 이익에 대해 투자자들이 별로 기대하지 않고 있다는 뜻이다. 이는 그 기업의 경영상황이 악화됐기 때문일 수 있고, 단지 투자자들이 그 기업에 관심이 없기 때문일 수도 있다. 반대로 PER이 높다는 것은 그 기업의 미래 이익에 대해 투자자들의 기대가 높다는 뜻이다. 주가가 이익에 비해 상대적으로 높은데도 불구하고 투자자들이 그 주식을 계속 사고 있다는 뜻이다. 이는 투자자들이 그 주식을 낙관하면서 현재주가가 이익에 비해 좀 비싼 것에는 신경 쓰지 않는다는 의미이다.

여러 연구에 의하면 PER이 낮은 주식, 즉 투자자들의 기대수준이 낮은 주식은 실망스러운 소식을 발표해도 주가가 별다른 영향을 받지 않는다. 시장은 원래 그 기업에 대해 별로 기대하는 것이 없으므로 주가가 크게 떨어질 이유도 없다. 그러나 기대하지 않았던 이 기업이 예상외의 좋은 소식을 발표하면 시장은 깜짝 놀라며 주가가 뛰어오른다. 좋은 소식은 아예 기대하지도 않고 있어 주가에 반영되어 있지 않기 때문이다.

PER이 높은 주식, 즉 투자자들의 기대가 높은 주식은 이와 반대로 움직인다. PER이 높은 주식은 좋은 실적을 발표한다고 해서 주가가 반드시 오르는 것은 아니다. 이미 좋은 소식에 대한 기대감이 주가에 반영되어 있기 때문이다. 반면에 PER이 높은 주식에 대해 나쁜 소식이 나오면 시장이 충격을 받으며 휘청거린다. 투자자들이 나쁜 소식은 예상하지 못하고 좋은 소식만 기대하고 있었기 때문이다.

1990년대 말 인터넷주 버블이 대표적이다. 당시 투자자들은 인터넷기업들이 큰 돈을 벌어다 줄 것이라고 기대했지만 그러지 못하자 투자자들이 실망하여 주식을 팔아치우기 시작했고 주가는 곤두박질쳤다. 크리스토퍼 브라운은 시장의 추세나 남들의 기대감을 좇아가지 말고 저PER주에 투자하라고 한다. PER이 낮다는 것은 기업의 이익을 싸게 살 수 있다는 뜻이라고 하며 기업의 이익을 싸게 사는 것이야 말로 부를 키울 수 있는 가장 신뢰할 수 있는 방법이라고 한다.

PER의 역수를 주가수익률이라고 한다. 이는 투자자가 이 기업에 투자했을 때 기대하는 연간수익률을 의미한다. 주가수익률과 채권수익률의 차이를 Yield Gap(수익률 차이)이라고 한다. Yield Gap의 추이가 예전보다 확대될 경우에는 채권보다 주식에 투자하는 것이 유리하다고 해석한다.

읽고가기 **PER을 활용하여 적정주가를 산출할 수 있다**

기업의 적정 PER과 적정 EPS를 알 수 있다면 $PER = \frac{주가}{EPS}$ 이므로 '주가 = PER×EPS'의 공식을 이용하여 적정주가 계산이 가능하다.

예를 들어, A기업의 20×1년 EPS가 10,000원으로 예상되고, 이 기업의 적정 PER이 15배라고 판단한다면 이 기업의 적정주가는 EPS(10,000원)×PER(15배) = 150,000원으로 산출된다. 문제는 적정 PER과 적정 EPS를 어떻게 결정하느냐 하는 것이다.

읽고가기 **PER을 사용할 때의 유의사항**

다양한 가치평가방법 가운데 PER을 이용한 가치평가는 널리, 그리고 흔히 사용됩니다. 다른 방법들보다 덜 복잡하고, 적용이 쉽기 때문입니다. 또한 투자대가들 또한 낮은 PER 종목들을 찾아 투자한 결과 높은 수익률을 얻곤 했습니다. 존 프라이스는 『워렌 버핏처럼 가치평가 활용하는 법』에서 PER을 사용할 때 주의해야 할 5가지 투자규칙에 대해 언급했습니다.

PER의 6가지 투자규칙

1. 역대 PER을 확인하라.
2. PER이 역대 하위수준으로 떨어질 때만 매수하라.
3. 관심회사와 경쟁회사의 PER을 비교하라.
4. 관심회사의 PER을 동일업종 혹은 시장 전체의 평균 PER과 비교하라.
5. PER이 높을 때는 매수에 신중하라.
6. 이익수익률을 확인하라.

존 프라이스는 최소한 지난 10년 혹은 한 번의 완전한 경제주기를 거치는 동안 회사의 최고, 최저, 평균 PER을 확인한 후 최저수준에서 매수하라고 했습니다. 그리고 PER이 상대적인 성격을 지녔기 때문에 경쟁회사, 동일업종, 시장평균과 비교해 저평가 여부를 판단하라고 했습니다. 또한 PER이 높을 경우 신중히 투자하라고 했습니다. PER이 높을 경우 높은 이익증가율을 보이면 좋은 회사라고 판단했습니다. 하지만 이럴 경우 사소한 악재나 경기가 어려워질 경우 주가가 큰 폭으로 하락할 수 있으니 주의하라고 했습니다. 끝으로 이익수익률(PER의 역수)을 확인함으로써 최소 기대수익률을 계산하라고 조언했습니다.

자료 : 아이투자 메일, 2015. 4. 2.

(2) 주가순자산비율(PBR)

주당순자산(BPS)은 자기자본을 발행주식수로 나눈 것으로 기업을 청산했을 때 주주들이 손에 쥘 수 있는 금액이라는 의미에서 청산가치라고도 한다. 주가순자산비율 또는 주가장부가치비율(price-to-book ratio : PBR)은 현재의 주식가격을 주당순자산에 대비시킨 것으로서, 현재의 주식가격이 순자산(자기자본)장부가치의 몇 배로 형성되어 있는지를 나타내는 비율이다.

$$\text{주가순자산비율(PBR)} = \frac{\text{주식가격}}{\text{주당순자산}}$$

PBR도 PER처럼 보통주에 대해 산정된다. 우선주를 발행한 기업인 경우에는 보통주에 대한 주당순자산금액을 산정하기 어려우므로 보통주와 우선주의 시가총액을 순자산의 장부가치총액으로 나누어서 PBR을 산정하거나 순자산장부가치총액을 보통주 및 우선주의 총수로 나누어서 주당순자산을 산정하기도 한다.

PER이 기업이 벌어들인 이익에 주목한 지표라면, PBR은 기업의 자산에 주목한 지표이며, PER과 더불어 기업의 가치를 평가하는 가장 중요한 지표 중의 하나이다. 일반적으로 PBR은 1배를 기준으로 1배보다 작으면 기업의 주가가 순자산의 장부가치보다 싸다고 하고, 반대로 1배보다 크면 주가가 기업의 순자산가치보다 비싸다고 한다. 여기서 주목해야 하는 대상은 PBR이 1보다 낮은 저평가 종목들이다. 이들 종목을 자산가치 우량주라고 한다.

자산가치투자전략은 이렇게 PBR이 낮은 종목을 발굴하여 보유하다가 PBR이 1에 근접할 때 정리하는 투자전략이다. 회사가 망하더라도 청산할 때 받을 수 있는 금액을 기준으로 한다는 점에서 여러 가지 가치투자전략 중에서 가장 보수적인 전략이다. 그런 의미에서 투자로 인한 손실을 회피할 수 있기 때문에 상대적으로 안전한 방법이기도 하다.

다음은 축전지를 제조 및 판매하는 아트라스BX의 주가와 BPS, PBR이다.

	2010. 12	2011. 12	2012. 12	2013. 12
주가	23,476원	25,804원	33,000원	40,094원
주당순자산	22,793원	28,048원	33,004원	38,552원
PBR	1.03	0.92	1.00	1.04

2013년 12월 말 아트라스BX의 PBR은 1.04로 형성되어 있다. PBR이 1.04이므로 주주의 자본투입액(순자산) 100원에 대하여 4원의 프리미엄이 붙어 있는 셈이다. 주가가 100원에 대해 4원의 프리미엄이 붙은 것은 아트라스BX의 미래 이익에 대한 기대와 성장성에 대한 기대를 반영하는 것으로, 과거 PBR의 추세를 볼 때 시장의 아트라스BX에 대한 평가는 순자산의 장부가치 정도로 평가하고 있다고 할 수 있다.

워렌 버핏의 스승이자 전설적인 가치투자자인 벤저민 그레이엄은 주식평가 시 장부가치와 PBR을 크게 옹호한 사람이었다. PBR은 오늘날에도 쓸모 있는 것은 사실이지만 그레이엄의 시대와 많이 다르다. 공장이나 토지, 철도, 재고 등 객관적인 유형의 가치를 소유한 자본집약적인 기업이 지배하던 시장에서는 회계적인 장부가치에 근거해서 평가하는 것이 이치에 맞았다. 하지만 오늘날은 많은 기업들이 프로세스나 브랜드네임, 데이터베이스처럼 장부가치에 직접적으로 포함되지 않는 무형자산을 토대로 부를 창출하고 있다. 특히 서비스기업이나 IT기업인 경우 기업의 가치가 상당부분 대규모 공장이나 재고량이 아니라 브랜드네임과 혁신적인 제품에서 비롯된 것이기 때문에 PBR의 유용성은 크지 않다고 할 수 있다.

또한 PBR을 이용해서 주식을 평가할 때 주의해야 하는 것은 영업권이다. 이것은 가장 비싼 기업조차 가치가 있는 듯 보이게 장부가치를 끌어올릴 수 있기 때문이다. 영업권이 장부가치에서 상당부분 차지하는 경우 보수적인 관점을 견지해야 한다. PBR이 낮을 수도 있겠지만 영업권이 가치가 상실됐다고 판단하여 영업권을 '손상'처리하기로 결정한다면 장부가치 중 상당부분이 사라져 버릴 수도 있다.[02]

(3) PBR, ROE, PER의 관계

순이익과 자본의 관계는 자본이익률(ROE)로 수익성을 나타내고, 주가와 자본의 관계는 주가순자산비율(PBR)로 시장에서 평가하는 가격을 나타낸다. 즉, 자본을 매개로 하여 수익과 가격 간의 관계를 나타내고 있다. 이러한 관계는 기업의 이익이 증가할수록 가격(주가)이 높아지고 이에 따라 PBR도 높아진다고 할 수 있다. 이를 수식으로 나타내면 다음과 같다.

$$
\begin{aligned}
\text{주가순자산비율(PBR)} &= \frac{\text{주가}}{\text{주당순자산(BPS)}} \\
&= \frac{\text{주당순이익(EPS)}}{\text{주당순자산(BPS)}} \times \frac{\text{주가}}{\text{주당순이익}} \\
&= \text{ROE} \times \text{PER}
\end{aligned}
$$

위 식에서 보는 것처럼 PBR은 ROE와 PER을 곱한 값으로 나타낼 수 있다. 따라서 PER이 일정하다고 하면 ROE의 크기에 따라 PBR이 달라진다는 것을 알 수 있다. PER이 10으로 일정하다고 하면 ROE가 10%인 경우 PBR은 PER 10×ROE 10%인 1이 된다. 마찬가지로 ROE가 15%이면 PBR이 1.5로 변한다. 보통 PBR이 1보다 낮으면(PBR<1) 주가가 순자산에 비해 저평가되었다고 하고, 1보다 크면 고평가되었다고 한다. 그러나 앞에서 살펴본 것처럼 ROE의 크기에 따라 PBR이 달라지기 때문에 단순히 PBR이 1보다 크다고 고평가되었다는 해석은 문제가 있다고 할 수 있다. 또한 ROE와 PER 둘 다 커지면 PBR도 그에 따라 커질 수 있음을 의미한다.

이런 관점에서 저PER이면서 저PBR이고 높은 ROE를 나타내는 종목은 시장에서 무시되고 있는 우량주라고 할 수 있다. 이런 종목이 발견되면 재무제표와 사업보고서에 대한 추가 분석을 하고 우량주로 확신이 되면 그때 투자 여부를 결정하는 것이 가치투자자가 가져야 하는 기본자세라 하겠다.

9.2 기타 시장가치비율

(1) 주가매출액비율(PSR)

주가매출액비율(price-sales ratio : PSR)은 현재의 주식가격을 주당매출액으로 나눈 비율로 기업의 주당매출액 대비 주가의 수준이 어느 정도인지를 나타내는 지표이다. 주당매출액은 매출액을 평균유통주식수로 나누어 산정한다.

$$\text{주가매출액비율(PSR)} = \frac{\text{주가}}{\text{주당매출액}}$$

이 비율은 기업의 수익성은 고려하지 않은 상대적 평가지표로서 비율이 낮을수록 기업이 저평가된 것으로 볼 수 있다.

매출액은 기업의 전체 자본(타인자본과 자기자본)을 사용하여 획득되는 것인데도 PSR은 매출액에 자기자본의 가격인 주가를 대응시키고 있기 때문에 기업 간 비교가 어렵다는 문제가 있다.[03]

PSR은 PER과 PBR을 산정하기 어려운 기업에 대해 사용할 수 있는 이점이 있다. 즉, PER과 PBR이 음수이면 무의미한데, PSR은 항상 양수로 산정되기 때문이다. 다시 말해, PSR은 매출액을 이용하기 때문에 이익을 내지 못하는 기업이라도 상대적 가치평가가 가능하다. 그런 이유로 연구개발과 시장개척을 위한 투자로 인해 손실을 기록하고 있는 벤처기업이나 서비스업 회사들의 주가수준을 비교하는 데 사용된다.

한편 주가에 비해 매출액이 큰 저PSR 기업의 경우 수익성이 조금만 호전되어도 이익이 크게 늘어나기 때문에 PSR이 크게 낮아지는 효과가 나타난다. 예를 들어, 주당매출액이 50,000원, 주가 10,000원, 주당순이익 100원인 기업의 주당매출액순이익률은 0.2%, PSR은 0.2배, PER은 100배가 된다. 하지만 향후 수익성이 개선되어 순이익률이 2%로 올라간다면, 매출액의 상승 없이도 주당순이익은 1,000원이 되고, PER은 10배로 떨어지게 된다. 산업의 침체기에 PSR이 낮은 기업은 산업이 호황기에 들어서 수익성이 개선될 경우 이익의 확대폭이 매우 커질 가능성이 있다.

이익과 순자산은 감가상각방법이나 재고자산의 회계방법에 영향을 받지만 매출액은 회계방법의 영향을 거의 받지 않는다. 이는 PSR을 기업 간 비교에 사용할 수 있는 추가적인 이점이라고 할 수 있다. 그러나 매출액은 이익과 순자산만큼 큰 역할을 하기 어려운 한계점이 있다. 즉, 이익은 한 기간 동안의 자기자본 증가를 측정한 것인데, 매출액은 이익의 한 구성요소일 뿐이므로 매출액의 역할은 제한적이다.

또한 PSR은 회사의 수익성에 따라 그 중요성이 달라질 수 있다. 회사의 매출액은 수백억 원인데 별 이익을 거두지 못하고 있다면 이 회사가 앞으로 얼마의 이익을 창출할지 전혀 알 수 없기 때문에 적절한 PSR을 정리하기가 어려워진다. 예를 들어 소매점은 일반적으로 매우 낮은 순이익률을 보이기 때문에 PSR도 매우 낮은 편이다. 그에 비해 순이익률이 높은 의료장비회사인 경우 PSR은 높은 편이다.

2016년 기준 유통업인 이마트의 순이익률은 2.6%이고 PSR은 0.35인 반면, 의료장비업체인 바텍은 순이익률 14%이고 PSR은 2.25다. 이러한 현상은 순이익률의 차이 때문에 나타나는 현상이다. 이마트의 PSR이 1.0만 되어도 상당히 과대평가되어 있는 듯 보일 수 있지만 바텍과 비교하면 거의 공짜에 가깝다고 할 수 있다.

따라서 이익이 상당히 가변적인 회사를 판단할 때에는 PSR이 도움이 될 수 있지만(현재의 PSR과 과거의 PSR을 비교할 수 있기 때문이다) 여기에 많은 기대를 해서는 안 된다. 특히 두 산업의 수익성 수준이 아주 유사한 것이 아니라면, 주가매출비율을 기준으로 타 산업의 회사들을 비교해서는 안 된다.

주가매출액비율(PSR)을 처음으로 제시한 케네스 피셔(Kenneth Fisher)에 따르면 경기순환주의 경우 PSR이 0.4 이하이면 환상적이고 0.4<PSR<0.8이면 좋은 가치를 가진 기업이라고 한다. 또한 비경기순환주의 경우 PSR이 0.75이면 저평가된 기업이고 0.75<PSR<1.5이면 좋은 가치를 가진 기업이라고 한다.

(2) 주가현금흐름비율(PCR)

주가현금흐름비율(price-to-cash flow ratio : PCR)은 현재의 주식가격을 주당현금흐름으로 나눈 것으로서 현재의 주식가격이 기업의 영업활동 현금흐름의 몇 배로 형성되어 있는가를 나타내는 비율이다. 주당현금흐름은 보통 현금흐름표상의 영업활동 현금흐름을 평균유통주식수로 나누어 계산한다. 우선주를 발행한 기업의 경우에는 보통주와 우선주의 시가총액을 영업활동 현금흐름으로 나누어 PCR을 산정한다. PCR도 PER과 마찬가지로 수치가 낮을수록 저평가, 높을수록 고평가되었다고 해석한다.

$$\text{주가현금흐름비율(PCR)} = \frac{\text{주가}}{\text{주당현금흐름}}$$

기업은 영업활동을 통해 벌어들인 현금으로 투자를 하거나 부채를 갚기 때문에 기업 입장에서는 발생주의에 의한 회계상 이익이 아닌 실질적인 현금의 유출입이 중요하다. 따라서 기업이 많은 이익을 창출하더라도 영업활동으로 인한 현금흐름이 적다면 투자를 하거나 부채를 갚을 능력이 떨어지게 된다. PER은 발생주의 이익 대비 주식가격의 수준을 나타내기 때문에 이익의 질적인 부분을 잘 반영하지 못한다는 한계점이 있다. 이런 면에서 PCR은 PER의 한계점을 보완해 주는 지표라고 할 수 있다.

해당 기업의 PER이 떨어졌음에도 불구하고 PCR이 높으면 회계상의 이익은 많지만 실질적으로 유입되는 현금이 적다는 뜻이다. 따라서 낮은 PER을 보인다고 해서 단순히 저평가된 기업이라고 생각해서는 안 된다.

(3) EV/EBITDA비율

EV(enterprise value)는 기업전체가치의 약자이고, EBITDA(earnings before interest, tax, depreciation and amortization)는 이자, 세금, 감가상각비 차감 전 이익의 약자이다. 기업전체가치는 기업의 자산총액, 즉 부채와 자본의 합이다. 자본의 가치는 주식의 시가총액으로 계산될 수 있다. 우선주가 있는 기업의 경우는 보통주와 우선주의 시가총액이 사용된다. 부채는 차입부채에서 기업이 보유하고 있는 금융기관 예치금과 채권(현금성자산)을 차감한 순차입금을 의미하며 일반적으로 장부가치로 측정된다. 따라서 EV(기업전체가치)는 시가총액 + 순차입금이다. 또한 EBITDA는 이자와 법인세를 지급하기 전 영업활동에서 창출된 현금흐름으로 기업의 현금창출능력을 나타낸다.

EV/EBITDA비율은 기업전체가치를 순이자비용, 법인세비용, 감가상각비 및 무형자산상각비 차감 전의 이익으로 나눈 것으로 기업의 수익가치를 나타내는 지표이다.

$$\text{EV/EBITDA} = \frac{\text{EV}}{\text{EBITDA}} = \frac{\text{시가총액 + 순차입금}}{\text{영업이익 + 감가상각비}}$$

EV/EBITDA가 3배라면 시장가격(EV)으로 기업을 매수했을 때 3년간 영업활동에서 벌어들인 현금으로 투자원금(EV)을 회수할 수 있다는 의미이다. 즉, 기업의 가치가 순수한 영업활동을 통한 이익(현금)의 몇 배인가를 알려 주는 지표로, 이 비율이 낮으면 주가가 기업가치에 비하여 저평가되었다고 볼 수 있다.

EV/EBITDA는 가격 ÷ 현금이익의 형태로 구성된다는 점에서 PER과 유사한 성격을 가지고 있다고 할 수 있다. 단지, PER은 주주지분의 가치(주가)와 순이익을 대비한 비율인 데 반하여 EV/EBITDA는 회계상 순이익이 아니라 현금이익을 기업전체가치(주가 + 부채가치)에 대비하고 있다는 차이가 있다.

기업의 이익은 어떤 감가상각방법을 채택하는가에 따라 달라질 수 있지만 EBITDA는 감가상각방법의 영향을 받지 않으므로 실무에서 EV/EBITDA비율이 자주 사용되고 있으며, 또 EBITDA를 영업현금흐름의 측정치인 것으로 보는 경향이 있다. 그러나 EBITDA는 영업활동 현금흐름이 아니고 단지 근사치에 불과함을 유의해야 한다. 매출액과 매출원가 및 판매관리비에는 발생(미지급비용), 이연(선급비용) 항목과 영업활동 관련 자산과 부채들이 포함되어 있기 때문에 EBITDA와 영업활동 현금흐름은 다소 차이가 있다.

(4) 주가수익성장비율(PEG)

주가수익성장비율(price earning to growth ratio : PEG)은 주가이익비율(PER)을 주당순이익(EPS)성장률로 나눈 비율로 기업의 성장성 대비 PER이 적정한 수준인지를 파악하는 지표이다.

$$\text{주가수익성장비율(PEG)} = \frac{\text{PER}}{\text{EPS성장률(\%)}}$$

PEG는 PER이 고평가되었는지 저평가되었는지를 살펴볼 때 사용되는 지표이다. 즉, PER이 12배로 평균치보다 높아도 고평가되었다거나, PER이 3배여서 저평가되었다고 단순하게 평가할 수 없다. 그것은 미래의 순이익이 어떻게 변하는가에 따라 달라지기 때문이다. 12배의 PER도 순이익이 앞으로 급증할 것으로 예상되면 고평가된 것이 아닐 수 있고, 3배의 PER도 순이익이 급격히 줄어들 것으로 예상되면 저평가된 것이 아닐 수 있다. 이러한 문제는 PER이 순이익의 증가속도를 반영하지 못하는 한계점 때문에 나타나는 현상이다. PER의 이런 한계점을 보완하기 위해

PER을 EPS성장률로 나눠준 지표가 PEG이다. 예를 들어, PER이 높은데 EPS성장률이 상대적으로 높으면 PEG는 낮게 나오고, 반대로 PER이 낮은데도 상대적으로 EPS성장률이 낮다면 PEG는 높게 나온다. 다음은 PEG의 비교 사례이다.[04]

PEG 비교

	A	B	C	D
PER	10배	10배	15배	8배
EPS성장률	15%	5%	30%	20%
PEG(배)	0.67	2.00	0.50	0.40

현재 PER이 10배, 성장률이 15%가 예상되는 A기업(PEG 0.67)과 PER이 10배이지만 이익성장률 예상치가 5%인 B기업(PEG 2.0)이 있는 경우 성장률이 높은 A기업이 더 매력적이다. 성장률이 더 높은 C기업은 더 높은 PER 수준에서도 이익성장률이 A기업보다 2배나 되어 PEG가 0.50으로 A기업에 비해 상대적으로 가치평가에서 더 매력적이다. 하지만 C기업에 비해 이익성장률이 다소 낮지만, 수익배율인 PER이 더 낮은 D기업이 PEG가 0.40으로 더 매력적인 투자대상기업으로 평가될 수 있다. 이것은 수익가치인 PER이 낮고, PEG도 낮은 기업은 투자매력이 높다는 것이다. 따라서 PEG에는 이익증가율이 높을수록 매력적이고, PER이 높을수록 덜 매력적이라는 것을 함축하고 있다.

한 회사의 EPS증가율은 그 회사가 장기적인 경쟁우위를 가지고 있는지를 알려주는 매우 중요한 지표이다. 참고로 피터 린치는 PEG가 0.5배 미만일 때 매수하고, 1.5배 이상이면 매도하는 원칙을 갖고 있었다.

PEG를 이용한 가치평가에서는 성장률이 지속가능한 수준인가가 중요하다. 경기순환에 따른 일시적인 성장률이 향후 3년, 5년, 10년의 평균성장률 예측기준이 되어서는 안 된다. 적정한 성장률은 평균성장률을 대비시켰을 때 비교가능한 것이다. 여기서 EPS성장률은 나중에 설명하는 연평균복합성장률(CAGR)을 의미한다.

결론적으로 PEG의 매력은 가치주,[05] 저평가주를 평가할 때 나타난다. 저평가된 기업이며 재무구조가 뛰어난 기업이라도 사업성장모델이 훼손되는 구조이거나 해당 시장이 정체된 상태에서 저성장이 지속되는 기업은 투자자 입장에서 상대적으로 매력적이지 못하다는 것이다. 즉, 성장 위주의 투자전략으로 성장이 없으면 투자대상이 안 된다는 것이다. 그러나 성장성을 평가하는 것은 가치평가에서 가장 어려운 부분이다. PEG의 가장 큰 장점은 주요 재무지표를 이용하여 간단히 구할 수 있다는 것이고 이를 활용하여 신속하게 주식을 평가할 수 있다는 것이다. PEG비율이 낮으면 그 회사를 좀 더 분석하라는 신호가 되고 PEG비율이 높으면 시간낭비하지 말고 다른 회사로 관심을 돌리라는 것이다.

(5) PEGY

PEGY는 피터 린치가 PEG에 배당수익률을 포함시켜 수정한 지표이다.[06] PEGY는 PER을 예상이익증가율과 배당수익률의 합으로 나눈 비율이다. 예를 들어, 한 회사의 이익증가률이 15%, 배당수익률이 3%, PER이 12배라고 하면 PEGY = 12/(15 + 3) = 0.67이 된다. 피터린치는 위의 사례에서 PER 6배를 사용해 6/(15 + 3) = 0.33의 PEGY비율을 보이는 기업은 아주 좋은 회사라고 한다.

이익증가율과 배당수익률을 합한 이유는 이 두 지표의 합이 다음 해의 ROE가 되기 때문이다. 예를 들어, 현재 주가가 60달러, EPS 5달러, PER이 12배, 이익증가율이 15%라고 가정하자. 이익증가율이 15%이기 때문에 12개월 후의 EPS 5달러는 5.75달러(= 5×115%)가 되고 PER이 12배이기 때문에 12개월 후의 주가는 69달러(= 5.75×12)가 된다. 이 회사의 배당수익률이 3%이면 배당금은 60×3%인 1.80달러이다. 따라서 지금 60달러로 이 회사 주식 1주를 사면 12개월 후 총자산은 69달러+1.80달러로 70.80달러가 된다. 이 70.80달러를 최초의 투자금액 60달러와 비교하면 총수익률(ROE)은 18%가 된다. 즉, 60달러×118% = 70.80달러이다. 이 18%는 이익증가율 15%와 배당수익률 3%를 더한 것과 같다. 이러한 사실 때문에 PEGY를 가치평가지표로 사용할 수 있는 것이다.

PEG의 경우와 마찬가지로 PEGY도 가능한 그 비율이 낮은 주식을 찾기 위한 것이다. PEGY 비율이 낮다는 것은 다음 1년의 예상 ROE에 비해 PER이 낮다는 것을 의미하기 때문이다.

읽고가기

계속 오르는 고평가 종목 … PEG 보니 이유 있었네

올 들어 주가가 62% 뛴 메디톡스의 주가이익비율(PER)은 42.51배이다. 지난해 당기순이익이 436억원에 그쳤지만 11일 기준 시가총액은 2조 9,464억원에 달한다. 메디톡스는 11일 상한가인 52만 900원까지 치솟았다. 고평가 종목들의 주가가 더 많이 오르는 현상이 반복되고 있다. 루트로닉, 인바디 등 다른 바이오 · 헬스케어주들도 이미 30~40배 수준의 PER을 나타내고 있지만 여전히 주가는 강세이다. PER은 기업이 벌어들이는 이익규모에 비해 주가가 싼지를 판단하는 지표이다. 주가를 주당순이익(EPS)으로 나눠 구한다. 유가증권시장 상장사들의 평균 PER은 10배 안팎, 코스닥 우량기업의 평균 PER은 18배 안팎이다. 비싼 주식이 더 비싸지는 상황이 반복되다 보니 최근 증권업계에서는 주가수익성장이익률(PEG)로 기업가치를 분석하고 있다.

주요 성장주의 PEG

(단위 : 배)

시장	종목명	PER	PEG
유가	아모레G	158.79	3.30
	아모레퍼시픽	42.96	1.36
	한국콜마	29.21	0.19
코스닥	인바디	49.28	0.86
	루트로닉	43.47	0.07
	메디톡스	42.51	0.17
	녹십자엠에스	34.61	0.51
	셀트리온	31.40	2.05

주 : 주가이익비율(PER)은 12개월 선행기준. 주가수익성장이익률(PEG)은 PER을 주당순이익(EPS)증가율로 나눈 값
자료 : 키움증권

키움증권에 따르면 메디톡스의 PEG는 0.17배 수준으로 매우 낮은 편이다. 체성분 분석기기 제조업체 인바디는 PER이 49배가 넘는 '고(高)PER'이지만 PEG는 0.86배 수준이다. 코스닥 상장사 루트로닉(PER 43.47배)도 PEG는 각각 0.07배에 불과하다. 반면 아모레G(PER 158.79배)와 아모레퍼시픽(42.96배)은 PEG도 1배 이상이었다.

자료 : 한국경제, 2015. 6. 12.

읽고가기

성장률

성장률은 특정 기간 동안의 성장을 나타내는 단순성장률과 성장률의 평균값을 나타내는 연평균복합성장률을 통해 계산할 수 있다. 특히 연평균복합성장률은 자주 사용되기 때문에 그 의미를 확실하게 이해해야 한다.

• 단순성장률

단순성장률은 어떤 항목이 특정 기간 동안에 얼마나 성장했는지를 나타내는 비율이다.

$$\text{단순성장률} = \frac{\text{기말값} - \text{기초값}}{\text{기초값}} \times 100$$

$$= (\text{기말값} \div \text{기초값} - 1) \times 100$$

성장률은 기업이나 산업 등의 성장속도를 파악하는 데 필요한 기본적인 도구로 산업의 규모나 기업의 매출액, 이익 등 여러 수치의 증감속도를 파악하고 비교할 수 있도록 해준다. 예를 들어, A기업의 매출액이 1,000원에서 1,400원으로 증가한 경우와 B기업의 매출액이 500원에서 800원으로 증가한 경우를 비교해 보면 그 의미가 확실하게 된다. A기업의 매출액은 400원 증가했고, B기업의 매출액은 300원 증가했다. 증가된 금액으로만 보면 A기업이 매출액 성장속도가 더 좋은 것으로 생각할 수 있지만, 이를 비율로 계산하면 나음과 같다.

$$\text{A기업의 성장률} = (1{,}400\text{원} - 1{,}000\text{원}) \div 1{,}000\text{원} \times 100 = 40\%$$

$$\text{B기업의 성장률} = (800\text{원} - 500\text{원}) \div 500\text{원} \times 100 = 60\%$$

즉, A기업의 성장률은 40%이고 B기업의 성장률은 60%로 B기업이 더 빠르게 성장했음을 알 수 있다. 이처럼 성장률 계산에 익숙해지면 숫자의 이면에 있는 의미를 보다 정확하게 파악할 수 있게 된다.

• 연평균복합성장률(CAGR)

연평균복합성장률(compound annual growth rate : CAGR)은 여러 해 동안의 성장률을 복리의 효과를 반영하는 기하평균[07]을 이용하여 연간성장률로 환산한 값이다.

$$\text{연평균복합성장률} = \{(\text{기말값} \div \text{기초값})^{(1 \div \text{연수})} - 1\} \times 100$$

흔히 사용하는 산술평균은 여러 해 동안의 평균성장률 혹은 평균수익률을 계산할 때 왜곡을 가져오게 된다. 예를 들어, 한 기업이 3년 동안 100%의 성장을 하기 위해서는 매년 몇 %씩 성장해야 하는가를 계산하는 경우, 산술평균은 약 33%가 나온다. 그러나 기하평균으로 계산해 보면 약 26%가 된다.

산술평균 = 100% ÷ 3년 = 33%

기하평균 = $\{(200 \div 100)^{(1 \div 3)} - 1\} \times 100 = 26\%$

이처럼 산술평균은 복리의 효과를 고려하지 못하기 때문에 실제와는 다른 결과가 나오게 된다. 이러한 오류를 방지하기 위하여 연평균복합성장률을 사용하는데, 연평균복합성장률은 산업이나 기업의 장기적인 성장률을 확인할 때 유용하게 사용된다.

다음은 A기업의 자본금을 연도별로 정리한 표이다.[08]

(단위 : 원)

	2009년	2010년	2011년	2012년	2013년
자기자본	500	700	900	1,300	1,500

2009년부터 2013년까지 매출이 평균적으로 성장한 것을 계산하면, 산술평균의 경우는 자기자본이 4년간 3배(1,500÷500) 성장했고 성장률은 200%$\left(\frac{1{,}500-500}{500}\times 100\right)$이므로 4년 평균성장률은 50%(=200% ÷ 4년)가 된다. 2009년부터 매년 평균적으로 50% 성장한다면 4년 후인 2013년도에는 다음 표에서 계산한 것처럼 매출액이 2,532원이 되어야 한다. 이것은 실제 자기자본 1,500원보다 훨씬 큰 금액으로 계산되어 산술평균에 의한 계산은 크게 잘못될 수 있음을 보여주고 있다.

(단위 : 원)

	2009년	2010년	2011년	2012년	2013년
자기자본	500	750	1,125	1,688	2,532

그러나 복리효과를 고려한 연평균복합성장률을 엑셀을 이용하여 계산하면 성장률은 31.6%가 된다. 참고로 엑셀에서 수식은 '(최종값/최초값)^(1/기간연도수)–1'이다. 이때 '^'은 제곱을 구할 때 쓰는 기호이다.

31.6%의 성장률로 2013년도의 예상매출액을 계산하면 실제 자기자본인 1,500원과 일치하게 된다.

(단위 : 원)

	2009년	2010년	2011년	2012년	2013년
매출액	500	658	866	1,140	1,500

매년 50%가 아닌 31.6%의 수익률을 4년간 기록한다면 500원의 자기자본이 1,500원이 되는 것이다. 여기서 산술평균수익률인 50%와 연평균수익률인 31.6%의 차이(18.4%)가 복리효과로 인해 나타나는 것이다.

읽고가기 연평균수익률과 72법칙

72법칙은 투자원금이 특정 연간수익률로 2배가 되는 데 걸리는 기간을 대략적으로 계산하는 공식이다.

원금이 2배가 되는 기간 = 72÷연간수익률(%)

72법칙은 복리효과를 반영하기 때문에 연평균수익률 등의 복잡한 계산 없이 간편하게 사용할 수 있다는 장점이 있다. 예를 들어, 매년 10%의 수익률을 낸다면 원금이 2배가 되는 시기는 10년 이후가 될 것으로 착각할 수 있다. 하지만 실제로는 7.2년 정도가 걸린다. 이는 복리의 효과 때문인데, 72법칙을 이용하면 이 문제를 쉽게 계산할 수 있다. 공식을 이용해서 원금이 2배가 되는 기간을 간단히 구할 수 있다. 예를 들어, 연간수익률 5%로 원금을 2배 만들기 위해서는 14.4년이 걸린다. 15%의 수익률로 원금의 2배를 만들기 위해서는 4.8년(= 72÷15)이 걸린다. 또한 이를 역으로 이용해서 자신의 목표수익률을 계산할 수 있다.

연간수익률 = 72÷원금이 2배가 되는 기간

예를 들어, 자신이 10년 만에 원금의 2배를 만들 결심이라면 매년 7.2%의 수익률을 거둬야 한다. 이처럼 72법칙을 이용하면 간단하게 원금이 2배가 되는 기간을 알 수 있을 뿐만 아니라, 원금의 2배가 되는 기간을 정하고 이를 위해 필요한 요구수익률을 계산할 수 있게 된다.

---

01 크리스토퍼 브라운 지음, 권성희 옮김, 가치투자의 비밀, 흐름출판, 2007, pp.61~63.

02 팻도시, 지승용 외 2인 옮김, 성공투자 5원칙, 이콘, 2015, pp.193~194.

03 이는 비율측정 시 분자와 분모의 일관성 문제이다. PER은 주가를 주당순이익으로 나눈 것이므로 분자와 분모가 비교가능하고, PBR도 분자, 분모 모두 자기자본에 관한 것이므로 문제가 없다.

04 민후식, 재무제표 주식투자, 한스미디어, 2013, pp.165~166.

05 기업의 내재가치와 시장에서 거래되는 가격(주가)과 비교하여 낮은 가격에 거래되는 저평가된 주식을 말한다.

06 피터 린치 · 존 로스차일드 지음, 이건 옮김, 월가의 영웅, 국일증권경제연구소, 2009, p.315.

07 여러 개의 수를 연속으로 곱해 그 개수의 거듭제곱으로 구한 수

08 정호성 · 임동민, 투자공식 끝장내기, 부크홀릭, 2011, p.234 수정

Chapter 10

분식회계

10.1 분식회계(회계속임수)란

10.2 분식회계를 하는 이유

10.3 분식회계의 기법과 효과

10.4 분식회계 찾아내기

10.5 재무제표 분석으로 분식회계 징후 찾기

| CHAPTER **10** |

분식회계

본 장의 목적은 기업이 공시한 재무제표를 무작정 믿고 투자할 수밖에 없는 일반투자자들이 숫자게임 또는 회계속임수라고 하는 회계조작, 즉 분식회계를 이해하고 투자대상회사의 분식 여부를 최소한 판단할 수 있게끔 하는 것이다. 만약 대부분의 투자자들이 분식회계에 대해 알고 그에 대해 대처한다면, 작게는 투자자 자신의 피해를 줄이는 것에서부터, 크게는 사회에 정직함이 뿌리 내리는 데에도 기여할 것이다.

투자자에게 분식회계가 있었다는 사실이 알려진 다음, 즉 분식회계 뉴스로 인하여 주가가 폭락한 다음 그것에 대해 분석하는 것은 별 도움이 안 된다. 투자자에게는 투자대상회사를 분석할 때 분식회계 여부를 판단하는 것이 더 중요한 것이다. 분식회계의 징후를 알아차리고 투자대상에서 제외시킨다거나, 이미 투자했다면 과감히 빠져나오는 것만이 더 나은 투자자가 되는 길이라고 생각한다.

회계정보인 재무제표는 숫자로 나타낸다. 그러나 그 숫자는 단순한 숫자가 아니다. 기업의 경영성적표이자 경제활동의 결과를 집약적으로 나타낸 지표이다. 회계를 잘 모르는 일반투자자들도 기업의 매출액과 순이익 등에 촉각을 곤두세우며 주식투자를 한다. 이 때문에 회계정보는 정확해야 하고 믿을 수 있어야 한다.

그러나 근래에 경제 뉴스를 보면 모 회사가 회계부정을 저질렀다는 뉴스가 간혹 보도된다. 재무제표의 주된 이용자인 투자자와 채권자는 하루가 멀다 하고 터져 나오는 회계부정사건에 당혹감을 감추지 못한다. 그럼에도 회사의 경영자는 재무제표를 자기 입맛에 맞게 바꿔 회사의 실적을 그럴듯하게 포장하는 행위를 서슴지 않고 있는 실정이다. 이름하여 공격적인 회계, 이익관리, 사기적인 재무보고 등이 그것이다. 명칭마다 숫자게임의 정도는 다르지만 결과는 크게 다르지 않다.

계획된 부정이든 한순간의 오류이든 그로 인해 생산된 그릇된 회계정보는 자본시장에서 형성되는 주식가격과 채권가격에 큰 영향을 미치기 때문에 시장 전체에 커다란 피해를 준다. 결국 회계부정은 그 충격파가 엄청나게 큰 '시장에 대한 사기행위'이다. 실제로 과거의 한보철강, 기아자동차, 대우사태 등 일련의 회계부정사건이 시장을 위태롭게 만들었고 그들 회사와 이해관계를 가지고 있던 모든 사람들, 특히 투자자와 채권자들을 파멸로 이끌었던 기억이 생생하다.

주식투자가 대중화되면서 일반인들도 주식과 기업에 대한 기본적인 사항을 알 필요성이 생겼다. 특히 기업의 재무상태나 수익성, 성장률 등의 정보가 나타나 있는 재무제표를 보고 해석할 수 있는 것이 중요하다. 그러나 회사가 제공한 재무제표가 거짓으로 작성되어 있다면 그것을 믿고 투자의사결정을 한 투자자나 채권자들이 큰 손실을 볼 수밖에 없다. 동서고금을 막론하고 주식시장이 있는 곳에는 항상 분식회계와 같은 기법을 통해 투자자들을 속이려는 시도들이 많았는데, 현재까지도 이러한 행위가 계속되는 것으로 보아 미래에도 계속될 것으로 짐작할 수 있다. 따라서 투자자들, 특히 개인투자자들은 소중한 자산을 보호하기 위하여 분식회계를 한 회사를 투자대상에서 제외할 수 있도록 분식회계에 대해 알아야 한다.

10.1 분식회계(회계속임수)란

분식(粉飾)이란 한자의 '가루 분(粉)'과 '꾸밀 식(飾)'의 합성어로 말 그대로 실제 모습보다 좋게 보이도록 하기 위해 얼굴에 분칠을 한다는 뜻이다. 분식회계란 경영자가 의도적으로 기업의 재무상태, 경영성과, 그리고 현금흐름의 내용을 사실과 다르게 보이려고 재무제표를 조작하는 것을 말한다. 영어로는 'window dressing(진열장 꾸미기)'라고 쓰기도 하고 범죄적인 성격을 강조하여 'accounting fraud(회계사기)'라고도 표현한다.

일반적으로 분식회계라고 할 때는 기업이 의도적으로 부당한 방법을 이용하여 기업의 재무상태나 경영실적을 실제보다 좋게 나타내는 것을 의미하지만, 기업이 고의로 경영실적이나 재무상태를 나쁘게 보이려고 하는 것도 분식회계라고 한다. 이것을 '역분식'이라고 한다. 어떻든 분식회계는 의도적으로 기업의 경영성과와 재무적인 건강상태를 왜곡하는 것으로 회계속임수이자 회계수치를 조작하는 '회계사기'행위이다.

기업경영이 어려워져 자금사정이 악화될수록 분식회계에 대한 욕구가 강해진다. 재무상태가 나빠지기 시작하는 초기에는 금융기관과 채권자들의 도움으로 그럭저럭 넘길 수 있지만, 재무상태가 지속적으로 악화되면 기업의 내부정보가 외부에 유출되어 금융시장과 자본시장에서의 자금조달이 점점 더 어려워지게 된다. 이러한 때 경영자는 내부정보유출을 차단하고 조작된 정보를 공시하고자 하는 유혹에 빠지기 쉽다. 궁지에 몰리면 상황을 모면하기 위하여 장부상의 수치를 조작하게 된다. 그 결과 재무제표는 왜곡되고 투자자들은 왜곡된 정보를 이용하게 되는 것이다.

투자대상기업의 과대평가된 실적은 많은 사람들의 관심을 끌면서 주가를 상승시킨다. 그러나 분식회계의 사실이 밝혀지게 되면 주가는 큰 폭으로 하락하고 수많은 소액투자자들은 커다란 손실을 입게 된다. 특별히 놀라운 일은 아니지만 회사가 분식회계를 사용하기 시작한 후부터 주가는 늘 떨어진다. 또한 회사가 허위 매출액 계상과 같이 악랄하게 회계속임수를 사용하면 주가의 하락폭은 더욱 가파르며 다시 상승하기 힘들다. 그 이유는 첫째, 악랄한 회계속임수를 쓰는 회사는 보통 심각한 경영환경의 쇠퇴를 숨기기 위해 이를 사용한다. 회사가 겪고 있는 문제에 대한 진실은 언젠가 반드시 투자자에게 알려진다. 둘째, 회계속임수, 즉 분식회계를 했다는 것을 알면 투자자는 회사의 경영진에 대한 신뢰를 상실할 수밖에 없으며, 해당 회사의 주식은 오랫동안 시장에서 소외될 것이다.

분식회계의 일종인 이익조정이 있다. 이익조정(earnings management)은 개인적인 이득을 얻기 위해 재무보고과정에 의도적으로 개입하는 행위이다. 이익조정은 회사의 경영활동과 재무상태에 대해 보다 긍정적인 그림을 그릴 수 있도록 회계상의 기법을 이용하여 재무제표를 조정하는 것이다. 즉, 이익조정은 일반적으로 인정된 회계원칙(GAAP) 범위 내에서 재무나 생산에 관한 의사결정을 조정하거나 회계추정이나 회계처리방법의 변경을 통하여 보고이익을 조정하는 것을 가리킨다. 반면에 회계부정 또는 분식회계의 일종인 이익조작(earnings manipulation)은 회계기준을 위반하면서 이익을 조정하는 것을 말한다. 실무적으로 이 둘의 관계를 명백히 구분하기 곤란하지만 이익조정은 명백한 범죄행위인 이익조작과는 달리 어느 정도 실무에서 용인되기도 한다. 그러나 엄밀한 의미에서 이익조정은 개인적인 이득을 목적으로 한다는 면에서 이익조작의 하나라고 할 수 있다.

10.2 분식회계를 하는 이유

분식회계가 재무제표를 왜곡한다는 것에 대해서는 이의가 없다. 왜 분식회계가 존재하는가에 대해서는 많은 의견이 존재하지만 크게 다음과 같은 세 가지로 요약할 수 있다.

- 분식회계를 하면 이익이다.
- 분식회계는 쓰기 쉽다.
- 분식회계는 적발될 가능성이 적다.

(1) 분식회계를 하면 이익이다

일부 경영자는 개인적인 이득을 취할 수 있을 때 분식회계를 사용한다. 특히 성과급체계가 매출액이나 이익을 어떻게 달성했는지에 대해 관심을 두지 않고 단지 매출액과 이익수치에만 집중하는 경우에 분식회계를 사용할 동기가 생긴다. 불행하게도 오늘날 많은 기업들은 잘못된 보상체계를 가지고 있다. 단지 이익을 기준으로 경영자에게 보상하는 경우 회사들이 분식회계를 하는 이유는 재무제표가 그들의 '성적표'이기 때문이다. 경영자들은 조작이 가능한 성적표에 자신의 보너스와 다른 특권을 연계하기를 좋아한다. 즉, 순이익을 강조하는 보상체계일수록 분식회계를 장려하는 환경이 조성된다는 것이다.

(2) 분식회계는 쓰기 쉽다

재고자산의 평가나 무형자산의 상각기간 등과 같은 회계처리는 하나의 방식이 정해진 것이 아니라 경영자의 판단에 따라 여러 가지 정당한 방법 중에서 선택이 가능하다. 그러므로 경영자가 선택한 추정치나 회계처리방법에 따라 순이익이 상당히 달라질 수 있지만 그것이 회계기준을 위반하는 것이 아니다.

만약에 정직한 경영자라면 다양한 회계처리방법과 추정치 속에서 어느 것이 회사의 재무상태를 가장 잘 나타낼 수 있는 것인지를 고민할 것이고 정직하지 못한 경영자는 회계기준의 유연성을 재무제표를 왜곡하는 데 이용할 것이다.

경영자는 마음만 먹으면 분식회계를 이용해서 재무제표를 손쉽게 왜곡할 수 있다. 그것은 다음과 같은 여러 가지 이유 때문이다.

- 경영자는 회계기준을 자의적으로 해석할 소지가 있다.
- 회계기준을 다르게 적용하면 순이익을 늘릴 수 있다.
- 회계기준에 상당한 문제가 있다는 것이 밝혀져도 그것을 변경하기까지는 오랜 시간이 걸린다. 또한 경영자는 거래조건을 정할 수 있고, 원하는 성과를 최대한 내기 위해 새로운 회계처리방법을 도입할 수 있다.

경영자가 재무제표 수치에 대해 상당한 수준의 영향력을 행사할 수 있기 때문에 회사가 적용하는 회계처리방법이 너무 공격적인지 아닌지를 고려해야 한다. 재고자산 평가방법, 상각기간, 매출액 인식방법을 확인하고, 특히 회계처리방법이 변경되었는지를 확인하여 만약 변경되었다면 그 이유를 확인해야 한다. 이들 내용은 재무제표 주석에서 확인할 수 있다. 워렌 버핏이 주석을 꼼꼼히 살피는 이유이다.

(3) 분식회계는 적발될 가능성이 적다

사람들이 세무당국에 잡히지 않을 것이라는 생각 때문에 탈세를 저지르듯이 회계감사인이나 규제당국에 잡히지 않을 것이라는 믿음 때문에 분식회계를 사용한다. 또한 잡힌다 하더라도 처벌은 가볍고, 또 잡히는 데까지 시간이 많이 걸린다.

분기재무제표나 언론보도에 의존하는 투자자나 은행은 분기재무제표 수치들이 독립회계사의 감사를 받았다고 생각할 수 있다. 하지만 대부분의 경우에는 감사를 받지 않는다. 규정상 회사의 연간재무제표만 감사를 받아야 하고 분기재무제표의 경우는 감사를 받지 않아도 상관없다. 기업들이 감사받지 않는 재무제표에 분식회계를 이용한다면 잡힐 가능성은 더욱 희박하다. 결과적으로 투자자는 분기재무제표를 읽을 때 특별히 더 조심해야 한다.

(4) 분식회계를 할 가능성이 큰 회사

대부분의 회사들은 분식회계가 사용하기 쉽고 적발될 가능성이 크지 않는데도 불구하고 재무제표를 일부러 왜곡하지 않는다. 하지만 어떤 회사가 기업정보를 왜곡해서 발표할지 모르기 때문에 모든 회사에 대해 약간의 의심을 가지고 분식회계의 조기징후를 살펴보는 것이 바람직하다. 이런 징후에는 다음과 같은 것들이 있다.

- 빈약한 내부통제환경. 예를 들면, 이사진에 독립이사 또는 조직이 약한 독립외부감사인이 있는 경우
- 극도의 경쟁압박을 받고 있는 경영자
- 도덕성에 문제가 있을 것으로 의심되는 경영자
- 특히 주의를 기울여야 하는 기업 : 실제 성장이 둔화되는 고성장회사, 살아남기 위해 애쓰는 무능력한 회사, 새로 상장한 회사와 비상장회사

모든 고성장회사의 성장률은 언젠가 떨어지기 마련이다. 그 시점에서 경영자는 분식회계의 유혹을 받게 될 것이다. 투자자와 채권자는 이런 회사에 분식회계가 있는지 주의해야 한다. 반대로 매우 빈약한 상태에 빠져 있는 회사의 경영자는 외부에서 회사의 문제가 사소한 것으로 생각하게끔 하려고 회계속임수를 쓰고 싶은 유혹을 받게 된다. 만약 회사가 은행과의 부채계약(대출기준)을 어기고 있을 때는 더 많은 주의를 기울여야 한다. 또 기업공개를 한 상장회사들은 기업공개 전까지 대부분 감사를 받아본 적이 없으며 내부통제가 적절하지 못할 수 있다. 이런 경우 분식회계가 회사 내에 널리 퍼져 있을 수 있다.

10.3 분식회계의 기법과 효과

하워드 슐릿(Howard Schilit)은 기업들이 사용하는 30가지의 분식회계기법을 7가지 범주로 나누고 있다.[01] 그러나 여섯 번째와 일곱 번째 속임수는 당기이익을 줄이기 위한 역분식에 해당하므로 이에 대한 설명은 제외했다.

- **첫 번째 속임수** : 매출액의 조기계상 또는 부실한 매출액의 계상
  - 서비스를 더 제공해야 할 의무가 있지만 매출액을 미리 계상하는 것
  - 공격적으로 매출을 인식한 경우의 징후는 다음과 같다.
    - 영업활동 현금흐름이 순이익보다 상당히 작아진다.
    - 매출액 대비 장기매출채권이 크게 증가한다. 이것은 구매자가 돈을 지불할 의무가 생기기 전에 미리 매출을 기록하고 있다는 증거이다.
  - 물품의 인도 전 또는 고객의 수락 전에 매출을 계상하는 것
    - 제품을 인도 또는 선적하기 전에 매출을 계상하는 것으로서 조선, 건설, 중장비제조회사의 수익인식방법으로 작업진행률을 사용했을 경우 미청구매출채권이 청구매출채권보다 급격하게 증가하는 경우
  - 고객의 대금지급이 불명확한데도 불구하고 매출액을 계상하는 것
  - 매출액을 총액으로 인식하는 것(예 : 홈쇼핑회사의 매출액)
    - 회계기준에서 매출은 수익획득과정이 완료되고 현금 및 현금청구권이 생겼을 때 인식한다.

- **두 번째 속임수** : 매출액의 허위계상
  - 경제적 실체가 없는 매출액을 계상하는 것(가공매출액을 인식하는 것)
  - 빌린 돈을 매출액으로 계상하는 것
    - 채권자에게 미래에 생길 매출채권을 판매하고 이를 매출액으로 계상
  - 투자수익을 매출액으로 계상하는 것
  - 미래에 구매하는 조건으로 받은 납품업자의 리베이트를 매출액으로 계상

하는 것

■ **세 번째 속임수** : 일회성 수익으로 순이익 왜곡

- 저평가된 자산의 매각으로 순이익을 증가시키는 것
- 투자로 인한 수익이나 이익으로 영업비용을 줄이는 데 사용하는 것
- 재무상태표 항목을 변경함으로써 이익을 만드는 것
  – 매도가능증권을 단기보유증권으로 분류하여 당기평가이익 계상

■ **네 번째 속임수** : 현재의 비용을 과거나 미래로 옮기기

- 일상적인 영업비용을 자본화하는 것, 특히 최근에 비용으로 처리하다가 자본화로 회계처리방법을 변경하는 것
  – 마케팅 및 영업비용을 회원권이나 구독권으로, 경상적 연구개발비를 개발비로, 수리 및 유지보수비용의 자본화 등
- 회계처리방법을 변경하고 현재의 비용을 과거로 옮기는 것(전기손익의 수정)
- 원가를 느리게 상각하는 것(내용연수를 연장하는 것)
- 부실자산을 평가절하하지 않는 것
  – 보관 중인 원재료의 가격하락으로 인한 재고자산평가손실을 계상하지 않는 것
- 대손충당금 등 평가충당금을 줄이는 것
  – 매출채권은 증가하는데도 대손충당금은 감소

■ **다섯 번째 속임수** : 부외부채 또는 부채의 과소계상

- 미래 의무가 남아 있음에도 불구하고 관련비용이나 부채를 기록하지 않는 것
  – 금융리스를 운영리스로 처리하거나 주석과 경영진의 분석에 우발채무를 다루고 있으면 세밀한 주의가 요구된다.
- 회계추정을 변경함으로써 부채를 줄이는 것
- 가짜 리베이트로 관련비용 줄이기

- 미래 의무가 남아 있음에도 현금을 받을 때 매출액으로 계상하는 것
  – 선수금을 매출로 인식하는 것, 항공마일리지를 부채로 계상하지 않는 것

- **여섯 번째 속임수** : 현재의 매출액을 미래로 옮기기

- **일곱 번째 속임수** : 미래에 인식할 비용을 당기의 특별항목으로 계상하기

이들 회계속임수(분식회계기법)는 모두 매출액이나 수익을 부풀리거나 비용을 줄여 현재의 이익을 늘리거나, 매출액이나 수익을 줄이거나 비용을 부풀려 현재의 이익을 줄이고 미래의 이익을 늘리는 효과를 내기 위해서 이루어진다. 일부러 회사의 성과를 나쁘게 보이려는 이유는 결국 미래로 이익을 옮겨 더 절실하게 필요한 때 사용하자는 것이다. 즉, 미래의 이익을 조작하려는 의도인 것이다.

10.4 분식회계 찾아내기

여기서는 분식회계에 대한 예비검토단계를 설명하고 그 다음 재무제표 분석에서 분식의 증후를 찾는 방법에 대해 알아본다. 예비검토단계에서는 재무상태표, 손익계산서, 현금흐름표에서 시작하지 않는 것이 좋다. 대신 감사보고서, 재무제표에 대한 주석, 경영진의 사업설명 및 분석과 같은 정보에서 시작한다.

(1) 재무제표의 주석에 대한 검토

주석에는 주주와 채권자가 회사의 재무상태를 파악하고 보고한 이익의 질을 가늠할 수 있도록 많은 정보가 있다. 주석에서는 재무제표상의 주요 계정과목에 대한 설명, 회계처리방침의 변경, 계류 중이거나 제기될 것으로 보이는 소송, 장기구매계약, 회계처리방침이나 회계추정의 변경, 산업별 특별주석(정부납품업체인 경우 미청구매출채권), 사업부문의 상태를 알 수 있는 사업부문별 정보 등 재무제표 본

문에 나와 있지 않는 중요하고 상세한 정보를 얻을 수 있다.

많은 애널리스트들은 주석에 있는 정보가 재무제표의 숫자보다 더 중요하다고 한다. 즉, 보고서 뒷부분 주석에 그들은 공개하고 싶지 않았지만 어쩔 수 없이 공시해야 했던 것을 숨긴다. 찾는 사람들이 거의 없는 곳에 작은 글씨체로 공개하고 싶지 않은 내용을 나타낸다고 한다.[02] 주석을 살펴볼 때의 참고사항은 다음과 같다.

1) 보수적인 회계처리방침을 가진 회사를 선호하라

보수주의(conservatism)는 다양하게 정의될 수 있지만 일반적으로 선택가능한 2가지 이상의 회계처리방법이 있는 경우 기업의 재무적 기초를 견고히 하는 방법을 선택하는 것이라고 할 수 있다. 국제회계기준에서는 '회계처리가 불확실한 상황에서 추정이 필요한 경우, 자산이나 수익이 과대평가되지 않고 부채나 비용이 과소평가되지 않도록 상당한 정도의 주의를 기울여 회계처리하는 것'으로 규정하고 있다.

보수주의는 여러 가지로 해석되고 있지만, 수익과 비용의 관점에서 보면, 회계처리에 불확실성이 존재할 때 경제적 손실은 가능한 빨리 인식하고 경제적 이득은 실현될 때까지 인식을 지연하는 것으로 해석할 수 있다. 그래야 기업의 자산 · 수익이 과대평가되지 않고 부채 · 비용이 과소평가되지 않아서 재무적 기초를 견고히 하는 관점(보수주의)에 따른 회계처리를 할 수 있다. 또한 이러한 방법이 진행 중인 사건에 대한 불확실성과 위험을 감안하는 회계처리방법이 된다.

회사의 회계처리방침이 보수적인지 또는 공격적인지를 평가할 수 있는 대표적인 항목을 나열하면 다음과 같다.

회계처리방침의 평가

회계처리방침	보수적인 방법	공격적인 방법
매출액 인식	판매 후, 위험부담이 구매자에게 전가되었을 때	판매 시, 아직 위험부담이 남아 있음에도 불구하고
감가상각방법	단기간, 가속상각방법으로	장기간에 정액상각방법으로
영업권 손상차손 인식	단기간에 걸쳐	손상차손을 인식하지 않음
보증의 추정	높게 예측	낮게 예측
대손상각의 추정	높게 예측	낮게 예측

광고비, 개발비	비용화	자본화
우발채무	비용으로 처리	주석에만 언급

이와 같이 주석에서 창조적인(공격적인) 회계처리나 분식회계의 단서를 찾을 수 있다. 어떤 주석의 내용을 보면 재무제표의 유효성뿐만 아니라 경영진의 도덕성에 대해서까지 의구심을 품게 하는 경우가 있다. 보수적인 회계처리방침을 사용하지 않는 회사는 재무제표 작성과정에서 도덕성이 부족하다는 것을 보여 주고 있는지도 모른다. 그래서 많은 애널리스트들은 보수적인 회계처리방침을 사용하는 회사를 더 높게 평가한다.

많은 전문가들은 회사를 볼 때 아주 보수적인 회계처리방침을 사용하는 회사를 찾으라고 조언을 한다. 왜냐하면 '회계수작'을 부리지 않는 회사는 일반영업에 있어서도 수작을 부리지 않는다는 것이다.

2) 계류 중이거나 제기될 것으로 보이는 소송

이러한 소송은 회사의 미래 영업에 있어서 심각한 결과를 낳을 수 있다.

3) 장기구매계약을 의심하라

원재료를 수입하는 회사나 석유 · 가스회사인 경우 장기구매계약을 체결할 수 있다. 이러한 회사는 원재료의 가격변동이나 환율의 변동에 따라 영업이익이 달라질 수 있기 때문이다. 예를 들어, 원유가격이 하락하는 경우 석유회사의 재고자산은 가격하락으로 재고손실이 발생하며, 더구나 구매가격에서조차 손실이 발생하게 된다. 이들 손실이 적정하게 반영되고 있는지를 검토하는 것이 중요하다.

4) 회계처리방침의 변경에 주의

앞서 이야기한 것처럼 경영자는 회계처리방침을 정할 때 상당한 재량권을 발휘할 수 있으며, 이것은 회사의 순이익에 영향을 준다. 따라서 회사가 회계처리방침을 특별한 이유 없이 변경할 때 주의해야 한다. 그러한 변화는 회사가 취약한 재무제표를 장부조작으로 향상시키려 할 때 나타나는 신호일 수도 있기 때문이다.

회사의 감가상각방법을 변경하거나 감가상각기간을 늘려 순이익을 높이는 것은 손쉬운 방법이다. 특히 설비자산의 비중이 큰 산업에서의 감가상각에 대한 내용연수나 감가상각방법의 변경은 이익에 미치는 영향이 크기 때문에 주의해서 살펴봐야 한다.

5) 내부자 거래

경영자와 이사들은 회사의 주식을 사거나 팔 의향이 있을 때 금융감독원에 신고해야 한다. 내부자가 주식을 대량으로 처분하고 있다면 이것은 회사에 문제가 있다는 신호가 될 수 있다.

10.5 재무제표 분석으로 분식회계 징후 찾기

기업 외부이용자가 기업 내부에서 조직적으로 교묘하게 이루어진 조작내용을 찾아내기란 이용가능한 자료가 상당히 제한적인 상황에서 결코 쉬운 일이 아니다. 그러나 재무제표 분식의 유무를 확인하는 것은 재무제표 분석의 첫 단계로서 매우 중요하다.

회사의 분식회계나 경쟁력 악화를 찾는 데 도움을 주는 데이터베이스가 많다. 흔히 이용하는 네이버나 다음카카오 이외에도 나이스신용평가나 Fn가이드와 같은 전문적인 평가기관에서 제공하는 데이터베이스를 이용하면 재무제표를 분석하기 전에도 분식회계의 징후를 찾을 수 있다. 다음 사항을 간단히 체크하면 문제가 있는 회사를 찾아낼 수 있다.

- 영업활동 현금흐름이 당기순이익과 비교해서 급격히 감소했거나, 영업활동 현금흐름이 당기순이익보다 적거나 마이너스(–)이다.
- 작년 동기 대비 매출액은 성장했지만 그 다음 성장이 감소했다. 즉, 매출액이 감소했다.

- 매출액보다 매출채권이 빠르게 늘어나거나 빠르게 줄어들었다.
- 매출액과 매출원가와 대비해서 재고자산이 크게 증가했다.
- 매출총이익률이 급격히 늘어나거나 줄어들었다.
- 기타자산(선급비용, 기타유동자산, 기타비유동자산)이 크게 증가했다.
- 선수금이 크게 증가했다.

재무제표를 읽으려면 상당한 시간을 투자해야 할 뿐만 아니라 대부분의 사람들이 지루해한다. 그래서 투자자는 재무제표와 언론보도를 검색할 수 있도록 도와주는 데이터베이스를 이용하여 예비테스트를 한다.

(1) 재무제표 분석

여기서는 단일회사를 선정해서 재무제표를 분석하는 방법을 설명할 것이다. 재무제표 분석은 크게 다음과 같은 4단계로 나눌 수 있다.

- 1단계 : 공통형(표준) 재무제표를 작성해서 분석한다.
- 2단계 : 영업활동 현금흐름과 당기순이익을 비교한다.
- 3단계 : 재무비율을 분석한다.
- 4단계 : 주석을 이용하여 정성적인 분석을 한다.

1) 공통형 재무제표 작성

우선 개별 항목의 변동추이나 구성의 변화를 살펴보기 위하여 수평적 분석방법(비교재무제표에 의한 추세 분석)과 수직적 분석방법(공통형 재무제표에 의한 구성비 분석)을 이용하여 갑자기 증가하거나 감소하는 등 이상 증감 항목이 있는가를 확인한다. 특히 재무제표 분식에 주로 이용되고 있는 계정과목(매출채권, 재고자산, 개발비 등)과 계정과목 간의 상호관련성(매출액과 매출채권의 증가율 비교)에 초점을 맞춰서 이익조작가능성을 확인하는 것이다. 상호관련이 있는 계정과목 간에는 일정한 상관관계가 있게 되는데 이런 관계가 무너지는 경우 분식가능성을 의심할 수 있다.

또한 재무상태의 많은 계정은 매출액과 일정한 관계를 나타낸다. 예를 들면, 매출채권, 재고자산, 유형자산, 매입채무 등이다. 이들 계정의 매출 대비 비율을 비교함으로써 이상 징후를 찾을 수 있다.

2) 현금흐름표 분석

분식유형들의 공통된 특징은 현금잔액을 과대계상하거나 과소계상하지 않는다는 것이다. 현금거래는 인위적인 조작이 어려울 뿐만 아니라 추정치가 개입되지 않기 때문이다. 이런 면에서 현금흐름표는 분식의 영향을 거의 받지 않는 실제 현금흐름을 그대로 나타내는 보다 객관적인 정보로서 이를 통하여 쉽게 분식징후를 발견할 수 있다.

예를 들면, 영업활동 현금흐름이 마이너스(−)인데도 많은 순이익을 보고하거나 이익이 지속적으로 증가하는 경우에는 영업활동과 관련된 자산과 부채 항목을 이용해서 분식회계를 한 것으로 의심할 수 있다. 영업활동과 관련된 자산에는 매출채권, 재고자산, 선급금, 미수수익, 선급비용 등이 있고, 영업활동 관련부채에는 매입채무, 선수금, 선수수익, 미지급비용 등이 있다.

3) 재무비율 분석

재무비율 분석에 의하여 분식회계의 징후를 발견하기 위해서는 해당 기업의 재무비율추세를 살펴보는 방법과 산업평균 또는 경쟁기업과 비교하여 분석하는 방법이 있다.

매출채권, 재고자산, 매입채무와 같은 항목은 분식이 가장 많이 이루어지는 대상이므로 이와 관련된 비율에 특별한 주의가 필요하다. 기업의 활동성 악화와 수익성이 동시에 나타나는 것은 정상적인 영업상태에서 거의 발생하지 않는 예외적인 현상이다. 즉, 매출채권회전율과 재고자산회전율이 하락하는 상황에서는 그만큼 수익성이 감소하는 것으로 나타나야 한다. 따라서 매출채권회전율과 재고자산회전율이 나빠졌는데도 매출총이익률과 같은 수익성지표가 향상된 것으로 나타나면 일단 분식을 의심해 볼 수 있다. 이는 가공매출액과 매출채권을 동시에 계상하여 자산과 이익을 동시에 과대계상했거나 재고자산의 과대계상을 통하여 이익을 과대계상한 것으로 볼 수 있기 때문이다. 또한 매출증가율이 낮은 반면 매출원가율이 개선되는 경우 재고자산의 과대계상가능성이 높다. 매입채무를 은폐할 때에는 매입채무회전율이 증가하면서 이익이 과대계상된다. 현금순환기간(매출채권회수기간 + 재고자산회전기간 – 매입채무지급기간)을 점검하여 계속하여 기간이 늘어나는 경우는 회사가 심각한 자금난을 겪고 있음을 나타내는 징후이다.

이와 같이 재무비율 또는 계정상호 간의 논리적 관련성이 파괴되고 있는 현상은 분식의 결과라고 볼 수 있다.

4) 주석 검토

주석에 대한 검토는 아무리 강조해도 지나치지 않을 것이다. 주석을 읽지 않고 주식투자를 한다는 것은 장님이 코끼리 다리를 만지고 코끼리를 짐작하는 것과 같이 피상적인 정보를 보고 기업을 해석하고 분석하는 것과 같다고 할 수 있다. 자산과 부채에 대한 상세한 내용은 주석에서 확인해야만 그 내용을 알 수 있다. 특히, 재고자산, 매출채권, 장 · 단기차입금의 내용은 주석에서만 확인할 수 있는 중요한 정보이다. 재무상태표 분석에서 설명된 자금조달방법 중 자산유동화증권과 같은 방법을 이용하여 운영자금을 조달하는 기업은 특히 유의해야 하는 기업이라고 할 수 있다.

또한 우발채무, 부외금융으로 악용되는 리스부채, 소송사건, 그리고 공금횡령과 같은 경영자의 비리에 의한 회사의 상황 등을 확인해야 한다. 워렌 버핏이 사업보고서를 읽고, 재무제표를 읽는다는 뜻은 기본적인 재무제표에 대한 분석과 주석사항을 꼼꼼히 읽는다는 의미임을 다시 되새겨봐야 할 것이다.

[사례 분석] 분식 징후와 부도 징후 : 우양에이치씨

코스닥 등록법인 우양에이치씨는 2012년 7월 26일에 신규상장된 플랜트용 기자재 생산회사로서 2013년 수출입은행에 의해 '히든 챔피언' 육성대상기업으로 선정되었고 공시된 재무제표에는 과거 3년간 순이익을 보고할 정도로 큰 문제없는 기업으로 평가되고 있었다. 그러나 2015년 3월 4일에 최종부도처리되었다.

연합뉴스(2015. 3. 17)에 따르면 우양에이치씨의 소액주주들은 우양에이치씨에 주가폭락의 책임을 묻는 손해배상소송을 준비 중이다. 이들이 주장하는 손해배상 책임의 근거는 분식회계이다. 소액주주들은 "영업이익을 200억원가량 내던 회사가 최종부도를 내고 기업회생까지 신청했는데 장기간에 걸친 분식회계가 있었다는 것을 의심할 수밖에 없다"며 "분식회계로 뒤덮인 사업보고서와 감사보고서를 근거로 투자결정을 한 만큼 책임을 물을 것"이라고 설명했다.

우양에이치씨는 발행한 전자어음 126억 9천여 만원을 예금부족으로 결제하지 못해 최종부도처리됐다고 2015년 3월 4일 공시했다. 한국거래소는 우양에이치씨의 상장폐지를 결정하고 6일부터 상장폐지 전날까지를 정리매매기간으로 정했다. 3,000원에 육박한 우양에이치씨 주가는 정리매매기간을 거치면서 830원으로 쪼그라들었다. 이 과정에서 투자자들은 주식급락에 따른 큰 손실을 보게 됐다.

정리매매에 들어가기 전날인 5일 우양에이치씨는 분식회계설에 대한 조회공시 답변에서 "과거의 수익인식과 관련해 수익인식방법 중 일부에서 오류가 발생했음을 발견했다"고 밝혔다.

이에 우양에이치씨를 사례로 하여 분식 징후를 찾아보고, 더불어 부노를 사전에 알 수 없었는지에 대해서도 알아본다. 다음 자료는 Fn가이드의 자료이다.

자료에서 볼 수 있는 것처럼 우양에이치씨의 3년간 요약한 재무제표의 내용과 비율 분석에서는 부채비율이 높고 배당이 없다는 것 외에 별다른 문제점을 찾기 어렵다. PER은 2012년 6.79배, 2013년 6.66배이고 PBR 또한 2012년 0.61배, 2013년 0.66배로 저평가된 상태라고 할 수 있다. 여기서 알 수 있는 것은 단순히 PER이나 PBR을 보고 저평가되었다고 생각하여 투자결정을 하는 경우 큰 손실을 볼 수 있다는 것이다. 낮은 PER나 PBR인 경우 재무제표 주석을 확인하는 등 저평가된 이유가 있는지를 반드시 확인해야 된다는 것을 시사한다고 할 수 있다.

우양에이치씨 요약 정보

구분	Annual 2011. 12 IFRS(개별)	Annual 2012. 12 IFRS(개별)	Annual 2013. 12 IFRS(개별)
매출액(억원)	1,678	2,024	2,260
영업이익(억원)	156	209	217
당기순이익(억원)	71	67	115
자산총계(억원)	2,332	3,160	3,734
부채총계(억원)	1,826	2,283	2,434
자본총계(억원)	505	878	1,299
자본금(억원)	48	76	98
부채비율(%)	361.43	260.08	187.33
유보율(%)	957.18	1,061.43	1,232.22
영업이익률(%)	9.28	10.34	9.59
순이익률(%)	4.22	3.33	5.07
ROA(%)	3.18	2.45	3.32
ROE(%)	15.02	9.74	10.52
EPS(원)	543	465	642
BPS(원)	3,869	5,150	6,661
DPS(원)	–	0	–
PER(배)	–	6.79	6.66
PBR(배)	–	0.61	0.64
발행주식수(천주)	9,560	15,113	19,507
배당수익률(%)		0.00	–

(2) 공통형 재무상태표와 손익계산서 작성

분식 여부를 검토하기 위해서는 먼저 재무상태표와 손익계산서를 증감형과 공통형 재무제표로 변환시켜 계정과목의 변화추세와 자산구성, 재무구조, 수익비용구조를 살펴봄으로써 개별 항목의 이상 징후를 발견하는 것이다. 다음은 2014년 3월에 공시한 우양에이치씨의 재무상태표와 손익계산서이다. 재무제표의 중간열의 숫자는 전년 대비 증감률을 나타내는 수평적 분석이고 오른쪽 두 개의 열은 자산과 매출액을 기준으로 수직적 분석인 공통형 재무상태표와 손익계산서이다.

우양에이치씨

재무상태표

(단위 : 백만원)

과목	2012. 12. 31	2013. 12. 31		2012년	2013년
자산			증감율	구성비	구성비
유동자산	193,413	216,090	12%	61.20%	57.88%
현금및현금성자산	6,934	1,693	−76%	2.19%	0.45%
단기금융상품	7,680	6,965	−9%	2.43%	1.87%
매출채권 및 기타채권	34,016	41,256	21%	10.76%	11.05%
미청구공사	122,771	148,984	21%	38.85%	39.90%
재고자산	11,103	9,954	−10%	3.51%	2.67%
기타금융자산	799	862	8%	0.25%	0.23%
기타유동자산	10,111	6,376	−37%	3.20%	1.71%
비유동자산	122,602	157,266	28%	38.80%	42.12%
장기금융상품	406	1,131	179%	0.13%	0.30%
장기매출채권 및 기타채권	30,401	27,051	−11%	9.62%	7.25%
매도가능금융자산	2,570	3,499	36%	0.81%	0.94%
관계기업투자	2,438	2,797	15%	0.77%	0.75%
유형자산	81,501	118,037	45%	25.79%	31.62%
무형자산	4,426	4,201	−5%	1.40%	1.13%
기타비유동자산	860	550	−36%	0.27%	0.15%
자산총계	316,015	373,356	18%	100.00%	100%
부채					
유동부채	199,340	166,932	−16%	63.08%	44.71%
매입채무 및 기타채무	73,518	48,297	−34%	23.26%	12.94%
단기금융부채	123,994	117,695	−5%	39.24%	31.52%
당기법인세부채	667	477	−28%	0.21%	0.13%
기타금융부채	55	282	415%	0.02%	0.08%
초과청구공사	1,077	80	−93%	0.34%	0.02%
기타유동부채	28	101	256%	0.01%	0.03%
비유동부채	28,914	76,484	165%	9.15%	20.49%
장기금융부채	22,884	68,970	201%	7.24%	18.47%

이연법인세부채	3,874	6,025	56%	1.23%	1.61%
확정급여부채	1,604	161	-90%	0.51%	0.04%
기타금융부채	151	905	499%	0.05%	0.24%
비유동충당부채	400	423	6%	0.13%	0.11%
부채총계	228,254	243,416	7%	72.23%	65.20%
자본					
자본금	7,556	9,754	29%	2.39%	2.61%
주식발행초과금	35,222	61,269	74%	11.15%	16.41%
이익잉여금	43,315	55,063	27%	13.71%	14.75%
기타자본	1,668	3,855	131%	0.53%	1.03%
자본총계	87,762	129,940	48%	27.77%	34.80%
자본과 부채총계	316,015	373,356	18%	100.00%	100%

우양에이치씨

포괄손익계산서

(단위 : 백만원)

과목	2012. 12. 31	2013. 12. 31		2012년	2013년
			증감	구성비	구성비
매출액	202,440	226,004	11.6%	100.00%	100.00%
매출원가	164,447	187,338	13.9%	81.23%	82.89%
매출총이익	37,993	38,665	1.8%	18.77%	17.11%
판매비와 관리비	17,058	16,987	-0.4%	8.43%	7.52%
영업이익	20,934	21,678	3.6%	10.34%	9.59%
기타수익	1,048	1,760	67.9%	0.52%	0.78%
기타비용	62	1,390	2,127.6%	0.03%	0.61%
금융수익	4,676	8,756	87.2%	2.31%	3.87%
금융비용	18,842	16,099	-14.6%	9.31%	7.12%
관계기업에 대한 지분법 손익	-28	359	-1,385.9%	-0.01%	0.16%
법인세차감전이익	7,727	15,065	95.0%	3.82%	6.67%
법인세비용	988	3,614	265.6%	0.49%	1.60%
당기순이익	6,738	11,451	69.9%	3.33%	5.07%
기타포괄손익	281	213	-24.2%	0.14%	0.09%

순확정급여부채의 재측정요소	−23	213	−1,036.4%	−0.01%	0.09%
현금흐름위험회피손익	304		−100.0%	0.15%	0.00%
당기총포괄이익	7,019	11,664	66.2%	3.47%	5.16%
주당이익	−	−	−	−	−
기본주당순이익	594	663	11.6%	−	−
희석주당순이익	594	645	8.6%	−	−

1) 공통형 재무제표에서 발견할 수 있는 분식회계 징후

공통형 재무상태표에서 보면 유동자산이 총자산에서 차지하는 비율이 2013년 기준으로 61% 정도이고 비유동자산 비중은 39% 정도이다. 이는 제조업에서 찾아보기 힘든 특이한 자산구성이라고 말할 수 있다. 특히 비유동자산 중에서 장기매출채권 및 기타채권이 총자산 대비 7~9% 수준으로 높은 편이고, 유 · 무형자산의 비중은 2013년에 32.7%이다.

재무구조상 부채비중은 2012년에 72.23%, 2013년 65.20%로 재무구조상 당해기업은 수준이 상당히 허약한 체질임을 나타내고 있다. 만성적으로 자금난에 시날리고 있는 회사가 임직원에게 자금을 대여하고 있으며, 매입채무와 단기금융부채가 다른 항목보다 높다는 것은 매우 심각한 위험상황이라고 할 수 있다. 분식회계의 징후를 살펴보면 다음과 같다.

첫 번째 징후는 총자산 대비 매출채권이 2012년 10.76%에서 2013년 11.05%로 증가했다는 점이다.

두 번째 징후는 장기공사계약의 회계처리방법에는 두 가지가 있다. 하나는 공사계약이 끝날 때까지 기다린 다음에 매출액과 순이익을 기록하는 방법(공사완성기준)이고, 다른 하나는 완성도에 따라 매년 매출액과 순이익을 기록하는 방법(공사진행기준)이다. 공사진행기준은 미래 비용이나 사건에 대한 예측을 바탕으로 하고 있다. 따라서 비용예측을 왜곡하거나 진행률을 바꿔서 회계속임수로 사용할 수 있다. 또한 공사 중에 여러 가정에 대한 예측을 바꿀 때 새로운 정보가 있어서라기보다 이익을 맞추려는 의도에 의해 그랬을 가능성이 있다.

만약 회사가 공사를 마치지 못하거나 시간제약이나 기타 조건을 어길 경우 매출액과 순이익이 과대계상되었을 가능성이 높다. 그 때문에 공사진행기준은 순이익을 부풀리기 위해 공격적인 회계처리로 악용될 가능성이 높다고 할 수 있다. 회사가 진행기준으로 공사수익을 인식하는 경우 나타나는 계정이 미청구매출채권인 미청구공사계정이다. 이 계정은 공사원가에 공사이익에 해당하는 부분을 더하고 공사대금청구액을 차감하여 계산되는데, 계산결과 플러스(+)이면 유동자산인 미청구공사계정이 되고 마이너스(–)이면 초과청구액으로 유동부채계정이 된다.

미청구공사계정이 매출액보다 빨리 늘어나고 있으면, 공사진행기준을 너무 공격적으로 적용한 결과로 볼 수 있으며 이것은 이익을 과대계상하는 분식회계를 한 신호라고 할 수 있다.

사례 회사인 우양에이치씨는 공사진행기준으로 수익을 인식하고 있으며 미청구공사는 전년 대비 21%나 증가하고 있다. 또한 총자산 대비 재고자산 비중은 2012년 3.51%에서 2013년 2.67%로 감소한 것으로 나타나고 있다. 그러나 미청구공사계정은 38.85%에서 39.9%로 증가하고 있다. 플랜트 제조업체인 우양에이치씨는 장기건설계약에 의해 플랜트를 제작하는 회사이다. 이들 장기건설계약을 완성기준으로 수익을 인식하면 공사기간 중에 발생한 원가요소(재료비, 노무비, 경비)는 공사완성 시까지 미성공사계정에 누적되므로 이때의 미성공사는 일반제조기업의 재공품과 같은 성격의 재고자산이다. 사례 회사와 같이 공사진행기준에 의해 수익을 인식하는 경우는 미성공사계정은 결산 시에 공사이익이 포함되고 여기에서 공사대금청구액(매출채권인식)을 차감한 나머지 금액은 미청구공사계정으로 표시된다. 이때의 미청구공사는 총공사수익에 따른 매출채권 중 아직 청구하지 않은 것으로 매출채권의 일부이다.

따라서 사례 회사의 미청구공사는 매출채권에 합산하여 계산되어야 한다. 사례 회사의 매출채권은 미청구공사금액을 합하여 총자산에서 차지하는 비중이 2012년 49.5%에서 2013년 51%로 절대적인 비중을 차지하고 있다. 매출채권과 미청구공사 둘 다 전년 대비 21%로 급격한 증가율을 보이고 있고, 매출채권과 미청구공사의 총자산 대비 비중으로 볼 때 수익을 조기에 인식한 결과로 매출수익을 증가시키는 분식회계의 가능성이 매우 높다고 할 수 있다.

세 번째 징후는 매입채무 비중이 크게 줄어들었다는 것이다. 총자산 대비 매입채무 비중은 2012년 23.26%에서 2013년 12.94%로 크게 줄어들었다. 매입채무의 누락이나 기타의 부채로 인식한 결과로 해석할 수 있다. 매입채무의 감소는 매입액의 감소로 이어져 매출원가가 작아지는 결과로 나타난다. 즉, 매입액과 매입채무를 상계시키는 수법을 이용한 분식회계의 가능성이 있을 수 있다. 사례 회사의 매출원가 비중이 전년도보다 커진 것은 재고자산이 전년 대비 크게 감소한 결과일 수 있다.

네 번째 징후는 매출액 대비 판매비와 관리비 비중이 줄었다는 점이다. 2012년 판매비의 매출액 대비 비율은 8.43%에서 7.52%로 줄어들었다. 매출액이 증가하면 이에 따른 판매비와 관리비가 증가하는 것이 일반적인데 이들 비용이 줄어들었다는 것은 영업비용을 자본화한 것으로 볼 수 있다.

2) 수평적(증감형) 분석을 통해 찾을 수 있는 분식회계 징후

다섯 번째 징후는 전년도에 비해 매출액증가율이 11.6%인 데 비해 유형자산이 45%, 매출채권이 21% 증가추세를 보이고 있어 매출과 관련된 비율이 이상 징후를 보이고 있다는 점이다. 이것은 매출의 증가에 따라 자산의 증가는 당연한 것인데 매출증가율에 비해 사산승가율이 너무 크다는 것이다. 이러한 점은 매출증가에 따른 성장이 너무 커서 해당 기업이 성장에 따른 진통으로 성장통을 겪고 있다고 해석할 수도 있다. 반면에 매출수익을 과대계상하거나 가공계상한 증거일 수 있다.

여섯 번째 징후는 매출채권 성격의 미청구공사가 21% 증가했다는 점이다. 공사진행기준에 의해 공사수익을 공격적으로 인식한 결과이다.

일곱 번째 징후는 현금및현금성자산이 급격히 감소했다는 점이다. 보통은 매출이 증가하면 현금및현금성자산이 증가한다. 사례 회사는 매출액이 11.6% 증가했음에도 현금및현금성자산이 76%나 줄어들었다.

여덟 번째 징후는 판매비와 관리비가 줄어들었다는 것이다. 판매관리비는 보통 매출과 높은 상관관계를 갖는다. 매출액이 전년 대비 11.6% 증가하면 그만큼 판매관리비도 증가하는 것이 보통이다. 그러나 사례 회사의 판매관리비는 전년도에 비해 오히려 0.4%나 줄어들었다. 판매관리비와 매출원가의 개선은 경영의 효율성 때문에 나타날 수도 있지만 이 경우는 보통 영업비용을 자본화하거나 매출액을 부풀렸다는 신호일 수 있다.

아홉 번째 징후는 금융비용은 14.6% 줄어든 반면 기타수익이 67.9% 증가하고 금융수익이 87.2% 증가했다는 것이다. 이것은 영업외수익을 늘리고 비용을 줄이는 분식회계를 한 징후라고 할 수 있다. 특히 기타수익이 급증한 것은 저평가된 유형자산을 처분하는 등 일시적 손익을 계상하여 수익성을 개선시키려는 의도일 수 있다.

열 번째 징후는 지분법평가이익이 크게 증가했다는 점이다. 사례 회사의 관계회사는 포승산단(주)로 비상장기업이다. 2012년 지분법평가손실 28억원에서 2013년 지분법평가이익 359억원으로 급증했다. 이는 관계회사의 회계속임수를 이용한 수익성 개선이라고 볼 수 있다.

3) 주석을 통해 찾을 수 있는 분식회계 징후

열한 번째 징후는 재무적으로 상당한 어려움을 겪고 있음에도 2013년 단기대여금이 82억원, 장기대여금이 110억원, 그리고 장기미수금이 42억원이라는 점이다. 이것은 임직원의 회계부정을 의심할 수 있는 신호일 수 있다. 특히, 관계기업인 포승산단(주)의 공장부지 확보를 위한 용지매매계약으로 건설중인자산이 433억원 증가하여 내부자 거래로 인한 회계부정이 의심되는 신호이다. 따라서 매출액 증가에 따른 자산의 증가는 건물이나 기계장치 등의 증가로 이루어지지 않고 장단기대여금과 기타의 자산의 증가로 나타나고 있다.

열두 번째 징후를 살펴보면, 우양에이치씨의 무형자산은 개발비, 회원권, 그리고 소프트웨어로 구성되어 있다. 개발 중인 프로젝트와 관련된 비용은 개발비로 처리하고 있으며 개발비 증가는 2012년과 2013년 각각 8억 7천만원으로, 이는 비슷한 금액으로 일상적인 경상연구비일 가능성이 높다. 또한 2013년도에 시장성 없는 프로젝트와 관련된 비용(13억 5천만원)을 개발비손상차손으로 차감한 반면 소프트웨어의 취득비로 12억 3천만원을 취득하였다.

열세 번째 징후를 살펴보면, 수선비, 감가상각비, 경상연구개발비, 하자보수비,

포장비, 대손상각비, 소모품비 등 판매비와 관리비가 전반적으로 전년 대비 감소하여 비용을 줄이는 분식회계가 이루어졌을 가능성을 나타내고 있다.

열네 번째 징후는 우발상황으로 인한 부채의 과소계상 및 부도가능성을 들 수 있다.

- 리스부채에 따른 견질어음 25억원
- 당사가 피고로 되어 있는 계류 중인 소송사건 3건에 25억원
- 타인을 위한 지급보증 187억원
- 차입금이 거의 부채약정액에 이르고 있어 추가차입여력이 부족

열다섯 번째 징후는 특수관계자와의 거래로 인한 자산과 부채의 왜곡가능성이 있다는 것이다. 사례 회사는 관계회사인 포승산단(주)의 유형자산을 332억원에 취득하였고 동사에 대한 매출채권이 73억원이다.

부도위험의 징후와 관련해서 사례 회사는 앞서 재무상태표 분석에서 살펴본 자금조달방법 중 최악의 방법인 자산유동화증권을 이용하여 자금을 조달하고 있으며, 총자산 대비 단기금융부채의 비중이 너무 높아 유동성에 심각한 문제가 있음을 나타내고 있다.

(3) 현금흐름표에서 찾는 분식회계 징후

열여섯 번째 징후는 영업활동으로 인한 현금흐름이 순이익보다 적거나 마이너스(−)라는 점이다. 영업활동으로 인한 현금흐름은 현금주의에 의한 손익계산서이다. 순이익이 영업활동 현금흐름보다 작으면 운전자본에 투자가 많다는 의미이다. 즉, 매출액을 과대계상하거나 가공매출액을 계상하면 그에 따라 매출채권 등의 자산에 영향을 미치게 된다. 매출채권이 증가하면 할수록 영업활동 현금흐름에는 마이너스(−)효과가 나타난다. 다음은 우양에이치씨의 영업활동 현금흐름과 순이익을 비교한 표이다.

영업활동 현금흐름과 당기순이익

(단위 : 억원)

	2010년	2011년	2012년	2013년	2014. 9. 30
영업활동 현금흐름	−95	234	−97	−76	12.6
순이익	74.2	70.9	67.4	114.5	52

자료 : 나이스신용평가

우양에이치씨의 영업활동으로 인한 현금흐름은 2011년을 제외하고 마이너스(−)이거나 순이익보다 작다. 상장된 이후의 순이익은 2012년 67억 4천만원과 2013년 114억 5천만원으로 증가추세를 나타내고 있지만 영업활동 현금흐름은 마이너스(−)를 나타내고 있으며 2014년 9월 30일에 영업활동 현금흐름이 플러스(+)이지만 이 또한 순이익보다 적다. 따라서 분식회계는 2014년 9월까지 계속되고 있을 가능성이 매우 크다.

현금흐름표

(단위 : 원)

과목	2012. 12. 31	2013. 12. 31
영업활동 현금흐름	(9,729,823,696)	(7,632,621,291)
영업활동에서 창출된 현금흐름	1,166,901,466	1,073,795,112
이자의 수취	815,916,794	197,172,974
이자의 지급	(9,929,051,995)	(7,118,149,072)
법인세납부액	(1,783,589,961)	(1,785,440,305)
투자활동 현금흐름	(60,453,138,375)	(62,507,672,735)
단기금융상품의 순감소(증가)	(6,144,700,000)	715,047,247
장기금융상품의 순감소(증가)	502,946,086	(724,837,222)
매도가능금융자산의 처분	254,526,375	−
매도가능금융자산의 취득	−	(928,734,880)
단기대여금의 회수	21,500,005,240	17,701,153,803
단기대여금의 대여	(21,005,302,046)	(19,589,933,924)
장기대여금의 회수	38,368,756	1,221,008
장기대여금의 대여	(10,991,918,916)	(145,000,000)
기타채무의 감소	(5,633,584,954)	−
장기미수금의 증가	(5,678,897,486)	−

장기미수금의 감소	238,104,940	6,130,342,306
유형자산의 처분	698,345,455	153,170,897
유형자산의 취득	(28,332,632,743)	(44,102,394,242)
무형자산의 취득	(960,778,470)	(1,208,291,738)
보증금의 감소	1,841,486,489	1,726,090,132
보증금의 증가	(6,779,107,101)	(3,799,220,520)
미지급금의 감소	–	(18,436,285,602)
재무활동 현금흐름	72,607,290,653	64,900,197,864
단기금융부채의 순차입	14,389,082,361	15,526,031,294
장기금융부채의 차입	72,653,990,441	71,776,602,683
장기금융부채의 상환	(27,004,102,149)	(39,768,735,763)
신주인수권부사채의 발행	–	10,000,000,000
유상증자	13,368,320,000	7,499,999,650
신주인수권 매입	(525,000,000)	–
배당금의 지급	(275,000,000)	(133,700,000)
현금의 순증가(감소)	2,424,328,582	(5,240,096,162)
기초의 현금및현금성자산	4,510,100,305	6,933,921,413
현금및현금성자산의 환율변동효과	(507,474)	(492,521)
기말의 현금및현금성자산	6,933,921,413	1,693,332,730

열일곱 번째 징후는 자산의 매각, 추가차입, 주식매도를 통하여 현금보유액을 증가시킬 수 있다는 것이다. 매력적인 회사는 영업활동 현금흐름으로 자본적 지출과 부채상환, 자사주 매입까지 가능할 것이다. 즉, 이상적인 회사는 추가부채나 주식발행 없이도 내부에서 창출한 현금만으로도 성장을 할 수 있을 것이다.

앞에 제시한 우양에이치씨의 현금흐름표에서 볼 수 있는 바와 같이 영업활동에서 현금흐름이 마이너스(–)인 이유는 과도한 이자지급과 법인세 납부에 기인한 것이라고 할 수 있다. 투자활동 현금흐름에서 마이너스(–)는 성장기에 해당하는 회사들에게서 나타나는 현상이다. 사례 회사도 투자활동 현금흐름이 2013년 –625억원으로 투자활동이 활발하게 이루어진 것으로 볼 수 있으나 정작 자본적 지출로 이루어진 것은 유 · 무형자산의 취득 453억원이며 나머지는 단기대여금으로 196억원, 장기대여금으로 1억 4천만원, 미지급금 지급으로 유출된 현금은 모두 184억원이다. 부채비율이 상당한 수준에 이르고 거액의 단기차입금을 이용하는 회사가 단기대여금으로 현금유출이 발생하는 것은 이해하기 어렵다. 또한 재무활동 현금흐름에서 거액의 장 · 단기금융부채를 이용하면서 배당금을 지급하는 것은 회사의 수익성이나 재무적 어려움에 대해 주주들에게 눈속임하려는 의도일 수 있다.

주식투자를 하는 개인투자자들은 반드시 사업보고서를 읽어야 한다. 사업보고서는 투자대상회사의 사업의 내용과 현황에 대한 이해를 하는 데 도움이 될 뿐만 아니라 재무제표를 이해하고 투자대상회사의 건강상태와 경영성과를 파악하는 데 없어서는 안 되는 필수적인 정보원천이다. 겉은 멀쩡한 회사가 어느 날 갑자기 부도가 나 흑자도산하면 투자원금이 모두 날아가는 큰 손해를 볼 수도 있다. 또한 공통형 재무제표를 간단히 작성하거나 추세 분석을 해봄으로써 최소한 분식회계에 대한 검토를 할 필요가 있다. 어렵겠지만 이 모든 것이 '잃지 않기' 위한 노력의 한 과정임을 기억해야 할 것이다. '세상에 공짜 점심은 없다'는 말을 다시 곱씹는 이유이다.

존 프라이스는 다음과 같이 주석과 관련하여 투자자에 대해 경고를 보내면서 이 경고는 시한폭탄이 될 주식의 매수를 회피하는 데 도움이 된다고 한다.[03]

첫째, 뒤에서부터 읽으라. 어떤 회사의 재무보고서를 분석할 때, 맨 뒷장에서 읽기 시작해서 서서히 앞쪽으로 작업을 진행하라. 회사가 발견되기를 원하지 않는 어떤 것들은 주로 뒤에 숨겨 놓는다. 그러므로 뒤쪽부터 보아야 한다.

둘째, 중요한 회계정책의 요약은 주석에 있다. 주석을 읽으라.

셋째, 더 읽으라. 그것만이 정직하지 못한 재무제표에 의해 잘못 인도될 가능성을 최소화하는 방법이다. 주석의 지루한 장광설을 피하지 마라. 그것들은 정상적인 사람들이라면 읽기 힘들도록 일부러 의도된 것들이다. 그러므로 단념해서는 안 된다.

읽고가기

월스트리트의 금융스캔들

지난 2001년 미국 텍사스의 에너지기업 엔론은 정말 잘나가는 기업이었다. 하버드 MBA 출신의 제프리 스킬링 CEO(최고경영자)는 인터넷 온라인거래와 날씨 선물거래 등 새 상품을 적극 개발하며 회사를 키웠다.

1985년 창립 당시 120억달러이던 자산은 2000년에는 330억달러로 늘어났다. 2000년 매출액은 전년보다 200% 급증했다. 엔론은 '6년 연속 가장 혁신적인 기업(포춘지 평가)'이었다. 월스트리트의 에너지 애널리스트들은 엔론 주식이 향후 10년간 최고의 성장주로 각광받을 것이라는 장밋빛 전망을 앞다투어 내놓았다.

그해 8월 15일. 미국 7위였던 이 기업의 사령탑 스킬링이 갑자기 사임한다. "CEO에 취임한 지 6개월 만에 별다른 이유도 없는데…." 월스트리트 사람들이 고개를 갸웃거린다.

두 달 뒤 흑자행진을 기록하던 엔론은 3분기에 손실을 기록했다고 발표하고, 그해 12월 법원에 전격적으로 파산신청을 한다. 스킬링이 빚을 줄이고 보유자산을 부풀리는 방식으로 장부조작을 한 사실이 드러나면서 월스트리트는 경악한다. 엔론을 감시해야 했던 미국 5대 회계법인 아더 앤더슨이 바로 공모자였다. 투자자들은 500억달러를 날리고, 4,000명의 직원들이 직장을 잃는다.

그러나 엔론은 시작에 불과했다. 타이코, 월드컴, 아델피아 등 굴지의 기업들의 회계부정이 잇따라 터져 나왔다. 통신회사인 월드컴은 2002년에 38억달러의 이익을 부풀리는 회계부정을 저질렀지만 버나드 에버스 CEO는 "모르는 일"이라며 끝까지 오리발을 내밀었다. 이에 맞서 뉴욕주 검찰총장인 엘리엇 스피처는 마피아 조직인 '감비노 패밀리' 수사에서 배운 노하우를 100% 활용해 미국 자본주의의 부패와 탐욕을 뒤져 나갔다. 그는 금세 '월스트리트의 저승사자'로 변했다. 스피처가 정의(正義)의 칼을 휘두르자 미국 기업과 금융기관의 투명성은 뿌리째 흔들렸다. 남의 돈을 맡아 관리하는 금융시스템은 신뢰 없이는 존재할 수 없기 때문이다.

문제는 뒷수습이었다. 어떻게 이 위기를 수습하고 세계 최강의 월스트리트시스템을 재건할 수 있을까.

미국인들은 범죄를 예방하려면 한 개인이 아니라 구조와 체제를 바꾸어야 한다고 생각했다. 시민단체와 펀드들이 문제를 제기하고, 증권거래위원회 등 정부기관들이 각종 규제조치를 들고 나왔다. 절정은 민주당 폴 사베인스(Sarbanes) 의원이 주도한 '사베인스 · 옥슬리법'이다. 지나친 규제로 투자심리를 위축시킨다는 우려에 보류됐던 이 법은 대대적인 환영을 받으며 의회를 통과했다.

이 법에 따라 투자자 보호를 위해 감사인의 독립성이 강화되고 투자자 보호를 위한 기업공시제도가 대폭 개선됐다. 기업 CEO들은 "틀리면 감옥에 가겠다"는 의미로 연말결산보고서에 사인을 하게 됐다. 잠시 투자심리가 얼어붙는 듯했으나, 3년이 지난 지금 기업가들은 열심히 투자하고 월스트리트는 다시 번성하고 있다.

저명한 경제학자인 폴 크루그먼은 일련의 금융스캔들을 "9 · 11테러보다 경제에 미치는 영향이 큰, 미국 경제시스템의 전환점"이라고 평가한다.

기업경영자가 투자자 몰래 장부를 조작하고 비자금을 만들려는 유혹을 받는 것은 한국도 마찬가지인 것 같다. 현대차 사태가 한 고비를 넘어간 지금, 악재를 호재로 전환시키기 위해 월스트리트의 지혜를 빌려 시스템 점검에 나설 때이다.

자료 : 조선일보, 2006. 5. 6.

[부록] 분식회계 체크리스트

■ 재무상태표와 손익계산서

분식회계 징후	가능한 문제 또는 사용한 속임수
1. 현금 및 현금등가물이 총자산보다 상대적으로 더 감소했다	유동성 문제 : 추가차입이 필요할 수 있다
2. 매출채권 성장이 매출액 성장보다 지나치게 빠르다	공격적으로 매출액을 계상하는 경우일 수 있음 : 매출액을 너무 빨리 기록하거나 외상판매조건을 완화했을 수 있다
3. 매출채권 성장이 매출액 성장보다 지나치게 느리다	매출채권을 다른 계정을 통해서 계상하고 있을 수 있다
4. 대손충당금이 매출채권에 비해 상대적으로 감소했다	충당금을 과소계상해서 영업이익을 부풀렸을 수 있다
5. 미청구공사의 성장이 매출액이나 청구매출채권의 성장보다 빠르다	공사진행기준에 의한 매출액이 매출액에서 점점 더 큰 부분을 차지하고 있을 수 있다
6. 재고자산 성장이 매출액, 매출원가, 매입채무에 비해 지나치게 빠르다	재고자산이 진부화되어 상각이 필요할 수 있고 또는 회사가 일부 매출액에 대해 매출원가를 계상하지 않았을 수 있다.
7. 재고자산충당금이 재고자산에 비해 상대적으로 감소했다	충당금을 과소계상해서 영업이익을 부풀렸을 수 있다
8. 선급비용이 총자산에 비해 급격하게 상승했다	일부 영업비용을 회계기준에 맞지 않게 자본화하고 있을 수 있다
9. 기타자산이총자산에 비해 상대적으로 증가했다	일부 영업비용을 회계기준에 맞지 않게 자본화하고 있을 수 있다
10. 고정자산총액이 총자산에 비해 크게 증가했다	수리비와 유지관리비를 자본화하고 있을 수 있다
11. 고정자산총액이 총자산에 비해 크게 감소했다	신규시설투자를 하지 않고 있을 수 있다
12. 고정자산총액이 증가하는데 감가상각누계액이 감소했다	감가상각비를 과소계상해서 영업이익을 부풀렸을 수 있다
13. 영업권이 총자산에 비해 크게 증가했다	미래에 상각비용을 줄이기 위해 '유형자산'을 '영업권'으로 과목을 변경했을 수 있다
14. 무형자산상각누계금액이 감소하면서 영업권이 증가했다	상각비를 과소계상해서 영업이익을 부풀렸을 수 있다

15. 매입채무 성장이 매출액 성장보다 지나치게 빠르다	재고구입을 위한 유동부채를 못 갚은 경우, 미래에 현금지출액이 증가할 것이다
16. 미지급비용이 총자산에 비해 감소했다	회사가 충당금을 사용했을 경우 영업이익을 부풀릴 수 있다
17. 선수금이 감소하면서 매출액이 증가했다	신규사업의 성장이 느려지고 있거나 회사가 충당금을 사용해 매출액을 부풀렸다
18. 매출원가가 매출액에 비해 빠르게 성장했다	가격압력은 매출총이익을 낮춘다
19. 매출원가가 매출액에 비해 감소했다	제품원가를 재고자산에서 전부 옮기지 않았을 수 있다
20. 매출원가가 매출액에 비해 분기별로 크게 변동한다	불규칙한 매출총이익은 기업이 적용한 회계기준의 이상을 나타내는 것일 수 있다
21. 영업비용이 매출액에 비해 크게 감소했다	일부 영업비용을 회계기준에 맞지 않게 자본화하고 있을 수 있다
22. 영업비용이 매출액에 비해 크게 성장했다	회사의 효율성이 떨어져서 제품단위원가가 상승했을 수 있다
23. 세전순이익의 상당부분이 일회성 수익에서 왔다	핵심사업이 약화됐을 수 있다
24. 이자비용이 장기부채에 비해 유의미한 상승을 했다	현금지출액이 커질 것으로 기대할 수 있다
25. 이자비용이 장기부채에 비해 유의미한 감소를 했다	일부 영업비용을 회계기준에 맞지 않게 자본화하고 있을 수 있다
26. 소프트웨어 개발비용상각이 자본화한 비용보다 더 천천히 성장했다	일부 영업비용을 회계기준에 맞지 않게 자본화하고 있을 수 있다

▪ 현금흐름표

분식회계 징후	가능한 문제 또는 사용한 속임수
1. 영업활동으로 인한 현금흐름이 순이익에 비해 유의미하게 작다	이익의 질에 문제가 있거나 운전자본에 대한 자본지출이 너무 컸을 수 있다
2. 영업활동 현금흐름의 세세한 사항을 공개하지 않았다	영업활동 현금흐름상 문제의 원인을 숨기려고 하는 것일 수 있다
3. 현금유입이 대부분 자산의 처분, 차입금, 유상증자를 통해서 이루어진다	현금이 오직 자산의 처분, 차입금, 유상증자를 통해서만 들어오고 있다면 이는 회사의 열악한 경영사정을 나타낸다

■ 서술부분 : 주석, 연간보고서의 사업개요부분, 감사보고서

분식회계 징후	가능한 문제 또는 사용한 속임수
1. 회계처리방침의 변경	영업문제를 숨기려는 시도
2. 회계추정의 변경	영업문제를 숨기려는 시도
3. 계정과목의 변경	영업문제를 숨기려는 시도
4. 외부감사인의 변경	문제가 있는 고객일 수 있다
5. CFO 또는 외부자문사의 변경	문제가 있는 고객일 수 있다
6. 증권거래위원회(SEC)의 조사	재무제표를 정정해야 할 수 있다
7. 장기약정사항/우발부채	잠재적으로 상당한 현금유출이 있을 수 있다
8. 현재 제기된 소송 또는 미래에 제기될 소송	잠재적으로 상당한 현금유출이 있을 수 있다
9. 보수적이지 않은 회계처리방침	재무제표의 이익이 부풀려졌을 수 있다
10. 부적절한 경영진 보상체계	이익, 보너스, 주가를 올리기 위해 분식회계를 할 가능성이 있다
11. 미약한 내부통제환경	분식회계를 쉽게 할 수 있게 기회를 만든다
12. 외부감사인의 걱정	문제가 있는 고객일 수 있다
13. 과장을 많이 하는 경영진	좀 더 신중한 경영진에 비해 분식회계를 사용할 가능성이 클 수 있다
14. 공사진행기준을 사용	매출액이 부풀려졌을 수 있다
15. Bill and hold 매출인식기준을 사용	매출액이 부풀려졌을 수 있다
16. 소수의 고객에게 지나치게 의존한다	만약 그 중 하나가 떠날 경우 경영사정이 어려워질 수 있다
17. 중요고객이 어려움을 겪고 있다	중요고객이 파산할 경우 경영사정이 어려워질 수 있다
18. 판매자가 고객에게 구매대금을 빌려준다	매출액이 부풀려졌을 수 있고 사업의 경쟁력이 생각보다 약할 수 있다
19. 고객이 반품할 권리를 가지고 있다	매출액을 너무 빨리 계상했을 수 있다
20. 물물교환	매출액이 부풀려졌을 수 있다
21. 판매자가 고객에게 주식 워런트를 줬다	매출액이 부풀려졌을 수 있다
22. 이자의 자본화 또는 소프트웨어 개발비용의 자본화	영업이익이 부풀려졌을 수 있다
23. 스톡옵션과 같은 부외부채	미래 현금유출이 생각보다 클 수 있고 영업이익이 부풀려졌을 수 있다

24. 부채규약을 어겼다	은행이 대출금을 상환하도록 할 수 있으며 결국 상당한 현금유동성문제가 생길 수 있다
25. 이사회에 사외이사가 없다	미약한 내부통제환경은 경영진에게 분식회계를 쉽게 저지를 수 있는 환경을 만들어 준다
26. 미래 영업비용의 선지급액	미래 영업이익이 부풀려진다

■ 재무제표가 분식되었다는 징후

1. 회계처리방침의 선택	자의적이다
2. 회계처리방침의 변경	근거가 없다
3. 비용계상을 미뤘다	이익이 부풀려졌다
4. 이익유연화	이익을 과소계상했다
5. 매출액을 너무 빠르게 인식	이익이 부풀려졌다
6. 미지급비용의 과소계상	이익이 부풀려졌다
7. 재량비용의 변화	이익의 조작
8. 미약한 내부통제	분식회계의 위험
9. 감사인의 변경	분식회계의 위험
10. 빅베스(big bath)	미래 이익이 부풀려진다

01 하워드 슐릿 지음, 박훈석 옮김, 재무제표에 숨어 있는 회계속임수, 2009, 리딩리더, pp.51~54.
02 하워드 슐릿 지음, 박훈석 옮김, 전게서, p.86.
03 존 프라이스 지음, 김상우 옮김, 전게서, p.398.

Chapter 11

가치투자 대가들의 재무제표 활용

11.1 '가치투자의 아버지' 벤저민 그레이엄

11.2 '오마하의 현인' 워렌 버핏

11.3 '월가의 영웅' 피터 린치

11.4 '절대적인 가치투자자' 존 네프

11.5 '위대한 역발상 투자자' 데이비드 드레먼

11.6 'PSR의 개척자' 케네스 피셔

11.7 '마법공식의 사나이' 조엘 그린블라트

11.8 '재야의 숨은 고수' 조셉 피오트로스키

| CHAPTER 11 |

가치투자 대가들의 재무제표 활용

가치투자는 “싸고 좋은 주식을 사는 것”이라고 한다. 개인투자자들의 관점에서 염두에 두어야 하는 것은 첫째, 좋은 주식이란 어떤 회사의 주식인가, 즉 어떤 회사가 좋은 회사인지, 그리고 그런 회사의 주식의 품질은 어떤지를 이해해야 한다. 둘째, 싸다고 하는 말은 무엇과 무엇을 비교해서 하는 말인지를 이해해야 한다. 가격은 보통 시장에서 거래되는 것으로 투자자가 지불하는 것이다. 주식의 가격은 주식시장에서 거래되는 시장가격, 즉 주가를 말한다. 기업의 주가와 비교해야 되는 것은 기업이 가지고 있는 본래의 가치인 내재가치(intrinsic value)를 말하는데 내재가치는 무엇이며 그것은 어떻게 계산되어야 하는지를 이해해야 가치에 비해 가격이 싼지 비싼지를 판단할 수 있게 된다.

주식에 투자하는 것은 회사를 사는 것과 같다고 한다. 어느 회사의 주식을 매수하면서 그 회사가 무엇을 하는 회사인지, 돈은 잘 벌고 있는지, 재무적으로 안전한지 등 현재의 건강상태를 확인도 하지 않고 주식을 매수하는 것, 그리고 가격이 적당한지를 생각해 보지도 않고 주식을 사는 것은 아무런 생각 없이 도박하는 것과 같다.

‘가치투자의 아버지’로 통하는 벤저민 그레이엄은 “투자란 철저한 분석을 바탕으로 투자원금의 안정성과 적당한 수익성이 보장되는 행위를 말하며 이러한 제 조건이 충족되지 않는 모든 행위는 투기이다”라고 했다. 모름지기 가치투자를 지향하는 사람들은 ‘싸고 좋은 주식’을 선택하여 투자를 하기 위해 기업을 분석하고 가치를 분석하는 기본적인 방법을 이해해야 한다.

가치투자 대가들은 자기만의 종목선정기준을 가지고 투자를 했다. 그들은 하나같이 숫자에 초점을 맞추었다. 사업이 어떻게 되고 있는지를 분석하기 위하여 재무제표에 나타나는 숫자를 중심으로 하여 기업의 기본(fundamental)을 분석하였다. 즉, 매일 오르내리는 주가를 분석한 것이 아니라 이익, 매출, 부채, 현금흐름 등 기업의 사업이 얼마나 잘되고 있으며 건강한지를 나타내는 기본요소들을 분석하였다. 그리고 자신들이 정한 선정기준에 부합되면 그때 기업의 내재가치와 가격을 비교하여 내재가치에 비해 주가(가격)가 싸면 해당 종목을 매수하였다.

VIP투자자문의 최준철 대표는 가치투자자로 성공하기 위해서는 적어도 다음의 기준을 따라야 한다고 한다.[01]

- 기업에 대해 정확히 이해하고 있다.
- 사야 할 이유와 팔아야 할 이유를 정확히 알고 있다(차트나 소문에서 그 이유를 찾지 않는다).
- 기업 전체의 가치가 얼마인지를 파악하고 있다.
- 자신이 생각하는 가치보다 낮은 가격으로 기업의 주식을 매수한다.
- 기업 전체를 사들인다는 마음으로 주식을 매수한다.
- 신용거래나 미수를 하지 않고 여윳돈으로 투자한다.

본 장에서는 가치투자 대가들이 재무제표의 어떤 기본요소들을 종목선정기준으로 이용하였고 가치평가는 어떻게 했는지를 살펴본다.[02] 가치투자 대가들의 종목선정기준과 투자철학을 살펴보는 것은 어느 특정 대가의 방법을 좇아 그대로 모방하고자 하는 것이 아니라 여러 투자기준 중 자신의 개성에 맞는 원칙을 세우기 위함이다. 그리고 그 원칙을 고수하여 시장의 변동에 휩쓸리지 않기 위함이다.

11.1 '가치투자자의 아버지' 벤저민 그레이엄

벤저민 그레이엄(Benjamin Graham)은 워렌 버핏 이전의 워렌 버핏이다.[03] 워렌 버핏이 요즘 세대에게 가장 위대한 투자자로 통하는 것처럼, 거의 1세기 전에 태어난 벤저민 그레이엄도 당대에는 가장 위대한 투자자로 통했다. 존 템플턴, 워렌 버핏 등의 천재투자자들의 스승으로, 주요 저서로는 『증권 분석』과 『현명한 투자자』가 있으며 현재에도 주식투자의 고전으로 투자자들에게 많이 읽히고 있다.

벤저민 그레이엄은 대부분의 투자자와 달리 주식을 가격이 오르면 이익을 내고 팔 수 있는 종이로 대하지 않았다. 대신에 기업을 통째로 사는 느낌, 즉 회사 이익의 전부, 부채 전부, 자산 전부, 그리고 수익 전부를 매입한다는 느낌으로 주식을 대했다. 그레이엄은 안전을 제일로 삼았고 시세차익보다도 손실을 줄이는 것을 강조한 방어적인 투자를 지향했다.

그레이엄의 방어적인 투자법에서 가장 중요한 것은 그레이엄 자신이 이름을 붙인 안전마진(margin of safety)이다. 이것은 주가와 기업의 내재가치 간의 차이를 말한다. 단기적으로 주가의 등락에는 많은 요소가 관련되지만 장기적으로는 회사의 실질가치인 자산, 이익, 부채 등으로 주가가 수렴하게 마련이다.

그레이엄은 안전마진이 높은 회사의 주식을 사라고 추천하면서 안전마진이 높다는 것은 해당 기업의 내재가치에 비해 주가가 낮은 것을 의미한다고 하였다. 이러한 종목은 장기적으로 기업의 내재가치를 반영해 언젠가는 오른다. 하지만 더 중요한 것은 이런 저평가된 주식은 가격이 더 떨어지지 않는다는 점이다. 내재가치에 비해 주가가 낮기 때문에, 즉 안전마진이 높기 때문에 기업이 문제에 처하거나 이익이 떨어져도 저평가되어 있던 터라 다시 주가가 올라갈 여지가 있는 것이다. 그리고 만약 주가가 하락하더라도 이미 낮은 가격에 팔리고 있기 때문에 주가가 더 떨어질 가능성이 낮다. 이런 주식은 인기 있는 성장주가 높은 기대치로 고공행진을 하는 것과는 근본적으로 다르다는 것이다.[04]

그레이엄이 안전마진과 더불어 강조한 것은 여러 종목으로 분산투자하는 것이다. 안전마진을 확보하고도 미래의 위험을 분산시키기 위한 또 하나의 안전장치로 분산투자를 강조하였다.

(1) 종목선정기준

그레이엄은 안전마진이 큰 종목을 고르기 위해서 주가를 이익이나 장부가격 등 구체적인 재무제표와 비교하는 기본적인 분석을 이용하였다. 예를 들어, 그레이엄은 주가이익비율(PER)과 주가순자산비율(PBR)이 상대적으로 낮은 종목을 좋아했다. 주가이익비율이 15 이상이면 안 되고 주가이익비율과 주가순자산비율을 곱해서 22를 넘으면 안 된다. 이것은 회사의 이익과 사업의 순자산가치를 비교해 보았을 때 가격이 싼 편이라는 의미이다.

그레이엄이 안전하다고 한 종목은 자금을 보수적으로 운용하는 회사이다. 기업의 유동부채에 대한 유동자산의 크기, 즉 유동비율이 200% 이상이면 괜찮지만 장기부채가 자산가치 이상인 종목은 곤란하다. 부채가 많은 기업은 이익이 급감하거나 예상만큼 늘어나지 않으면 문제가 될 수 있다. 안전마진은 실질가치에 비해 30~50% 저렴한 종목을 골랐다. 그리고 계란을 여러 바구니에 분산해서 넣어야 한다고 하여 분산투자를 강조하였다.

1) 섹터(sector)

그레이엄이 살던 시대는 오늘날처럼 기술이 발달하지 못했기 때문에 기술주의 투자는 위험하다고 생각을 했다. 오늘날 기술은 우리 사회의 중요한 부분을 차지하고 있고 투자실적을 올리는 데 무시할 수 없는 비중을 차지한다.

2) 매출

대형기업이면서 유명기업은 규모가 작은 기업에 비하여 주가의 등락이 크지 않고, 자산이 많고 부정적인 사고가 거의 없으며, 투자실적이 양호하다. 자산이 5천만달러(약 5백억원) 또는 매출 5천만달러를 기준으로 사용했다. 이들 기준은 요즈음 시세로는 약 3억 5천만달러(3천 5백억원) 정도이다.[05]

3) 유동비율

개인기업의 지분을 살 때 투자가치를 매기는 방법 중의 하나는 유동부채에 대한 유동자산의 비율을 따져 보는 것이었다. 유동부채보다 유동자산이 많은 기업을 선호했으며 유동비율은 최소 200%는 되어야 했다. 유동비율이 낮다는 것은 그 기업이 상대적으로 현금이 부족하다는 의미이며, 유동부채를 갚는 데 어려움을 겪을 수 있다는 의미이다. 이러한 판단기준은 공기업이나 대형통신사에는 해당되지 않는데, 그레이엄에 따르면 이러한 기업은 일반적으로 채권과 주식의 매각을 통해서 기업성장에 필요한 자금을 조달하는 방식으로 운전자본을 관리하기 때문이다.

4) 순유동자산과 관련한 장기부채

그레이엄은 장기부채가 지나치게 많은 기업을 좋아하지 않았다. 어떤 기업의 장기부채가 순유동자산 또는 순운전자본(유동자산－유동부채)을 초과해서는 안 된다. 여기서 핵심은 "이 기업이 오늘 정리한다면 단기부채와 장기부채를 전부 다 갚을 수 있는가?" 하는 것이다. 만약 이 질문에 "그렇다"라고 대답할 수 있으면 이 회사의 재무상태는 건전하다는 것이다.

5) 주당순이익(EPS) 성장

그레이엄은 종목을 선택할 때 성장 측면도 고려했다. 어떤 기업의 이익이 과거 10년간 적어도 30% 이상 성장해 왔을 것, 지난 5년간 EPS가 마이너스(－)인 적이 없을 것 등을 요구했다. 성장률을 계산하기 위하여 그레이엄은 10년 기간 중 첫해와 마지막 해의 이익을 비교하지 않았다. 대신 그는 10년 동안 첫 3개년의 이익을 평균해서 마지막 3개년의 이익평균과 비교했다. 그리고 엄격하게 최근 5년간의 이익이 마이너스(－)가 없어야 했다.

6) 주가이익비율(PER)

시장이 매긴 가격과 실질가치를 비교하기 위해 그레이엄은 주가이익비율을 분석했다. 주가이익비율이 높을수록 투기적인 요소가 크다고 보았는데, 이는 주가를 떠

받칠 이익이 적기 때문이다. 그래서 해당 종목의 주가이익비율이 적당하기를 원했는데 15배를 넘지 않아야 했다. 주가이익비율을 계산할 때 그레이엄은 과거 3년간의 이익의 평균을 사용했다는 점이 특이하다. 이것은 그레이엄이 얼마나 보수적인가를 나타내는 것이라 하겠다.

7) 주가순자산비율(PBR)

주가순자산비율은 주가를 장부가치(순자산)로 나눈 것이다. 그러나 그레이엄은 순자산을 계산할 때 무형자산을 제외하여 계산하였다. 즉, 유형자산처럼 실질을 따졌고 영업권처럼 무형인 것을 좋아하지 않았다. 장부가치는 자산총계에서 무형자산과 부채총계를 뺀 값을 기준으로 하여 PBR을 계산하였다. 그레이엄은 PBR이 얼마여야 한다고 한 적은 없지만 주가순자산비율과 주가이익비율을 곱해서 22가 넘지 않으면 기준에 적합한 것으로 보았다. 예를 들어, 어떤 주식의 주가가 30,000원이고 주당장부가치는 20,000원, 주당순이익은 3,000원이라고 가정하자. PBR은 30,000원을 20,000원으로 나눈 1.5이고, PER은 30,000원을 3,000원으로 나눈 10이다. PBR 1.5를 PER 10에 곱하면 15가 되는데 이는 22를 넘지 않는 숫자이므로 양호한 것이다.

8) 총부채비율

제조기업은 총부채가 총자본을 초과해서는 안 된다고 한다. 즉, 기업의 총부채비율은 100%를 넘어서는 안 된다. 다만, 유틸리티(도시가스, 전기, 철도기업 포함) 회사는 장기부채가 훨씬 커도 안전하다고 할 수 있다. 이들 회사는 장기부채를 230% 정도까지 허용할 수 있다고 한다.

9) 꾸준한 배당금

그레이엄은 지난 20년간 빠지지 않고 배당을 지급해 온 기업을 좋아했다. 20여 년 간 배당금을 빠지지 않고 지급해 왔다면 연도에 따라 배당금이 많아졌다 작아졌다하는 것은 크게 중요하게 생각하지 않았다.

이상을 요약하면 다음과 같다.

구분	선정기준
섹터	기술관련 기업 제외(유틸리티회사 포함)
매출	3천 5백억원
유동비율	200% 이상(유틸리티회사, 통신사 200% 미만)
순유동자산 & 장기부채	장기부채 ≤ 순유동자산
EPS 성장(10년간)	30% 이상, 지난 5년간 평균 EPS가 마이너스(−)가 아닐 것
PER	15 이하
PBR	PBR × PER ≤ 22
부채비율	제조업 ≤ 100%, 유틸리티, 철도, 전화 ≤ 230%

(2) 안전마진

그레이엄과 도드는 『증권 분석』에서 재무상태표가 네 가지 측면에서 유용하다고 한다.[06]

첫째, 재무상태표는 사업에 투입된 자원의 양과 특성을 밝혀 준다. 생존력이 있는 기업에는 이런 자원이 수익의 토대이다. 경쟁환경 속에서 자원이 없는 기업은 충분한 이익을 얻을 수 없다. 생존력이 없는 기업이라면 재무상태를 이용하면 청산과정에서 회수될 금액을 파악할 수 있다.

둘째, 재무상태표를 이용하면 수익원의 특성과 안전성을 분석할 수 있다. 자산가치보다 훨씬 낮은 가격에 사면 유리하고, 자산가치보다 훨씬 높은 가격에 사면 불리하다.

셋째, 자금조달원천을 보여 주는 재무상태표의 부채 항목들은 회사의 재무상태를 밝혀 준다. 단기부채가 많다면 재무상태가 취약하다는 뜻이다. 이런 상황에서는 이익이 조금만 감소해도 회사의 가치가 대폭 감소할 수 있다.

넷째, 이익의 질을 점검할 수 있다. 현금흐름표로 재무상태의 변동에 따른 수익과 비용의 흐름을 대조하여 이익의 질을 확인할 수 있다.

이러한 재무상태표의 이점 때문에 그레이엄은 철저한 분석을 위해서 재무상태표를 이용하여 기업의 청산가치를 분석하였고, 청산가치는 기업의 유동자산에서 유동부채를 차감하여 근사치를 구했다. 주식을 청산가치보다 훨씬 낮은 가격에 산다면 이는 분명히 헐값인 것이다. 산업환경이 개선되거나 경영이 개선되면 이익이 증가할 수 있다. 이익이 증가하여 주가가 청산가치보다 높아진다면 좋은 일이다. 반면에 이익이 증가하지 못하더라도 회사의 가치가 대폭 감소하기 전에 청산이 진행된다면, 그 청산대금이 주주들에게 분배된다. 따라서 이익이 증가하든 증가하지 않든, 청산가치보다 낮은 가격에 주식을 산 사람들은 '만족스러운 수익'을 거두게 된다.

그레이엄은 유동자산가치가 장부가치(유동자산가치 + 비유동자산가치)보다 중요한 이유를 다음과 같이 들고 있다. ① 유동자산가치는 청산가치를 개략적으로 알려주는 지표이다. ② 청산가치보다 낮은 가격에 거래되는 주식이 많다. ③ 청산가치보다 낮은 가격에 거래되는 현상은 시장이 평가를 잘못했거나, 경영진이 정책을 잘못 실행했거나, 주주들의 잘못된 태도 때문이다. 따라서 주식이 계속해서 청산가치보다 낮은 가격에 거래된다면, 주가가 지나치게 낮은 상태이거나 회사가 청산되어야 하는 상태를 의미한다.

이러한 주식은 다음과 같이 상황이 개선되어 주가가 상승할 가능성이 훨씬 크다.

- 산업환경이 개선된다.
- 영업정책이 개선된다. 경영진이 바뀔 수 있다.
- 매각이나 합병이 이루어진다.
- 회사의 일부나 전부를 청산한다.

그레이엄은 앞의 종목선정기준을 통과한 종목에 대해서 기업의 실질가치를 계산하여 주가(가격)가 실질가치에 비해 훨씬 저렴하게 거래되고 있는 종목(안전마진이 확보된 종목)에 투자를 하라고 하였다. 즉, 주가가 내재가치(순유동자산)의 2/3(67%)에 거래되는 종목은 무조건 매수하라는 것이다. 내재가치와 주가와의 차이를 안전마진이라고 한다. 어떤 회사의 내재가치가 10,000원이고 주가가 5,000원이면 안전마진은 5,000원(10,000원 – 5,000원)이다. 이 경우 기대수익률은 100%이다. 내재가치를 알고 있다면 주가에 따라 매수시점을 정할 수 있게 된다. 예를 들어, 포스코의 내재가치가 50만원이고 주가가 50만원 이상이면 안전마진이 전혀 없으므로 주식을 매수해서는 안 되고, 주가가 30만원이라면 안전마진이 20만원이다. 이때의 기대수익률은 67%(20/30)가 된다.

[순유동자산을 활용한 투자법]
- 시가총액이 순유동자산의 2/3 이하에서 거래되면 무조건 매수하라.
- 수익률이 50% 이상이거나 2년 후에는 매도하라.

[순유동자산 계산법]
① 회사의 유동자산에서 유동부채를 차감하여 순운전자본을 계산한다.
② 순운전자본에 67%를 곱한다.
③ ②의 값을 발행주식수로 나누면 안전마진이 확보된 기업의 내재가치이다.
④ 이렇게 계산된 내재가치와 주가를 비교하여 주가가 내재가치와 같거나 그보다 낮으면 주식을 매수한다.

최근에는 벤저민 그레이엄의 조건을 만족하는 기업을 찾기가 어렵다. '저가주 사냥꾼'으로 유명한 가치투자자 월터 슐로스(Walter J. Schloss)[07]는 순운전자본(유동자산 − 유동부채)이 시가총액의 30% 이상이면 자산가치 대비 저평가된 것으로 판단한다. 그리고 부차적으로 부채비율 100% 미만, 유동비율 200% 이상이면 재무안전성을 갖춘 것으로 판단하였다.

11.2 '오마하의 현인' 워렌 버핏

벤저민 그레이엄의 수제자인 워렌 버핏(Warren Buffett)은 '오마하의 현인', '세계에서 가장 큰 부자', '역사상 최고의 투자자' 등등 워렌 버핏에 대한 찬사는 얼마든지 있다. 워렌 버핏은 주식도 하나의 사업이라는 투자철학을 지녀야 한다고 한다. 이런 투자철학이 있으면 애널리스트가 추천하던 주식이 2 : 1로 분할되든 흥분할 이유가 없다고 하면서 마음속에서 헛된 생각을 몰아내는 유일한 방법은 자신만의 철학을 갖는 것이라고 한 바 있다(2008년 연례보고서).

워렌 버핏의 투자원칙은 2007년 연례보고서에서 찾아볼 수 있다. 그는 여기에서 다음과 같이 인수대상기업이 갖춰야 할 6가지 특성을 제시하였다. 이것이 전형적인 버핏의 방식이다.

- 대규모 회사
- 이익창출능력이 꾸준할 것
- 부채가 없거나 있더라도 낮은 비율일 것, 그리고 자기자본이익률이 양호할 것
- 경영진이 제 역할을 할 것
- 사업이 단순할 것(관련기술이 많으면 이해할 수 없다)
- 인수제시가격

또한 버핏은 소비자독점력을 갖춘 회사를 골랐는데 이런 기업의 특성은 다음과 같다.

- 그 기업이 생산하는 것이 빨리 소모되는 유명제품이고, 상인들이 장사하기 위해서 꼭 갖추어야 하는 제품을 생산하는 회사
- 제조업자가 대중에게 자기회사 제품을 사달라고 설득하기 위해 반드시 이용해야 하는 통신사업
- 사람과 기업이 늘 필요로 하는 반복적인 서비스를 공급하는 사업
- 시간이 오래 흘러도 주요 제품이 변하지 않고 가까운 미래에도 변하지 않는 사업. 미래에도 수익을 기대할 수 있는 주요 부품, 자동차보험
- 시설과 장비를 교체하거나 연구개발 등 자본적 지출이 적은 회사

위에 나타난 여러 가지 특성들이 정말로 수익을 내는지를 검증하기 위해서는 기업의 펀더멘털, 즉 기업의 기본적 특성을 숫자로 검증할 수밖에 없다. 이하는 워렌 버핏의 종목선정기준과 내재가치 계산법을 설명한다.

(1) 워렌 버핏의 종목선정기준[08]과 내재가치 계산법

투자결정을 하기 전에 버핏은 2단계 과정을 거친다. 먼저 특정 기업이 자신의 스타일인지를 확인하고, 그 다음에는 그 회사의 현재주가가 다른 투자수단보다 훨씬 높은 수익을 가져다줄 것인지를 살펴본다.

■ 제1단계 : 이 기업이 워렌 버핏 스타일인가

- 기업의 사업성격 : 버핏은 브랜드 인지도가 높은 기업에 투자했다. 그러한 기업의 예로는 코카콜라, 질레트, 워싱턴 포스트, 맥도날드, 아메리칸 익스프레스가 있다.
- 비용 이상을 빼낼 능력이 있는 기업
- 제품이 간단하여 이해하기 쉬운 기업

1) 이익예측가능성

버핏은 이익이 안정적이고 예측할 수 있는 기업에 투자했다. 이를 위해서 10여 년간 주당순이익이 어느 한 해라도 마이너스(−)였는지를 알아본다. 단 한 번이라도 마이너스인 경우는 예측가능성 기준을 통과하지 못한다.

2) 장기부채

버핏은 부채수준이 어느 정도여야 하는지에 대해서 다른 투자대가들과 의견을 달리했다. 다른 대가들은 부채비율을 사용했지만 버핏은 5년 이내의 순이익으로 갚을 수 있으면 더욱 좋다고 보았다(은행, 증권, 보험회사는 예외).

3) 자기자본이익률(ROE)과 총자본이익률(ROA)

버핏은 10년 평균 ROE가 적어도 15% 이상인 기업을 선호했으며, 한결같이 15% 이상이면 평균 이상이라고 보았다. 또한 총자본이익률이 적어도 12% 이상인 기업을 선택했다.

4) 잉여현금흐름(FCF)

버핏은 자본적 지출이 많이 필요로 하지 않는 기업을 좋아했다. 즉, 경쟁력을 유지하기 위해 시설과 장비교체, 연구개발에 많은 돈을 쓸 필요가 없는 기업은 영업현금흐름에서 자본적 지출은 뺀 잉여현금흐름이 플러스(+)가 된다. 잉여현금흐름이 0보다 크면 아주 좋은데 이는 기업이 경쟁력 유지를 위해 쓰는 돈보다 버는 돈이 더 많다는 것을 나타낸다.

5) 유보이익의 사용

버핏은 유보이익을 경영진이 잘 사용하는가를 알아보기 위해 일정기간 동안의 주당유보이익을 같은 기간의 주당순이익 성장과 비교했다. 버핏은 특히 10년 전부터 현재까지의 이익증가를 살폈는데, 작년 회기의 이익과 10년 전 회기의 이익 간 차이를 구해서 이 수치를 같은 기간의 총유보이익으로 나누어 그 값이 15% 또는 그 이상이면 유보이익을 경영진이 잘 사용하여 주주들에게 좋은 수익률을 안겨 준 것으로 간주했다.

■ 제2단계 : 기업의 주가가 매력적인가

제1단계의 판단기준을 통과하면 제2단계인 가격 분석으로 넘어갈 수 있다. 가격 분석은 해당 종목을 매수할 만큼 주가가 매력적인가를 알아보는 과정이다. 매수가가 얼마인지에 따라 장기적으로 거두어들일 이익이 결정된다.

제2단계 분석에는 전부 4가지 과정이 있다. 먼저 미래가격 측정을 고려하기 전에 초기투자수익률이 적어도 장기국채의 수익률 정도가 되는지를 계산할 필요가 있다. 둘째는 자기자본이익률을 통해 연간예상수익을 알아본다. 마지막은 최종수익을 계산하기 위해 앞의 2가지 수익률을 평균하고 그것이 만족할 만한지를 본다.

6) 초기투자수익률

초기투자수익률을 계산하기 위하여 주당순이익을 현재의 시장가치로 나눈다. 이것을 주가수익률(earnings yield)이라고 한다.

초기투자수익률 = 주당순이익 ÷ 주가

초기투자수익률은 기업의 이익에 대해 투자한 금액을 얼마나 거두어들이는지를 평가하는 것으로 배당이나 주가를 측정하는 것이 아니다. 이 수치는 주가이익비율(PER)의 역수로 쉽게 계산할 수 있다. 버핏은 기업의 초기투자수익률이 국채수익률 이상인 것을 선호했다.

7) 예상수익률 구하기(ROE방법)

ROE를 이용하여 예상수익률을 구하기 위해서는 6단계의 과정을 거쳐야 한다.

■ Step 1 : 배당 후 ROE 구하기

가장 최근의 주당순자산(BPS)을 구한다. 그 다음 지난 10년간의 ROE를 구하고, 10년간의 ROE를 합산하여 10으로 나누면 10년 평균ROE를 구할 수 있다. 그리고 평균배당액을 구한다. 10년간의 배당금을 구해서 평균을 구한다. 이것이 평균배당률, 즉 평균배당성향이다. 배당 후 평균ROE는 다음과 같이 계산된다.

배당 후 평균ROE = 평균ROE × (1 − 배당성향)

■ Step 2 : 10년 후 주당순자산 추정

배당 후 평균ROE를 이용하여 최근의 주당순자산의 10년 후 주당순자산(미래가치)을 계산한다.

10년 후 주당자기자본(주당순자산) = 최근의 주당자기자본 × (1 + 배당 후 평균ROE)^{10년}

■ Step 3 : 미래자기자본을 이용한 미래의 EPS 구하기

미래 EPS(10년 후) = 미래순자산(10년 후) × 10년 평균ROE

■ Step 4 : 미래주가 계산

미래의 주가는 '주당순이익×주가수익비율(PER)'이다. 예상PER은 10년간의 PER을 찾고 이의 평균을 낸다. 이것을 통해 미래의 주가를 추정할 수 있다.

미래주가(10년 후) = EPS(10년 후)×과거PER(이보다 더 낮으면 현재 PER)

■ Step 5 : 배당을 포함한 미래주가 계산

투자자가 주식에서 거두어들이는 수익 대부분은 시세차익이고 나머지는 배당이다. 미래의 주가에 10년간의 총배당금을 더하면 배당금을 고려한 미래의 주가가 된다. 이것은 10년 후의 총투자수익이다.

미래의 배당금을 계산하기 위해서는 올해의 잠정EPS에 과거 평균성장률을 곱해서 매년 추정EPS를 구하고, 매년 추정EPS에 평균배당률을 곱해서 매년의 배당금을 계산하여 10년간의 배당금을 계산하면 된다.

배당을 포함한 미래주가 = 미래주가(10년 후) + 총배당금(10년간)

■ Step 6 : 평균ROE를 통한 예상수익률 계산

현재의 주가를 기준으로 배당을 포함한 미래의 주가가 복리로 몇 %가 되는지를 계산해서 예상수익률을 계산한다. 즉, 현재의 주가 PV, 배당을 포함한 미래의 주가 FV, 기간 10년을 이용하여 예상수익률을 계산한다.

워렌 버핏은 ROE를 이용한 예상수익률이 22% 이상이면 이례적으로 좋은 수익률로 환상적이라고 했다. 예상수익률이 15% 이상 22% 미만이면 양호한 수익률이라고 하고 12% 이상 15% 미만이면 버핏의 기준에 약간 못 미친다고 할 수 있다.

[실제 사례] 현대모비스의 5년 후 예상수익률 계산하기(ROE방법)

- 현재의 주가 : 225,500원, 2014년 12월 31일의 주당장부가치(BPS) : 242,491원
- 과거 5년간 ROE와 배당성향

	2010년	2011년	2012년	2013년	2014년	평균
ROE	26.89%	25.25%	23.20%	18.49%	13.59%	21.48%
배당성향	5.91%	5.53%	5.10%	5.45%	8.37%	6.07%

• 과거 5년간 EPS

	2009년	2010년	2011년	2012년	2013년	2014년	복합 수익률
EPS(원)	16,937	24,893	31,053	36,555	35,147	35,157	15.7%

– Step 1 : 배당 후 평균ROE 구하기

평균ROE × (1 – 평균배당성향) = 21.48 × (1 – 0.0607) = 20.18%

– Step 2 : 5년 후 자기자본추정(BPS)

5년 후 BPS = 현재의 BPS × $(1 + \text{평균ROE})^5$

= 242,491원 × $(1 + 0.2018)^5$ = 623,778원

– Step 3 : 미래BPS를 미래EPS로 전환

5년 후 EPS = 5년 후 BPS × 5년 평균 ROE(배당 후)

= 623,778원 × 20.18% = 125,878원

– Step 4 : 5년 후 미래주가

5년 후 미래주가 = 미래EPS × 과거평균PER(이보다 더 낮다면 현재PER)

(여기서, 5년 평균 PER : 8.79배, 현재PER : 6.46배)

= 125,878원 × 6.46 = 815,689원

– Step 5 : 배당을 포함한 미래주가

2014년 EPS : 35,157원, 평균배당성향 : 6.07%

추정EPS와 추정배당금 : 2015년 추정EPS = 2014년 EPS × 복합성장률

= 35,157원 × (1 + 0.157) = 40,677원

(단위 : 원)

	2015년	2016년	2017년	2018년	2019년	합계
추정EPS	40,677	47,062	54,451	63,000	72,892	–
추정배당금	2,469	2,857	3,305	3,824	4,425	16,880

배당 포함 미래주가 = 미래주가 + 총배당금(5년간)

= 815,689원 + 16,880원 = 832,569원

– Step 6 : 예상수익률 계산

현재의 주가 225,500원, 5년 후 미래주가 832,569원, 기간 5년을 근거로 계산한 예상수익률은 29.9%이다. 버핏이 환상적인 수익률이라고 한 22%를 훨씬 뛰어넘는 수익률이다.

■ ROE를 이용한 또 다른 계산

위의 Step 2에서 계산한 배당을 감안한 5년 후 주당순자산(BPS)은 623,778원이다. 이를 투자자 개인의 기대수익률 20%를 가정한 경우 현재가치로 할인하면 주당장부가치는 250,682원이 된다. 이것은 현대모비스의 주식을 250,682원에 매수하면 배당을 제외하고 5년간 복리수익률 20%를 얻을 수 있다는 의미이다.

투자자는 250,682원 이하에 주식을 취득하면 PBR 1배 미만에 취득하는 것이 되고, 20% 이상의 연평균수익을 얻을 수 있다는 의미이다. 또한 현재주가 225,500원에 주식을 취득하면 예상수익률은 22.6%가 된다는 의미이다.

8) EPS를 이용한 예상수익률 구하기[09]

제2단계의 세 번째 과정으로 버핏이 '평균EPS성장방법'이라고 이름한 방법을 통해 예상수익률을 구하는 법을 살펴보자.

■ Step 1 : 평균EPS성장방법으로 미래예상주가(배당 포함) 계산

• 과거 평균EPS성장률을 이용하여 10년 후의 추정EPS를 구한다.

10년 후 EPS = 올해 EPS × (1+EPS성장률)^{10}

• 10년 평균PER 또는 현재의 PER를 이용해 미래의 주가를 계산한다.

미래주가 = 10년 후 EPS × 평균PER(이보다 낮으면 현재PER)

• 예상총배당금을 구한다. 향후 10년간의 매년 추정EPS를 구하고, 평균배당률을 매년의 추정EPS에 곱하여 매년 배당금을 계산하고 이를 모두 더한다. 미래의 주가에 추정배당금총액을 더하여 배당금을 포함한 미래주가를 계산한다.

미래주가(배당 포함) = 미래주가 + 총배당금(10년간)

■ Step 2 : 평균EPS성장방법에 의한 예상수익률 계산

현재의 주가와 10년 후의 예상주가(배당 포함)를 이용하여 예상수익률을 구한다.

예상수익률이 22% 이상이면 버핏은 환상적이라고 했다. 15% 이상 22% 미만이면 양호한 편이고 12% 이상이면 받아들일 수 있다고 한다.

[실제 사례] 현대모비스의 5년 후 예상수익률 구하기(EPS방법)

앞의 ROE방법에서 구한 5년 평균치를 이용하여 계산하면 다음과 같다.

– Step 1 : 평균EPS를 이용한 미래주가 구하기

5년 후 추정EPS = 35,157원 × $(1+0.157)^5$ = 72,892

5년 후 미래주가 = 5년 후 EPS × 현재PER(5년 평균보다 낮음)

= 72,892원 × 6.46 = 470,882원

추정EPS와 추정배당금 : 5년간 추정총배당금 16,880원, ROE방법에서 제시된 EPS성장률 15.7%, 평균배당성향 6.07%로 계산

배당 포함 5년 후 미래주가 = 470,882원 + 16,880원 = 487,762원

– Step 2 : 예상수익률 구하기

현재주가 225,500원과 5년 후 미래주가(배당 포함) 487,762원을 이용한 예상수익률은 16.7%이다.

9) 최종수익률의 범위

앞의 2가지 수익률을 평균하여 최종수익률을 계산한다. 이것으로 해당 종목에

투자할지 말지를 결정할 수 있다.

최종수익률 = (ROE방법의 예상수익률 + EPS성장방법의 예상수익률) ÷ 2
= (29.9% + 16.7%) ÷ 2 = 23.3%

최종수익률이 22% 이상이면 이례적으로 좋은 수익률이다. 15% 이상 22% 미만이면 양호한 수익이고, 12% 이상 15% 미만이면 받아들일 수 있다. 워렌 버핏 방식으로 계산한 현대모비스는 투자종목으로 적격(환상적)하다고 할 수 있다.

이상의 워렌 버핏의 종목선정기준을 요약하면 다음과 같다.

		종목선정기준
워렌 버핏 스타일인가	이익예측가능성	10년간 마이너스(−)가 없을 것
	장기부채	이익의 2배 이하(좋음), 이익의 5배 이하
	ROE	10년 평균 15% 이상
	ROA	10년 평균 12% 이상
	잉여현금흐름	0 초과
	유보이익의 사용	15% 이상 가장 좋음, 12% 이상 15% 미만
주가가 매력적인가	초기투자수익률	장기국고채의 수익률 이상
	예상수익률(ROE방법)	15% 이상 가장 좋음, 12% 이상 15% 미만
	예상수익률(EPS방법)	15% 이상 가장 좋음, 12% 이상 15% 미만
	최종수익률의 범위	15% 이상 가장 좋음, 12% 이상 15% 미만

메리 버핏(워렌 버핏의 며느리였음)이 지은 『주식투자의 비밀』에서는 워렌 버핏의 종목선정기준으로 7가지 항목을 제시하고 있다. 7가지 항목 중 5개 이상을 통과한 종목에 대해서 현재의 주가가 매력적인가를 계산하여야 한다. 다음 7가지 체크리스트와 앞에서 제시한 워렌 버핏 스타일과 비교하여 자신의 취향에 맞는 기준을 찾는 것도 한 방법이다.

체크리스트	선정
1. 소비자독점기업 또는 그러한 서비스를 제공하는 기업인가? • 10년 후에도 여전히 존재할 기업인가? • 올해 자기자본이 0이 된다 하더라도 여전히 매력적인가? • 시가총액만큼의 자본을 가지고 사업에 뛰어든다면 기존 업체를 이길 수 있는가? • 마트나 유통센터에서 반드시 구비해 두어야 할 제품인가?	5개 이상 해당하는 기업 선택
2. 주당순이익(10년간)이 꾸준히 성장하고 있는가?	
3. 장기부채가 순이익의 3배를 넘지 않는가?	
4. 유지가능한 자기자본이익률(ROE)이 15% 이상인 기업인가?	
5. 이익잉여금이 당좌자산으로 쌓이는가?	
6. 자사주를 꾸준히 매입하는 회사인가?	
7. 인플레이션에 맞춰 가격을 인상할 수 있는 기업인가?	

11.3 '월가의 영웅' 피터 린치

피터 린치(Peter Lynch)는 1977~1990년 13년 동안 마젤란 펀드를 운영해 단순수익률 2,700%, 연평균수익률 29.2%를 달성하여 역사상 가장 뛰어난 투자실적을 낸 인물로 46세에 은퇴하였다. 피터 린치가 은퇴한 이후에도 그의 투자수익률은 전설적인 수익률로 인구에 회자되며, 위대한 투자자 중 한 사람으로 '월가의 영웅'으로 칭송받는 인물이다.

피터 린치가 존경받는 이유는 탁월한 투자실적 이외에도 그가 지니고 있던 투자철학 때문이라고도 한다. 피터 린치의 투자철학은 누구나 알기 쉽고 이해할 수 있으며 적용가능하다는 점이다. 그가 1989년에 펴낸 『전설로 떠나는 월가의 영웅』[10]에는 상식에 기반을 둔 투자법이 소개되어 있다.

피터 린치는 잘 아는 종목에만 투자했다. 예를 들어, 해당 회사 제품 또는 마케팅방법을 잘 안다든지 하면 전문가 못지않게, 아니 전문가보다 더 잘할 수 있다는 것이다. 늘 쇼핑하는 곳, 늘 사는 물건, 지금 몸담고 있는 업종, 지금 살고 있는 곳에 관심을 기울이다 보면 결국 주식시장에서 승리주를 고를 수 있다고 한다. 그러나 "자기가 잘 아는 종목을 사라"고 한 조언이 잘못 해석되고 있다고 하면서 다음과 같은 충고를 아끼지 않았다.

"마트, 제품, 식당이 마음에 든다면 여러분이 흥미를 느낄 만한 충분한 이유가 되므로 조사대상목록에 올려놓으라. 그러나 이것만으로 주식을 매수할 이유가 되지 못한다! 회사의 이익전망, 재무상태, 경제상황, 확장계획 등을 조사하기 전에 절대로 투자하지 마라."

(1) 유형별 종목분류와 투자하기 좋은 기업

종목을 선택하는 데 개인적 경험을 시발점으로 사용하는 것은 좋지만 한 가지 확실히 해야 할 것은 사업, 특히 기업의 펀더멘털이 튼튼해야 한다는 것이다. 관심대상기업이 있으면 그 기업의 재무적 건전성, 수익성, 성장성 등을 면밀히 조사하고 분석한 다음에 투자결정을 하라는 것이다.

피터 린치는 종목을 유형별로 분류해 그 유형에 맞는 펀더멘털 테스트를 적용했다. 그는 종목을 다음과 같이 6가지 유형으로 나누었다.

- **고성장주** : 매년 이익이 20% 이상 늘어나면서 부채가 상대적으로 적은 기업
- **대형우량주** : 규모가 크고 장래가 유망한 기업으로서 연매출이 수조원 이상이고 연간이익성장률이 10~19%에 달하는 기업
- **저성장주** : 대형기업이면서 업력이 오래되고 배당금을 지급하고 한 자릿수 이익성장률을 기록하는 기업
- **경기순환주** : 자동차, 항공산업, 타이어회사, 철강, 알루미늄회사, 화학회사, 대형반도체, 방위산업체 등이 해당된다. 이들 업종은 경기가 좋을 때는 잘되지만 경기가 나쁠 때는 휘청거린다. 일정한 주기로 매출과 이익이 오르내리기 때문에 투자자가 가장 쉽게 돈을 잃게 되는 종목
- **회생주** : 어려움에 처해 있지만 회생하려고 노력하는 기업이다. 회생주에는 특히 현금성자산과 장기부채에 관심을 두었다. 부채보다 현금이 더 많기를 바랐고 부채의 형태도 은행대출금이나 상업어음이 아니라 조기상환을 요구할 수 없는 회사채인 경우를 선호했다.

- **자산주** : 시장이 아직 알아차리지 못한 자산을 보유하고 있는 회사로 현금 및 부동산을 많이 보유하고 있는 기업

피터 린치가 좋아하는 기업은 '어떤 멍청이라도 사업을 운영할 수 있다'고 확신할 수 있어야 한다고 한다. 아래와 같은 속성을 보유한 기업은 투자하기에 완벽한 기업이라고 한다.

- 회사이름이 따분하고 우스꽝스러우면 더 좋다.
- 따분한 사업을 한다.
- 혐오스러운 사업을 한다.
- 분사한 회사 : 대규모 기업에서 분리된 회사
- 기관투자가가 보유하지 않고, 분석가들이 조사하지 않은 회사
- 유독폐기물이나 마피아와 관련됐다고 소문난 회사
- 음울한 사업을 하는 회사
- 성장정체업종
- 틈새시장을 확보한 회사
- 사람들이 꾸준히 제품을 구입하는 회사
- 기술을 사용하는 회사 : 기술의존도가 높은 회사
- 내부자가 주식을 매수하는 회사
- 자사주를 매입하는 회사
- 쉽게 이해할 수 있는 회사

한편 피터 린치는 자신이 기피하는 주식 6가지를 다음과 같이 들고 있다.

- 최고인기업종의 최고인기종목에는 거품이 끼게 마련이다. 분석가들이 장미빛 전망을 내놓을 즈음이 바로 그 산업이 사양길로 접어드는 시점이다.
- 제2의 아무개를 조심하라. 제2의 IBM이나 제2의 맥도날드처럼 '제2의'라는 수식어가 붙는 기업은 피하라. 항상 제1만 못하기 때문이다.
- 문어발식 확장을 하는 기업을 피하라. 흔히 돈이 넘치는 기업이 과다한 돈을 지불하고 기업 인수에 열을 올리지만 그 결과는 참담할 뿐이다.

- 비밀추천종목도 경계대상이다. "쉿! 당신한테만 하는 이야기야!"로 시작되는 은밀한 정보에 의해 추천되는 종목은 그 내용에 비해 실적이 보잘것없는 경우가 허다하다.
- 돈줄이 다양하지 않은 기업은 피하라. 특정 기업에 매출이 한정되거나 집중된 기업은 언제 매출이 끊겨 위험에 빠질지 모른다.
- 이름이 멋진 주식을 조심하라. 피터 린치는 따분한 이름을 가진 주식이 완벽한 주식이라고 했다. 인기를 쫓아 그때그때 트렌드를 반영한 사명으로 변경하는 기업은 일단 요주의 대상이다.

(2) 종목선정기준

1) 전 종목에 해당하는 기준

① 이익성장률(PEGY)

대형주와 저성장주의 경우, 이익성장률을 배당수익률에 맞추었는데, 이러한 종목은 배당성향이 높기 때문이다. 이익성장률은 이익성장률에 배당성장률을 더한 것을 말한다. 예를 들어, 어떤 종목의 성장률이 15%이고 배당수익률이 3%라면 성장률은 18%이다.

② 재고 대 매출액비율의 변화

재고자산에 대한 피터 린치의 견해는 재고자산이 매출액보다 빠르게 늘어나는 것은 위험하다는 것이다. 쌓이는 재고자산은 제품수요가 예상치를 밑돈다는 것을 의미한다. 재고자산이 매출증가와 비슷하면 테스트를 통과하지만 재고자산이 매출에 비해 훨씬 빠른 속도로 증가하면 안 된다.

③ 총부채비율

상당히 보수적인 자금을 조달하는 기업으로 부채비율이 80% 이하라야 한다. 금융기관이나 유틸리티기업은 부채비율이 80%를 넘어도 된다.

④ 금융업종

단순자기자본비율 5% 이상, 총자산이익률(ROA) 1% 이상이어야 한다.

2) 유형에 따른 기준

① 고성장주의 주가이익비율(PER)

매출이 1조원을 초과하는 대형기업인 경우 PER이 40배수 이하여야 한다.

② 고성장주의 EPS 성장률

피터 린치는 고성장주를 선호했지만 성장이 너무 커도 문제라고 보았다. 어떤 기업의 과거성장률이 50% 이상이라면 그런 종목은 피했다. 성장이 너무 높으면 장기적으로 그런 성장을 유지할 수 없기 때문이다. 연간 50% 이상 성장하는 기업은 과열업종에 속한다. 장기성장률은 20~25% 정도가 적합하다고 하였다.

③ 대형우량주의 EPS

최근 12개월의 주당순이익이 플러스(+)여야 한다.

④ 저성장주의 매출

피터 린치는 저성장주가 대형기업인 것을 선호했다. 연매출액이 1조원 이상이어야 한다.

3) 보너스 기준

① 주가 대비 주당잉여현금흐름비율

현금흐름은 사업의 결과로 회사가 벌어들이는 돈의 양이다. 영업활동 현금흐름에서 자본적 지출을 차감한 잉여현금흐름이 많을수록 좋다. 피터 린치는 잉여현금흐름이 주가의 35% 이상이라면 보너스를 줄 수 있다고 한다.

② 주가 대비 주당순현금흐름비율

피터 린치는 현금에 쉽게 현금화할 수 있는 유가증권을 더하고 여기에서 장기부채를 차감한 순현금이 많을수록 좋다고 한다. 만약 어떤 기업의 주가가 30달러이고 주당순현금이 9달러(30%)이면 그런대로 괜찮고, 순현금이 12달러(40%)이면 매우 매력적이다. 만약 15달러(50%) 이상이고 다른 판단기준을 통과한다면 전 재산을 털어서 투자하라고 하였다.

이상의 종목선정기준을 요약하면 다음과 같다.

		종목선정기준
전 종목	이익성장률(PEGY)	0.5 이상 1 이하
	재고 대 매출액비율	5% 이하
	총부채비율	80% 미만, 유틸리티기업 80% 예외
	금융업종	단순자기자본비율 5% 이상, ROA 1% 이상
유형에 따른 기준	고성장주의 주가이익비율(PER)	매출 1조원 이상, PER 40 이하
	고성장주의 EPS 성장률	20~25% 이상저, 25% 이상 50% 미만
	대형우량주의 EPS	0 초과
	저성장주의 매출	1조원 이상
보너스 기준	주가 대비 주당잉여현금흐름비율	35% 이상
	주가 대비 주당순현금흐름비율	30~50% 좋음, 50% 초과 가장 좋음

11.4 '절대적인 가치투자자' 존 네프

존 네프(John Neff)는 워렌 버핏(Warren Buffett), 피터 린치(Peter Lynch)와 함께 월스트리트의 '3대 전설'로 꼽힌다. 1995년 미국 포춘(Fortune)이 실시한 설문조사에서는 현직 펀드매니저들이 존 네프를 '자신의 자산을 가장 맡기고 싶은 펀드매니저'로 꼽았다. 그는 31년간 하나의 펀드를 운영하며 누적수익률 5,546.4%를 기록했는데, 30년이 넘도록 시장평균수익률을 상회한 기록은 앞으로 다시는 나오기 힘든 대기록으로 평가된다.

시가총액을 순이익으로 나눈 주가이익비율(PER)을 처음으로 소개하고 "PER이야말로 주식시장 최고의 심판관"이라는 원칙을 평생 지켰다. '절대적인 가치투자자(absolute-value investor)'라고 불릴 만큼 시장 분위기와 상관없이 자신의 목표가격을 유지하는 뚝심으로도 유명하다. 그래서 그는 '완벽한 시장역행 투자자(consummate contrarian)'라는 별명도 동시에 갖고 있다.

존 네프가 30년간 운용한 윈저 펀드는 다른 펀드에 비해 상대적으로 무미건조하고 지루하고 보수적인 펀드이다. 윈저 펀드는 투자자들이 외면하고 주목하지 않는 소외주를 보유했음에도 투자자가 줄을 이었다.[11]

네프의 투자스타일은 그가 자라온 환경과 무관하지 않다. 1931년 태어난 네프는 네 살 때 부모가 이혼하고, 성장기 대부분을 대공황시대에서 보낸 아픈 경험이 있다. 슈퍼마켓 사업가였던 삼촌을 통해 물건흥정과 돈관리, 사업의 실패를 배웠으며, 부친의 자동차용 부품회사에서 '돈 버는 데 우아함이란 필요 없다'는 교훈도 얻었다. 네프는 이런 경험을 이후 월가에서 종목선정과 주식거래에서도 제대로 써먹었다는 평가를 받는다.[12]

깐깐하게 종목을 선택한 네프는 늘 신문에서 저PER 종목(시장에서 별로 인기 없는 종목)을 찾아다녔다. 또한 신저가를 갱신하는 주식이나 언론에 두들겨 맞는 종목은 별도로 표시해 두었다. 이렇게 남들이 피하는 기업을 대상으로 네프는 몇 가지 정량적인 기준을 이용하여 나중에 반등할 가능성이 높은 종목을 골라 투자하였다.

① 주가이익비율(PER)

네프는 처음부터 무엇보다도 우선해서 PER이 평균 이하인 종목을 골랐다. 고PER주는 기업의 미래이익을 보고 현재 높은 가격을 지불할 용의가 있다는 의미이다. 이 경우 높은 기대를 맞추지 못하면 실적이 좋아도 주가는 떨어진다. 하지만 저PER 종목에 대해서는 기대치가 훨씬 낮다. 기업의 실적이 조금이라도 개선되면 주가는 오른다. 실적이 안 좋아도 주가에는 큰 영향이 없다. 이미 기대치가 낮게 형성되어 있기 때문이라는 것이 네프의 이론적 설명이다. 윈저 펀드가 사들인 종목은 대개 시장평균PER보다 40~60% 정도 낮은 종목이다.

② 주당순이익(EPS)성장률

네프는 저PER 기업 중 주당순이익을 통해서 유망한 업종과 그렇지 않은 업종을 구별했다. 성장률이 너무 높은 종목은 제외하였다. 그 이유는 성장률이 너무 높으면 미래에는 고성장을 유지할 수 없기 때문이다. 네프는 7% 이상 꾸준히 성장하는 기업을 좋아했으며 20% 이상 고성장기업은 너무 위험하다는 이유로 제외하였다.

③ 매출성장률

네프는 종목을 분석할 때 이익과 매출을 우선적으로 고려하였다. 이익성장률은 PER과 주가를 견인하며, 배당은 이익에서 나오기 때문이다. 그리고 매출이 증가하면 자연히 이익도 향상된다. 매출수익이 언제까지 늘어날 수는 없지만 기업이 투자자들을 유치하기 위해서는 매출향상을 입증하여야 한다. 매출이 꾸준히 증가하는 기업을 선호하였지만 분명한 지침을 제시하지 않았다.

④ 총수익률÷주가이익률

윈저 펀드에서 투자 종목을 선정할 때의 실질적인 기준이다. 총수익률은 미래의 성장추정치로서 주당순이익성장률과 배당수익률의 합계를 말한다. 네프는 어떤 종목의 '총수익률 ÷ 주가이익률'이 두 배 이상인 기업을 투자대상으로 선정하였다. 총수익률과 주가이익률의 비율은 총회수율(total return ratio)이라고도 하며 총회수율이 2를 넘지 못하면 투자후보 종목에서 제외하였다. 이 기준은 어떤 기업의 주가가 해당 업종이나 시장에 비해 싸다는 사실을 확인시켜 주는 것으로 네프가 중시한 기준이다. 네프는 높은 이익성장률보다 낮은 PER을 선호하였다. 왜냐하면 높은 이익성장률은 장기간 지속되기 어렵기 때문이라고 한다. 네프는 저PER 공략가(low PER shooter)라고 할 정도로 낮은 PER을 강조하였지만 최소한 연평균 7% 정도의 이익성장률을 유지해야 하고 건전한 재무상태표와 충분한 현금흐름을 가지고 있어야 한다고 하였다. 네프의 총회수율 공식은 배당수익률을 중시한 네프에게 중요한 기준이지만 투자자는 대부분 이것을 대수롭지 않게 여긴다고 한다. 계산방법은 다음과 같다.[13]

회사명	이익성장률	배당수익률	총수익률	PER	총수익 ÷ PER
옐로우프라이트	12.0%	3.5%	15.5%	6배	2.6

⑤ 잉여현금흐름

네프는 기업이 양호한 현금흐름을 보이는 것이 중요하다고 보았는데, 기업이익은 회계처리방법에 따라 달라질 수 있기 때문이다. 잉여현금이 있어야 자사주를 매입하고, 배당의 여력이 있게 되며, 기업을 인수하는 데 도움이 된다는 것이다.

⑥ 주당순이익의 연속성

지난 4분기 동안 각 분기별 주당순이익이 전년도 4분기 동안의 이익보다 커야 한다. 이것은 일관된 성장을 나타내는 지표이다.

이상을 요약하면 다음과 같다.

	선정기준
PER	시장평균의 40~60%
EPS성장률	7% 이상, 20% 이하
매출성장률	6% 이상 : 5년 평균성장률
총수익률 ÷ PER	2배 이상
잉여현금흐름	0 초과
EPS의 연속성	전년 동기 대비 증가(Q1>Q5, Q2>Q6)

11.5 '위대한 역발상 투자자' 데이비드 드레먼

뛰어난 심리적 통찰력으로 시장을 이긴 역발상 투자의 귀재, 데이비드 드레먼(David Dreman)은 역발상을 사고의 축으로 하고 투자심리에 기반하여 역발상 투자이론을 만들었다. 자신의 저서도 '역발상 투자'로 제목을 붙이고 요트 이름도 '역발상호(Contrarian)'로 지을 정도로 역발상 투자를 강조하였다. 드레먼은 저술가로서 오랜 기간 「포브스」의 칼럼리스트로 활동했으며 '드레먼 투자운용사'의 회장 겸 자산운용가로 활동하였다. 대표적인 펀드평가회사인 리퍼 분석회사는 드레먼이 운용한 '캠퍼-드레먼 고수익펀드'가 1988~1998년 10년간 동일유형의 펀드 225개 가운데 최고 펀드로 평가받았다고 했다. 1998년에는 리퍼 분석회사의 자료에 있는 3,175개 펀드 가운데 가장 오래 1위를 차지한 펀드로도 평가받은 바 있다.

드레먼은 인기 없는 주식을 사라고 한다. 긍정적이든 부정적이든 뉴스는 늘 있게 마련이다. 인기주를 가지고 있으면 부정적인 뉴스에는 사정없이 뭇매를 맞고 긍정적인 뉴스가 나와도 주가가 별로 오르지 않는다. 반면에 소외주를 가지고 있으면 부정적인 뉴스가 나와도 주가가 더 떨어지지 않는 반면, 긍정적인 뉴스가 나오면 상당히 좋은 성과를 거두게 된다는 것이다. 드레먼이 투자전략에서 유의해야 할 점은 그가 2년이나 3년 등 상대적으로 장기간에 걸쳐 이익이 날 종목을 매수했다는 것이다. 그의 투자전략을 따른다면 소외주(비인기주)가 반등할 때까지 몇 년 보유한다는 생각으로 인내심을 갖고 기다릴 수 있어야 한다는 것이다.

드레먼은 주식시장에서 투자자의 감정적 · 심리적 반응이 똑같기 때문에 현명한 투자자라면 펀더멘털에 비해 주가가 낮은 종목을 골라서 시장을 이길 수 있으며, 역사가 이를 뒷받침한다고 한다. 드레먼에 의하면 주당순이익, 현금흐름, 장부가치, 배당률을 주가와 비교했을 때 미래가 밝아 보인 종목의 수익은 최악을 기록한 반면, 미래가 암울해 보인 종목은 좋은 결과를 낳았다고 한다.

드레먼의 방법론 중에서 가장 중요한 부분은 펀더멘털에 비해 과소평가된 종목을 고르는 것이다. 드레먼은 기업의 기본적인 사업역량을 측정하는 지표인 이익, 현금흐름, 장부가치, 배당수익률을 주가와 비교했는데 4가지 지표 중 적어도 2개는 통과해야 한다. 대부분의 종목선정기준에 제시한 기준은 드레먼 자신의 연구결과를 근거로 하고 있다.

① 주가이익비율(PER)

주가에 비해 높은 이익을 내는 종목이라면 가치가 높다는 것이다. 드레먼은 1970년부터 1996년까지의 자료를 기반으로 한 연구에서 주가이익비율 하위 20%

에 있는 종목의 연평균수익률은 19%였으며 시장의 연평균수익률은 15.1%였다고 한다. 저PER 종목은 고PER 종목에 비해 투자자가 위험에 처할 가능성은 낮은 반면 수익이 생길 가능성은 높다고 한다.

② 주가현금흐름비율(PCR)

기업의 현금흐름이 좋다는 것은 나가는 돈보다 들어오는 돈이 많다는 것을 의미하므로 아주 좋은 신호이다. 주가가 현금흐름에 비해 낮다면 과소평가되었다는 신호이고, 이는 역발상기준을 충족한다.

주가이익비율과 더불어 드레먼은 주가현금흐름비율이 시장 전체에서 하위 20%인 종목을 골랐다. 드레먼의 연구에 의하면 PCR이 하위 20%인 종목의 연평균수익률은 18%였다고 한다. 드레먼은 현금흐름은 세후이익에 감가상각비와 기타비현금항목을 가산한 것으로 정의했다.

③ 주가순자산비율(PBR)

드레먼에 따르면 장부가치는 기업의 총부채와 우선주를 차감한 보통주의 가치이다. 드레먼은 역발상지표로 PBR 하위 20%인 종목을 골랐다. PBR이 하위 20%인 종목의 연평균수익률은 18.8%였다.

④ 배당수익률

다른 역발상지표와 마찬가지로 배당수익률이 시장의 상위 20%인 종목을 골랐다. 원래 드레먼의 주가배당비율은 주가를 배당액으로 나눈 값을 기준으로 하위 20%인 종목을 말한다. 드레먼에 의하면 주가배당비율이 하위 20%인 종목(배당수익률 상위 20%인 종목)의 연평균수익률은 16.1%였다. 안정적인 소득을 원하는 투자자가 이 기준을 근거로 투자할 때는 상당한 주의가 필요하다고 한다.

⑤ 시가총액

드레먼은 대형기업에 투자하면 분식회계의 위험에 덜 노출된다고 믿었다. 대형기업일수록 보는 눈이 많고 지구력이 있다고 믿었다. 그래서 드레먼은 중형–대형

기업(상위 1,500대 기업)을 대상으로 했다.

⑥ 이익추세

드레먼은 가장 최근분기의 이익이 증가하는 것을 좋아했는데 최근분기(Q2)의 이익이 직전분기(Q1)의 이익보다 큰 종목을 기준으로 했다.

⑦ 직전과거와 미래EPS성장률

드레먼은 비경기순환주의 경우, 직전과거이익이 S&P 500의 이익보다 더 커야 하며 가까운 미래에 기업의 이익이 갑자기 곤두박질쳐서는 안 된다고 한다. 주당순이익의 성장은 과거 6개월을 기준으로 했다. 이 기간(3분기에서 1분기까지) 기업의 성장률과 금년의 추정성장률 모두 S&P 500의 이익보다 커야 한다. 이익이 일시적으로 추락해도 주가가 이성을 잃은 듯이 폭락할 수 있기 때문에 드래먼은 그런 기회야말로 우량주를 싸게 살 수 있는 좋은 기회라고 한다.

⑧ 유동비율과 부채비율

유동비율은 200% 이상인 기업이어야 하고, 부채비율은 금융회사를 제외하고 20% 이하인 종목을 선정했다. 소형주인 경우 부채가 자본 대비 60%를 넘지 않아야 한다.

⑨ 세전이익률과 자기자본이익률(ROE)

세전이익률은 8% 이상이어야 하며 22% 이상이면 매우 좋은 것으로 평가했다. 또한 자기자본이익률(ROE) 상위 1/3인 종목을 기준으로 했다. 특히 ROE가 27% 이상이면 아주 좋은 것으로 여겼다.

⑩ 배당성향과 배당수익률

최근의 배당성향이 해당 종목의 과거 5~10년치 평균 이하라면 기업이 배당을 늘릴 여지가 크다고 한다. 드레먼은 역발상 종목은 인기주보다 높은 배당수익률과 더불어 더 높은 주가상승의 기회를 제공한다고 믿었다. 그래서 드레먼은 배당수익률이 평균 이상일 것, 그리고 늘어나는 경향을 보일 것을 원칙으로 했다.

이상을 요약하면 다음과 같다.

		종목선정기준
역발상지표	PER	시장의 하위 20%
	PCR	시장의 하위 20%
	PBR	시장의 하위 20%
	배당수익률	시장의 상위 20%
규모와 이익	시가총액	1,500대 중대형 기업
	이익추세	EPS Q1<Q2(직전분기이익)
	직전과거와 미래EPS성장률	올해의 추정성장>올해의 S&P 500 성장
재무건전성과 배당수익률	유동비율	200% 이상, 업종평균 이상
	부채비율	20% 이하(금융회사 제외)
	세전이익률	8% 이상, 22% 이상 가장 좋음
	ROE	상위 1/3 이상, 27% 이상 가장 좋음
	배당성향	과거 배당성향 평균 미만
	배당수익률	평균 이상, 증가추세를 보일 것

11.6 'PSR의 개척자' 케네스 피셔

케네스 피셔(Kenneth Fisher)는 '성장투자의 아버지'로 불리는 필립 피셔(Philip Fisher)의 아들로 주가매출액비율을 창시한 투자세계의 이단아이다. 이익을 기준으로 하는 지표인 PER을 이용하는 다른 투자대가들과는 달리 매출액에 치중하였다. 피셔는 투자자 대부분이 기준으로 삼는 PER에 큰 허점이 있다고 보았다. 우량기업이라도 이익이 해마다 크게 오르내릴 수 있기 때문이다. 설비나 공장시설을 개보수하기로 했다거나, 미래이익을 창출하기 위해 새로운 연구에 착수하기로 했다거나, 회계처리방법을 변경한 것 등 모두 어느 한 시기의 이익을 다음 시기의 손실로 돌릴 수 있다. 기업의 사업성과가 좋든 나쁘든 장기적으로는 이익이 들쭉날쭉할 수 있다는 점이 중요하다.

피셔는 좋아졌다 나빠졌다 하는 이익과는 달리 매출은 훨씬 더 안정적이라고 보았다. 그 때문에 피셔는 주식의 가치를 재는 새로운 지표를 창안해 냈는데 그것은 바로 주가매출액비율(price per sale ratio : PSR)이다. PSR은 증권시장에서 큰 뉴스가 되었으며 투자자들이 참고하는 중요한 지표가 되었다. 또한 존 리즈와 잭 포핸드가 저술한 『천재투자자들』에서는 선정된 10명 중 각 투자대가들이 제시한 기준으로 10개의 종목으로 포트폴리오를 구성하여 계산한 수익률에서 1위를 차지하였다.

피셔는 펀드매니저로서의 실적도 탁월하지만 「포브스」에 오랜 기간 칼럼을 써온 것으로 유명하다. 1984년부터 '포트폴리오전략'이라는 고정칼럼을 쓰고 있다. 또한 2006년에 출판한 책 『3개의 질문으로 주식시장을 이기다』에서 최근의 투자전략을 제시하고 있다. 피셔에 따르면 좋은 기업을 비롯해 모든 기업의 이익은 변덕스럽지만 일류기업일수록 매출은 좀처럼 줄지 않는다고 한다. 또한 이익에는 변덕이라는 문제가 있지만 매출이 높은 기업은 매수할 가치가 있다고 보았나.

① 주가매출액비율(PSR)

피셔는 회계관행, 일회성 지출, 기타 여러 요인이 해당 연도의 이익에 영향을 줄 수 있으므로 PER만을 중시하는 것은 자칫 잘못된 판단을 가져올 수 있다고 보았다. 그래서 해당 기업의 사업내용이 경쟁력이 있는지 없는지를 매출액이 정확하게 나타내 준다고 보았다. 전망이 좋은 회사는 주가매출액비율이 낮다. 주가매출액비율도 종목의 유형에 따라 다르기 때문에 다음과 같은 기준을 제시하였다.

비경기순환주

기준	평가
PSR ≤ 0.75	가장 좋다
0.75 < PSR ≤ 1.5	좋은 가치의 회사
1.5 < PSR ≤ 3	매수하지 마라. 이미 가지고 있다면 계속 보유하라
3 < PSR	절대로 매수하지 마라. 이미 보유하고 있다면 매도하라

경기순환주

기준	평가
PSR ≤ 0.4	적극적으로 찾아라. 이런 종목은 가치가 엄청나다
0.4 < PSR ≤ 0.8	좋은 가치를 가진 종목이다
0.8 < PSR	매수해서는 안 된다. 이미 보유하고 있다면 매도하라

② 총부채비율

피셔는 부채가 적을수록 위험도 적다고 했다. 금융기관을 제외한 업종의 부채비율은 40%를 넘지 않을 것을 요구하고 있다. 여기서 총부채비율은 총자산 대비 총부채비율이다. 자기자본 대비 부채비율로는 67% 정도이다.

③ 주가연구비비율

피셔의 투자법에 따르면 기술분야나 의료분야에 있는 기업은 연구개발이 필요하기 때문에 다른 기업과는 다른 방식으로 보아야 한다. 주가연구비비율은 시가총액(주가×유통주식수)을 연간연구개발비로 나누어 계산한다.

주가연구비비율이 5~10이라면 이 종목은 저평가된 것이기 때문에 매수해야 하며, 10~15인 종목은 경계선상에 있으며 15 이상인 기업은 매수해서는 안 된다. 연구개발에 쓰는 돈이 거의 없거나 또는 지나치게 고평가되어 있기 때문이다.

④ 초우량주가 되기 위한 주가매출액비율

비경기순환주는 주가매출액비율이 0.75 이하여야 하며 경기순환주인 경우는 0.4 이하여야 한다.

⑤ 인플레이션 조정 후 EPS성장률

초우량주는 인플레이션 조정 후 EPS성장률이 15%를 넘어야 한다.

⑥ 주당잉여현금흐름

초우량주가 되려면 잉여현금흐름이 플러스(+)여야 한다. 3년간 마이너스(−) 잉여현금흐름을 떠받치기에 충분한 현금을 보유하고 있어야 한다. 현금이 부족한 기업은 머지않아 파산할 것이라는 전제를 깔고 있는 것이다.

⑦ 3년 평균순이익률

피셔는 주식이 이익과 같은 결과로 평가를 받아서는 안 되며, 그러한 결과를 가져오게 한 근본원인으로 평가를 받아야 한다고 생각했다. 매출과 마찬가지로 이익률도 일종의 원인이며, 초우량주가 되기 위해서는 3년간 연간순이익률이 5% 이상이어야 한다.

이상의 종목선정기준을 요약하면 다음과 같다.

		종목선정기준
기본적인 판단기준	PSR (비경기순환주, 기술주)	0.75 이하 가장 좋음, 0.75~1.5 좋음, 1.5~3.0 허용수준
	PSR(경기순환주)	0.4 이하 가장 좋음, 0.4 초과 0.8 이하
	총부채비율(부채/자산)	40% 이하, 부채/자기자본비율 67% 이하
	주가연구비비율	5 미만 가장 좋음, 5 이상 10 미만 좋음, 10 초과 15 미만 허용수준
초우량주 기준	초우량기업 PSR (비경기순환주, 기술주)	0.75 이하
	초우량기업 PSR (경기순환주)	0.4 이하
	인플레이션 조정 후 EPS성장률	15% 이상
	주당잉여현금흐름	0 초과
	3년 평균순이익률	5% 이상

11.7 '마법공식의 사나이' 조엘 그린블라트

조엘 그린블라트(Joel Greenblart)가 쓴 『주식시장을 이기는 작은 책』은 2005년 출간되자마자 베스트셀러가 되었다. 책의 내용보다도 저자가 투자분야의 전설적 인물이었기 때문이다. 그가 헤지펀드 '고담 파트너즈(Gotham Partners)'를 10년 동안 운용하면서 올린 수익률은 연 40%로 타의 추종을 불허했다. 10년 동안 거둔 놀라운 실적 덕분에 그는 고객이 맡겼던 돈을 모두 돌려주고 파트너들의 돈만으로 운영할 수 있게 되었다.[14]

그린블라트의 투자스타일은 가치투자이다. 가치투자의 방법론은 간단히 말해 '싸게 사서 비싸게 파는 방법'이다. 단, 아무 기업이나 사는 것이 아니라 우량한 기업이 일시적인 상황으로 인해 싸게 거래될 때 주식을 사서 나중에 제 가치를 받고 파는 방법이다. 그린블라트는 『주식시장을 이기는 작은 책』을 통해 오직 2개의 펀더멘털 변수만으로 시장을 이길 수 있는 놀라울 정도로 단순한 방법을 소개했다. 그는 이를 '마법공식(magic formula)'이라고 이름을 붙였다. 마법공식의 기본적인 사고는 "우량기업을 싼 가격에 산다"는 것이다. 이를 계량적으로 적용하기 위해 그는 두 가지 투자기준을 제시한다. 자본수익률과 이익수익률이 그것이다.

(1) 종목선정기준

마법공식에 따른 투자에는 단지 2가지만 있으면 된다. 자본수익률과 이익수익률이 바로 그것이다.

1) 자본수익률

자본수익률은 '좋은 회사'를 판단하는 기준이다. 본질적으로 자본수익률은 기업이 투자한 자본으로 돈을 얼마나 버는지를 보여 준다. 이는 총자산이익률(ROA)과 비슷하다. 그린블라트는 총투하자본에 대한 수익률이 높은 회사일수록 경쟁자를 누를 수 있는 특별한 강점이 있다는 것이다.

총자산이익률은 기업의 순이익을 총자산으로 나눈 것이다. 그린블라트의 자본수익률은 이것과는 약간 다르다. 그린블라트는 기업이 현재 사업을 얼마나 잘하는지를 보고자 했다. 총자산수익률을 계산할 때처럼 순이익을 사용하지 않고 이자비용과 세금을 차감하기 전 이익(영업이익 : EBIT)을 사용했다. 그렇게 함으로써 부채 상환이나 세금 때문에 판단에 왜곡이 생기지 않도록 했다.

또 다른 점은 총자산이익률의 계산식에서 보이는 총자산이다. 그린블라트는 총자산 대신에 순운전자본에 순고정자산을 더한 것으로 했다. 그는 이에 대한 이유를 다음과 같이 밝히고 있다.

"기업이 사업을 하는 데 실제로 필요한 자본이 얼마나 되는지 알아보기 위한 것이다. 채권과 재고자산을 유지하기 위해 자금을 조달해야 하기 때문에 순운전자본이 사용되었지만, 지급채무를 위한 자금은 투자할 필요가 없다. 이것은 사실상 무이자 대출이기 때문이다(여기서, 단기이자부부채는 단기부채에서 제외하였다). 고정자산의 상각된 순비용을 이미 계산된 순운전자본에 더했는데 순운전자본+순고정자산을 추정해 보기 위해서이다."

여기서 중요한 점은 일상적인 사업을 운용하는 데 필요한 돈이 얼마인지, 이익을 내기 위해 투자한 것을 얼마나 잘 사용하는지 알아보고자 한 것이다. 그린블라트는 이 계산의 단순화를 위해서 자산이익률(ROA)을 대신 사용할 수 있다고 했다. 그린블라트의 자본수익률의 본래 취지는 영업이익과 영업투하자본을 비교해서 영업투하자본이 얼마나 이익을 잘 내는지를 기준으로 우량기업을 찾는 것이다. 그런 의미에서 보면 ROA보다는 영업투하자본이익률(ROIC)에 더 가깝다고 할 수 있다. 단지 ROIC에서의 이익은 세전영업이익이 아니라 세후영업이익이라는 점이 다르다. 이것은 경제적 부가가치인 EVA로 우량기업을 찾는 것과 같다고 할 수 있다.

2) 이익수익률

이익수익률(earnings yield)은 시가총액에 비하여 해당 기업이 돈을 얼마나 버는지를 나타내 주는 지표이다. 전형적으로 이익수익률은 기업의 최근 주당순이익을 주가로 나눈 PER의 개념과 비슷하다. 그린블라트는 여기에도 약간의 조정을 했다.

우선 이익에는 세전영업이익(EBIT)을 사용했다. 세전영업이익을 주가로 나누는 대신 기업가치로 나누었다. 기업가치는 시가총액+차입부채이다. 따라서 이익수익률은 세전영업이익(EBIT)/기업가치(EV)이다. 그린블라트는 사업 전체를 산다면 투자자가 기대할 수 있는 수익인 세전영업이익이 얼마나 되는지를 측정한 것이다. 단순히 주가이익비율(PER)만 보는 것은 부채를 고려하지 않기 때문에 잘못된 것이라고 한다. 그린블라트는 PER을 대신 사용할 수 있다고 한다. 그러나 순이익에는 비경상적 항목이나 특별손익이 포함되어 왜곡될 수 있기 때문에 PER이 5배수 미만인 아주 저평가된 주식은 순이익을 다시 조정하거나 아예 그 기업을 제외하여야 한다고 한다. 이런 관점에서 국내 일부 사이트에서는 ROA와 PER을 이용하여 마법공식으로 사용하기도 한다.

마법공식의 요점은 첫째, 회사의 주식을 살 때는 염가로 사면 좋다는 것이다. 그렇게 할 수 있는 한 가지 방법은 지급한 가격에 대해서 적게 버는 회사보다 많이 버는 회사를 사는 것이다. 다시 말해서 낮은 이익수익률보다 높은 이익수익률이 낫다는 것이고, 둘째는 나쁜 회사의 주식매수보다 좋은 회사의 주식매수가 낫다는 말이다. 좋은 회사의 주식을 사는 한 가지 방법은 자사의 돈을 낮은 수익률로 투자하는 회사보다 높은 수익률로 투자하는 회사를 사는 것이다. 다시 말해, 낮은 자본수익률을 내는 회사보다 높은 자본수익률을 내는 회사가 낫다는 것이다. 이 둘을 합치면 '좋은 회사를 싸게 사는 것'으로 가치투자자들의 바람이고 많은 돈을 벌 수 있는 비결이라는 것이다.

이 두 개 공식의 가중치는 똑같다. 연구를 통해 그린블라트는 3,500개의 대형 종목을 선발하고 그 기업들의 순위를 매겼다. 2가지 공식 각각에 순위를 매겨 그 순위의 합이 가장 적은 기업을 선택하는 것이다. 자본수익률과 이익수익률이 가장 높은 기업이 1순위이다. 예를 들어, 어떤 종목이 자본수익률이 50위, 이익수익률이 100위라면 합계순위는 150위이다. 이 종목은 자본수익률이 150위이고 이익수익률이 30위여서 합계순위가 180위인 종목보다 더 낫다. 이들 기업순위를 10분위로 나누고 가장 순위가 높은 10분위 종목을 선정하는데, 선정된 종목의 수는 20~30개 정도였다.

참고로 그린블라트는 유틸리티(전기, 가스), 금융업종, 외국계회사들은 제외하였다. 그 이유는 이들 회사들은 문제가 없고, 다만 자금을 조달하는 방법이 달라 일반기업보다 레버리지가 높기 때문에 제외시킨다는 것이다. 또한 시가총액이 5,000만달러 이하의 기업도 제외시켰다.

(2) 투자방식

① 1단계 : 기업규모

시가총액 5,000만달러 이상의 기업을 선택한다.

② 2단계 : 리스트작성

마법공식에 따라 최상위등수가 매겨진 기업들의 리스트를 작성한다.

③ 3단계 : 투자하기

최상위 5~7개 기업을 매수한다. 처음에는 첫 1년 동안 투자하려고 하는 돈의 20~35%만 투자한다.

④ 4단계 : 분할매수

마법공식 포트폴리오에 투자하기로 마음먹은 돈을 모두 투자할 때까지 2~3개월마다 3단계를 반복한다. 9~10개월 후면 20~30개 기업의 주식으로 된 포트폴리오를 만들 수 있을 것이다(예 : 3개월마다 7개 기업 주식, 혹은 2개월마다 5~6개 기업 주식매수).

⑤ 5단계 : 1년간 보유

각각의 주식은 1년 동안 보유한 후에 매도한다. 1년이 되면 매입가에 비해 주가가 오르든 내리든 매도를 하는 것을 원칙으로 한다. 마법공식이 뽑은 기업들 중에서 매도한 것과 같은 수의 새로운 기업을 고른 다음, 판매수익과 추가자금을 이용하여 그 주식을 매수한다.

⑥ 6단계 : 장기투자

이 과정을 수년 동안 계속한다. 실적이 좋건 나쁘건 이 과정을 적어도 3년 내지 5년 동안 계속하겠다는 결의가 있어야 한다. 그렇지 않으면 마법공식이 성공할 기회를 맞기도 전에 투자를 그만둘 가능성이 높다.

11.8 '재야의 숨은 고수' 조셉 피오트로스키

조셉 피오트로스키(Joseph Piotroski)는 월가의 거물도 전문투자자도 아니다. 그는 회계사이며 스탠포드대학에서 회계학을 가르치는 대학교수이다. 피오트로스키는 시카고대학에 재직하던 2000년에 주식투자관련 주제로 월가에 당당히 내놓을 만한 아주 유명한 논문을 발표했다. 논문제목은 '가치투자 : 재무제표를 이용한 승자와 패자의 구분'으로 회계연구저널 「*JAR*」에 게재된 이후 투자세계에 충격을 주게 된다. 2009년에는 「포브스」에 의해 전설적인 투자자로 선정되기도 하였다.

피오트로스키는 연구를 통해 장부–시장가치비율(장부/시장가치)이 높은 기업의 1976년부터 1996년까지 연평균수익률이 23%로서 S&P 500의 수익률을 2배 이상 앞질렀다는 것을 밝혀냈다. 논문의 주된 내용은 재무제표정보를 이용한 기본적 분석의 유용성을 검증하기 위한 것으로 시장에서 소외된 저평가 주식인 장부 대비 시장가치비율(이 비율의 역수는 시장가치/장부가치비율, 즉 PBR임)이 높은 주식 중 상위 20%의 주식을 중심으로 재무적으로 건전한 기업과 부실한 기업을 구분하고 재무적으로 건실한 기업에 투자하였을 경우의 투자수익률을 검증한 것이다.

피오트로스키는 재무건전성을 판단하기 위하여 수익성, 안정성, 효율성을 중심으로 9개의 지표를 개발하고, 각 지표가 기준에 맞으면 1점을 부여하고 아니면 0점을 부여하여 총 9점을 기준으로 8~9점을 받은 회사를 재무건전성이 높은 기업으로 분류하였다. 높은 점수를 받은 기업을 1년간, 2년간 보유하는 전략으로 연간 7.5% 이상의 초과수익을 달성하였음을 확인하였다. 또한 논문에서는 규모가 작은 기업이 규모가 큰 기업보다 수익률이 더 높다는 것을 제시하였다.

(1) 재무건전성지표

피오트로스키는 재무지표를 이용하여 이해하기 쉽고 적용이 간편한 모형인 F-SCORE를 개발하여 재무건전성(financial strength)지표로 삼고 F-SCORE의 크기를 바탕으로 재무적으로 건실한 기업과 부실한 기업을 구분하고 이들 기업의 초과수익률을 검증하였다. F-SCORE모형은 누구나 쉽게 접근할 수 있는 공시정보인 기업의 재무제표에 담긴 재무정보 중 9개의 재무지표를 미래의 경영성과와 주가에 미치는 영향에 따라 각각 0 또는 1의 점수를 부여하여 이를 종합한 F-SCORE 점수가 주가상승률이 높은 종목과 낮은 종목을 선택하는 데 훌륭한 기능을 발휘할 수 있다고 하였다.

F-SCORE모형에는 기업의 수익성, 재무레버리지와 유동성 및 영업효율이라는 세 가지 영역의 재무상태를 측정하기 위한 변수로 9개의 재무지표가 있다. 여기에 사용된 재무지표는 해석이 용이하고 계산과 처리가 간편할 뿐만 아니라 요약성과 지표로서의 매력도 크다. 이 모형에서는 각 재무지표가 미래의 주가와 수익성에 미치는 영향에 따라 '좋다' 또는 '나쁘다'로 분류하고 좋으면 1점을 부여하고, 나쁘면 0점을 부여하여 9개 지표의 합을 F-SCORE로 정의하고 이를 기업 전체의 재무건전성을 측정하는 척도로 사용하고 있다. 이 종합지표는 기업재무상태의 전반적 품질 또는 재무상태의 건전성을 측정하기 위하여 고안된 것이며 주식투자결정은 F-SCORE로 측정된 재무건전성에 바탕을 두고 이루어진다는 전제를 하고 있다.

더욱이 기업의 재무제표는 공시되어 누구나 쉽게 이용할 수 있는 가장 기본적인 재무정보의 원천이다. 재무건전성 판단에 사용되는 F-SCORE의 계산과 이해가 용이하다면 투자자들은 기존의 방법과 달리 많은 시간과 비용 및 노력을 투입하지 않고도 투자 분석과 신용 분석에 필요한 정보를 쉽게 얻을 수 있을 것이다.

1) 수익성지표

당기에 실현된 이익과 영업활동을 통해 창출된 현금흐름은 기업이 영업활동을 통해 내부적으로 자금을 창출할 수 있는 능력이 있는가에 대한 정보를 제공한다. 과거에 이익성과가 취약했더라도 당기에 양(+)의 현금흐름 또는 양(+)의 순이익을 실현한 기업이라면 그것은 기업이 영업활동을 통하여 기업 자체로 상당한 자금을 창출할 수 있는 능력이 있음을 증명하는 것이다. 마찬가지로 전기에 비하여 당기의 이익률이 향상되었다면 이는 미래에 양(+)의 현금흐름을 창출할 가능성이 있음을 의미한다. 이러한 수익성과 영업활동 현금흐름 창출능력을 측정하기 위하여 피오트로스키는 총자산이익률(ROA), 영업활동 현금흐름(OCF), 총자산이익률의 변동, 그리고 변수로 영업활동 현금흐름과 순이익을 비교하였다.

① 총자산이익률(ROA)과 영업활동 현금흐름(OCF)

ROA>0이면 이에 1이란 점수를 부여하고, ROA≤0이면 0점을 부여한다. 또한 영업활동 현금흐름 OCF>0이면 1점을, OCF≤0이면 0점을 부여한다.

② 총자산이익률(ROA)의 변동과 발생액(영업활동 현금흐름과 순이익)

ROA가 전년도에 비해 증가하면 1점을 부여하고 전년도보다 나빠지면 0점을 부여하고, 발생액으로 영업활동 현금흐름이 순이익보다 크면 1점을 순이익보다 작으면 0점을 부여한다.

2) 안정성과 자금원천

기업의 자본구조의 변동과 장래의 부채원리금 상환능력을 측정하기 위하여 레버리지와 유동비율의 변동, 그리고 유상증자 여부의 3가지 재무시그널을 제시하였다. 피오트로스키는 시가 대비 장부가액이 높은 대부분의 기업이 재무건전성이 취약한 기업이기 때문에 레버리지의 증가와 유동성의 악화 및 보통주 발행 등 외부금융의 이용은 모두 재무위험 또는 재무구조의 안정성에 대한 좋지 않은 신호로 보았다.

① 장기부채의 변동

장기부채의 변동은 일정기간의 레버리지의 증감 · 변동으로 평균총자산에 대한 장기부채비율의 변동으로 정의하고, 재무레버리지의 증가는 부정적 신호로, 레버리지의 감소는 긍정적 신호로 보았다. 재무구조가 취약한 기업이 차입 또는 사채의 발행 등으로 외부자금을 조달한다는 것은 영업활동을 통하여 기업 내부에서 필요한 자금을 충분하게 창출할 능력이 없다는 것을 의미하는 신호로 받아들일 수 있다. 더욱이 장기부채가 증가되면 기업의 재무신축성에 대하여 추가적인 제약이 부과될 가능성이 더 큰 것이다. 그러므로 장기부채비율이 전년도에 비해 떨어졌으면 이를 재무구조의 개선에 대한 긍정적 신호로 보아 1점을 부여하고 전년도보다 증가했으면 0점을 부여하였다.

② 유동비율의 변화

유동비율은 기말 현재의 유동부채에 대한 유동자산의 비율로 정의하고 전년도에 비해 증가했으면 기업의 단기부채 상환능력에 대한 좋은 신호로 봐서 1점을 부여하고 전년도보다 낮아지면 0점을 부여하였다.

③ 유상증자 여부

기업이 유상증자를 하지 않았으면 1점을 부여하고 보통주를 발행하여 자금을 조달하였으면 0점을 부여하였다. 이것은 장기부채가 증가한 경우와 마찬가지로 재무적 곤경에 처한 기업이 외부자금을 조달한다는 것은 기업이 미래의 부채상환에 필요한 자금을 영업활동에 기인하여 창출된 현금흐름, 즉 내부자금으로 충당할 능력이 없다는 신호로 해석할 수 있다. 더욱이 기업들이 주가가 매우 낮을 때 보통주를 발행한다는 것은 그만큼 자본코스트가 높다는 것을 의미하며 기업이 당면한 재무적 곤경을 잘 나타내는 것이라 하겠다.

3) 영업효율

기업의 영업효율(operating efficiency)을 나타내는 변수로 매출액총이익률과 총자산회전율의 변동률이 있다. 총자산이익률은 매출액순이익률과 총자산회전율의 곱으로 나타낼 수 있으므로 이들 두 변수는 총자산이익률(ROA)을 구성하는 중요한 요소이다.

① 매출총이익률의 변동

매출총이익률의 개선은 요소원가의 절감, 재고자산원가의 절감 또는 제품가격의 상승 등에 기인한 수익성의 호전을 의미한다. 따라서 매출총이익률이 전년도보다 증가했으면 1점을 부여하고 감소했으면 0점을 부여한다.

② 총자산회전율의 변동

총자산회전율(매출액/기초자산총액)의 호전은 자산이용의 효율 또는 생산성의 개선을 의미하는 신호로 해석할 수 있다. 이러한 자산이용효율의 호전은 보다 적은 자산을 활용하여 일정한 매출액을 실현하는 것이므로 영업활동효율의 개선 또는 시장점유율의 증가에 따른 매출의 증가에 기인한 것으로 해석할 수 있다. 따라서 전년도에 비해 좋아졌으면 1점을 부여하고 나빠졌으면 0점을 부여한다.

(2) F-SCORE 종합점수

피오트로스키의 재무건전성 측정척도로서의 F-SCORE는 9개 지표에 대한 점수의 합계로 정의된다. F-SCORE점수의 높고 낮음은 기업의 재무건전성의 높고 낮음을 의미하는데, 재무건전성이 높은 기업은 점수가 8~9점인 기업이다.

피오트로스키의 투자법은 '역발상 투자자' 데이비드 드레먼과 비슷하다. 주가가 오를 종목과 내릴 종목을 구분하기 위해 펀더멘털 기준(기본적 분석)을 적용했으며, 두 사람 모두 장부가치를 아주 중요하게 생각하였다. 드레먼의 역발상지표 가운데 하나가 주가순자산비율(PBR)이며 이것은 피오트로스키가 사용한 장부가치-시장가치비율의 역수이다. 드레먼은 주가순자산비율이 시장의 하위 20%인 종목을 찾았고, 피오트로스키는 장부가치-시장가치비율이 상위 20% 안에 드는 종목을 찾았는데, 이것은 동일한 지표인 것이다.

존 리즈와 잭 포핸드의 『천재투자자들』에서 피오트로스키의 방식으로 10개 종목의 포트폴리오로 2004~2008년간 투자할 경우의 수익률은 33.2%로 동일기간의 S&P 500의 6.0%를 훨씬 앞선 수익률이며 정확도에서 59.0%를 나타낼 정도로 훌륭한 투자방식이라고 할 수 있다.

장부가치 대비 시장가치	상위 20% 이내인 기업(PBR인 경우는 하위 20%인 기업)	
수익성	ROA	ROA>0이면 1점, 아니면 0점
	ROA 변화	최근 ROA>전년도 ROA이면 1점, 아니면 0점
	영업활동 현금흐름(OCF)	OCF>0이면 1점, 아니면 0점
	영업활동 현금흐름>순이익	OCF>순이익이면 1점, 아니면 0점
안정성	장기부채비율	최근 장기부채비율>전년도 장기부채비율이면 1점
	유동비율의 변화	최근 유동비율>전년도 유동비율이면 1점
	유통주식수의 변화	최근 유통주식수≤전년도 유통주식수이면 1점
효율성	매출총이익률	최근 매출총이익률>전년도 매출총이익률이면 1점
	총자산회전율	최근 총자산회전율>전년도 총자산회전율이면 1점

01 최준철, 한국형 가치투자전략, 이콘, 2005, p.40.
02 투자대가의 투자전략 대부분은 존 리즈와 잭 포핸드의 『천재투자자들』(길벗, 2010)에서 인용하였다.
03 존 리즈 · 잭 포핸드 지음, 김승진 옮김, 천재투자자들, 길벗, 2010, p.63.
04 존 리즈 · 잭 포핸드 지음, 김승진 옮김, 전게서, pp.74~75.
05 존 리즈 · 잭 포핸드 지음, 김승진 옮김, 전게서, p.79.
06 벤저민 그레이엄 · 데이비드 도드 지음, 이건 옮김, 증권 분석, 리딩리더, 2012, pp.591~593.
07 슐로스는 펀드를 운영하면서 탐방이나 CEO 미팅을 하지 않았고 재무제표만을 보고 투자했다. 그는 자산가치 대비 싸게 거래되는 기업을 사서 5년 내 2배가 되면 매도한다는 원칙을 45년간 지켜 탁월한 성과를 얻었다. 워렌 버핏은 슐로스에게 특급투자자(super investor)라는 찬사를 보냈다(아이투자에서 참고).
08 존 리즈 · 잭 포핸드 지음, 김승진 옮김, 전게서, pp.156~172.
09 티머시 빅 지음, 김기준 옮김, 『워렌 버핏의 가치투자전략』에서는 이 방법만을 제시하고 있다.
10 피터 린치 · 존 로스차일드 지음, 이건 옮김, 전설로 떠나는 월가의 영웅, 국일증권경제연구소, 2009.
11 존 리즈 · 잭 포핸드 지음, 김승진 옮김, 전게서, p.91.
12 존 네프 · S. L. 민츠 지음, 김광수 옮김, 가치투자 주식황제 존 네프처럼 하라, 시대의창, 2009.
13 존 네프 · S. L. 민츠 지음, 김광수 옮김, 전게서, p.140.
14 조엘 그린블라트 지음, 안진환 옮김, 주식시장을 이기는 작은 책, 알키, 2011.

■ 나가면서

투자경력이 일천한 저자가 이 책을 쓰게 된 동기는 매우 단순하다. 회계를 공부하고 가르치는 사람인 저자가 볼 때 주식투자를 하는 사람들에게 무엇보다도 시급하고 중요한 것은 회계, 특히 재무제표에 대한 이해라고 생각하기 때문이다.

주식투자를 하는 주변사람들과 이야기를 하다 보면 주식투자를 해서 돈을 벌었다는 사람들보다 돈을 잃었다는 사람들이 훨씬 많다. 회계를 많이 공부한 회계전문가들조차도 주식투자로 돈을 벌었다는 이야기는 별로 없었다. 그런 이유에서인지는 몰라도 저자 역시도 주식투자는 그렇게 바람직하지 않다고 생각하고 있었다. 그런 저자가 주식투자에 관심을 가지게 된 것은 우연한 기회에 주변사람들에게 참부자정신과 가치투자를 일깨워 주시는 김욱동 선생님을 만나고 나서였다. 김 선생님은 누구나 20년이면 부자가 될 수 있다는 모토를 가지고 네이버카페 'RICHSCHOOL 20Y'를 이끌면서 회원들에게 배움과 나눔을 가르치시고 본인 스스로도 몸으로 실천하고 계시는 분이다.

가치투자에 대해 공부를 하면서 왜 그토록 워렌 버핏이 회계에 대해 강조하고 있었는지에 대해 알게 되었고, 회계를 공부한 사람으로서 일말의 소명의식이 생기게 되었다. 가치투자는 '싸고 좋은 주식을 사는 것'이다. 가치투자를 하기 위해서는 우선 어떤 주식이 좋은 것인가, 즉 어떤 회사가 좋은 회사인지를 먼저 알아야 하고 그다음 그 회사의 주식이 싼지 비싼지를 판단할 수 있어야 한다. 그러기 위해서는 기업의 성적표인 재무제표를 반드시 이해해야 한다.

이 책은 가치투자를 지향하는 투자자들이 재무제표에 대한 폭넓은 이해와 해석을 보다 쉽게 할 수 있도록 다양한 주제를 다루었다. 본래 의도와는 다르게 어려워질 수 있지만 꾸준히 읽다 보면 분명히 무엇인가 얻는 즐거움도 있으리라 생각한다.

피터 드러커(Peter Drucker)는 "우리들 각자가 모두 CEO이다(Each of us is a CEO)"라고 말하였다. 이는 주식투자자들도 CEO처럼 투자의사결정을 하고 그 결과에 책임을 져야 한다는 의미로 해석할 수 있다. 주식투자자는 모름지기 자신이 투자한 기업이 돈을 잘 버는지, 재무적으로 건강한지, 그리고 앞으로도 지속적으로 성장할 수 있는지에 대한 평가를 스스로 할 수 있는 최소한의 능력을 갖추어야 한다. 그래야만 다른 사람들의 권유나 풍문에 휘둘리지 않고 자신의 투자원칙을 바로 세우고 지킬 수 있으리라 믿는다.

■ 찾아보기

ㄱ

감사보고서 44
개별재무제표 42
경기순환주 303
경영활동 16
고성장주 303
공통형 재무상태표 187, 266
관리비 146
구싱비 분석 187
국제회계기준 12
금융자산 66
기업수명주기 169
기타자본 53

ㄴ

납입자본 53
내재가치(intrinsic value) 284
내재가치 계산법 294

ㄷ

단기차입금 135
단순성장률 245
당기순이익 150
당좌비율 209
대형우량주 303
데이비드 드레먼(David Dreman) 310
도입기 169

ㄹ

레버리지 96, 222
리스 94

ㅁ

매입채무회전기간 215
매입채무회전율 214
매출 287
매출액 142
매출액 대비 영업현금흐름비율 217
매출액성장률 202
매출원가 144
매출채권 56
매출채권회수기간 213
매출채권회전율 212
매출총이익 145
매출총이익률 145, 194
무상감자 121
무상증자 120
무형자산 79

ㅂ

발생주의 41
배당 114
법인세비용차감전순이익 149
벤저민 그레이엄(Benjamin Graham) 284, 286
별도재무제표 42
보너스 기준 306
보수주의(conservatism) 259
보통주 99
부외부채 93
부채담보부증권 134

부채비율 205
부채의 질 95
부채 항목 87
분식 251
분식회계 250, 252, 253
분식회계기법 256
분식회계 징후 261, 269, 271, 272, 273
분식회계 체크리스트 278
비유동부채 53, 90

ㅅ

사업보고서 44
사채 91, 129
성과 분석 219
성숙기 169
성장기 169
성장률 245
성장성 분석 202
섹터(sector) 287
손익계산서 33, 266
쇠퇴기 170
수익성 222
수익성 분석 193
수익성지표 193, 323
수평적(증감형) 분석 271
순유동자산 계산법 292
순이익률 196
순이익성장률 203
신종자본증권 136
신주인수권 131
신주인수권부사채 91

ㅇ

안전마진 104, 290
안전성 분석 204
안정성 324
F-SCORE 323
연결재무제표 42
연평균복합성장률(CAGR) 245
영업권 83
영업이익 148
영업이익률 195
영업초과이익 225
영업현금이자보상비율 218
영업현금총부채보상비율 219
영업현금흐름 대 유동부채비율 211
영업활동 18
영업활동 현금흐름 165
영업효율 325
예상수익률 296
우선주 99
운전자본 103
워렌 버핏(Warren Buffett) 292
원가모형 74
유동부채 53
유동비율 208, 288
유동성장기부채 90
유상감자 121
유상증자 120, 132
유형자산 70
EV(enterprise value) 240
EVA 225
EBITDA(earnings before interest depreciation and amortization) 240
이상적 표준비율 191
이익의 지속성 154
이익의 질 157
이익잉여금 53, 112, 129
이익조작 253
이익조정 252
이자보상배수 207
잉여현금흐름 173

ㅈ

자금원천 324
자기자본이익률(ROE) 197
자기주식 123

자본변동표 35
자본이익률(ROE) 220
자본잉여금 99
자본적 지출 175
자본 항목 98
자산손상 75
자산유동화증권 134
자산의 질 86
자산재평가 74
자산주 304
자산 항목 54
장기부채 288
장부가치 100
재고자산 61
재고자산평가손실 64
재고자산회전율 213
재고자산회전일수 214
재무건전성지표 323
재무레버리지비율 221
재무보고 2, 28
재무비율 분석 191, 263
재무상태표 29, 49
재무제표 28
재무제표 분석 262
재무제표 분석기법 183
재무제표의 상호관계 39
재무활동 17
재무활동 현금흐름 167
재평가모형 74
저성장주 303
전자공시시스템 42
전환사채 91, 131
조셉 피오트로스키(Joseph Piotroski) 322
조엘 그린블라트(Joel Greenblart) 318
존 네프(John Neff) 307
종목선정기준 287, 294, 305, 307, 314, 318
주가매출액비율 315
주가매출액비율(PSR) 237, 315
주가수익성장비율(PEG) 241
주가순자산비율(PBR) 234, 236, 289
주가이익비율(PER) 288
주가현금흐름비율(PCR) 239
주당순이익 152
주당순이익(EPS) 성장 288
주당순자산 102
주당현금흐름 217
주석 37
주석 검토 264
주식병합 122
주식분할 122
지분상품 67

ㅊ

차입금 89
차입금의존도 206
채무상품 67
총부채비율 289
총자산이익률(ROA) 199
총자산회전율 212
최종수익률 300
추세 분석 184
72법칙 247

ㅋ

캐시플로경영 177
케네스 피셔(Kenneth Fisher) 314

ㅌ

통합비율 분석 219, 222
투자활동 18
투자활동 현금흐름 166
투하자본이익률(ROIC) 199

ㅍ

판매비 146
포괄손익계산서 140

PEGY 243
피터 린치(Peter Lynch) 302

ㅎ

하워드 슐릿(Howard Schilit) 256
한국채택국제회계기준 12
현금및현금성자산 54
현금순환주기 215
현금주의 41
현금흐름 169
현금흐름 분석 217
현금흐름주기 215
현금흐름표 35, 162
현금흐름표 분석 263
회계 2, 20
회계기준 12
회계정보 4, 19
회계조작 250
회생주 303
효율성 222
효율성 분석 211
효율성비율 211

| 저자약력 |

이상봉
동국대학교 대학원 회계학과 졸업(경영학 박사)
한국회계학회와 한국회계정보학회 부회장 역임
제주대학교 경상대학장 및 경영대학원장 역임
현재, 제주대학교 경상대학 회계학과 교수로 재직 중

가치투자자 관점에서 재무제표 보는 법 (제2판)

2015년 8월 25일 1판 1쇄 발행
2025년 2월 10일 2판 4쇄 발행

저　자 | 이상봉
발행인 | 이수영
발행처 | 도서출판 청람
서울시 마포구 독막로 288(대흥동, 세양상가 109호)
전　화 | 02)3272-2601(대)~2
팩　스 | 02)3272~2603
이메일 | crbooks@daum.net
홈페이지 | http://www.crbooks.co.kr
등　록 | 2000. 8. 26 제6-0509호

ISBN 978-89-5972-596-0 93320 [정가 20,000원]